生物学野外综合实践教学系列教材

生物学
综合实习教程

（第2版）

Shengwuxue Zonghe Shixi Jiaocheng

主　编

姜在民　党坤良

副主编

郭晓思　卜书海　穆婉红　耿增超　陈海滨

编　者

丁虹茹　卜书海　李　琰　刘培亮　刘建才

杜　诚　佘　雕　陈书军　陈铁山　陈海滨

郑雪莉　庞新柱　易　华　姜在民　郭晓思

党坤良　耿增超　崔宏安　程金凤　穆婉红

高等教育出版社·北京

HIGHER EDUCATION PRESS　BEIJING

内容提要

本书是适应农林院校生物学综合实习要求而编写。全书分七章，包括秦岭火地塘教学实习基地概况，生物学实习的组织与实施，植物标本的采集、制作与鉴定技术，动物标本的采集、制作与鉴定技术，气象学实习技术，土壤学实习技术和生态学实习技术等内容。书后附有火地塘教学实习基地维管植物分科检索表、被子植物分属检索表、维管植物名录和常见动物名录等供学生实习之用。

本教材内容完整、系统，综合性和可操作性强，可供生物学、植物学、动物学野外实习之用，也可供相关领域的生物学工作者参考。

图书在版编目（CIP）数据

生物学综合实习教程 / 姜在民，党坤良主编．--2 版．-- 北京：高等教育出版社，2013.5（2020.7重印）
ISBN 978-7-04-037110-9

Ⅰ. ①生… Ⅱ. ①姜… ②党… Ⅲ. ①生物学-教育实习-高等学校-教材 Ⅳ. ①Q94-45

中国版本图书馆CIP数据核字（2013）第079560号

策划编辑 潘 超　　责任编辑 潘 超　　封面设计 张 志　　责任印制 田 甜

出版发行 高等教育出版社
社　　址 北京市西城区德外大街4号
邮政编码 100120
印　　刷 人卫印务（北京）有限公司
开　　本 787mm×1092mm 1/16
印　　张 14.5
字　　数 340千字
彩　　插 5
购书热线 010-58581118
咨询电话 400-810-0598
网　　址 http://www.hep.edu.cn
http://www.hep.com.cn
网上订购 http://www.landraco.com
http://www.landraco.com.cn
版　　次 2011 年5月第1版
2013年5月第2版
印　　次 2020 年7月第3次印刷
定　　价 29.50元

物 料 号 37110-00

“生物学野外综合实践教学系列教材”
编写指导委员会

第2版前言

《生物学综合实习教程》一书出版两年，对提高我校生物学综合实习质量起到了积极的作用。随着我校生物学综合实习改革的深入，对高质量实习教材及参考书的需求日趋紧迫，因此，在两年使用的基础上，我们组织一线教师，对原教材在使用中发现的问题和不足进行了修订和补充。本次修订中，我们着力进一步打破课程壁垒，系统整合植物学、动物学、气象学、土壤学和生态学的实践教学内容，构建生物学野外综合实践教学新体系。在生物学综合实习实施的内容上，充分体现以生态学为主线的思想，对每条实习线路上森林群落类型的实习内容进行细化，利于学生在生态环境的大背景下理解森林群落类型、植物种类、动物种类、土壤类型和气候条件的变化及其之间的相互关系。另外，增加了火地塘蕨类植物名录和被子植物分属检索表等内容，便于学生实习中使用。

全书分为上、下两篇，共七章，第一章第一节及第二节、第三章、附录1、附录2、附录3由姜在民、郭晓思、杜诚、刘培亮、易华、刘建才、丁虹茹、李琰、崔宏安、程金凤编写；第二章第四节由姜在民、杜诚、卜书海、穆婉红、耿增超、党坤良编写；第一章第三节、第七章由党坤良、陈海滨、庞新柱编写；第一章第四节、第六章由耿增超、佘雕编写；第四章、附录3由卜书海、陈铁山、郑雪莉编写；第五章由穆婉红编写；附录4由陈书军编写；第二章第一节、第二节、第三节由所有编者共同编写。

教材修订过程中，得到了西北农林科技大学常务副校长赵忠教授的关心和支持，他对教材的修订提出了宝贵的意见；也得到了西北农林科技大学教务处陈玉林处长、黄德宝副处长的大力支持；生命科学学院副院长胡景江教授也对教材的修订给予了悉心指导；生命科学学院植物研究所的老师也对教材的编写提出建设性的意见。衷心感谢各位领导、专家、教授和同事们对本书的编写出版给予的关心、支持和帮助。

全书经过修订，内容更加系统、完整，但限于编者水平，仍不免会有错误和不妥之处，敬请使用本书的教师和学生批评指正。

编　者

2013年3月

第1版前言

随着西北农林科技大学教学质量工程的实施，如何提高实践教学的质量，成为教学改革的重要内容。为此，依据“宽口径、厚基础、广适应”的教学目标和教学改革的要求，结合实际，我们对植物学教学实习进行了改革和调整，增加了动物学、气象学、生态学和土壤学的认知实习内容，形成生物学综合大实习，以提高学生的综合素质。鉴于此，我们特编写了《生物学综合实习教程》一书，希望本书能对生物学教学实习质量的提高有所帮助。

本书系统介绍了生物学实习的目的、内容和方法，内容全面、编排合理、层次清晰，方法指导具体明确，可操作性强，便于教学使用。

本书适用于生物工程、生物技术、生物科学、水保保持、环境科学、资环、林学、园林、植保、制药工程、园艺、设施、农学、植物科学、种子科学、草业等专业的学生生物学实习之用。

全书分为上、下两篇，共七章，第一章第一节及第二节、第三章、附录1、附录2由姜在民、杜诚编写；第二章第四节由姜在民、杜诚、卜书海、穆婉红、耿增超编写；第一章第三节、第七章由陈海滨、庞军柱编写；第一章第四节、第六章由耿增超、佘雕编写；第四章、附录3、附录4由卜书海、陈铁山、郑雪莉编写；第五章由穆婉红编写；附录4由陈书军编写；第二章第一节、第二节、第三节由所有编者共同编写。

教材的编写过程中，得到了西北农林科技大学常务副校长赵忠教授的关心和支持，他亲自召集参编人员，对教材的体系、编写内容提出具体要求和指导意见；也得到了西北农林科技大学教务处黄德宝副处长的大力支持。生命科学学院副院长胡景江教授对教材的编写自始至终给予了悉心指导，并在内容的组织安排上提出许多宝贵的建议。生命科学学院植物教研室的老师也对教材的编写提出建设性的意见。谨此，衷心感谢各位领导、专家、教授和同事们对本书的编写出版给予的关心、支持和帮助。

尽管我们希望本书能够较好地满足学生生物学综合实习的需要，但由于时间仓促，加之编者水平有限，书中难免会有错误和不妥之处，敬请使用本书的教师和学生批评指正。

编　者

2011年4月

目 录

上篇 生物学实习的组织与实施

下篇 生物学实习的基本技术

生物学实习的组织与实施

本篇介绍了秦岭南坡火地塘教学实习基地的概况，主要植被类型和土壤类型，生物学实习的目的要求，实习线路的设置，不同实习线路的植被群落类型，动、植物种类的分布和气象观测点的设置等内容。

第一章

秦岭火地塘教学实习基地概况

秦岭山脉是横亘于中国中部东西走向的巨大山脉，为黄河与长江两大水系的分水岭，是北亚热带和暖温带的过渡地带。它东起河南的伏牛山，西至甘肃宕昌而与青藏高原东端相接，南临汉江，北界渭河，位于东经104°30′~112°52′，北纬32°50′~34°45′，东西长达800 km，南北宽约140~200 km。秦岭山体高大雄伟，主峰太白山位于秦岭山脉中段，海拔高度3767.2 m，是我国大陆东部地区第一高峰。秦岭西段海拔较高，一般为2 000~3 000 m，东段则较低，一般都在2 000 m以下。秦岭北坡山高坡陡，河谷深切，面积较狭，因受西北大陆性气候的影响，雨量较少，气温较低，故显干燥；南坡山体长而缓，面积广阔，呈现峰峦重叠、河流密布的地貌，因受东南季风的影响，雨量充沛，气温较高，常年湿润。

秦岭处在中国青藏高原之东，东部湿润平原之西，暖温带之南缘，亚热带之北界的中纬度季风区，位于中国—日本森林植物亚区和中国—喜马拉雅植物亚区的分界线上，是中国华北、华中、唐古特及横断山脉等植物区系相互交互、渗透的关键地区。区内植物区系成分复杂、过渡性明显，植物种类繁多，生物多样性十分丰富，是探索东亚植物区系的起源与形成、演化与分化的重要地区。秦岭在动物区系划分上是古北界和东洋界两类截然不同的动物交会、融合的地方，被誉为我国具有国际意义的生物多样性关键地区之一。

根据现有资料记载，秦岭地区有蕨类植物39科90属344种，种子植物164科1 055属3 846种（含种下等级），其中珍稀濒危种类众多，如红豆杉、独叶草等；野生哺乳动物有大熊猫、金丝猴、羚羊等珍贵物种，鸟类有国家一级保护动物朱鹮和黑鹳。在秦岭的高山密林里，还藏匿着鬣羚、斑羚、野猪、黑熊、林麝、小麂、刺猬、竹鼠、鼯鼠、松鼠等丰富的动物种类。

第一节　秦岭火地塘教学实习基地简介

一、秦岭火地塘教学实习基地的自然条件

秦岭火地塘教学试验林场是西北农林科技大学主要的教学实验实习基地，同时也是重要的科学研究基地。地处秦岭南坡宁陕县境内，位于北纬33°18′~33°28′，东经108°21′~108°39′，东西长约7 km，南北宽约6 km，海拔1420~2474 m。该场东、南、西

三面与宁东林业局火地塘林场相邻，北接宁东林业局东峪河管区，东北与宁东林业局旬阳坝林场相连，总面积 2 037 hm^2。

林场所在地区地形复杂，其北界的平河梁为秦岭山脉的大支梁之一，山势东高西低，从平河梁延伸分出的两个大侧梁将整个林场划分成三大部分。坡度一般在 20°～50°之间。境内 11 条大沟，均具山溪性水流特点，河床虽窄，但落差不太大，这些流水均流入南界的长安河，后注入子午河汇入汉江。林场所在区域属北亚热带山地气候，年降水量 1 000 mm，多集中于 7、8 月份，年平均温度 12.7 ℃，绝对最高温度 28.6 ℃，绝对最低温度 －9.5 ℃，年日照时数为 1 327.5 h，生长期 6 个月。土壤主要有山地棕壤、暗棕壤和山地草甸土。

试验林场林业用地 2 017 hm^2，非林业用地 20 hm^2。在林业用地中，有林地 1 870 hm^2，疏林地 106 hm^2，苗圃地 4 hm^2，无林地 37 hm^2。森林覆盖率 97.0%。全场活立木总蓄积量 157 698 m^3。构成优势林分的天然树种有冷杉、青杆、铁杉、红桦、华山松、油松、栎类、杨类、槭等；人工树种有落叶松、油松、华山松、水杉。零星分布的树种有柳树、榛子、椴树、鹅耳枥、千金榆等；主要林下灌木有箭竹、杜鹃、绣线菊、珍珠梅、蔷薇、忍冬、胡颓子等；主要地被植物有莎草科、禾本科、菊科、苔藓、蕨类等。野生经济植物分布广的有箭竹、漆树，药用植物有天麻、五味子、细辛、党参、天门冬等。林场分别于 20 世纪 60 年代、70 年代和 90 年代进行了落叶松、水杉和美国花旗松引种试验，并获得成功。特别是落叶松引种试验早，面积大，但长势一般。现有母树林 45 hm^2，其中华山松 11 hm^2，油松 10 hm^2，落叶松 15 hm^2，云冷杉 9 hm^2。

火地塘教学基地的脊椎动物资源丰富，是秦岭野生动物遗传多样性丰富的区域之一。其中有脊椎动物约 300 种，分布有国家一级保护动物 4 种，羚牛、川金丝猴、豹和林麝；国家二级保护动物 8 种，包括豺、黑熊、大灵猫、金猫、青鼬、水獭、鬣羚和斑羚。另外，保护区分布有国家保护的有益的或有重要经济、科学研究价值的陆生野生动物名录收录的兽类 19 种，如草兔、红白鼯鼠、花面狸、野猪、黄鼬等。

二、秦岭火地塘教学实习基地的形成发展

秦岭火地塘教学试验林场始建于 1958 年。1958 年至 1965 年，场名为西北农学院火地塘教学试验林场，归西北农学院管理，管辖面积 831 hm^2；1965 年至 1978 年，场名为宁陕火地塘教学试验林场，由西北农学院与陕西省宁东林业局共同领导，管辖面积 13 257 hm^2；1979 年西北林学院成立后，宁陕火地塘教学试验林场由西北林学院与宁东林业局共同领导；1988 年至 1999 年，场名为西北林学院火地塘教学试验林场，由西北林学院管理，管辖面积2 037 hm^2；2000 年至今，场名为西北农林科技大学教学试验林场。

三、秦岭火地塘教学实习基地的教学条件

秦岭火地塘教学实习基地生活设施齐全，建有学生实习大楼，有多媒体教室、机房、标本室、实验室等教学设施，还建有可同时供 500 人用餐的多功能餐厅、浴室等生活设施，以及会议室、运动场等。每年接待学生实习 2 300 多人次，涉及生物学、树木学、森林生态学、森林经

理学、林木育种学、森林昆虫学、森林病理学、土壤学等专业课程 10 余门。近年来，该基地接待国内外专家及学者 150 多人次，如来自美国加州大学、奥地利维也纳农业大学、日本九州大学及德国、加拿大的国外专家学者，以及来自中国林科院、北京林业大学、东北林业大学、武汉大学、安徽农业大学、陕西师范大学、西北大学等单位的国内专家学者，该基地已成为我校对外开展合作研究与交流的重要基地。

四、秦岭火地塘教学实习基地的科研条件

秦岭火地塘试验林场是重要的科学研究基地，国家林业局十大森林生态系统观测研究站之一的秦岭林区森林生态系统定位观测研究站就设立在林场，2006 年该站被科技部列为第二批国家重点野外科学观测试验站。由于秦岭的过渡地带特征，使该站具有典型的代表性，有重要的保护和保存价值，在全国范围内的自然资源保护、试验研究、生态环境监测体系构建中是不可缺少的重要地段。定位站建立以来，曾先后承担国家攻关课题和多项省部级课题，主要开展了森林生态学、林木遗传育种学、森林经理学、生物多样性保护、森林保护等多方面的实验研究和定位观测，积累了丰富的调查研究资料。“九五”以来承担国家自然科学基金重大项目、陕西省自然科学基金项目、省部级重点项目和国际合作项目十余项。

第二节　秦岭火地塘种子植物区系特征

秦岭火地塘植物种类丰富，大科、大属占有重要地位，较小的科、属数量众多，共有种子植物 127 科 540 属 1 200 种 2 亚种 45 变种 1 变型；温带成分优势明显，并含有一定的热带成分，北温带成分是温带成分的主要部分，热带成分以泛热带成分为主；植物区系成分复杂，多种区系成分汇集，与周围区系广泛联系，具有明显的过渡性；植物区系起源古老，孑遗成分多，进化上原始类型的科属较多，间断分布现象明显；珍稀濒危植物众多，有国家一级保护植物 4 种，国家二级保护植物 40 种，陕西省地方重点保护植物 9 种。

一、植物种类丰富

火地塘共有种子植物 127 科 540 属 1 200 种，占秦岭种子植物科、属、种总数的 80.4%、60.5%、38.4%，占中国种子植物科、属、种总数的 37.6%、16.9%、4.4%。其中裸子植物 5 科 10 属 17 种，被子植物 122 科 530 属 1 183 种。火地塘种子植物统计及与秦岭和全国比较见表 1－1。火地塘种子植物的数目表现出较少的科、属包含较多的种，较多的科、属包含较少的种的特点。蔷薇科（Rosaceae）、菊科（Compositae）、禾本科（Graminea）、毛茛科（Ranunculaceae）、豆科（Leguminosae）等大科和许多大属在本区植物区系中占有重要位置，它们在群落中常为建群种或优势种，在维护生态环境方面起到重要作用；而众多单种、少种科、属对于形成完备的生态系统，丰富森林组成，维持生物物种多样性等方面有着不可或缺的作用。

表 1-1 火地塘种子植物统计及与秦岭和全国比较

类别	科数					属数					种数				
	火地塘	秦岭	中国	火地塘占秦岭/%	火地塘占中国/%	火地塘	秦岭	中国	火地塘占秦岭/%	火地塘占中国/%	火地塘	秦岭	中国	火地塘占秦岭/%	火地塘占中国/%
裸子植物	5	9	10	55. 6	50. 0	10	21	34	47. 6	29. 4	17	39	250	43. 6	6. 8
被子植物	122	149	328	81. 9	37. 2	530	871	3 166	60. 8	16. 7	1 183	3 085	27 000	38. 3	4. 4
总计	127	158	338	80. 4	37. 6	540	892	3 200	60. 5	16. 9	1 200	3 124	27 250	38. 4	4. 4

二、温带成分优势明显，并含有一定的热带成分

火地塘种子植物中温带分布属有 335 属，占总属数（世界分布属除外，下同）的 69. 1%，包含 763 种，占总种数的 75. 0%，温带成分优势明显，是火地塘植物区系的主要组成部分。北温带分布属 162 属，占温带分布属的 48. 4%，为温带分布属的主要组成部分；东亚分布属 67 属，占温带分布属的 20. 0%，也占有一定比重。火地塘温带成分中，木本属和草本属中的大多为本区植被典型群落的建群种和优势种。火地塘北温带分布属中，几乎囊括了北温带分布的所有乔木属，如冷杉属（*Abies*）、松属（*Pinus*）、枫杨属（*Pterocarya*）、杨属（*Populus*）、柳属（*Salix*）、鹅耳枥属（*Carpinus*）、桦木属（*Betula*）、栗属（*Castanea*）、栎属（*Quercus*）、槭属（*Acer*）、花楸属（*Sorbus*）、椴属（*Tilia*）、梣属（*Fraxinus*）等。北温带典型的草本科鹿蹄草科，火地塘分布有鹿蹄草属（*Pyrola*）、喜冬草属（*Chimaphila*）、水晶兰属（*Monotropa*）、松下兰属（*Hypopitys*）、假水晶兰属（*Monotropastrum*）5 属共 7 种。主产北温带的蔷薇科和毛茛科，为火地塘第 1 大科和第 4 大科。由此可见，火地塘种子植物区系具有明显的温带、北温带性质。

火地塘种子植物中热带分布属有 131 属，占总属数的 27. 0%，包含 235 种，占总种数的 23. 1%，热带成分在整个火地塘植物区系中也占一定比重。泛热带分布属 68 个，占热带分布属的 51. 9%，为热带分布属的主要组成部分。从前文对火地塘热带成分的分析可以看出，火地塘种子植物热带成分的特点与整个秦岭热带成分的特点相似，即这些热带分布属并没有严格的分布在热带地区的类型，从这些属在我国的分布格局来看，均是从热带地区向北扩展分布到我国亚热带、暖温带或温带的属。

三、植物区系成分复杂，多种区系成分汇集，具有明显的过渡性

从火地塘种子植物属的分布区类型统计表（见表 1-1）和上述对各属的分布区类型及变型的简述中可以看出，火地塘的种子植物属在 15 个分布区类型中都有出现，全部 31 个变型中火地塘出现 15 个，与世界各大洲的区系都有不同程度的联系，比较而言，与亚洲和北美洲的联系较欧洲、大洋洲和非洲的联系更为密切，与古地中海区和泛地中海区的联系较微弱，这表明火地塘种子植物区系成分的复杂性。

火地塘位于秦岭南坡中段,其地理位置本身就是由北亚热带向暖温带的一个过渡地段。温带分布属和热带分布属是火地塘植物区系的两大优势成分,而北温带分布属和泛热带分布属又在这两种成分中占有极高的比率。北温带分布的许多科属不仅在我国温带广泛分布,还有不少属主产于秦岭以南至西南、华南热带和亚热带山地,如冷杉属、云杉属、桦木属、杨属、柳属、栎属、槭属、忍冬属等。全国泛热带分布属约362属,除约60属局限分布于热带外,大多数属可分布到亚热带至温带。火地塘泛热带分布属大部分以秦岭为分布的北界,但也有不少属可延伸到华北、东北。从种的水平来看,火地塘区系中有华中成分如刺叶高山栎(*Quercus spinosa*)、金钱槭(*Dipteronia sinensis*),有华北成分如油松(*P. tabuliformis*)、坚桦(*B. chinensis*),有中国-喜马拉雅成分如华山松(*P. armandii*)、青榨槭(*A. davidii*)、桦叶荚蒾(*Vinurnum betulifolium*)、峨眉蔷薇(*Rosa omeiensis*),有中国-日本成分如铁杉(*Tsuga chinensis*)、连香树(*Cercidiphyllum japonicum*)、领春木(*Euptelea pleiospermum*)等典型的地理成分,又有南北广泛分布的类型如山杨(*P. davidiana*)、红桦(*B. albosinensis*)、鹅耳枥(*C. turczaninowii*)等。这些充分说明火地塘植物区系多种成分汇集,与周围区系广泛联系,具有明显的过渡性。

四、植物区系起源古老

火地塘植物区系中有着较多古老的科属,并保存了不少孑遗植物。如裸子植物中产于晚白垩纪的松属、云杉属以及产于第三纪的冷杉属、铁杉属(*Tsuga*)等;被子植物中白垩纪晚期出现的木兰科、樟科、桦木科、壳斗科、防己科、槭树科以及第三纪建立的榆科、连香树科、山矾科等等。

火地塘植物区系的古老性还表现在进化上原始类型科属比较丰富。多心皮类的木兰科、连香树科、水清树科、领春木科、毛茛科等在火地塘有较多分布。许多原始的柔荑花序类群在火地塘分布也很多,如金粟兰科、杨柳科、胡桃科、桦木科、壳斗科、荨麻科等。

众多的间断分布现象也说明火地塘植物区系起源古老。火地塘植物区系与各大洲间断分布型都有,如热带亚洲和热带美洲间断分布的苦树属(*Picrasma*)、泡花树属(*Meliosma*)、木姜子属(*Litsea*)等,东亚和北美洲间断分布的六道木属(*Abelia*)、灯台树属(*Bothrocaryum*)、绣球属(*Hydrangea*)、透骨草属(*Phryma*)等,地中海区、西亚或中亚与东亚间断分布的铁筷子属(*Helleborus*)、火棘属(*Pyracantha*)、榉属(*Zelkova*)等,欧亚和南部非洲间断分布的蛇床属(*Cnidium*)、苜蓿属(*Medicago*)等。

五、珍稀濒危植物众多

火地塘分布的国家一级保护植物有4种,红豆杉(*Taxus chinensis*)、蕙兰(*Cymbidium faberi*)、扇脉杓兰(*Cypripedium japonicum*)、毛杓兰(*Cypripedium franchetii*);国家二级保护植物有40种,秦岭冷杉(*Abies chensiensis*)、胡桃(*Juglans regia*)、大叶榉树(*Zelkova schneideriana*)、连香树(*Cercidiphyllum japonicum*)、水青树(*Tetracentron sinense*)、美丽芍药(*Paeonia mairei*)、甘肃桃(*Amygdalus kansuensis*)、野大豆(*Glycine soja*)、红豆树(*Ormosia hosiei*)、水曲柳(*Fraxinus mandschurica*)、香果树(*Emmenopterys henryi*)、葛枣猕猴桃(*Actinidia polygama*)、中华猕猴桃(*Actinidia chinensis*)、软枣猕猴桃(*Actinidia arguta*)、四萼猕猴桃(*Actinidia tetramera*)、穿龙薯蓣(*Dioscorea nipponica*)、绿花百合(*Lilium fargesii*)、北重楼(*Paris verticillata*)、七叶一枝花(*Paris polyphylla*)、广布红门兰(*Orchis chusua*)、舌唇兰(*Platanthera japonica*)、凹舌兰(*Coeloglossum viride*)、尖唇鸟巢兰(*Neottia acuminata*)、火烧兰(*Epipactis helleborine*)、大叶火烧兰(*Epipactis mairei*)、银兰(*Cephalanthera erecta*)、头蕊兰(*Cephalanthera longifolia*)、天麻(*Gastrodia elata*)、绶草(*Spiranthes sinensis*)、沼兰(*Malaxis monophyllos*)、羊耳蒜(*Liparis japonica*)、珊瑚兰(*Corallorhiza trifida*)、流苏虾脊兰(*Calanthe alpina*)、剑叶虾脊兰(*Calanthe davidii*)、杜鹃兰(*Cremastra appendiculata*)、蕙兰(*Cymbidium faberi*)、布袋兰(*Calypso bulbosa*)、毛萼山珊瑚(*Galcola lindleyana*)、对叶兰(*Listera puberula*)、囊唇山兰(*Oreorchis indica*);陕西省地方重点保护植物有庙台槭(*Acer miaotaiense*)、山白树(*Sinowilsonia henryi*)、串果藤(*Sinofranchetia chinensis*)、青皮木(*Schoepfia jasminoides*)、秦岭蔷薇(*Rosa tsinglingensis*)、大血藤(*Sargentodoxa cuneata*)、瘿椒树(*Tapiscia sinensis*)、白辛树(*Pterostyrax psilophyllus*)、陕西紫茎(*Stewartia shensiensis*)9种。

第三节 秦岭火地塘主要植被类型

火地塘教学试验林场地处秦岭南坡中段腹地,水热条件优越,加之地形和海拔变化复杂,因此植被类型十分繁多。按照《中国植被》(1980)一书中的植被分类原则,本区自然植被类型共有4个植被型组,9个植被型,15个植被亚型和38个群系(表1-2)。表中编号含义如下:植被型组用"一、二……"表示;植被型用"(一)、(二)……"表示;植被亚型以不带下标的"I、II ……"表示,在植被型内所有类型均属于一个植被亚型时则相当于群系组,如栎林和杨桦林;用带下标的"I_1、II_2……"表示群系。

表1-2 火地塘教学试验林场自然植被类型简表

一、针叶林 Coniferous forest
(一)寒温性针叶林 Cool-temperate coniferous forest
I 寒温性常绿针叶林 Cool-temperate evergreen coniferous forest
I_1 巴山冷杉林 Form. *Abies fargesii*
I_2 秦岭冷杉林 Form. *Abies chensiensis*
I_3 青杆林 Form. *Picea wilsonii*
(二)温性针叶林 Temperate coniferous forest
I 温性常绿针叶林 Temperate evergreen coniferous forest
I_1 油松林 Form. *Pinus tabuliformis*
I_2 华山松林 Form. *Pinus armandii*
I_3 铁杉林 Form. *Tsuga chinensis*
II 温性常绿针叶混交林 Temperate evergreen coniferous mixed forest
II_1 油松+华山松混交林 Form. *Pinus tabuliformis* + *Pinus armandii*
III 温性常绿针叶、落叶阔叶混交林 Temperate evergreen coniferous and broad-leaved mixed forest
III_1 油松+锐齿栎混交林 Form. *Pinus tabuliformis* + *Quercus aliena* var. *acuteserrata*
III_2 华山松+红桦混交林 Form. *Pinus armandii* + *Betula albosinensis*
二、阔叶林 Broadleaved forest
(一)落叶阔叶林 Deciduous broadleaved forest
I 栎林 Oak forest
I_1 槲栎林 Form. *Quercus aliena*
I_2 橿子栎林 Form. *Quercus baronii*
I_3 锐齿栎林 Form. *Quercus aliena* var. *acuteserrata*

续表

II　杨桦林 Poplar and Birch forest

II_1　红桦林 Form. *Betula albosinensis*

II_2　糙皮桦林 Form. *Betula utilis*

II_3　亮叶桦林 Form. *Betula luminifera*

II_4　鹅耳枥林 Form. *Carpinus turczaninowii*

II_5　山杨林 Form. *Populus davidiana*

III　落叶阔叶混交林 Deciduous broad-leaved mixed forest

III_1　鹅耳枥＋槭树林 Form. *Carpinus turczaninowii* ＋*Acer* sp.

III_2　枫杨＋漆树＋槭树林 Form. *Pterocarya stenoptera* + *Toxicodendron vernicifluum* + *Acer* sp.

III_3　漆树＋鹅耳枥林 Form. *Toxicodendron vernicifluum* + *Carpinus turczaninowii*

III_4　锐齿栎＋漆树林 Form. *Quercus aliena* var. *acuteserrata* + *Toxicodendron vernicifluum*

III_5　红桦＋亮叶桦林 Form. *Betula albosinensis* + *Betula luminifer*

III_6　漆树林 Form. *Toxicodendron vernicifluum*

（二）竹林 Bamboo forest

I　温性竹林 Tempeate bamboo forest

I_1　秦岭箭竹林 Form. *Fargesia qinlingensis*

I_2　巴山木竹林 Form. *Bashania fargesii*

三、灌丛 Shrubs

（一）常绿灌丛 Leatherleaf

I　高寒常绿灌丛 High-cold evergreen shrubs

I_1　太白杜鹃灌丛 Form. *Rhododendron purdomii*

（二）落叶阔叶灌丛 Deciduous broadleaved shrubs

I　寒温性落叶阔叶灌丛 Cool-temperate deciduous broadleaved shrubs

I_1　细枝绣线菊灌丛 Form. *Spiraea myrtilloides*

I_2　陕甘花楸灌丛 Form. *Sorbus koehneana*

I_3　秦岭柳灌丛 Form. *Salix alfredii*

II　温性落叶阔叶灌丛 Temperate deciduous broadleaved shrubs

II_1　峨眉蔷薇灌丛 Form. *Rosa ormeiensis*

II_2　筐柳灌丛 Form. *Salix Linearistipularis*

II_3　黄花柳灌丛 Form. *Salix caprea*

II_4　唐古特忍冬灌丛 Form. *Lonicera tangutica*

四、草甸 Meadow

（一）高寒草甸（亚高山草甸）High-cold meadow（Subalpine meadow）

I　薹草高寒草甸 Sedge high-cold meadow

I_1　川滇薹草草甸 Form. *Carex schneideri*

II　杂类草高寒草甸 Weed high-cold meadow

II_1　球穗蓼草甸 Form. *Polygonum sphaerostachyum*

（二）寒温草甸 Cool-temperate meadow

I　薹草寒温性草甸 Sedge Cool-temperate meadow

I_1　城口薹草草甸 Form. *Carex luctuosa*

I_2　针叶薹草草甸 Form. *Carex onoei*

（三）温性草甸 temperate meadow

I　杂类草温性草甸 Weed temperate meadow

I_1　牛尾蒿草甸 Form. *Artemisia subdigitata*

一、森林

森林是火地塘教学试验林场自然植被的主要组成部分,根据该林场2006年森林二类调查报告以及多年调查资料,林场经营面积为2 037 hm^2,其中森林面积1 976 hm^2,森林覆盖率97.0%。

按森林对水热条件的要求、外貌结构动态以及优势种生活型类型等生态学和群落学特征,林场森林类别主要有:针叶林、针阔混交林、落叶阔叶林和竹林。它们不仅是构成林场山地森林垂直带谱的主要组成成分,而且是反映不同海拔区域气候、土壤和生物等生态环境条件差异的表征者或指示者。

(一) 针叶林

针叶林是指以针叶树种为建群种所组成的森林群落的总称,包括各种针叶纯林、针叶树种混交林以及以针叶树为主的针阔叶混交林(《中国植被》,1980)。针叶林是火地塘教学试验林场重要森林景观类型之一,其上层树种简单,常仅1个种或2个种占优势。虽然其所占比例不大,但分布海拔范围较广,区内整个海拔范围均有分布。根据各针叶林群落对水、热条件的要求和适应,区内针叶林可分为寒温性针叶林及温性针叶林,前者以巴山冷杉林为代表,后者以油松林和华山松林为代表。

从起源看,区内的针叶林除少量分布在海拔较高、地形复杂地段的巴山冷杉和青杆林为原始林外,其他针叶林大多为经过20世纪60~80年代采伐或较前时期人为破坏后通过天然更新或人工造林而恢复起来的次生林。

从垂直分布看,油松林分布海拔范围较大,在海拔1 150~1 800 m均有其分布,在峭壁梁脊多形成单优群落,而在其他地段常与栎类、鹅耳枥等阔叶树混交;华山松林多分布在海拔1 700~2 200 m之间,由于其天然更新能力较强,常形成单优群落,但多数情况下,常与红桦混交。巴山冷杉林分布在海拔2 400~2 600 m范围,其在森林植被垂直带谱中占有重要地位,单独占有一定的垂直地段,常形成单优群落。总的来讲,林场针叶林虽占比例不大,但在整个海拔范围均有分布,其外貌整齐,季相变化不明显,种类结构简单,层次分化清楚,常由乔木层、灌木层和草本层三个层次构成。

依据《中国植被》(1980)植物群落分类的原则,将林场针叶林分为2个植被型,即寒温性针叶林和温性针叶林。其中寒温性针叶林包括3个群系,即:巴山冷杉林、秦岭冷杉林和青杆林;温性针叶林包括6个群系,即:油松林,华山松林,铁杉林,油松+华山松混交林,油松+锐齿栎混交林,华山松+红桦混交林。

1. 寒温性针叶林

火地塘仅有寒温性常绿针叶林一个植被亚型。常见以下三个群系类型。

(1) 巴山冷杉林

巴山冷杉(*Abies fargesii*)为常绿乔木,是我国特有树种,其分布以秦岭、巴山山地为中心。在秦岭林区多分布于海拔2 400 m以上的山坡、山脊或沟谷中。在火地塘教学试验林场,其主要分布于平河梁和火地沟顶部的山梁上。

巴山冷杉林为寒温性常绿针叶林,其分布区气候寒温湿润,多强风,有效积温少,云雾多，光照少，冬季积雪厚，冻土层较深。林地土壤母岩为花岗岩、片麻岩、石英砂岩等，成土母质为原积、坡积风化物，土壤类型以山地暗棕壤为主。土层厚 20 ~ 90 cm，凋落物层和腐殖质层较厚，有机质含量在 4.80% ~6.40%，pH 5.50 ~6.01，土壤潮湿，结构良好，水稳性团粒体含量高，土壤通透性良好，偶有沼泽土和草甸土出现。

巴山冷杉为耐阴树种，喜生于湿润、肥沃的壤土或粘土上，在四季分明，冬季覆雪的温凉气候，年降水量 1 000 mm 左右，相对湿度 70% ~80%，最热月均温 10 ~ 15℃的环境条件下，生长最好。林分呈暗绿色，林木自然整枝能力弱，枝叶稠密，林冠郁闭，林下光照较弱，气温和地温日变化和年变化较小，平静无风。幼树耐阴性较强，但 10 年生以后，其耐阴性开始减弱，生长速度随林下光照强度增加而加快。幼苗在光照较弱、温度变幅较小的条件下，生长较快。巴山冷杉在排水不良的沼土或质地松散的沙质土或粗骨土上生长不良或被桦木等树种更替。

巴山冷杉树干通直高大，干形良好，林相整齐，层次分化分明。林下更新较好，故多形成异龄林，这不仅表现在层次结构上，而且也表现在同一层次上，即同一层次具有多龄个体。因受人为干扰较少，巴山冷杉群落中下层呈郁闭状态，乔木平均郁闭度达 0.85。由于巴山冷杉为常绿树种，其季相变化不明显，林冠稠密，林下阴暗潮湿，外貌呈暗绿色，故也称暗针叶林。林分组成简单，多为纯林，也可与秦岭冷杉、糙皮桦、华山松等树种形成混交林。林下灌木种类较多，优势种不显著，主要种类有南方六道木、桦叶荚蒾、陕甘花楸、多毛樱桃、茶条槭、小叶柳、栓翅卫矛、刚毛忍冬、忍冬、红脉忍冬、箭竹、峨眉蔷薇、冰川茶藨子、刺榛、黄刺玫和杜鹃等。草本层以莎草科和禾本科植物为主，其次为菊科植物，主要有大花糙苏、狗筋蔓、双蝴蝶、峨参、鹅冠草、膨囊薹草、棕薹、丝叶薹草、团穗薹草、川滇薹草、早熟禾、大叶碎米荠、酢浆草、球穗蓼、穗花马先蒿、蟹甲草和双叶细辛等。因巴山冷杉林分布海拔高，林下阴暗潮湿，苔藓发育良好，主要苔藓种类有垂枝藓、塔藓、毛梳藓，以及附生在树干和悬挂在枝条上的树皮藓和株毛藓等。层间植物主要有南蛇藤、猕猴桃和华中五味子等。

巴山冷杉群落稳定性较强，在不受外力干扰的情况下，能够长期占据一定地段。当其受到破坏后，因迹地光照较强，巴山冷杉林幼苗、幼树抵抗日灼和霜害能力较差，因此在迹地上首先出现糙皮桦或红桦等阳性先锋树种，但当糙皮桦或红桦林郁闭后，林内光照变弱，耐阴的巴山冷杉侵入并在林下生长，最终取代糙皮桦或红桦而恢复成巴山冷杉林群落。

巴山冷杉林多分布在森林带上部，这些地段多系江河的发源地，因而巴山冷杉林具有很强的涵养水源功能。同时，巴山冷杉林下常生长着大量秦岭箭竹，它是秦岭大熊猫夏季的主要食物资源，因此巴山冷山林群落又是秦岭大熊猫夏季主要的栖息场所。

(2) 秦岭冷杉林

秦岭冷杉(*Abies chensiensis*)以秦岭为集中分布区。在秦岭林区，秦岭冷杉通常分布在海拔 1 500 ~2 500 m 之间。在火地塘教学试验林场，秦岭冷杉林多分布在平河梁、火地沟和板桥沟等地段的阴坡、半阴坡或沟底。秦岭冷杉为耐阴树种，喜湿润而凉爽的气候，耐寒能力较巴山冷杉差。在土层深厚、肥沃、腐殖质含量高的山地棕壤或山地暗棕壤，成土母质为原积或坡积风化物上生长良好。

秦岭冷杉林相整齐，层次明显，年龄结构多为异龄林，疏密度 0.5 ~0.7。林分由乔木、灌木、草本及苔藓 4 层构成。乔木层因年龄不同，常有两个亚层。第一乔木亚层郁闭度 0.7 ~0.8，高 17 ~26 m，主要种类为秦岭冷杉、红桦、枫杨、铁杉、山杨、鹅耳枥和锐齿栎等；第二乔木亚层高 7 ~9 m，主要树种为野胡桃、红皮柳、兴山榆、木姜子、青榨槭、少脉椴、微毛樱桃、刺榛等。灌木层种类较多,以秦岭箭竹占优势,按其高度亦可分为3个亚层。第一亚层盖度30% ~50%,高3~4 m,主要种类有陕甘花楸,多毛樱桃、假稠李等;第二亚层高2~3 m,盖度20% ~30%,主要种类为南方六道木、蔷薇、太白杜鹃等;第三亚层高1.7~2.1 m,盖度40% ~90%,以箭竹为主,尚有桦叶荚蒾、华西忍冬等。草本层主要种类有鹅冠草、川陕风毛菊、光滑柳叶菜、陇南凤仙花、蟹甲草等,总盖度60% ~80%。由于环境阴湿,苔鲜植物发育较好,主要为毛梳藓、偏叶提灯藓、垂枝藓等。层间植物较少,常见有藤山柳、华中五味子、狭叶五味子等。

秦岭冷杉为耐阴树种,幼苗、幼树能长期耐受荫庇,在林冠下能正常的生长,天然更新良好,可形成比较稳定的森林群落。当遇到采伐或火烧等自然和人为因素干扰时,迹地常被桦木或山杨占据,当这些先锋树种生长起来后,秦岭冷杉侵入生长,最终代替桦木或山杨,形成秦岭冷杉林或与其他树种混交的针阔混交林,如条件适宜,还会进一步发展为纯林。

(3) 青杆林

青杆(*Picea wilsonii*)是我国森林区系的主要成分之一,也是云杉属中分布较广的树种之一。其主要分布于陕西、内蒙古、河北、山西、湖北、甘肃、青海和四川等省。在秦岭主要分布在海拔1 600~2 500 m的山坡上。在火地塘教学试验林场,青杆林主要分布在海拔1 900~2 200 m的地段,在平河梁和火地沟顶部较为常见。

青杆林多分布于地势较为平坦的山脊和缓坡,环境阴湿,林下土壤为山地棕壤或山地暗棕壤;土层深厚,成土母质为坡积物或风化原积物,石砾含量低,多在25% ~40%,土层紧实,通透性差。

青杆耐寒喜阴,林木自然整枝缓慢,枝叶稠密,林冠郁闭,常形成阴暗潮湿的森林环境,对于冷气候条件具有较强的耐受力。幼树耐阴,在气候温凉、湿润、排水良好、土层深厚、肥沃、呈酸性反应的环境中生长良好,在排水不良的低湿地或碱性土壤上生长不良,甚至死亡。幼苗对日灼、霜冻抵抗能力差。青杆根系较浅,抗风能力较弱,易发生风倒现象。

青杆林林相整齐,层次明显,具有异龄复层的结构特征。因其分布海拔低于巴山冷杉,水热条件优越,群落内植物种类较巴山冷杉林丰富。青杆林乔木层郁闭度0.7~0.9,常混生有华山松和红桦,伴生树种有山楂、毛樱桃、石灰花楸、微毛樱桃、五裂槭等。灌木层高0.3~2.0 m,盖度20% ~30%,以桦叶荚蒾、木姜子、藤山柳、峨眉蔷薇、秦岭丁香、小叶柳、金花忍冬和花楸最为常见,其次为冰川茶藨子、多花胡枝子和栓翅卫矛等。草本层平均高40 cm,平均盖度54%,主要种类有鹿蹄草、香附子、糙苏、大披针薹草、土麦冬、假冷蕨、索骨丹、顶蕊三角咪、细辛、酢浆草、木贼、水金凤、荷青花、太白山蟹甲草、凤仙花、六叶葎、小叶羊角芹、三褶脉紫菀、秦岭紫堇、风轮菜和狗筋蔓。

青杆为耐阴树种,因其树冠浓密,郁闭度大,林下阴湿、温度较低,地被物层较厚,分解不良,种子不易萌发,又因其幼苗、幼树的根系不易穿透死地被物层,导致天然更新困难。在无较强的外力影响下,群落比较稳定,能够长期生长。若遇到人为破坏和森林火灾后,原有的森林环境就会突然改变,迹地阳光直射,致使风速加大,湿度变小,地表逐渐干燥,喜光草类特别是禾本科、莎草科植物会迅速侵入并旺盛生长,在此环境条件下青杆幼苗会遭受霜冻和日灼的危害,致使青杆难以生存,常常发生树种更替现象。如缓坡青杆林,在遭到破坏后,首先被红桦林更替,形成缓坡红桦林和草类红桦林。红桦林在迹地生长,形成有利于青杆幼苗更新的森林环境后,青杆再次出现。青杆苗期耐阴,随着年龄的增长,幼树渐喜光,可在桦木林下缓慢生长,逐渐形成第二林层。随着桦木林自然稀疏,上层林冠逐渐疏开,加速了青杆生长,使其逐渐进入林冠上层。当青杄进入上层林冠后,很快占据树冠上层并形成阴湿环境,而桦木为阳性树种,一旦得不到充分的光照就会逐渐死去。同时,桦木的幼树不能在林冠下生长和更新,因此红桦的优势又让位于青杄,从而使青杄林得以恢复。

2. 温性针叶林

(1) 温性常绿针叶林

① 油松林

油松(*Pinus tabuliformis*)为我国特有树种,是典型的东亚区系华北成分。油松林既是我国华北地区的代表性群落之一,也是我国北方温性针叶林中分布最广的森林群落。东至胶东半岛,西至青海大通,北至内蒙古大青山,南至巴山北坡均有分布。油松天然林在陕西主要分布在巴山、秦岭、黄龙山、桥山、子午岭等林区。在火地塘教学试验林场,油松林集中分布在海拔1 300 ~2 000 m范围内,常见于板桥沟、火地沟和林场场部周边的山坡及山脊上,是林场分布较广、最为常见的针叶林。在坡度较大、土层较薄的上坡、山脊占绝对优势并形成纯林。

油松为常绿针叶乔木,根系发达,适应性强,生长较快,自然更新良好,材质优良,是我国北方植树造林、荒山绿化的主要树种之一。

油松属中生型偏旱生的生态发育型,对大陆干旱气候有较强的适应能力,能忍耐 -30℃以下的低温,在冬季 -25℃的地区自然条件下不受冻害。

油松为阳性喜光、耐干旱、耐瘠薄树种,对强风、霜冻等恶劣环境条件也具有较强的抵抗能力。油松幼苗初期能稍耐荫庇,1年生后忍耐荫庇的能力显著下降,2年生若继续荫庇,特别是上方荫庇,其生长和根系发育都显著衰弱。油松对土壤条件要求不严,喜微酸性及中性土壤,在微碱性土壤上亦能生长,但生长不良。

在火地塘教学试验林场,天然油松林分布地段的地形和生态条件复杂多样,除山脊、梁顶和悬崖陡壁分布有大面积的油松林外,在其他地段如阴坡、阳坡、沟底、台地均有分布。油松林植物组成和结构复杂,组成油松林的各种高等植物种类通常在130种以上,其中乔木树种在10种以上,灌木和草本成分均在50种以上,木质或草质藤本植物也在10种以上。

油松林外貌苍翠,季相变化不明显,乔木层郁闭度和高度因受年龄及立地条件影响差异悬殊。油松林层次明显,分布均匀,林冠及林相整齐,年龄结构多样。林分一般可明显分为乔木层、灌木层和草本植物三层。由于油松林所占地段多为陡坡和山脊,因此土层较薄,水分条件较差,活地被层极不发育。林分郁闭度一般在0.4 ~0.6,乔木层组成树种较多,常在15种以上,较常见的种类有锐齿栎、槲栎、短柄枹栎、铁杉、山杨、华山松、青榨槭、少脉椴、千金榆、白蜡树、化香树、三桠乌药、麻栎等。灌木层盖度20% ~50%,高度1.5 ~2.0 m,种类较丰富,常见和优势度较大的有粉背黄栌、巴山木竹、多花木蓝、木姜子、美丽胡枝子、桦叶荚蒾、四照花、白檀、悬钩子、橿子栎、照山白、短梗胡枝子、刚毛忍冬等。草本层盖度在50% ~80%,种类繁多,常见优势度较大的种类有大披针薹草、野青茅、莨草、川滇薹草、吉祥草、和尚菜、过路黄、茜草、香青等。层间植物常见的种类有南蛇藤、五味子、三叶木通、猕猴桃、粉背南蛇藤、盘叶忍冬、鸡屎藤和托柄菝葜等。

油松在林冠下有较强的天然更新能力,但在郁闭度较大的林冠下生长不良,在侧面受光的陡坡和山脊上,其不仅能够正常更新,而且生长良好。

② 华山松林

华山松(*Pinus armandii*)既是我国森林群落主要组成树种和特有树种,又是我国亚热带西部地区山地针叶林的一个类型,其主要分布于陕西、山西、河南、甘肃、青海、四川、湖北、云南、贵州、西藏等省。陕西集中分布在秦岭巴山区海拔1 400～2 300 m的地带，以秦岭中山地带分布最多。在火地塘教学试验林场，华山松林多分布于海拔1 700～2 400 m范围内，在海拔2 000 m左右新路道班周边的山坡分布最为广泛和集中。华山松分布地段地形较油松平缓，土层深厚，土壤为山地棕壤。华山松纯林较少，多与红桦、亮叶桦、山杨、铁杉等树种混生。

华山松为光中性树种，其光饱和点较低，具有一定的耐阴能力，天然更新良好，根系发达，对土壤水分要求严格，不耐干旱和瘠薄，耐旱能力次于油松，喜生长在深厚、肥沃、湿润的壤土上。在其分布上限常与红桦、青杆、秦岭冷杉、巴山冷杉等树种混交，在分布下限常与锐齿栎、亮叶桦、油松、刺叶高山栎、山杨、千金榆、鹅耳枥等树种混交，在山坡下部和谷底溪旁常与铁杉、漆树、枫杨等树种混交，形成混交林。土壤为山地棕壤或粗骨山地棕壤，石砾含量较高，腐殖质层厚，有机质含量在4.0%～6.0%。

华山松林外貌亮绿色，林相整齐，层次结构简单，多为单层林，但在山坡下部和谷底溪旁常与铁杉、漆树混交形成复层林。第一亚层主要由华山松、油松、亮叶桦和锐齿栎等树种组成，郁闭度0.7～0.8，高度2～12 m；第二亚层主要由铁杉、漆树、刺叶高山栎、三桠乌药、秦岭木姜子、青榨槭、秀雅杜鹃和托叶樱桃等树种组成，高度6～10 m。灌木层主要种类有密毛灰栒子、西北栒子、木姜子、榛、粘毛忍冬、陕西绣线菊、中国旌节花、米面蓊、峨眉蔷薇、光叶高丛珍珠梅、冰川茶藨子、甘肃山楂、桦叶荚蒾、秦岭小檗、华北珍珠梅和托柄菝葜等，盖度50%左右，高度1.5～2.5 m。草本层种类繁多，高海拔下多以大披针薹草为优势；缓坡地带多以紫菀、鹿蹄草、深山堇菜、麦冬、沿阶草、唐松草、异叶败酱和龙芽草为优势；谷底沟溪以喜潮湿的糙苏、百合、黄精为多，盖度50%～60%，高度50～70 cm。在活地被物之下，通常有一苔藓层，常见种类为土马鬃、万年藓、地钱等；在中山地带以下的华山松林中，也有许多藤本攀援植物，常见有五味子、穿龙薯蓣、南蛇藤、硬毛猕猴桃、盘叶忍冬、大叶铁线莲、常春藤、葛、毛葡萄和南蛇藤等。

华山松为光中性树种，具有一定的耐阴能力，能够在林冠下进行天然更新。但易遭受小蠹虫危害，成片的华山松林存在的时间一般不超过一个世代，很可能被阔叶林所更替。

③ 铁杉林

铁杉(*Tsuga chinensis*)林分布于我国甘肃白龙江流域、河南西部、湖北西部、四川东北部至岷江流域、大小金川流域、大渡河流域、青衣江流域、金沙江下游及贵州东北部梵净山海拔1 150～3 300 m的地带。在四川西部组成大面积纯林，或在海拔2 200～3 000 m地带与麦吊云杉、油麦吊云杉、云南铁杉、岷江冷杉等针叶树混生成林。在陕西省主要分布于秦巴山地，海拔1 500～2 500 m。在火地塘教学试验林场，铁杉林主要分布于海拔为1 700～2 400 m的山坡或山脊上，在板桥沟、火地沟、新路道班和平河梁最为常见。虽垂直空间分布较广，但由于要求条件严格，因而实际面积较小，多以块状或团状镶嵌于其他林分中。

铁杉为强耐阴性树种，喜温暖湿润的山地气候，多生长于地形相对平缓，土层深厚的谷边山坡上。在雨量充沛、常年气温较高、云雾较多、相对湿度较大，土层深厚、排水良好、腐殖质含量较高且呈酸性，成土母质为原积或坡积风化物的山地棕壤上，生长最为旺盛。铁杉林多分布在阴坡、半阴坡或河谷旁，其生长较慢，寿命较长，因此，常可看到铁杉古老大树。

在火地塘教学试验林场，铁杉纯林较少，多以小块状分布，常与喜肥沃湿润的树种椴树、千金榆、青榨槭、领春木、漆树、亮叶桦、栎类等树种混交形成针阔混交林，但铁杉仍保持优势地位。铁杉群落外貌暗绿色，季相变化明显，春夏间夹杂着粉绿色至浓绿色斑块，秋末冬初则为红、黄、绿各色镶嵌点缀林间，因而有“五花林”之称。

铁杉林层次结构清晰，林相整齐，但林冠参差不齐。乔木层可明显分为两层，上层以铁杉占优势，郁闭度 0.7，铁杉高 10 ~ 16 m，平均胸径 13.9 cm，混生树种有青榨槭、领春木、锐齿栎、千金榆、亮叶桦、山杨、华山松、短柄枹栎、稠李、鹅耳枥和漆树等；下层树高参差不齐，高度 6 ~ 8 m，乔木种类较多，既有铁杉二代，还有鹅耳枥、三桠乌药、刺叶高山栎、石灰花楸等；灌木盖度多在 30% 以上，高度 1.5 ~ 2.5 m，主要和优势种类有秦岭箭竹、巴山木竹、托柄菝葜、绣线菊、栓翅卫矛、木姜子、小叶忍冬、峨眉蔷薇、桦叶荚蒾、青荚叶、六道木、米面翁、茶藨子、映山红和猫儿刺等；草本层盖度常在 20% 以下，植物常见的有箭叶淫羊藿、大披针薹草、麦冬、大花糙苏、假冷蕨、白花堇菜和风毛菊等。

铁杉在枯落物较厚的林内天然更新状况不良，但在林间小道或者集材道两旁更新良好。当铁杉林遭受破坏后，其在林分中的优势地位将由华山松或其他阔叶树种所代替，将变成以华山松为主的针阔混交林或阔叶混交林。若对铁杉加以保护或进行人工更新措施，仍能恢复为以铁杉为主的针阔混交林乃至铁杉纯林。

(2) 温性常绿针叶混交林

火地塘仅有油松 + 华山松混交林一个群系。

常绿针叶混交林并非地带性混交林，几乎全为人为严重干扰破坏后形成的次生过渡性植物群落，其生境与前述各类群落无大差异，分布地段大都与上述各类群落相互临近或交错其间。因火地塘教学试验林场的森林在 20 世纪 60—80 年代进行过大采伐利用，因此该群落不仅在林场广泛分布，而且也是林场植被类型中较为重要的景观之一，常见于板桥沟、火地沟以及场部周边的山坡上。

油松 + 华山松混交林分布海拔在 1 300 ~ 2 000 m，以阳坡、半阳坡分布最多。林地土壤为沙壤质隐灰化棕色森林土或原始粗骨棕色森林土，土层较薄，多石砾，干燥。乔木层以华山松、油松占优势，偶有少量锐齿栎、槲栎和山杨，郁闭度 0.7 ~ 0.9，疏密度 0.5 ~ 0.6，高 16 ~ 20 m，胸径 14 ~ 28 cm；灌木层多为喜光植物种类，主要有胡枝子、照山白、荚蒾、满山红、灰栒子、米面翁、胡颓子、菝葜、蔷薇等，盖度 40% ~60%，高 1 ~ 2 m；草本层主要为禾本科和菊科植物，尚有败酱、野棉花、蕨等。林下杂草丛生，生长繁茂，乔木树种天然更新不良。

(3) 温性常绿针叶、落叶阔叶混交林

① 油松 + 锐齿栎混交林

油松 + 锐齿栎混交林主要分布在海拔 1 700 ~ 1 900 m，在火地塘教学试验林场场部周围、板桥沟和火地沟分布最为广泛。林地土壤为山地粗骨棕色森林土，土层薄，石砾含量较高，质干，粒核状结构，腐殖质层薄，中性或酸性反应。乔木层以油松、锐齿栎占优势，郁闭度 0.75，另有华山松、铁杉和山杨等；灌木层以南方六道木占优势，高 1.5 ~ 2.0 m，盖度 30% ~40%，分布均匀，结构整齐，其他种类有映山红、绿叶胡枝子、荚蒾、菝葜等。草本层稀疏，种类简单，多为适应性较强的喜光种类，常见的为野棉花、三脉叶马兰、唐松草等，高 30 ~ 50 cm，盖度 20% ~ 30%。本群落经破坏后，油松常被锐齿栎或山杨代替，若有油松种源，也可恢复为原来群落类型。

② 华山松 + 红桦混交林

华山松 + 红桦混交林分布海拔在 1 700 ~ 2 000 m。在新路道班、平河梁分布最为广泛，土壤为山地棕色森林土，土层厚 60 ~ 80 cm，腐殖质层较厚，有机质含量多在 5% 左右。乔木层以华山松、红桦为主，高 15 ~ 18 m，胸径在 20 cm 左右，混生有铁杉、山杨、漆树、椴树、鹅耳栎、千金榆等;灌木层种类极为丰富,常见的为峨眉蔷薇、秦岭蔷薇、甘肃山楂、华叶荚蒾、光叶高丛珍珠梅、水栒子、膀胱果、六道木、秦岭箭竹、绣线梅等,盖度60% ~80%,平均高1.8 m。草本层有大叶碎米荠、淫羊藿、东方草莓、水扬梅、野青茅、川赤芍、重楼及一些禾草类植物。层间植物有华中五味子、串果藤等。

(二) 阔叶林

阔叶林包括常绿阔叶林、落叶阔叶林以及常绿、落叶阔叶混交林,广泛分布于我国温带湿润和半湿润地区。秦岭南、北坡自山麓至海拔2 500 m的多数地段均为阔叶林所覆盖。阔叶林在火地塘教学试验林场无论从分布面积还是从分布的垂直跨度看,都是极其重要的植被类型。林场的阔叶林基本上是以落叶乔木为建群种的落叶阔叶林为主,只有小面积落叶阔叶混交林。落叶阔叶混交林主要分布在1 300 ~2 400 m海拔范围内的绝大多数地段。此外,还有一定面积的竹林,是林场重要的群落类型。

火地塘教学试验林场落叶阔叶林群落的优势种类是以山毛榉科栎属、桦木科桦木属、鹅耳枥属、槭树科槭属、杨柳科杨属、胡桃科、榆科、椴树科、金缕梅科的植物为主,季相变化明显。因火地塘教学试验林场地理位置特殊,生态环境空间差异较大,因此树种组成特别丰富,落叶阔叶林的类型也复杂多样。主要建群种有锐齿栎、红桦、糙皮桦、山杨、漆树等。按照《中国植被》(1980)类型划分原则,林场落叶阔叶林共有15个群系。同时,林场的竹林有2个群系,由于其分布面积较小,加之从其外貌和结构看,都更像是灌丛,依《中国植被》(1980)的处理方法,将其放入阔叶林植被型组中。

1. 落叶阔叶林

(1) 栎林

① 槲栎林

槲栎(*Quercus aliena*)是我国分布较为广泛的树种之一,主要分布在河北、山东、河南、山西、甘肃、湖北、贵州等省。在陕西主要分布在秦巴山地和渭北山地。在火地塘教学试验林场多分布在海拔1 300 ~1 400 m之间,面积较小,常与锐齿栎林镶嵌成块分布。

槲栎性喜温暖潮湿,对水分条件要求相对较严,不耐寒冷,常居于土层较厚、湿度较大的半阴坡上。与其他树种相比,其对水热、土壤条件的要求无锐齿栎严。而在锐齿栎分布范围内,槲栎林常居于山坡中上部水分和土壤条件较差的山地棕色森林土。

槲栎林纯林极少,常以少量个体混生于其他林中。在火地塘常与锐齿栎、油松、华山松、山杨构成小片混交林,林分结构简单,层次分明。乔木层高度16 ~18 m,胸径16 ~28 cm,郁闭度0.6 ~0.8,优势种为槲栎或者槲栎与锐齿栎。灌木层以黄栌为优势,常见有甘肃山楂、悬钩子、胡枝子、榛子、绣线菊等,盖度60% ~80%,高度1.6 m。草本层以莎草科和禾本科植物占优势,其他种类有重楼、唐松草、异叶败酱、野菊和铁杆蒿等,盖度40% ~60%,高度0.5 m。

槲栎林在遭受破坏后,常被先锋树种油松代替,随着油松的生长,林内环境条件的改善,槲栎开始侵入,最终又恢复到槲栎林或者槲栎与油松的混交林。

② 橿子栎林

橿子栎(*Quercus baronii*)系半常绿灌木或小乔木。主要分布在山西、河南、甘肃、湖北、湖南、四川等省;在陕西主要分布在秦岭南、北坡和巴山山地。在火地塘主要分布在海拔1 400 ~2 000 m的山脊、梁顶等坡度较大,岩石裸露的陡壁悬崖地段;在板桥沟、火地沟、平河梁坡度较大的坡面和山脊最为常见。

橿子栎喜温暖，耐干旱，耐瘠薄，喜光。在山脊、梁顶以及贫瘠的砂质砾石干燥陡坡上生长良好。其根系发达，穿石能力较强，能够长期在恶劣环境条件正常生长，并定居于岩隙中。

橿子栎林常以纯林出现，林分郁闭度为 0.8，平均高 4.5 m，平均胸径 7.0 cm，树种组成以橿子栎占绝对优势；灌木种类较少，稀疏，主要有黄栌、陕西荚蒾、忍冬、铁扫帚、黄素馨和多花胡枝子等，平均盖度为 40%，高度 1.4 m；草本层有时常为短角淫羊藿、野青茅、大披针薹草、细叶臭草、薄荷、牛尾蒿、土三七、紫菀、丛生隐子草和异叶败酱等，平均盖度为 10%，高度 0.3 m。

橿子栎林大部分是由原来的森林破坏后，引起强烈的水土流失，在土壤瘠薄或岩质坡面形成的次生林，但在局部岩质裸地上为原生林。橿子栎发展后期，槲树、栎类等侵入，并逐步形成高大的乔木林。

③ 锐齿栎林

锐齿栎（*Quercus aliena* var. *acuteserrata*）林是华北暖温带和北亚热带的重要林分之一。主要分布在河南、陕西、湖北、安徽一带的山地和太行山区。陕西主要分布在秦巴山地，渭北黄土高原上。在火地塘主要分布于海拔 1 500 ~ 1 900 m 范围内，是林场栎林分布幅度最宽、面积最大的林带。其主要分布在土层较厚、结构较好、湿度较大、坡度比较平缓的山坡和梁顶。

锐齿栎是一种喜温暖、湿润环境的树种，喜生在中性和偏酸性土壤，在土层较厚，结构良好的山地棕壤上生长良好，萌蘖能力较强。

火地塘教学试验林场锐齿栎林既有萌生林，也有实生林，群落结构、植物种组成比较复杂。锐齿栎林明显可分为两个亚层，第一亚层除锐齿栎占优势外，混生种有槲栎、油松、华山松、铁杉、亮叶桦、少脉椴、漆树、刺楸、野胡桃、榛、鹅耳枥、秦岭冷杉、五裂槭等，郁闭度 0.7 以上，高 16 ~ 22 m，胸径 12 ~ 18 cm；第二亚层由小乔木组成，如千金榆、白蜡树、湖北山楂、刺叶高山栎、托叶樱桃、银鹊树、稠李、细齿稠李、水榆花楸、泡花树、华榛、灯台树、血皮槭和青榨槭等，高 4 ~ 10 m，胸径 2 ~ 12 cm。灌木层结构与种类亦较为复杂，可分为二亚层，第一亚层盖度一般为 25% ~ 30%，主要由一些大型灌木组成，如甘肃山楂、野山楂、青麸杨，平均高 5.0 m；第二亚层盖度较大，一般盖度多在 90% 以上，由一些半灌木或小型灌木组成，主要有巴山木竹、美丽胡枝子、绣线菊、腊莲绣球、青荚叶、米面蓊、栓翅卫矛、中国旌节花、桦叶荚迷、红脉忍冬、山梅花、石灰花楸、榛、窄叶紫珠和托柄菝葜等。草本层盖度多在 30% 以下，种类基本属于中生耐阴植物，优势种主要有崖棕、大披针薹草，野青茅、麦冬、铃兰、金蕨、陕西粉背蕨、金星蕨、大叶梯草、龙芽草、毛果堇菜、鹿蹄草、重楼、索骨丹、黄水枝、淫羊藿、红升麻、羽裂叶华蟹甲草、三褶脉紫菀和苺草等，平均高 0.6 m。

由于锐齿栎林多处于湿润地带，因而森林群落中藤本植物较为丰富，特别是一些较大型木质藤本植物种类多，优势度大。主要种类有粉背南蛇藤、葛、盘叶忍冬、五味子、南蛇藤、猕猴桃、藤山柳、清风藤、牛姆瓜、毛葡萄、林地拉拉藤、大叶蛇葡萄、黑刺菝葜、常春藤、穿龙薯蓣、三叶木通、青藤、卵叶茜草和鸡矢藤等。

锐齿栎林在秦巴山地属垂直地带性森林群落，在大气候不发生波动的情况下，是一种相对稳定的森林植物群落，但由于人为干扰频繁而强烈，使之处于不断动态变化之中。当锐齿栎受到破坏后，先锋树种油松侵入，随着油松的生长和环境质量的改善，锐齿栎开始在油松林下生长，最终恢复成锐齿栎林。

（2）杨桦林

① 红桦林

红桦（*Betula albosinensis*）主要分布于秦岭、巴山和关山等山地的高、中山地带，川西南山地海拔 2 500～3 000 m 也有分布。在秦岭主要分布在海拔 2 000～2 600 m 的范围。红桦林既是暖温带及北亚热带高、中山地区植被垂直带谱中重要的、较为稳定的群落类型之一，也是温暖落叶阔叶栎林带与湿冷性针叶林带之间的过渡植被类型。在火地塘教学试验林场，红桦林主要分布于海拔 1 900 m～2 400 m 范围之间，下与以华山松、油松、铁杉、落叶栎类组成的松栎混交林带相连，上与云冷杉林和糙皮桦林相接。

红桦为阳性喜光、忌风的树种，在山坡的中、下部及沟谷两侧分布较多，生长良好，而在迎风坡面和风力较大的山脊分布较少，生长较差。红桦喜生于降水充沛，气候温凉湿润，地势平缓，土层深厚、结构良好、肥沃的生境条件下。

在火地塘，红桦林多为纯林，或与华山松、青杆、铁衫等混交形成针阔叶混交林。红桦林外貌呈浅绿色，喜光，多为单层林，群落结构简单，林相整齐。乔木层以红桦占绝对优势，树龄为 30～50 年，树高 16～20 m，胸径 25～45 cm，生长良好。混生树种有华山松、青杆、糙皮桦、山杨、铁杉、五尖槭、灯台树、少脉椴、华椴、湖北花楸、石灰花楸、柳类等，郁闭度 0.5～0.7。在红桦林分布的下限主要混生树种为华山松、漆树、铁杉等，而在其分布上限主要混生树种为糙皮桦、青杆、巴山冷杉等。

灌木层盖度 40%～70%，高度 1.8～3 m。优势种主要为秦岭箭竹、桦叶荚蒾、峨眉蔷薇、秦岭蔷薇、无毛川滇绣线菊、南川绣线菊、水榆花楸、红脉忍冬、唐古特忍冬、冰川茶藨子、密穗小檗、蔷薇、青荚叶、东陵绣球、甘肃海棠、忍冬和太平花等；草本层盖度 30%～40%，高度 0.4～0.6 m。主要草本种类有薹草、假冷蕨、落新妇、大花糙苏、大叶碎米荠、香青、水金凤、对叶细辛、升麻、陕西粉背蕨等；层间藤本植物有五味子、藤山柳、绣球藤、茜草、铁线莲等。

红桦为先锋喜光树种，常在云杉和冷杉林破坏后的迹地上形成纯林，随着红桦的生长和林内环境条件的变化，红桦林最终会被云、冷山林更替；但是在缺乏云、冷杉种源的情况下，红桦也可以在林窗和林中空地上进行天然更新，形成较为稳定的群落。

② 糙皮桦林

糙皮桦（*Betula utilis*）林在陕西主要分布于秦岭及关山地区的亚高山地带，位于冷杉林带下部，落叶阔叶林带上部，呈块状分布于石质土上或冰川侵蚀沟道石流隙间，地形较为平缓。在火地塘，糙皮桦集中分布海拔 2 400 m～2 600 m 范围内，在平河梁微波站以上地段较为常见，下限接红桦林，上限连巴山冷杉林，分布面积小，多小块状分布，常与红桦、巴山冷杉混生。

糙皮桦为喜光树种，适应性强，耐瘠薄，抗日灼和霜冻，可生长在土层极薄的石质土上，甚至悬崖裸石的石隙间，冷杉不能生长的地方都有糙皮桦的分布。但林木一般较红桦生长缓慢，且树干弯曲低矮，圆满度差，树冠稀疏多杈，心腐严重。

糙皮桦林多为单层纯林，外貌呈灰绿色，林相整齐，层次结构分明。乔木层以糙皮桦占明显优势，郁闭度 0.6～0.8，伴生树种主要有巴山冷杉、红桦和华山松等；灌木层主要优势种为秦岭箭竹、杜鹃、南方六道木、花楸、川滇绣线菊、华西忍冬、水榆花楸、丛花荚蒾、刚毛忍冬、峨眉蔷薇、秀雅杜鹃、冰川茶藨子、糖茶藨子、唐古特忍冬、显脉小檗、黄瑞香和头花杜鹃等，盖度为 42%，平均高 1.0 m；草本层种类主要有纤毛鹅冠草、薹草、大叶碎米荠、酢浆草、升麻、光叶风毛菊、双花堇菜、延龄草、大花糙苏等，盖度50%，平均高0.5 m。

糙皮桦为喜光树种，当冷杉遭到破坏后，糙皮桦首先出现在冷杉林破坏的迹地上，随着糙皮桦的生长，林内环境条件的改变，冷杉幼苗、幼树侵入，最终取代糙皮桦形成冷杉林。

③ 亮叶桦林

亮叶桦(*Betula luminifera*)林主要分布在秦巴山地，分布面积不大。在巴山多生长于海拔1 100～2 100 m的范围，在秦岭主要见于海拔1 500～1 900 m的范围内。在火地塘，亮叶桦多分布在海拔1 500～2 000 m的阴坡、半阴坡下部及沟谷底部，在板桥沟和火地沟中上部和新路道班两旁山坡上最为常见。亮叶桦纯林较少，多为混交林，混生树种有漆树、锐齿栎、华西枫杨、铁杉和华山松等。

亮叶桦为喜光树种，对环境条件选择较严，喜生于土层较厚、肥沃、湿润的土壤上，以平缓的山坡中、下部及宽阔的沟谷最为常见，土壤为山地棕色森林土或隐灰化棕色森林土。

亮叶桦林外貌呈淡绿色，林相整齐，群落结构明显，林分平均郁闭度0.7，平均高26 m，平均胸径32.0 cm。乔木层可分为两层，第一亚层以亮叶桦占绝对优势，混生有铁杉、漆树和华山松等；第二亚层由锐齿栎、灯台树、鹅耳枥和微毛樱桃等组成，高6～8 m。灌木层种类较多，且多为湿生种类，盖度40%～60%，平均高1.4 m，无明显优势种，常见种类有荚迷、青荚叶、栓翅卫矛、粉背溲疏、木姜子和棣棠花等。草本层发达，生长茂盛，种类繁多，多为喜温性种类，盖度50%以上，平均高0.7 m，主要种类有荨麻、金星蕨、红升麻、大披针薹草、龙芽草、鹿蹄草、陇南凤仙花和景天等。层间植物常有五味子、猕猴桃、盘叶忍冬、铁线莲、毛葡萄和粉背南蛇藤等。

亮叶桦纯林或以亮叶桦占优势的混交林，一般处于森林演替的过渡阶段。通常以华山松、亮叶桦组成第一林层，铁杉等耐阴树种组成第二林层。针叶树种遭到砍伐破坏后，亮叶桦以其生长迅速又高大的优势，占据主导地位，形成纯林或多种阔叶树混交林。

④ 鹅耳枥林

鹅耳枥属植物主要分布于亚热带山地，以中亚热带分布居多，此类群落多系含常绿树的落叶阔叶林。在火地塘，鹅耳枥(*Carpinus turczaninowii*)主要分布在海拔1 500～2 000 m范围内，常以落叶阔叶林的伴生种出现，多与锐齿栎、漆树、华山松、刺叶高山栎和铁杉形成混交林。

鹅耳枥喜温暖、湿润气候，在地形平缓，土层深厚，肥力条件较高，质地为沙壤或壤土的山地黄棕壤、山地棕壤上均能生长，在母岩为石灰岩的山地上生长最好。

鹅耳枥林外貌呈浅绿色，整齐，结构简单，树体通直，枝叶稀疏，树冠较小，林下光照条件较好，郁闭度0.6～0.8。混生树种主要漆树、锐齿栎、铁杉、华山松、油松、椴、槭类等。灌木层稀疏，总盖度40%，平均高度2.5 m，主要种类有金花忍冬、桦叶荚迷、鼠李、木姜子、美丽胡枝子、栓翅卫矛、甘肃山楂、青麸杨、箭竹、胡枝子、绣线菊、青荚叶和红脉忍冬等。草本层盖度20%左右，平均高度0.5m，常见种类有大披针薹草、黄背草、白茅、麦冬、龙芽草、唐松草和四川天名精等。层间植物为铁线莲、五味子、常青藤和南蛇藤等。

鹅耳枥林是一种特殊的群落类型，分布面积不大，数量较少，但树干通直，尖削度小，天然整枝良好，生长快，群落比较稳定。由于人们对其研究较少，其动态过程不明，很可能是松栎混交群落演替过程中的一个过渡类型。

⑤ 山杨林

山杨(*Populus davidiana*)林分布普遍,黑龙江、吉林、内蒙古、河北、山西、湖北、四川、云南、甘肃、江苏、青海等省均有其存在。在陕西秦岭南北坡、渭北山地、陕北山地等凡有天然林的地域均可见到山杨林。在秦岭,山杨主要分布在海拔1 000 ~2 700 m范围内;在火地塘,山杨林主要分布在1 300 ~2 500 m的海拔范围内,在各个坡向、各种坡位均有分布,以山坡上部、山脊及两侧分布较多,在火地沟、水晶沟和新路道班最为常见。

山杨系强喜光树种,耐侧方荫庇,对土壤条件要求不严,在褐土、淋溶褐土、山地棕色森林土、山地灰化棕色森林土、山地原始粗骨棕色森林土、黄褐土上均能生长。对土壤水分适应范围较宽,较耐干旱和瘠薄。

在火地塘,山杨多为混交林,纯林较少,只有在山脊干旱、瘠薄的山地棕壤和山地暗棕壤上可形成小块纯林,混生树种常有锐齿栎、油松、华山松、红桦、铁杉和漆树等。山杨林群落结构简单,林相整齐。乔木层可分为两层,第一亚层以山杨占优势,高度14 ~20 m,胸径16 ~20 cm,混生树种主要为锐齿栎、铁杉、华山松、红桦、油松、少脉椴、榛、鹅耳枥、五裂槭等,第二亚层树种种类较多,高6 ~8 m,由小乔木组成,主要种类有毛樱桃、槲树、千金榆、水榆花楸、刺叶高山栎、银鹊树、华榛、血皮槭和青榨槭等。灌木层稀疏,盖度较低,常在30% ~40%,高度1.5 m,主要种类有甘肃山楂、青麸杨、箭竹、美丽胡枝子、胡颓子、绣线菊、青荚叶、栓翅卫矛、桦叶荚蒾、红脉忍冬和峨眉蔷薇等。草本层盖度多在40%左右,高度0.6 m,种类多属中生耐旱植物,优势种主要有薹草、球穗扁莎草、大披针薹草、野青矛、野棉花、白矛、纯萼铁线莲、风毛菊、异叶败酱、龙芽草、野菊和野青茅等。

除此之外,山杨林中还有少量层间植物,主要有盘叶忍冬、粉背南蛇藤、五味子和铁线莲等。

山杨具有大量结实和较强的萌蘖力,天然更新很好,在火烧迹地或采伐迹地上,山杨林是天然更新的先锋树种。

山杨林是森林演替系列中的过渡阶段,在其他林分遭到破坏后,山杨首先占领迹地,形成优势林分,但由于其后期生长缓慢,寿命短,最终又被其他主要成林树种所更替。

(3) 落叶阔叶混交林

落叶阔叶混交林是一种由多个落叶乔木树种组成而优势种不甚明显的落叶阔叶林,其形成主要取决于生境条件的优越程度,同时也受植被地带性特征、立地条件、人为干扰程度的影响。火地塘教学试验林场地处秦岭南坡,水热条件十分优越,构成落叶阔叶林的植物种类十分丰富,类型繁多。火地塘的落叶阔叶混交林主要分布于阴坡下部或向阳凹形地段及阴湿的宽阔山谷底部,此类型森林常被称为沟谷杂木林。落叶阔叶混交林显著的群落学特点是共建种较多,在不同地段或不同海拔高度其建群种变化很大,甚至在很小的水平和垂直空间尺度范围内,乔木层的树种也有很大变化。如果严格按照《中国植被》(1980)的植被分类的优势种原则,本区的落叶阔叶混交林可以划分出多个群系,但由于每种群落的分布地域和分布面积很小,为便于描述,将各类群落归并在一起。实际上从植被分类级别上看,落叶阔叶混交林是一个群系组。

落叶阔叶混交林广泛分布于秦岭山地。在火地塘,落叶阔叶混交林处于落叶阔叶林带,海拔1 300 ~2 200 m,在山坡下部、溪流两旁、宽阔沟谷底部分布最多。

落叶阔叶混交林生态环境阴湿,光照条件较差,湿度大,土壤为山地棕壤,质地沙壤或壤土,土层深厚肥沃,含水量较高,腐殖质层较厚,有机质含量较高。

落叶阔叶混交林外貌参差不齐,树冠波状起伏,层次结构复杂,树木构成种类繁多,主要树种有亮叶桦、枫杨、少脉椴、鹅耳枥、铁杉、漆树、华西枫杨、领春木、五尖槭、青榨槭、金钱槭、锐齿栎、红桦、水曲柳、秦岭冷杉和山白树等。乔木层第一亚层树种主要是枫杨、亮叶桦和华西枫杨等,树高 20 m 以上;槭、椴常处于第二亚层,高12 ~ 14 m;第三亚层多为小乔木种类,高度 3 ~ 5 m,主要为水榆花楸、白蜡、四照花、刺楸和金钱槭等。灌木层盖度变化很大,主要受上层林冠稀疏程度的影响,主要种类有青荚叶、楤木、榛、棣棠花、桦叶荚蒾、光叶高丛珍珠梅、猫儿屎、美丽悬钩子及粉背溲疏等,盖度 39%,平均高度 1.6 m。草本层以湿生种类为主,常见种类有升麻、野青茅、天南星、大叶鹿蹄草、水金凤、索骨丹、毛细辛、大披针薹草、活血丹、冷水花、裂叶荨麻、短毛金线草等,盖度 20%,平均高度 0.5 m。落叶阔叶混交林因多生长于阴湿沟谷中,光照条件不佳,藤本植物较少,特别是大型木质藤本更少。群落内常出现的藤本植物有常春藤、穿龙薯蓣、鸡矢藤、黑刺菝葜、盘叶忍冬和猕猴桃等。

① 鹅耳枥 + 槭树林

鹅耳枥 + 槭树林主要分布在海拔 1 500 ~ 1 800 m 的低山地带,在立地条件较好的山坡和沟谷中最为常见,在火地塘,主要分布在板桥沟和火地沟。土壤为山地棕壤或山地黄棕壤,湿润,肥沃。构成林分的树种多为中生偏湿性或中生性树种。乔木层主要树种有千金榆、鹅耳枥、锐齿栎、漆树、盐肤木、各种椴树、各种槭树、花楸、刺榛、水青树、领春木、枫杨、青钱柳等。林相整齐,生长良好 ,平均高 20 m,疏密度 0.7 ~ 0.8;灌木层稀疏,种类繁多。主要种类有青荚叶、猫儿屎、多花木兰、绣线菊、木姜子、小檗、六道木、三尖杉等;林内阴暗潮湿,草本层以耐阴植物为主,主要有水龙骨、水金凤、索骨丹、水苧麻、连钱草、繁缕、双叶细辛、野棉花、大披针薹草、重楼等。

② 枫杨 + 漆树 + 槭树林

枫杨 + 漆树 + 槭树林主要分布在海拔 1 300 m 以上的山谷和地形起伏多变、环境潮湿的谷坡下部,以及土层深厚、肥沃、潮湿的山地棕色森林土上。在火地塘,主要分布在大水沟谷底。群落结构层次重叠,树木种类繁多。乔木层常以枫杨、漆树构成第一亚层,槭类、椴树和领春木等居于第二亚层,其他乔木有野胡桃、五尖槭、青榨槭、锐齿栎、少脉椴、鹅耳枥、白蜡、陕甘花楸和四照花等。灌木层植物种类较多,常见的有榛、甘肃山楂、木姜子、桦叶荚蒾、荚蒾、楤木、灰栒子、高丛珍珠梅、华北绣线菊、美丽胡枝子及粗榧等。草本层则以耐阴、喜潮湿的种类为主,常见种类有大披针苔、野青茅、唐松草、淫羊藿、天门冬、天南星、香青、落新妇和蕨类等。

③ 漆树 + 鹅耳枥林

漆树 + 鹅耳枥林分布在海拔 1 700 m 左右多石块的壤质砂土山地棕壤坡地上。在火地塘,主要分布在火地沟和鸦雀沟。土层厚度约 60 cm,有机质含量 6.0%。群落主要由高位芽植物、地面芽植物和地下芽植物组成。群落外貌呈浅绿色,林相不整齐,林冠密集,郁闭度 0.7 ~ 0.9。乔木层种类丰富,无明显优势种,优势成分为漆树、鹅耳枥,伴生种有锐齿栎、槭属、椴属、梾木属、微毛樱桃和托叶樱桃等;灌木层高 1.5 ~ 2.0 m,盖度 60%,优势种有金花忍冬、粉背溲疏、糙叶鼠李、青荚叶、刚毛忍冬和美丽胡枝子等;草本层稀疏,盖度 20%,高 0.1 ~ 0.3 m,优势种有大披针薹草、四川天名精、蕨叶天门冬、唐松草、龙芽草等;层间植物有西五味子、铁线莲等。

④ 锐齿栎 + 漆树林

锐齿栎 + 漆树林主要分布在海拔 1 600 ~ 1 700 m 的山坡下部，在火地塘主要分布在火地沟和鸦雀沟。土壤为山地棕壤，土层厚 20 cm、壤土，有机质含量 6.0%，是锐齿栎林和典型的落叶阔叶杂木林间的过渡类型。其组成成分的生活型为：高位芽植物占 71.3%，地面芽植物占 20.6%，地下芽植物、地上芽植物和一年生植物所占比例较少。群落外貌呈黄绿色，波状起伏，林木密集，林相整齐，层次结构分明，郁闭度 0.7 ~ 0.8，乔木层高 12 ~ 18 m，胸径 16 ~ 22 cm，优势种为锐齿栎和漆树，伴生种类较多，主要有山核桃、华山松、椴属、槭属、木姜子、领春木和刺榛等。灌木层高 1.5 ~ 2.0 m，盖度 50%，种类较多，主要有箭竹、青荚叶、刚毛忍冬和悬钩子等。草本层相对稀疏，盖度 20%，高 0.1 ~ 0.4 m，优势种为大披针薹草和蕨类，伴生种有大叶碎米荠和粟草等；层间植物丰富，主要有盘叶忍冬、猕猴桃、大芽南蛇藤、常春藤和五味子等。

群落中乔木层优势种的幼苗、幼树在林下更新层中均较多，尤其锐齿栎的实生和萌蘖苗最多，乔木层的伴生种也具有这种特征，证明本群落具有较强的稳定性。

⑤ 红桦 + 亮叶桦林

红桦 + 亮叶桦林主要分布在海拔 1 600 m 左右的平缓坡脚，在火地塘，主要分布在水晶沟和鸦雀沟。土壤为山地棕壤，土厚 60 cm，砂质壤土，土壤有机质含量 4.1%。在树种组成的生活型谱中，高位芽植物占 72.0%，地面芽植物占 22.0%，地上芽植物和一年生植物所占比例很小。群落外貌淡绿色，林相整齐，林木密集，郁闭度 0.8 ~ 0.9，层次结构分明。乔木层分两个亚层：第一亚层高 20 ~ 22 m，由红桦、亮叶桦和油松组成，胸径 18 ~ 20 cm，第二亚层高 10 ~ 12 m，由鹅耳枥、山胡椒和筐柳等组成，胸径 10 cm 左右；灌木层稀疏，高0.3 ~ 0.4 m，盖度仅为 20%，优势种有粉背溲疏、山梅花，伴生有栓翅卫矛、金花忍冬和茶藨子。草本层较稠密，盖度 70%，种类较多，优势种为大披针薹草和蕨，此外还有龙芽草、野青茅和红升麻；层间植物比较丰富，种类也多，主要有穿龙薯蓣，缠绕乌头和大芽南蛇藤等。

本群落诸共建种均较喜阴，第一亚层乔木树种无更新，较多出现的是锐齿栎、漆树、鹅耳枥、槭树、灯台树和沙梾等耐阴树种，在乔木层中他们多处于第二亚层，表明红桦、亮叶桦种群已经老化，而耐阴树种锐齿栎等树种的种群是增长种群，演替的结果是喜光的建群树种渐渐退化，耐阴种的种群增长，最终本群落将让位于其他落叶阔叶杂木林。

⑥ 漆树林

漆树（*Toxicodendron vernicifluum*）主要分布于河北、河南、甘肃、湖北、四川、福建、云南等省。在秦岭山地和巴山山区，野生漆树主要分布在海拔 500 m 以上的自然植被之中，其垂直分布的上限可达桦木林带，以松栎林带分布最为普遍，多呈块状或团状。在火地塘，野生漆树主要分布在海拔 1 600 ~ 2 000 m 的山坡中、下部或沟谷底部，通常与灯台树、锐齿栎、椴树、铁杉、华山松、油松等树种构成混交林。

野生漆树喜温暖、潮湿气候，喜光，幼苗期能忍耐一定的荫庇，萌芽能力较强，在土层深厚、肥沃、有机质分解较好的石灰质土壤上生长良好，速度较快。

群落外貌呈黄绿色，林木密集，分布均匀，林相整齐，层次结构明显，郁闭度 0.6 ~ 0.8，乔木层高 16 ~ 24 m，胸径 15 ~ 30 cm，优势种为漆树，混生有锐齿栎、山杨、华山松、油松和铁杉等，伴生树种较多，主要有椴属、槭属、木姜子、领春木、榛和樱桃等。灌木层高 1 ~ 2 m，盖度 30% ~ 40%，种类较多，多为阴湿成分，主要种类有刚毛忍冬、悬钩子、巴山木竹、箭竹、胡枝子、青荚叶、胡颓子、荚蒾和茶藨子等；草本层相对稀疏，盖度 20% ~ 30%，高 0.2 ~ 0.4 m，主要种类有大披针薹草、四川天名精、唐松草及蕨类等。藤本植物有粉背南蛇藤、盘叶忍冬、常春藤和五味子等。

漆树萌生能力较强，幼苗比较耐阴，在受到采伐或人为破坏后，在伐桩上能够萌蘖许多萌条，林下幼苗幼树较多，群落较稳定。由于漆农超期超量割漆以至死树很多，应注意自然资源保护。

2. 竹林

竹林是单优种组成的纯林，主要分布在热带和亚热带地区。火地塘教学试验林场由于地处北亚热带北缘，竹林群落类型和分布面积均较少，仅有温性竹林一个植被类型，且多为林下植物，常与其他灌木混生构成各种林分结构，主要有二个类型，即巴山木竹林和秦岭箭竹林。

（1）秦岭箭竹林

秦岭箭竹（*Fargesia qinlingensis*）林主要分布在秦岭、巴山和关山，是一种天然竹林。在火地塘，主要分布在海拔 1 600 ~ 2 500 m 范围内。在平河梁及草甸周边分布最多。秦岭箭竹耐寒性强，在干旱和瘠薄土壤上也可正常生长。其林冠整齐，生长茂密，高度 1 ~ 3 m，茎粗 0.8 ~ 1.6 cm，平均立竹密度 7 ~ 10 万株 · hm^{-2}。群落除成片纯林分布外，在稀疏地段常与冷杉、红桦和锐齿栎等针、阔叶乔木树种混交成林。

（2）巴山木竹林

巴山木竹（*Bashania fargesii*）林是巴山、米仓山、伏牛山中部地带的天然竹林，在陕西主要分布于汉中地区南部的米仓山区和镇巴县西北部。在火地塘，主要分布在林场场部与板桥沟之间的山坡下部，多呈片或块状分布。巴山木竹喜光和温暖湿润气候，在山地棕壤和山地黄棕壤，质地壤质或轻粘，较疏松，团粒结构好的条件下生长良好。

巴山木竹多为单优种群，也可与油松、山杨、漆树、锐齿栎和千金榆等形成竹木混交林，林相整齐，多呈水平郁闭，高度 1 ~ 3.7 m，直径 1 ~ 2 cm，盖度在 60% ~ 90%，平均立竹密度为 29.0×10^3 万株 · hm^{-2}。因地面枯落物较厚，竹根盘结，伴生植物极少；草本层稀疏，盖度多为 20%，主要种类有大披针薹草、野菊等。

二、灌丛

灌丛是以无明显地上主干多为簇生灌木占优势的植被类型。群落高度多在 3 m 以下，盖度多在 30% ~ 40%。在火地塘，灌丛分布面积较小，但分布范围较广，类型较多。按起源和稳定程度，灌丛可分为原生灌丛和次生灌丛两大类。原生灌丛主要分布在海拔 2 400 m 以上，主要类型有太白杜鹃灌丛、细枝绣线菊灌丛和陕甘花楸灌丛等。次生灌丛主要分在海拔 1 300 ~ 2 400 m 的范围，系原来森林群落被破坏后形成，主要类型有峨眉蔷薇灌丛、筐柳灌丛、黄花柳灌丛和唐古特忍冬灌丛等。根据灌木种的生物学特性，又可将其划分为常绿灌丛和落叶灌丛，在火地塘主要分布的灌丛类型特点分述如下：

（一）常绿灌丛

在火地塘仅有太白杜鹃（*Rhododendron purdomii*）灌丛，主要分布在海拔 2 000 ~ 2 500 m 范围内，常见于平河梁两侧的山脊的阴坡或半阴坡，并有巨石裸露，土层薄，地被物较厚，湿度较大，是一种高大的灌木林。优势种太白杜鹃高 4 ~ 6 m，个别植株呈乔木状。

灌木层太白杜鹃占绝对优势，盖度 60% ~ 80%，其下灌木种类较少，常见峨眉蔷薇、唐古特忍冬、华西银腊梅、细枝茶藨子、山茱萸、纤齿卫矛等。

草本植物种类较少，盖度多在 10% ~25%，常见种类有索骨丹、假冷蕨、鬼灯檠、裸茎碎米荠、膨囊薹草、单枝灯心草和糙苏等。

此类型为原生裸地先锋灌木群落，进一步发展，有可能被附近的糙皮桦和红桦所代替，形成先锋乔木群落桦木林，但在多数情况下是作为高山稳定灌木群落存在。

（二）落叶阔叶灌丛

1. 寒温性落叶阔叶灌丛

（1）细枝绣线菊灌丛

细枝绣线菊（*Spiraea myrtilloides*）灌丛主要分布在海拔 2 200 ~2 500 m 地形较平缓的阴坡或半阴坡，在平河梁以上地段较为常见。群落外貌呈绿色至黄绿色，盖度 50% ~80%，高度 1.8 ~2.2 m。细枝绣线菊在群落中占绝对优势，混生的其他灌木主要有红脉忍冬、唐古特忍冬、微毛樱桃、茶藨子、腺柳、银露梅、华西忍冬和峨眉蔷薇等。草本层盖度35%，以大披针薹草占优势，混生有川滇薹草、太白银莲花、球穗蓼、唐松草、早熟禾、狼牙菜、川赤芍、风毛菊和东方草莓等。

本灌丛为云杉、冷杉林采伐后形成的次生灌丛，可能由悬钩子灌丛发展而来。

（2）陕甘花楸灌丛

陕甘花楸（*Sorbus koehneana*）灌丛主要分布在海拔 2 000 ~2 500 m 范围内的山坡中、下部，土层较厚，湿度较大，呈酸性反应，在平河梁较为常见。

本灌丛以陕甘花楸为建群种，虽分布较广，但多为小片状出现。群落盖度 60% ~80%，陕甘花楸分盖度 40% ~50%，高 1.8 ~4.0 m，生长茂盛。其他伴生灌木种类有湖北花楸、峨眉蔷薇、华北绣线菊、唐古特忍冬、青荚叶、秦岭小檗和匙叶小檗等。草本层优势种为青茅、粟草、早熟禾等，其他常见的有大舌薹草、茜草、团穗薹草等。

本灌丛多系桦木林破坏后植被恢复演替的灌木阶段，在坡度较陡、碎石裸露等基质条件较差的地段，其他乔木难于侵入，形成相对稳定的陕甘花楸灌丛。

（3）秦岭柳灌丛

秦岭柳（*Salix alfredii*）灌丛主要分布在海拔 2 100 ~2 500 m 范围内的山地沟谷湿润地段，在平河梁较为常见。地下水位较高，土壤壤质、潮湿，土层较厚，有机质含量6%。秦岭柳多为单优势群落，尚见卫矛、细枝绣线菊和黄瑞香等，盖度及密度均远小于秦岭柳，且多分布于群落边缘。秦岭柳灌丛呈块状分布，外貌灰绿色，结构整齐，株丛浑圆，周围常被草本群落包围，群落盖度达 90%，高度 3 ~5 m，丛密度 3.0 丛 · m^{-2}，株密度达 22.0 株 · m^{-2}。草本层盖度 20% ~40%，主要种类有问荆、大披针薹草和团穗薹草，混生有少量毛茛，东方草莓、糙叶黄芪、千里光、牛尾蒿等。

本灌丛系问荆群落演替而来的先锋灌丛，比较稳定，是特殊地形生境的产物，具原生灌丛性质，可视为一个地形顶级群落。

2. 温性落叶阔叶灌丛

（1）峨眉蔷薇灌丛

峨眉蔷薇（*Rosa ormeiensis*）灌丛主要分布在海拔 1 900 ~2 500 m 范围内的山坡中下部和山脊梁顶，在平河梁较为常见。坡度较缓，湿度较大，土层较厚，土壤 pH 多在 5.0 ~5.5。群落以峨眉蔷薇占优势，高度可达 1.5 ~2 m，盖度 60% ~80%，其他灌木种类主要有小叶柳、华北绣线菊、细枝绣线菊、陕西绣线菊、红脉忍冬、华西忍冬、秦岭蔷薇、微毛樱桃、秦岭箭竹和栓翅卫矛等，是桦木林或巴山冷杉林受干扰后形成的次生灌丛。草本层有大花糙苏、橐吾、大叶碎米荠、东方草莓、马先蒿、野青茅和假冷蕨等。

峨眉蔷薇灌丛大多为桦木林或冷杉林破坏后形成的次生群落，由于水分条件较优越，随着群落进一步发展和环境条件改善，其将被糙皮桦或者红桦所更替。

(2) 筐柳灌丛

筐柳(*Salix Linearistipularis*)灌丛主要分布在海拔 1 300 ~ 1 900 m 范围内的山沟坡底平缓地段，在火地沟，板桥沟最为常见。土壤质地为壤质或砂质，有机质含量 6% 左右，土层厚度 60 cm 以上，地下水位高，土壤湿度较大。因生境条件优越，筐柳生长良好。筐柳群落外貌呈灰绿色，结构整齐，群落总盖度 60% ~80%，高度 2.5 ~3.5 m，丛密度 1 ~3 丛 · m^{-2}，株密度 5.5 株 · m^{-2}。本灌丛多系栎林或桦木林被破坏后出现的次生群落，其内常混杂红桦、锐齿栎等乔木树种。筐柳在群落中居优势地位，显著度和优势度均在 60% 以上，分盖度 30% ~50%。其他灌木有喜阴悬钩子、光叶高丛珍珠梅、甘肃山楂、栓翅卫矛、杭子梢等。草本植物繁茂，盖度 40% ~60%，以小糠草为优势，混生有芒、湖北野青茅、地榆、龙芽草、野棉花和披碱草等。

本灌丛为森林采伐迹地或撂荒地上次生演替恢复之灌丛，起源于胡枝子、杭子梢等先锋灌丛，在人为抚育下可发展为油松林或栎林。

(3) 黄花柳灌丛

黄花柳 (*Salix caprea*)灌丛主要分布在海拔 1 300 ~2 500 m 范围内坡度平缓、土层深厚、湿度较大地段，在板桥沟、火地沟以及长安河两旁最为常见。黄花柳灌丛属高大灌木群落，木本植物种类较杂，群落外貌杂乱，总覆盖度常达 90% 以上。黄花柳覆盖度 50% ~70%，灌木层内常出现华山松、槭类、山杨、红桦等乔木幼树，混生灌木有四川栒子、峨眉蔷薇、甘肃山楂、椋木、千金榆等，种类较多，但优势度均不大。草本层优势度不明显，较常见草莓、龙芽草和小糠草等。

本灌丛多为山坡中下部或近沟谷底部之桦林或栎林破坏后出现的次生群落，稳定性差，常被杂木林更替。

(4) 唐古特忍冬灌丛

唐古特忍冬(*Lonicera tangutica*)灌丛主要分布在海拔 1 600 ~2 500 m 范围内的坡面、梁顶及路旁，在平河梁最为常见。群落外貌绿色，结构整齐，总覆盖 60% ~80%，丛密度 2.6 丛 · m^{-2}，株密度 8.5 株 · m^{-2}，高度 1.5 ~2.5 m。唐古特忍冬在群落中显著度和优势度均在 70% 左右，主要伴生灌木种类有陕甘花楸、五尖槭、唐茶藨子、华西忍冬、红脉忍冬、美丽胡枝子和卫矛等。草本层盖度 25%，以大披针薹草为主，混生有莛子藨、粟草、披针叶茜草及一些蕨类。

本灌丛为云杉、冷杉林采伐迹地上形成的次生演替群落，唐古特忍冬也是冷杉林下灌木层的主要种类。

三、草甸

草甸是在适中的水分条件下形成和发育起来的，尤以多年生中生草本植物为主体的植物群落。在火地塘仅分布在平河梁海拔 2 200 ~2 500 m 的地段，地形平缓，土壤深厚，水分含量较高,甚至具有季节性积水,分布面积较小。

(一) 高寒草甸

1. 川滇薹草草甸

川滇薹草(*Carex schneideri*)草甸主要分布在海拔 2 500 m 的平河梁上部,地形平缓,土层深厚肥沃,水分条件优越。该草甸结构简单,是以川滇薹草为优势的单层群落,高 40 ~ 60 cm,盖度 60% ~ 80%,其他草本有甘肃薹草、小银莲花、秦岭龙胆、球穗蓼和风毛菊等。本草甸群落有时可出现少量灌木,主要为小叶柳、头花杜鹃、绣线菊和银露梅等。

2. 球穗蓼草甸

球穗蓼(*Polygonum sphaerostanchyum*)草甸分布海拔范围与川康薹草草甸基本相同,多出现在局部低平地段,特别在阴坡、半阴坡的平缓处较多。土层厚 30 ~ 40 cm,上层具有结构性。球穗蓼草甸群落的组成植物 20 多种,其成分与川滇薹草草甸基本相同。虽然二者在组成成分上相同,但二者在群落性质上存在较大差异。球穗蓼草甸以球穗蓼占绝对优势,分盖度在 50% ~ 70%,薹草稀疏,分盖度一般不超过 4%。其他常见种类有川滇薹草、唐松草和小银莲花等。

(二) 寒温草甸

1. 城口薹草草甸

城口薹草(*Carex luctuosa*)草甸主要分布在海拔 2 000 ~ 2 400 m 的桦木林带内、河谷杂木林隙或林缘,在桦木林采伐迹地上也可发育,环境潮湿。群落外貌呈黄绿色,结构简单,以城口薹草为建群种,盖度 60% ~ 70%,高度 40 ~ 60 cm;其他常见种类主要有大叶碎米荠、驴蹄草、附地菜、黄海棠、龙芽草和唐松草等。

2. 针叶薹草草甸

针叶薹草(*Carex onoei*)草甸主要分布在海拔 2 300 m 的各个坡向的山坡上,以阴坡、半阴坡较多。群落以针叶薹草为建群种,其次为风毛菊、东方草莓等。盖度 40% ~ 60%,高度30 ~ 50 cm。

(三) 温性草甸

火地塘仅有牛尾蒿草甸。

牛尾蒿(*Artemisia subdigitata*)草甸主要分布在海拔 1 400 ~ 1 800 m 的栎林或山杨林的林隙、林缘及其采伐迹地上,建群种为牛尾蒿,高 1. 5 ~ 3. 0 m,盖度 40% ~ 60%,其次为商南蒿,其他种类有委陵菜、五叶草莓、异叶败酱、早熟禾和披碱草等。

四、植被分布规律

(一) 植被水平分布特征

植被的水平分布是指温度和降水随着纬度或者经度的变化而变化,进而引起植被类型沿纬度或经度发生有规律更替的现象。在火地塘,由于经度和纬度跨度小,因此,区内植被水平分布地带性特征不明显。但因地貌多变,地形复杂,立地环境类型多样,因而植被在水平分布上呈现出一定分异特征。例如,在同一垂直带内,阔叶林常分布在地形较缓、坡度较小、水肥条件较好坡面上,而针叶林多分布在水肥条件较差的陡坡及山脊梁顶上。

在山地地形条件下,影响植被水平分布的主要生态因子为坡度、坡向、坡位及其组合方式。在同一海拔水平上,山坡上部和山脊多被油松、山杨、橿子栎、锐齿栎、槲栎和杜鹃所占据,而山坡下部、河谷底部多被槭树、椴树、漆树、柳树、青麸杨和野胡桃所占据;阳坡植被多由相对喜光、耐旱、耐瘠薄的种类如山杨、毛樱桃、油松等成分组成,而阴坡植被多由喜湿、喜肥、耐阴的种类如椴树、槭树等成分组成。

山地地形因子对植被的作用是通过影响土壤厚度、肥力状况、光照强弱以及对水热条件的重新分配而实现。山脊由于土壤侵蚀较重、土层较薄、肥力较低、干旱和土壤发育年龄较轻,因此,多分布耐旱耐瘠薄的针叶树种和灌木状阔叶树种等;坡脚由于土层堆积较厚,土壤肥沃、湿润,多分布喜肥沃的阔叶树种。阳坡由于光照充足,热量丰富,却因蒸发量大而显得土壤水分稍差,分布着喜阳树种;阴坡水分条件较好,分布着喜湿树种。

另外,土壤母质和人为影响强度的差异亦对植被分布有着深刻影响。尤其是人口密度大的地方,人为活动改变了植物的生态环境,使植被的演替偏离了自然进化的轨道,往往形成了特定的一些次生植被类型。

总而言之,在火地塘,植被水平分布具有以下几个方面的特征:

1. 针叶树种常分布在立地条件较差地段,阔叶树种则分布在立地条件较好的地段。针叶树特别是松属(主要是油松和华山松)常分布于陡峭的山脊梁顶,而较平缓的梁脊和坡面、沟谷则为阔叶林占据。形成这种格局的原因并非油松和华山松喜好恶劣的生境条件,而是具有较强的忍受恶劣环境的能力。

2. 森林植被带具有明显的上移现象。火地塘位于秦岭南坡,夏季东南季风沿着开阔的山谷前进,开阔地形的植被类型往往比封闭的山谷或秦岭主脊北部的分布要高,这是森林带发生上移的主要原因之一。局部背风地段,巴山冷杉林和糙皮桦林已上移至海拔较高位置,这种海拔上的冷杉林、桦木林以及灌丛草甸镶嵌分布格局形成的主导因子是土壤和风。

3. 同一垂直带上不同植被类型呈群落交错分布,各类型间界限不明显。在海拔 2 300 m 左右,红桦林和糙皮桦林均有分布,但两者占据着不同的生境,红桦林分布于土层稍厚、坡度稍缓的地段,糙皮桦林则分布在土层较薄,坡度较陡,并且地表具有大量石块堆积的地段。在海拔 1 400 ~ 1 700 m 范围中,锐齿栎林和短柄枹栎林交错分布,并可能形成混交林,但一般锐齿栎林在阴坡、半阴坡较多,短柄枹栎林则在阳坡或陡峭的山脊上较多,形成这种格局的原因主要与群落建群种的生态生物学特性直接相关。

4. 林下灌木层和草本层植物的分布表现出明显的水平方向上的差异。例如,巴山木竹喜好肥沃湿润的土壤条件,在各自的分布区内,水土条件较差的地段则为一些阔叶灌木所取代。

5. 隐域植被类型表现明显。在同一海拔水平,由于局部地形的影响,往往导致隐域植被类型的发生,如平河梁分布的亚高山草甸和沼泽草甸就是典型隐域植被类型。

(二) 植被垂直分布规律

植被的垂直分布是指随着海拔的升高,水热条件的改变,导致不同植被类型在不同海拔范围发生有规律更替的现象。火地塘教学试验林场所处地区最低海拔 1 300 m，最高海拔 2 600 m，相对高差 1 300 m，植被垂直分异较大，表现出明显的垂直地带性分布规律。

本场主要植被类型及其分布的垂直高度、分布范围见表 1－3。

表 1－3 火地塘教学试验林场主要森林植被类型垂直分布

序号	群落类型	分布海拔/m
1	巴山冷杉林 *Abies fargesi* forest	2 400～2 600
2	青杆林 *Picea wilsonii* forest	2 000～2 400
3	华山松林 *Pinus armandii* forest	1 700～2 200
4	油松林 *Pinus tabuliformis* forest	1 300～1 800
5	针阔混交林 Coniferous and broadleaved mixed forest	1 500～1 900
6	落叶阔叶混交林 Deciduous broadleaved mixed forest	1 300～1 800
7	糙皮桦林 *Betula utilis* forest	2 400～2 600
8	红桦林 *Betula albosinensis* forest	2 000～2 400
9	山杨林 *Populus davidiana* forest	1 400～2 000
10	槲栎林 *Quercus aliena* forest	1 300～1 400
11	锐齿栎林 *Quercus aliena* var. *Acuteserrata* forest	1 300～1 800

根据火地塘教学试验林场所处地理位置、海拔范围以及森林植被类型的垂直分布特征，森林植被垂直带谱主要由以下植被带构成。

（1）低山落叶阔叶林带（1 000～1 300 m）

低山落叶阔叶混交林带分布于海拔 1 300 m 以下，系暖温带气候，土壤类型为森林棕壤。低山落叶阔叶林带虽植物群落类型较多，但多为以栓皮栎为优势的森林群落，栓皮栎林在该带内不仅具有较多的群落类型，而且占据着最大的空间范围，为本带最具代表性的显域植被类型。本带的落叶阔叶杂木林也主要分布于该带的宽阔沟谷中。带内的主要植物群落有栓皮栎林和茅栗林，林内往往混生有化香、山合欢、盐肤木、黄檀等热带起源的树种，并有少量常绿阔叶树种如小青冈等混生其中。该带因海拔较低，受人为活动影响较大，多为中幼龄萌生次生林，实生林很少。

（2）山地针阔混交林带（1 300～2 200 m）

针阔混交林带分布于海拔 1 300～2 200 m，系山地暖温带气候，温和、湿润、多雨，土壤类型为棕色森林土，本带因地跨海拔高度较大，按其建群种组成，可分为两个亚带，即松栎林亚带和松桦林亚带。松栎林亚带分布于海拔 1 300～1 800 m，该亚带建群树种为锐齿栎和油松；松桦林亚带分布于海拔 1 800～2 200 m，该亚带建群种为华山松和红桦。

锐齿栎是该区垂直跨度最大，分布最广，最显著、最重要的森林景观类型之一。在此海拔范围内水、热条件较好，森林群落植物种类繁多，乔木树种和大型木质藤本发育良好，是各垂直带中植物种类最多的一个带。锐齿栎林占绝对优势，此外小橡子树林分布面积也较大，其他尚有油松林、华山松林、铁杉林、落叶阔叶混交林等群落类型。橿子栎在垂直带中的位置与锐齿栎林更接近，主要分布于1 400 ~ 1 700 m的阳坡，生境较锐齿栎林略干燥。在本带一些陡峭山坡、梁顶还有针叶林及针阔叶混交林分布，如油松林多分布于海拔1 800 m以下的陡峭山梁及峰顶，针阔叶混交林则多分布在海拔1 600 m以上的山坡上。

华山松和红桦混交林也是本带最具代表性的林分类型，其主要分布在地势较为平坦、土壤肥力较高的地段。在松桦林亚带中，构成群落的树种较多，如漆树、椴树、山杨均在本亚带占有一定的地位，常以团状或块状分布其中。本亚带的灌木种类较为丰富，主要有绣线菊、峨眉蔷薇、藏刺榛、红脉忍冬、唐古特忍冬等；植物种类甚多，如假冷蕨、陕西粉背蕨、大披针薹草、鹿蹄草、细辛、红升麻等。

(3) 中山落叶阔叶小叶林带(2 200 ~ 2 400 m)

中山落叶阔叶小叶林带分布于海拔2 200 ~ 2 400 m之间，气候温凉湿润，土壤为暗棕壤。带内植被类型以红桦林和糙皮桦林为主，红桦林在下，糙皮桦林在上，这两类桦木林在这一区域占据绝对优势，亦被称为桦木林带。华山松林、针阔叶混交林也主要分布于桦木林带内。由于该带优势树种较多，常形成混交林。

林下的优势灌木多为秦岭箭竹，其在林下常居优势。此外，峨眉蔷薇、唐古特忍冬、细枝绣线菊等也可形成优势。草本层优势种有假冷蕨、大花糙苏等。

桦木林或以桦为优势的针阔叶混交林，地质时期和现代都可形成地带性水平和垂直森林，是凉温湿润气候的顶级植物群落。因此桦木林可以作为暖温带落叶阔叶林与寒温带湿冷生针叶林的过渡地带凉温湿润气候的代表，其区系组成也是以典型落叶阔叶林和湿冷生针叶林的混合成分为特点。本带优势灌木多为秦岭箭竹，陕西荚迷、桦叶荚蒾、青荚叶等。草本层优势种有大花糙苏等。

(4) 亚高山针叶林带(2 400 ~ 2 600 m)

亚高山针叶林分布于海拔2 400 ~ 2 600 m，被称为亚高山针叶林带是为强调其寒温带湿冷的生境特征，以区别于其他类型的针叶林，按植被学的习惯用法指林线以下的海拔较高地区。本带在海拔2 400 ~ 2 600 m大部分地段为巴山冷杉林占据，也可称为巴山冷杉林带；在海拔2 600 m以上分布有大面积的太白红杉纯林，故可称为太白红杉林带。山脊或峰顶多强风处还分布有亚高山灌丛和草甸。巴山冷杉林下灌木优势种多为秦岭箭竹、金背杜鹃和太白杜鹃，草本优势种有川滇薹草、白花碎米荠等。

五、森林的概念与识别

森林是指以乔木为主体，包括林内灌木、草本、动物，微生物等所构成的，能够对周围环境起影响作用的生物集合体。

按照森林在历史上是否受到过自然和人为破坏和干扰，森林可以分为原始林和次生林。原始林是指在历史上从未受到过自然和人为破坏的森林；次生林是指原始林经过自然和人为破坏或干扰(如火灾、水灾、风倒、雪压、采伐等)后，在自然力或人为措施作用下，重新恢复起来的森林。

按照森林恢复所受到的作用力，森林又分为天然林和人工林。天然林是指靠自然力而恢复起来的森林；人工林是指靠人力措施，如播种、栽植等而恢复起来的森林。

天然林与人工林相比，具有以下特点：

（1）天然林结构比较复杂，乔木层往往可以分为多个亚层，第一亚层常由高大的乔木种类构成，第二亚层常由一些伴生树种和天然更新的乔木树种构成。第三亚层常由乔木树种的幼树构成；人工林结构比较简单，只有一个乔木层。

（2）天然林树种组成比较繁多，林冠上层常常由多个树种组成；人工林树种组成比较简单，林冠层常常由单一的树种构成。

（3）天然林林木个体在地表空间分布不均匀，常以丛状、团状、块状分布在林地上；人工林林木个体在地表空间上分布比较均匀，常常可以看到林木个体之间具有一定株距和行距。

（4）天然林往往生长较慢，生产力低，但因森林群落生物多样性较高，因而群落适应性较强，稳定性较高，抵御自然灾害的能力较强，不易引起生境条件的恶化，特别是土壤肥力不易降低；人工林生长较快，生产力高，但适应性较差，稳定性较弱，抵御自然灾害的能力较差，易引起生境条件的恶化。

（5）天然林生态功能多样，生物多样性高，水源涵养、水土保持作用较强；人工林生态功能相对单一，生物多样性低，水源涵养、水土保持作用较弱。

第四节　秦岭火地塘主要土壤类型

一、暗棕壤

暗棕壤也叫暗棕色森林土，它是温带湿润地区针阔混交林下发育的土壤。暗棕壤相当于中国土壤系统分类中的冷冻湿润雏形土、暗沃冷冻淋溶土。

1. 暗棕壤的成土条件和形成过程

（1）暗棕壤的成土条件

暗棕壤分布的地区为温带或近似温带的垂直地带，其在秦岭南坡和北坡分布的海拔范围分别为 2 200 ~ 3 000 m 和 2 400 ~ 3 200 m。

典型的暗棕壤是发育在温带湿润地区针阔混交林下的土壤。其气候条件属于温带湿润季风气候，年平均气温 -1 ~ 5℃之间，年降雨量为 600 ~ 1 100 mm，≥10℃的积温为 2 000 ~ 3 000℃。干燥度指数 <1，无霜期 120 ~ 140 d，土壤冻结深度 1 ~ 2.5 m，一般到六七月间才能化完。所以其冬季寒冷漫长，夏季雨量集中。

天然植被以针叶树和落叶阔叶树的混交林占优势。秦岭南坡的暗棕壤，其主要树种有秦岭冷杉和巴山冷杉为主的冷杉林，但也有红桦林，林下灌木种类很多，草本生长繁茂。亦有部分地区为次生林，如落叶松、油松等。

所处地形在秦岭山区多为中心地形，而在秦岭南坡就只有在海拔 2 300 m 左右才能看到。

就母质而言，山地几乎全是残积类型，或在此类型的基础上受到坡积的影响，主要是花岗岩、玄武岩及片麻岩类风化物，有的地区暗棕壤多发育在第四纪湖积和冲积物上。

（2）暗棕壤的成土过程

① 具有明显的淋溶过程：该土类所处地区大陆性季风气候特征明显，夏季温暖多雨，全年降水量 70% ~ 80% 集中于此期，故土壤中产生了明显的淋溶过程，所以暗棕壤全剖面无碳酸盐反应。又因为针阔混交林残落物中盐基含量丰富，因而不可能产生强酸性淋溶而使其

淋溶过程呈弱酸性。

② 生物作用及化学作用强烈：本区一年之中多雨和高温季节重合，因此土壤中矿物易于分解，在AB层或B层有明显的黏粒增多现象(残积黏化)。但由于此层水分稳定，经常湿润。宜于矿物分解，故这些层常不具淀积特征，代换性盐基总量、盐基饱和度等有时反而低于土层。矿物分解产生出的游离二氧化硅以硅酸的形态溶于土壤中并由于冻结等原因而沉淀下来，因而土壤中常可看到无定形二氧化硅粉末，附着于结构体表面，而非是灰化作用的结果。

③ 有机质累积明显：因针阔混交林每年有大量凋落物，灌木和草类又可积累丰富的有机残体，它们均富含灰分元素，加之该区气候不过分寒冷，而雨量又多，故在土壤表层有机质累积明显，其含量多在10%以上，高者可达20%；腐殖质组成中胡敏酸的含量和腐殖质层的盐基饱和度均较高，呈弱酸性。因此暗棕壤具较高的肥力，但由于地形及母质之影响，土层厚度及肥力也常差异悬殊，一般山坡上部土层浅薄，多粗骨性；而山坡下部及阶地上发育的暗棕壤质地较黏，土层较厚，肥力较高。

2. 暗棕壤的剖面形态和基本性状

(1) 暗棕壤的剖面形态

剖面特点是层次呈明显的过渡状态，既无明显的灰化层，也无明显的铁、铝淀积层，全剖面由暗棕色过渡到棕色或浅棕色，发育正常的剖面可划分出A_{00}、A_0、A_1、AB、B和C等层次。

A_{00}层：枯落物层，疏松而具有弹性，向下过渡明显，厚度0~2 cm。

A_0层：半腐解的枯落物层，厚度5 cm，具白色菌丝体，松软而有弹性，与下层界限明显。

A_1层：暗灰棕色，厚15~20 cm，壤质，团粒至团块状结构，根系密集，有蚯蚓，多虫穴，向下层逐渐过渡。

AB层：灰棕色，厚10 cm左右，壤质、团块状结构，有木质粗根，较紧实，有时有炭肩，向下层逐渐过渡。

B层；棕色，厚10 cm左右，核状至块状结构，壤质至砂质较紧实，有木质粗根，结构面和石砾表面有时有不明显的铁锰胶膜，过渡明显。

C层：棕色，粗砂夹半风化的岩石碎屑，结构不明显，石砾表面有时可见铁锰胶膜，紧实。

全剖面的棕色，系土壤表层之有机质较多，在嫌气条件下铁被还原成亚铁，向下移动，下移的亚铁化合物因氧化而沉淀，并以棕色薄膜包被于土粒表面所致。

全剖面多二氧化硅粉末，并非灰化过程所致，而是由于矿物质分解产生，并以硅酸形式溶于水中，最后因冻结等原因沉淀而成。

(2) 暗棕壤的基本性状

A_1层腐殖质含量高，可达10%以上，腐殖质组成以胡敏酸为主，向下层腐殖质明显下降，养分以有机态为主，且大量集中于此层。

土壤呈微酸性反应，A_1层pH 5.0~6.0，代换性阳离子以钙、镁离子为主，有少量氢离子和铝离子，代换性盐基总量为20~40 m·e/100 g土，盐基饱和度以表层最高，可达60%~80%。自A_1层向下，代换性氢离子和铝离子增多，土壤盐基饱和度下降，土壤酸性增加。

各层都有活性铁、铝，尤以活性铝更多。

3. 暗棕壤的分类

（1）暗棕壤

即典型暗棕壤，已如前述。

（2）草甸暗棕壤

多在采伐迹地上，生长着稀疏阔叶林和草甸植被，腐殖质累积作用强，含量高，土体 A 层暗棕灰色，团粒—团块状结构，B 层呈灰棕色—黄棕色，质地较轻，有铁子或铁锈。

（3）白浆化暗棕壤

曾称为灰化暗棕壤，主要分布在丘陵、坡地较平缓的地方，排水较差，上层常有周期性滞水层，在酸性淋溶和还原淋溶作用共同影响下形成。其主要特点是剖面中有一明显的白浆化层，呈黄白色或黄白相间。

（4）潜育化暗棕壤

主要分布在谷地、阶地与平缓山坡下部排水不良的地方，由于水分较多，土壤水分较多。表层有明显的潜育化特征，形成腐殖质—泥炭层，表层以下有潜育斑块。

（5）暗棕壤性土

暗棕壤性土曾称粗骨暗棕壤或原始暗棕壤，多分布在浑圆的山顶部位。由于受到不断侵蚀的影响，土壤发育弱，属于暗棕壤中的幼年土壤。

暗棕壤性土剖面土体构型：$A_{00}A_0$—A_1—(B)—C

二、棕壤

棕壤也叫棕色森林土，是在暖温带落叶阔叶林下发生较强淋溶作用和黏化作用形成的，具明显黏化特征的弱酸性淋溶土壤。棕壤在中国土壤系统分类中被归入简育湿润淋溶土、简育湿润雏形土。棕壤也广泛出现于半湿润半干旱地区的山地垂直地带中，在秦岭南北坡则分别出现在海拔 1 300 ~ 2 200 m 和 1 400 ~ 2 400 m 的高度上。

1. 棕壤的成土条件和形成过程

（1）棕壤的成土条件

棕壤的形成是受暖温带半湿润海洋季风气候影响，所处地区夏秋多雨，冬春干旱，干湿季节分明，高温和多雨一致。年平均气温 5 ~ 16℃，年平均降雨量 500 ~ 1 200 mm，积温为3 200 ~ 3 900℃，无霜期约 160 ~ 230 d，干燥度 0.5 ~ 1；植被以常绿阔叶林为主，间有针阔混交林，目前多为次生林，地形多为低山丘陵，在秦岭地区分布在中山区；母质则为残积物、坡积物和部分黄土状物质；母岩多为片麻岩、花岗岩、结晶片岩及似斑状花岗闪长岩等。

（2）棕壤的形成过程

其基本特点是具有明显的黏化过程，淋溶过程和较强的物质生物循环过程。

① 黏化作用发展较为强烈：由于棕壤地区温暖季节较长，雨量比较充沛，且降雨量的80%多集中在气温持续高于 10℃的时间里，冬季时间较短，土层冻结亦较暗棕壤地区为浅，所以其黏化作用较为强烈，且在一年中进行时间较长。

② 土体中淋溶过程明显：由于上述气候条件，不但可溶性盐和碳酸盐在土体中已不复存在，而且黏粒也发生淋移。

③ 物质的生物循环较强：由于阔叶林下残落物含有较丰富的盐基物质，有机质分解产

生的大量盐基足以补充淋失的盐基,能中和其有机酸类,因此表土呈中性反应,盐基饱和度较高,土壤上层盐基物质的生物循环过程较为强烈。所以土壤腐殖质含量较暗棕壤为低,向下由于酸性风化物的影响(淋溶明显),特别是受淋溶的层次和 B 层,盐基饱和度较低,土壤呈微酸性反应,活性铁、铝亦有向下移动之趋势。这些都说明棕壤不仅生物循环作用强烈,而且淋溶作用明显。有时还进行着轻度的变化(隐灰化)作用。

④ 淋溶到下层的腐殖酸盐类,特别是由于表层有机质氧化分解过程中所产生的向下移动的亚铁可再因氧化而沉淀,并以棕色胶膜包被于土粒表面,使土体呈棕色。

2. 棕壤的剖面形态和基本性状

(1) 棕壤的剖面形态

自然植被下典型棕壤的剖面构型为 A_0—A_1—B—C。整修剖面除 A_1层颜色较深外,其余无显示棕色。腐殖质层一般薄,B 层厚 30 ~ 40 cm,质地较黏,稍具核状及团块状结构,有时夹有砾石。

(2) 棕壤的一般性状

① 自然植被下的棕壤,表层腐殖质含量高,一般可达 5% ~13%,而受人类生产活动影响的耕种土壤,表层有机质则显著下降,一般只有 1% ~3%。

② 土壤微酸性反应,整个剖面无碳酸盐点应,一般显示中性到微酸性,pH 5.5 ~7.0,表层较高,向下逐渐降低。

③ 盐基饱和度较高,表层可达 70 m · e/100 g 土以上,向下逐渐降低,下层一般 <50 m · e/100 g 土,甚至降至 30 m · e/100 g 土。到母质层又稍有升高,代换性阳离子以钙、镁为主。

④ 黏粒含量以 B 层最高,黏粒指示矿物为水云母、蛭石,但与褐土相比则黏粒中水云母较少而蒙脱石、蛭石、高岭石等有增加趋势,说明黏化作用在土体中部进行比较强烈。

⑤ 由于棕壤地区每年干湿季节分明,因而淋溶淀积过程中有氧化 - 还原作用产生,故土体内常可见到铁、锰胶膜和结核。

上述是指自然植被下棕壤的一般性状,实际上由于棕壤所处的地貌条件和受到人为影响的程度以及植被和母质的不同,其形态特征常有局部变异,如由于所处地形部位和坡度不同,其土层厚度和腐殖质层厚度常有很大不同;或由于采伐后,引起土壤侵蚀而成薄层或粗骨性棕壤,同时由于开垦耕种,土壤有机质亦有明显下降。

3. 棕壤的分类

(1) 棕壤

棕壤即典型棕壤,这是棕壤中具有典型特征的一个亚类。此亚类发育程度较好,在形成过程中,有明显的腐殖质积累过程,黏化过程和淋溶过程。在辽东、胶东半岛的山地丘陵区与华北和西北等山区的次生阔叶林下,常有典型棕壤发育。土层构造由枯枝落叶层、腐殖质层、过渡层、淀积层和母质层组成。

(2) 白浆化棕壤

白浆化棕壤是指表层以下具有厚薄不一的“白浆层”的亚类。其土体构型为 O—A—E—B_t—C 型。在成土过程中,附加了一个“白浆化过程”,即铁锰物质和黏粒的潴育漂洗作用。在棕壤分布区内较为冷凉的地区,由于质地黏重、冻层顶托等原因,易使大气降水或冻融水阻于土壤表层,引起铁锰还原并随渗水漂洗出上层土体,致使土壤表层逐渐脱色,形成一个白色土层——白浆层。土壤通体为微酸性,pH 6.0 左右,有机质 >50g/kg,极为丰富;全 P、K 含量也较丰富,但速效磷缺乏,速效钾属中等水平。白浆化棕壤主要分布在低山丘陵的坡地及剥蚀平原，常与普通棕壤呈镶嵌分布。

(3) 潮棕壤

潮棕壤是棕壤土类中附加潮化过程而形成的一个亚类。潮化过程包括潜育化过程和潴育化过程。潴育化过程是指土壤形成中的氧化—还原过程，主要发生在直接受地下水浸润的土层中。潮棕壤分布的地形部位一般比较低平，地下水位较高，大致在1.5～4.0 m之间；土壤母质主要是冲积物和洪积物。由于地下水位随季节发生周期性的升降，土体中氧化－还原过程交替进行，引起变价铁锰物质的淋溶与淀积，结果在土体中形成锈纹、锈斑及铁子、结核等，其基本构型为 A—B_t—B_w—C 型。潮棕壤多已被垦殖，所以 A 层包括耕作土壤的耕作层和犁底层，有机质积累较少，棕色为主，微酸性反应，pH 6.5 左右，盐基饱和度＞80%；B_t 层与典型棕壤相比，层薄黏粒少，但具有黏化胶膜、铁锰结核和棱柱状结构等黏化特征。

(4) 棕壤性土

棕壤性土过去也叫粗骨棕壤，处于棕壤的初级发育阶段，是棕壤剖面发育程度最弱的一个亚类。一般分布在低山丘陵中上部、中山的山坡及山脊部位。在土壤发育过程中不断受到强烈侵蚀，剖面分化不明显，形成 A—C 型土体构型。实际上，棕壤性土的剖面构型常有两种情况：一是上下一致，难以划分土层；二是心土部位有一很薄的黏化层，黏化胶膜不明显，并常有砾石。总之，这一亚类分布地形部位较高，土壤侵蚀影响剖面层次分化，砾石含量较多，土层浅薄，一般 30～50 cm，发育程度低，土壤 pH 6.0～6.5，盐基饱和度 60%～70%，黏粒硅铁铝率＜3.0。土壤水分条件不好，肥力低下，是山区瘠薄的土壤类型之一。其母岩类型多样，母质为残积物、坡积物，风化过程不强，土壤植被状况较差。

三、黄棕壤

黄棕土壤是我国北亚热带地区的地带性土壤，是由棕壤向黄壤过渡的土壤类型。黄棕壤相当于中国土壤系统分类中的铁质湿润淋溶土、铁质湿润雏形土、铝质常湿雏形土。在秦岭南坡主要分布在海拔 1 300 m 以下，在秦巴山区有着较大面积的分布。

1. 黄棕壤的形成条件和成土过程

(1) 黄棕壤的形成条件

黄棕壤主要是受北亚热带东南季风影响。其气候特点是梅雨季节温暖湿润，夏季高温多雨，秋季天高气爽，冬季低温干燥，年平均气温 14.5～16.4℃，积温 4 500～5 000℃，无霜期 220～250 d，年降雨量为 800～1 300 mm。植被为常绿阔叶林和夏绿阔叶林的混交林，林下多灌丛、草甸植物。所处地区地形及母质情况为：山区多为片麻岩、花岗岩、玄武岩和各种沉积岩的残积物和坡积物；丘陵多为第四纪沉积物，还有大面积的较厚的下蜀黄土，在山麓坡地上和河流两岸的高阶地上尚有红色黏土。

(2) 黄棕壤的成土过程

黄棕壤的形成过程特点是具有明显的过渡性质，其成土过程特点明显。

① 生物循环特别旺盛：黄棕壤是发育在温度较高、雨量较多的常绿夏绿阔叶混交林下，由于水热条件适合，热量充足，雨量充沛，故自然植被下形成的枯枝落叶在地面经微生物分解，只能聚积成薄而不连续的枯落物层，特别是在原始森林破坏后，次生林多为松、杉、毛竹、油桐、油茶等，母质又系酸性岩类风化物，故腐殖质层含富啡酸较多。

② 母质风化非常强烈：土壤形成过程中母质风化强烈且时间长，且具有弱富铝化特点，

原生矿物迅速形成次生矿物，如长石风化产生高岭石，云母脱钾变为蛭石，因而使土壤中黏粒含量增加，产生了强于棕壤的黏化作用。

③ 淋溶作用十分明显：有机质分解与矿物质风化产生的一、二价盐类和黏粒，随下降水流发生强烈的淋溶移动，使盐基遭到一定程度淋洗，土体内不含游离的碳酸钙，心土黏化现象显著，常可形成黏浆层甚至形成黏盘层。

④ 矿物风化释放出的铁和锰，经强烈淋溶淀积，在土体内形成游离铁、锰氧化物，使黏聚层染成棕色，并于结构体外围有铁、锰包膜和结核之聚积。

2. 黄棕壤的剖面形态和基本性状

(1) 剖面形态特征

黄棕壤的典型剖面结构型为 O—A—B_t—C，也有 A—B_t—C 构型。

O 层：不连续的薄层半分解残落物层，其厚度因植被类型不同而有较大差异。一般针叶林下较薄，约为 1 cm；混交林或阔叶林下较厚，灌丛草类下最厚，可达 10 ~ 20 cm。

A 层：暗棕色腐殖质层，厚约为 10 ~ 20 cm，疏松，多根系，屑粒或团块状结构，质地为壤质。

B_t 层：棕色黏化层，是黄棕壤的诊断土层，一般呈棱块状或块状结构，结构面上覆盖有棕色或暗棕色胶膜或有铁锰结构，质地黏重。

C 层：基岩上发育的黄棕壤，其母质仍带有基岩本身的色泽；而下蜀黄土母质上发育的土壤，则呈大块状结构，结构面上有铁锰胶膜，并有少量的灰白色网纹。

(2) 基本理化性质

① 土壤有机质含量一般为 20 ~ 30 g/kg，表层向下明显减少。土壤全磷含量多在 0.2 ~ 0.4 g/kg之间，全钾含量在 10 g/kg 左右，速效磷含量小于 5 mg/kg，速效钾含量在 50 ~ 100 mg/kg。

② 质地一般为壤土至粉砂黏壤土，黏化层则多为壤质黏土至粉砂质黏土，酸性岩发育的黄棕壤质地较轻。黏粒中黏土矿物主要是水云母、蛭石和高岭石，黏化层黏粒含量超过 30%，黏粒硅铝率一般为 2.4 ~ 3.0。

③ 土壤酸性至微酸性，pH 4.5 ~ 6.5，黏粒部分阳离子交换量为 30 ~ 50 cmol(+)/kg，盐基饱和度在 30% ~ 75% 之间，交换性氢、铝可变幅在 1 ~ 13 cmol(+)/kg。

④ 水分状况随母质类型不同而变化，酸性岩和砂岩发育的土壤质地较粗，水分供应较好，黏质下蜀黄土发育的土壤透水不良，供水性较差。

3. 黄棕壤的分类

黄棕壤划分为普通黄棕壤、暗黄棕壤、黏磐黄棕壤和黄棕壤性土 4 个亚类。

(1) 普通黄棕壤

普通黄棕壤是黄棕壤的典型亚类，分布于丘陵低山及长江两岸。

(2) 暗黄棕壤

分布于皖南、赣北海拔 1 100 ~ 1 800 m 的中山上部，以及川、滇、黔、湘、鄂、桂海拔 1 000 ~ 2 700 m的中山区，属垂直带谱中黄壤向棕壤过渡类型，多位于黄壤之上。暗黄棕壤上自然植被繁茂，主要为落叶常绿阔叶林和针叶林，林下有较多灌木和草类。暗黄棕壤亚类有较厚的枯落物层，表土层有机质含量可达 60 ~ 140 g/kg；淀积层为浅黄或黄棕色，砂壤土至壤土，黏粒矿物以高岭石为主，并有较多水云母、蛭石和绿泥石。

(3) 黏磐黄棕壤

分布于苏、皖、赣长江两侧及浙北、鄂北、豫南的第四纪黄土丘岗阶地。其特征是淋溶层与淀积层的黏粒含量相差很大,而形成透水率很低的黏磐。黏磐层黏重紧实,干缩时垂直节理明显,棱块状、柱状结构。

(4) 黄棕壤性土

黄棕壤性土多分布在植被覆盖差和坡度较陡地段,母质多为基岩风化物。土壤发育程度差,除酸化特征外,土壤的弱富铝化、黏化以及生物富集作用均不够明显。

四、黄褐土

黄褐土发育于北亚热带半湿润区黄土性质母质上,具有弱富铝化和黏化特征。在中国土壤系统分类中被归入黏盘湿润淋溶土、铁质湿润淋溶土。

1. 黄褐土的分布与成土因素

黄褐土主要分布在北亚热带,中亚热带北缘以及暖温带南缘的低山丘陵或岗地。其地域范围大致在秦岭-淮河以南至长江中下游沿岸,与黄棕壤处于同一纬度区域。

黄褐土分布区的年平均气温 15~17℃,≥10℃积温为 4 900℃,无霜期225~240 d。年降水量 800~1 200 mm,但全年降水量不均,约有 50% 的雨水集中于 6~9 月。和黄棕壤相比,黄褐土分布区气候大陆性有所增加,自然植物的组成上干旱成分增加,因而土壤淋溶程度有所下降。黄褐土成土母质为黄土,由于黄土富含碳酸钙,延缓了土壤中物质移动与积累。黄褐土不同分布区自然植被差异较大,在大渡河、嘉陵江河谷,由于相对干旱,自然植被为旱生灌丛羊蹄甲、白刺花、金合欢等;在华中的岗地上,植被主要是半温润灌木草木类型,以茅草、刺槐、紫穗槐等居多,间有稀疏用材林和果树;在陕南自然植物以常绿阔叶与落叶阔叶混交林为主,也有人工栽培的经济林如棕榈、樱桃、枇杷等。

2. 黄褐土的成土过程

(1) 黏化过程

黄褐土中 R_2O_3 没有发生明显剖面分异,土壤风化以硅铁铝化的黏化为主。在 B 层中有黏粒的明显积累,其黏化过程表现为黏粒的淋溶迁移,遇 B 层的 Ca、Mg 盐基而絮凝淀积,黏化也来自母质的黏粒残遗特征。

(2) 弱富铝化

含钾矿物的快速风化,SiO_2 也开始部分淋溶,并形成2:1 或 1:1 型黏土矿物。黏粒的硅铝分子率低于褐土,略高于黄棕壤,明显高于红壤。

(3) 铁锰的淋溶过程

矿物风化过程形成次生黏土矿物过程中,铁锰变价元素被释放所形成的氧化物在土壤湿时被还原为可溶性的低价化合物而随下渗移动。土壤干旱失水后便重新氧化成高价铁锰化合物,表现出暗棕色或红褐色的胶膜,这种铁锰淀积往往与黏化层同出现。

3. 黄褐土的剖面形态特征与理化性质

(1) 剖面形态

黄褐土的剖面构型为 A—B_t—C。

A 层:植物根分布较多,土壤疏松,呈棕色,块状结构多见,厚的可达 25 cm。

B_t:棱块状结构,呈暗棕色,质地一般为黏质土至粉砂质黏土,黏重滞水。

C 层:暗黄色,有砂姜体出现,并呈零星或成层分布。

（2）基本理化性质

① 黄褐土有机质和全氮含量较低，大部分土壤有机质含量在 15 g/kg 以下，黄褐土磷素也缺乏，全磷在 0.3～0.6 g/kg，许多土壤速效磷几乎检测不出，土壤钾素则丰富，全钾含量可达 15～20 g/kg。

② 土壤黏粒含量为 20%～40%，黏土矿物主要是水方母，伴有蛭石，高岭石和蒙脱石，黏粒硅铝率为 3.05～3.31，土壤黏粒阳离子交换量在 40 cmol(+)/kg 以上，土壤黏紧，物理性质较差。

③ 土壤表层 pH6.5～7.0。个别表层已酸化，但 pH 仍在 6.0 以上。土壤虽已脱钙，剖面不含游离石灰，但胶体上仍以交换性钙占主要地位，盐基饱和度大于 75%。

4. 黄褐土的亚类划分及各亚类特征

（1）黄褐土

黄褐土亚类是该土类中分布面积最多的一类土壤。成土母质主要是第四纪晚更新世的黏质黄土及黄土状物质，在陕南、豫西和四川还有洪积冲积物、石灰岩残坡积物以及含钙质的黄色黏土和红棕色黏土。

黄褐土的剖面形态随地形部位、侵蚀程度和土地利用的不同而各具差异。一般由下蜀黄土发育的黄褐土，全剖面呈黄褐或黄棕色，质地黏重，1 m 土体内具黏化层而无黏盘层，剖面构型为 $A-AB-B_t-C$。

（2）黏盘黄褐土

黏盘黄褐土仅在江苏、河南和江西三个省的分类中划出。在江苏，黏盘黄褐土主要分布在淮河以南至沿江丘陵岗地。在江西，仅在九江地区沿长江南岸起伏低缓岗地分布，常和第四纪红色黏土发育的棕红壤呈复区交错出现。在 1 m 土体内具有比黏化层更僵实的黏盘层（黏粒与铁锰胶结体），其厚度大于 30 cm。黏盘层具有醒目的暗棕褐色，土体黏重坚实，棱柱状结构发达，结构面光滑明亮，群众称之为“死马肝土层”。黏盘层对作物生长发育极为不利，也是导致土壤易旱、易渍（涝）的主要障碍因素，特别是高位黏盘黄褐土性状更差。

（3）白浆化黄褐土

白浆化黄褐土是表层滞水还原离铁和黏粒不断被侧渗漂洗导致土壤质地变轻、颜色淡化而发育的一类黄褐土。

（4）黄褐土性土

黄褐土性土是黄褐土区内由于受侵蚀影响，或直接由基岩洪积坡积物发育，或由再积黄土物质（次生黄土）发育的一类淀积黏化不明显的初育性黄褐土。

五、山地草甸土

草甸土在中国土壤系统分类中被归入暗色潮湿雏形土、潮湿寒冻雏形土、简育湿润雏形土。

草甸土分布在秦岭海拔 3 000 m 以上，有高山草甸土和亚高山草甸森林土两个亚类：

（1）高山草甸土

分布在秦岭 3 500～3 760 m 的高山灌木草甸带，气候寒冷，多劲风，植物生长期仅 45～50 d。9 月上旬至次年 6 月上旬皆为积雪期，其年平均气温约为 −5℃。高山草甸土又分为高山生草草甸土及高山泥炭质草甸土两个土属。

① 高山生草草甸土

除理化风化作用外,主要为粗腐殖质积累过程,剖面表层有 10 cm 暗棕色的草根层,土壤结构为屑粒状,全剖面为酸性反应。活性铝及水解酸含量很高,除表层外,代换性盐基贫乏。土壤全量分析还表明二氧化硅及三、二氧化物无聚积移动现象。

② 高山泥炭质草甸土

主要是发育在灌丛和局部洼地湿生植被下,季节性积水明显,故表现有泥炭化作用,泥炭层约厚 15 ~ 20 cm。

(2) 亚高山草甸森林土

分布在秦岭 3 100 ~ 3 500 m 的太白落叶松林下,常与高山草甸土成复区分布。森林植被除落叶松外,裸岩上见鳞桧,土层稍厚处有杜鹃、绣线菊等,稀疏林分下多走茎类禾草及薹草。

亚高山草甸森林土剖面中无灰化及黏化过程,生草草甸过程比较明显,具有森林土壤向高山草甸土过渡特征。该亚类又可分为亚高山草甸森林土和泥炭质草甸森林土两个土属。

① 亚高山草甸森林土:主要是发育在藓类、落叶松林下,剖面生草层呈暗褐色,心土为黄棕色,二氧化硅及三、二氧化物淋溶现象不明显。

② 泥炭质草甸森林土:主要是发育在矮灌木、落叶松林下,土层仅 20 ~ 30 cm,表层有 10 cm 左右的泥炭层,呈棕褐色。

六、沼泽土

沼泽土是一种受地表水和地下水浸润的土壤,也是一种非地带性土壤,其在我国分布相当广泛。秦岭地区的沼泽土主要分布在一些山间分水岭上的碟形洼地,以及封闭的沟谷盆地、冲积扇前或扇间洼地。

1. 沼泽土的形成条件和成土过程

(1) 沼泽土的形成条件

沼泽土是一种非地带性土壤,其形成不受气候条件之限制,而主要受局部地形和水文条件的影响。所以只要有潮湿积水的条件,无论在寒带、温带和热带均可形成。但是高纬度地区的低温、高湿也有利于沼泽化的发育。沼泽土形成的地形条件一般是地形低洼,排水不畅,其母质黏重,透水不良,容易产生水分聚积,所以就造成了土壤水分过多,为苔藓和其他各种喜湿性植物(如薹草、芦苇、香蒲等)的生长创造了条件,而各种喜湿性植物的繁茂生长,以及草毡层之形成,又进一步促进了土壤过湿,从而更加速了土壤沼泽化的进程。

(2) 沼泽土的成土过程

沼泽土的形成过程包括土壤表层有机质的泥炭化或腐殖质化和土壤下层的潜育化两个基本过程。

在潮湿积水的条件下,沼泽植物生长繁茂,可累积大量的有机质,同时在土壤过湿或积水的条件下,土壤微生物的活动受到强烈限制,有机质不能充分分解,而以粗有机质和半腐有机质堆积于地表,形成泥炭层(M)。故沼泽植物一代代的死亡过程,即是泥炭层的累积过程。但由于生态环境和时间的差异,沼泽化的程度也自然不同,有机质的数量、厚度各地差异很大，从腐殖质层厚度稍微增厚开始，直到泥炭层累积到几米至几十米。

土壤机质的潜育化过程也是在嫌气环境中进行，由于还原作用，致使氧化铁变为氧化亚铁。但由于水分状况不同，氧化亚铁的动态也有差异。在土壤周期性过湿的情况下，由于地下水位升降与干湿交替，氧化亚铁可随毛管上升，并氧化成氧化铁，以斑点状、细条状或大块状形式存在，这一层称为氧化还原层（W）。在长期积水或过度湿润条件下，土壤溶液中的亚铁离子往往与土壤溶液中的二氧化硅和氧化铝发生反应，形成含氧化亚铁的次生铁铝硅酸盐，呈浅绿色或淡青色，致使土壤的酸物质部分变成灰白色或蓝灰色，这一层为潜育层（G）。

2. 沼泽土的剖面构造和基本性状

典型沼泽土的剖面构造为 T－G 型，即泥炭层和潜育层组成。

泥炭层是由不同分解程度的有机质残体和嫌气分解的各种产物组成，泥炭中含有很高的有机质，如我国吉林省的泥炭有机质平均含量为 65.4%，川西北高原的泥炭含有机质平均 57.5%，泥炭中含有较多的腐殖酸，一般约在 20%～40% 之间。潜育层的主要特点是：质地一般为壤土或黏土，土体紧实，常呈绿色、浅蓝色，有机质含量很低。

3. 沼泽土的分类

沼泽土的分类主要根据泥炭层厚度和潜育层的发育情况以及其相互关系，常见的沼泽土主要有：

（1）泥炭沼泽土

亦称泥炭潜育土，其泥炭化和潜育化过程均很强，其特征为泥炭层厚度在 50 cm 以上，有的可达 1 m 或数米。

（2）腐殖质泥炭沼泽土

亦称腐殖质泥炭潜育土。此类土壤泥炭化过程发育较弱，泥炭层厚度在 50 cm 以下，此层下有一定发育程度的腐殖质层，再下即为潜育层。

（3）腐殖质沼泽土

又称腐殖质潜育土。其泥炭化过程发育较弱，表层多无典型泥炭存在，常为水湿的结构不良的腐殖质层，其下为发育程度不一的潜育层。

第二章 生物学实习的组织与实施

野外综合实习是生物学教学的重要环节,通过实习使学生能将课堂学习的理论知识得到加深和巩固。由于野外实习是在山区开放的环境下进行,因此在教学的组织、管理等方面有其特殊性,实习前的准备、实习计划的制订、组织与实施就显得十分重要。

第一节 生物学实习的目的和要求

一、生物学实习的目的

1. 通过生物学野外综合实习,充分调动学生获取知识、探索自然的积极性,提高学生的生态文明素养。

2. 加深学生对植物学基本理论和基本知识的理解,增强学生对植物形态学特征的感性认识;学会用辩证的观点观察、理解植物及其多样性,了解植物的生长习性及植物对不同环境的适应;学会植物标本的采集、鉴定和制作的基本方法,为后续课程的学习打好基础。

3. 熟悉常见动物的类群及其生物学特点;了解常见动物的栖息环境特点;掌握常见动物类群的调查方法;在识别常见动物种类的基础上,初步观察动物的行为活动等,并进行描述与分析。学会动物野外捕捉方法、鉴定与标本制作。

4. 通过实习使学生对气象学的应用有一个直观的认识,了解不同观测仪器构造原理,掌握气象要素和小气候的观测方法,基本资料整理方法;了解气象站建立的条件及仪器的安装要求,掌握梯度观测的方法、选址和安装的要求。

5. 通过不同类型土壤的观察使学生对土壤学有一个直观的感性认识,激起学生学习土壤学的兴趣,为后续土壤学的学习打好基础。

6. 了解生态学中植被群落调查的基本方法和植被垂直分布的规律。

7. 培养学生将所学的理论知识与实践相结合的能力,在实践中培养学生探究学习、独立工作、发现问题和解决问题的能力及创新的意识。

8. 通过实习使学生养成不怕困难、吃苦耐劳的好作风,培养学生的集体荣誉感、团结协作的团队精神。

二、生物学实习的要求

1. 掌握植物野外调查的基本方法和步骤,熟悉各种调查工具的使用方法。

2. 牢固掌握各种形态术语及植物分类学的基本知识，熟练掌握植物分类检索表、植物志、植物图鉴等工具书的特点和使用方法，要求每个学生能借助“植物志”等工具书，独立鉴定植物。

3. 学会植物标本的采集、记录和压制方法。

4. 能够正确识别实习基地的 150 ~ 200 种常见植物，熟悉他们的分类特征，熟悉 30 个左右重点科的主要野外识别特征。

5. 每个实习小组，对各自识别的植物，写出所属的科、属、种的学名，并按分类系统编写出植物名录。

6. 了解生长环境对植物形态特征的影响，熟悉实习基地重要的珍稀濒危植物和各类资源植物的经济用途。

7. 学会动物野外调查常用仪器及工具的使用方法，能够正确熟练使用常用仪器及工具（如昆虫网、捕鱼网、望远镜、雾网、GPS 等）；能够因地制宜、就地取材，采取适当的方法和工具，从而提高采集动物的效率。

8. 识别常见的昆虫、鱼类、两栖爬行类、鸟类和兽类，利用工具采集常见动物；由于白昼兽类不宜发现，因此兽类采集需要收集兽类的头骨带回基地用于鉴定。

9. 选取不同下垫面（林地、裸地、林缘、草地、湿地等），学会进行整点观测，并能利用观测的资料、物候现象的观测与实地的植被分布特点进行讨论分析。

10. 学会气温（最低、最高，可以进行梯度观测，观测高度根据场地的植被进行安排）、地温（地面 0 cm、最低、最高，5 cm、10 cm、15 cm、20 cm 的浅层地温）、湿度、风向风速、降水和蒸发、照度（不同郁闭度下的太阳照度分布）观测的基本方法。

11. 了解秦岭南坡土壤的发生发育过程及主要土壤类型的理化性质特点；实地对秦岭南坡主要土壤类型（棕壤、暗棕壤、沼泽土）分别进行剖面选设，并进行层次划分及主要理化性质的测定，分析秦岭南坡主要土类的成土过程及土壤剖面特性。

12. 熟悉山地森林植被的垂直成带现象和火地塘林区的森林垂直带谱；掌握人工林和天然林区别，了解生态观测研究站设施的建立和功能。

13. 完成综合实习报告。

第二节　生物学实习的组织

实习的组织实施是野外实习成功的保障，实习前要制定详细的实习计划，包括带队教师的选配，野外实习的日程安排等，带队教师还应告知学生应带哪些衣物，学习、生活用品，并对实习纪律和安全注意事项进行交代。

一、实习时间的安排

为了便于实习中植物群落特征、植物形态特征的观察，标本的识别和采集，实习时间的安排应考虑气候、植物的花期等因素。火地塘教学实习基地一年中 5 月末至 6 月中旬是植物集中开花的季节，因此生物学实习一般选在这时进行，根据专业的不同，也可安排在 7—8 月进行。为期一周。

二、实习的组织

建立实习领导小组。实习队由教务处、相关学院领导、专业指导教师及学生辅导员、后勤人员和医务人员组成。

野外实习的教学过程,由专业教师负责,指导教师中应有植物学、动物学、生态学、气象学和土壤学等专业的教师,且要选配具有丰富的教学经验,业务过硬,并且具备一定组织管理能力的人员。

实习的后勤保障人员应包括学生辅导员,医生和实验管理人员,分别负责学生的纪律、安全、常见易发病以及意外创伤的包扎及救护和实习工具的发放与管理。

学生以班级为单位组织进行生物学实习,每个班级分成3个实习小组。每个班级配备指导教师1~3名,以教师团队的形式指导实习。

三、实习纪律及注意事项

1. 纪律要求

遵守实习基地的有关规定,按时作息;实习中严禁擅自个人脱离实习队伍单独行动;在林地采集动、植物应注意安全操作,注意避开危坡陡路,免生意外;此外还应严格遵守实习区有关自然保护的各项法规,尤其是林区的防火,更应高度重视。

2. 实习中的动、植物资源保护

近年来,由于环境破坏对生物生存造成严重威胁,野生动、植物种群数量下降。实习时间多处于动物的繁殖季节,我们搜寻动物和采集标本的时候会对动物种群和其栖息环境造成一定的破坏。为了保护动物资源,减少资源浪费,我们尽量采取无损伤采样,或者不去捕捉那些已认识的动物;对于采集回来的动物应在细心地观察后释放到野外;特别强调的是,不要掏取爬行动物和鸟类的卵,或者捕捉幼小的动物个体。植物标本应严格按照要求采集,不能滥采,对珍稀濒危植物不要采集。

3. 实习中的安全注意事项

(1) 雷暴的防护

雷暴是大气不稳定状况的产物,是积雨云及其伴生的各种强烈大气的总称。是一种危险的大气现象,不仅影响飞机、导弹的飞行安全,干扰无线电通讯,甚至可击毁建筑物、输电和通讯线路的支架、损坏设备、击伤击毙人畜、引起火灾等。

雷暴出现时,在室外的人应尽量降低自己的高度、缩小人体与地面的接触面(切勿站立于山顶、楼顶上);防止“跨步电压”造成伤害;远离孤立大树下、桅杆和无避雷装置的高大建筑体附近;远离有水的区域(切勿游泳或从事其他水上运动);不宜进行室外球类运动(尤其是不要站在空旷平坦的场地上,如足球场);在空旷场地不宜打伞,不宜把羽毛球拍、高尔夫球棍等扛在肩上、不宜开摩托车、骑自行车。

在室内的人,关好门窗,不要靠近窗户,尽可能远离电灯、电话等带电设备或其他类似金属装置、室外天线的引线等;在没有避雷装置的建筑物内,应避免接触水管、暖气管道、钢柱等。

(2) 虫蛇叮咬的防护

采集动植物标本时要防范蚂蟥、蜱和蜂的叮咬。实习中注意区分毒蛇和无毒蛇,对于不能判定的，不要轻易捕捉，更禁止徒手捉毒蛇。

在火地塘林区常见的毒蛇有 2 种，为蝮科的秦岭蝮（*Gloydius qinlingensis*）和莱花原矛头蝮（*Protobothrops jerdonii*）。毒蛇咬伤人多发生于 6—10 月间。当毒蛇咬人后，由毒腺分泌的蛇毒，经排毒导管、毒牙及伤口，沿淋巴血液循环扩散至全身，引起一系列中毒症状。这两种毒蛇的毒液均为混合毒型，中毒后发病急，局部与全身症状均明显。主要表现：①局部剧痛、红肿、水疱、血疱，并迅速向肢体上端蔓延，皮下淤斑甚至组织坏死，局部淋巴结肿痛；②头晕、视物模糊、全身肌肉疼痛、牙关紧闭、言语障碍、吞咽困难、呼吸困难，严重者有昏迷、休克、心搏骤停等。毒蛇咬伤后应尽可能识别毒蛇种类，或将毒蛇带回基地来鉴别，并采取以下紧急措施：

① 结扎：毒蛇咬伤后立即用绳子、布条、止血带或其他系带结扎伤口的上面，以阻止毒液的吸收。结扎以阻断淋巴和静脉回流为度，隔 15 ~ 20 min 放松 2 ~ 3 min。

② 冲洗伤口：立即选用清水、盐水、肥皂水或 0.1% 高锰酸钾溶液冲洗，以清除黏附的毒液，如伤口有毒牙残留，应及时挑出。

③ 吸引：可用拔火罐或用口吸吮法，边吸边吐，以尽快使蛇液从局部除去。注意用口吸吮者口腔黏膜应无破损、无龋齿及其他口腔病变，以免间接吸收中毒。

④ 扩创排毒：在结扎和冲洗之后，用消毒手术刀，在局部作十字形切开，以促使毒液排出。可把患肢浸在 2% 冷盐水中，手指自上而下不断的挤压排毒，每次约 20 ~ 30 min。

⑤ 解毒治疗：蛇药，可根据不同蛇伤情况，选择不同蛇药；中草药，常用有效鲜草药有七叶一枝花、八角莲、半边莲、白花蛇舌草、两面针、黄药子等，取以上鲜草药数种，等量洗净，捣烂取汁，每次 40 ~ 50 mL 口服，每天 4 ~ 6 次，取渣敷伤口周围；送往当地大医院进行抗蛇毒血清注射治疗。

4. 实习用品的保管

所有实习用品，包括资料、工具、药品等，一律实行责任到人，由专人负责保管、使用，确保不会遗失。

第三节　生物学野外实习的准备

野外实习的准备工作主要有实习工具、防护用具等，这是保证野外工作成功的必要条件。

一、常用工具

1. 高度表（海拔表、气压表）、卫星定位仪（GPS）和罗盘

高度表用于测量山的高度、可知各种植物的垂直分布的界限。此表在远途高山采集时，十分必要；GPS 用于海拔、经纬度的记录；罗盘用于野外辨别方向等用途。

2. 手电筒及蜡烛

用于野外工作时不能按时返回时，在晚间整理标本和行路照明之用。但在生物学实习时应避免夜间行路，必须按时返回驻地。

3. 标本采集记录本、标本号牌和定名标签

标本采集记录本用于记载动、植物各部分的应记事项。标本号牌以硬纸作成，用来给各个标本编号。

4. 手持放大镜、解剖镜、镊子、解剖针、刀片和钢卷尺(围尺、皮尺)

手持放大镜在野外采集标本时,用于观察动、植物各部分的细微结构,其体积小,野外携带方便;解剖镜用作鉴定植物时,观察放大镜看不清晰的植物形态特征;镊子、解剖针和刀片为鉴定标本时解剖花及其他动、植物器官的常用工具。钢卷尺(围尺)用于测量植物及各器官的大小,如植株的高度和胸径、叶的长度等。

二、植物野外采集工具

1. 采集镐(采集杖)和剪枝剪(树枝剪、花枝剪)

前者用以挖掘具有深根、块茎、球茎、根状茎的草本植物或灌木,亦可作为爬山、防身的工具;后者用以剪断木本或有刺及纤维较发达的植物。通常有手剪和高枝剪两种(图 2-1A)。

2. 采集箱、采集袋和采集夹

采集箱用铁皮制成,长 54 cm,宽 24 cm,高 14 cm,上面弧形凸起,中间开一门,长 40 cm,宽 20 cm。箱的两端订上背带,以便背携。用于下雨时采集植物的存放,但易使植物萎缩零乱,一般少用(图 2-1B)。采集袋为一长 50 cm、宽 50 cm 的硬质塑料袋,用以在野外采集标本时用。现在多用大型塑料袋代替,野外时可一边采一边装,采满后整理好压于标本夹内,轻而便于携带,野外工作较方便,但易划破,不耐用。采集夹是在长 50 cm,宽 40 cm 的五合板一面四周镶上木条边子,用铁丝弯曲成弹簧夹固定在五合板一边(面),将旧报纸折成一定大小装订成册,夹于弹簧夹之内,在采集夹的背面订上背带即成。其主要用于野外采集,边采边夹,使用起来也较方便,但采夹量较少。

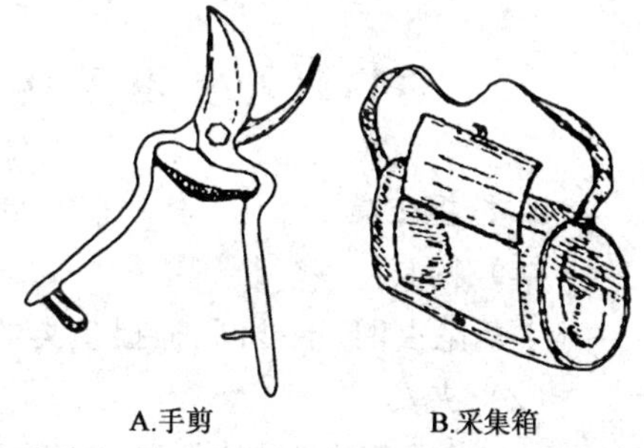

A.手剪　B.采集箱

图 2-1　采集箱与剪枝剪(依丁炳扬)

3. 标本夹

用坚韧的木条做成,以供压制标本和采集标本之用,分大标本夹(43 cm × 31 cm)和小标本夹(42 cm × 30 cm)两种(图 2-2)。

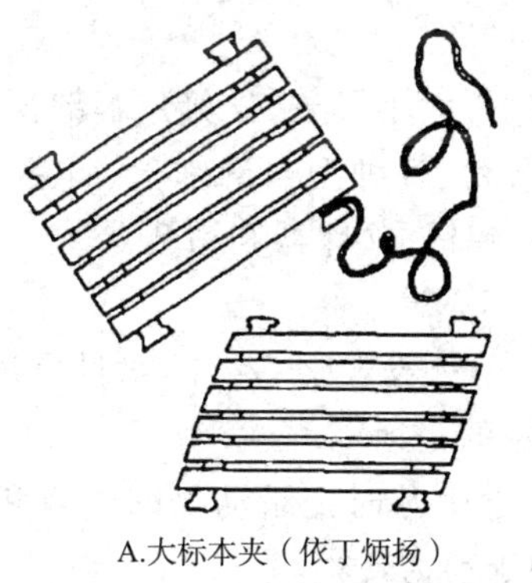

A.大标本夹(依丁炳扬)

B.小标本夹(依段国禄)

图 2-2　标本夹

4. 标本纸

标本纸(采集纸)一般用不太光滑的吸水性强的麻纸,以粗麻纸或皱纹纸最好。用以吸收植物标本内的水分。在采集标本时,每隔2、3页纸夹一份标本。也常可用旧报纸代替。

5. 广口瓶和大、小纸袋

用于保存标本上脱落下来的花、果、叶及采集种子用。植物的花、果一经压制,最易失掉原来的形态,为补此缺点,如遇特殊植物、或采作教学用的标本时,除压制标本外,宜另采同一种植物的花和果实,浸放于盛有甲醛或酒精的广口瓶中保存,以便日后观察研究;大、小纸袋是用来保存标本上脱落下来的花、果、叶及采集种子用。

6. 台纸

用于固定标本。标准的台纸大小为40 cm×29 cm,要求质地硬、表面洁白而光滑的纸板,背面要求不严,可粗可细。

三、动物野外实习工具

1. 捕捉工具

(1) 网具

水栖昆虫网、手抄网、捕捉鱼类的虾篓及捕鸟的雾网。

(2) 夹具

捕蛇夹、不同型号的捕鼠铗、捕捉兽类的踩铗(弓形铗或钢铗)、用于设置陷阱捕捉鼩鼱的塑料桶。

(3) 挖掘工具

军用锹、铲、猎刀。

2. 盛具及饲养动物工具

存放鼠类的小白布袋;帆布或其他盛物桶;存放鸟卵、鸟巢和鸟、兽剥制标本的标本盒、标本箱;临时饲养鸟类或小型兽类的笼子;临时保存昆虫的三角纸袋等。

3. 药品及浸制用具

甲醛、酒精、氯仿或乙醚,煤酚皂溶液或苯酚、驱虫药、橡皮膏;量筒、广口瓶及各种大小的玻璃瓶、注射器及针头、指管。

4. 解剖及制作标本用具

常用的有医用手套、解剖器(解剖刀、眼科剪、大小镊子、骨剪)、解剖盘、培养皿、载玻片、盖玻片、搪瓷盆、旧牙刷、旧报纸、石膏粉、滑石粉、各种型号的铁丝、竹签、棉花、纱布、砒霜膏、针、线、马粪纸、台板、酒精灯、三脚架、烧杯、铝锅、吹卵器和钻孔器。

5. 观察及摄影仪器设备

望远镜,这是野外观察最主要的设备之一。一般观察鸟类的双目望远镜规格是7×35(8×30)或3×50加膜镜头,中央具有调节焦距的望远镜。

数码照相机已经普及,在实习中能够帮助学生及时记录动物的生境和特征。此外还有手提式显微镜、双筒解剖镜及放大镜等工具用于动物观察。

6. 测量用品

温度计、游标卡尺、天秤及砝码等。

除以上工具外，还应准备土壤铲、剖面刀、土壤环刀、各种温度表、毛发湿度计、通风干湿表、空盒气压表、风速仪和照度计等土壤、气象观测工具。

四、记录及文具用品

1. 工作日记本

实习中，动、植物标本采集时，应将采集地点、环境、海拔高度、动、植物俗名及用途或其他特殊事项，随时随地详细记明，晚上抄写于记录本上。

2. 野外实习记录本、记录签

野外实习记录本是统一印制的，用于标本采集、鉴定时对标本特征的记录。

3. 文具用品

包括地图、铅笔、小刀、橡皮等，整理资料用的统计表格、实习总结报告用纸、动物登记卡等。

五、野外生活和防护用品

野外工作前，应准备适当的生活用品，包括雨衣、水壶、登山鞋等；防护用品主要有绑腿、蛇药、消毒药品、外伤包扎的器具及其他常用药品。

六、参考书和相关工具书

野外动、植物的识别必须借助一定的工具书，因此，实习前应准备包含实习所在地动、植物的植物志、动物志等工具书。常用书籍有：

1.《中国植物志》，由中国植物志编辑委员会编写。包括国产蕨类植物 80 卷，125 册，它是我国植物分类的权威性著作。

2.《中国高等植物图鉴》，中国科学院植物研究所主编。5 册，补编 2 册，共 7 册。1972—1983 年间出版，包括苔藓、蕨类及种子植物约 8 000 多种，按恩格勒系统排列，是研究我国植物的重要参考书。

3.《中国高等植物科属检索表》，由中国科学院植物研究所主编。1979 年出版，包括高等植物的分门、分科、分属检索表。

4.《秦岭植物志》，由中国科学院西北植物研究所编写出版，包括苔藓、蕨类、种子植物，共三卷，7 册。

5.《陕西树木志》，由牛春山主编，记录陕西木本植物。

6.《中国植物志》英文版，已经大部分出版。

7.《秦岭鱼类志》、《秦岭鸟类志》、《两栖爬行动物检索手册》、《中国珍稀昆虫图鉴》、《中国鸟类野外手册》、《中国两栖动物图鉴》、《中国爬行动物图鉴》、《中国哺乳动物图鉴》、《中国哺乳动物彩色图鉴》、《四川兽类原色图鉴》、《森林昆虫学》等书籍。

第四节　生物学实习的实施

一、生物学实习的实施方案

生物学实习以班级为单位按选定的实习路线进行。每个班级选定 5 条不同的线路进行 5 天野外实习。其中火地沟、平和梁、草甸等线路为每个班必需实习的三条路线。另外两条路线可由带队老师根据天气等实际情况自行选择。

实习中，按行进路线进行动、植物标本的识别和采集，期间沿 210 国道由平河梁至关口进行植被类型及其分布规律的观察；选择高山草甸、火地沟、林场场部至平河梁及林场场部向关口 4 条线路中特定的地点对火地塘主要土类（黄棕壤、棕壤、暗棕壤、沼泽土、草甸土）分别进行剖面选设、层次划分、观察和分析；气象观测穿插在每天实习中，选取林地、裸地、林缘、草地、湿地等不同下垫面进行各气象要素的整点观测，并安排学生在火地沟口和一五三沟口利用气候梯度塔和自动气象站进行气象数据观测。

二、生物学实习线路

火地塘教学实习基地现有高山草甸、微波站、一五四沟、一五五沟、石桥沟、停字沟、火地沟、板桥沟、小甘沟和沿 210 国道林场场部到平河梁等 10 条主要实习线路。实习过程中，以班级为单位沿各线路进行（图 2－3）。

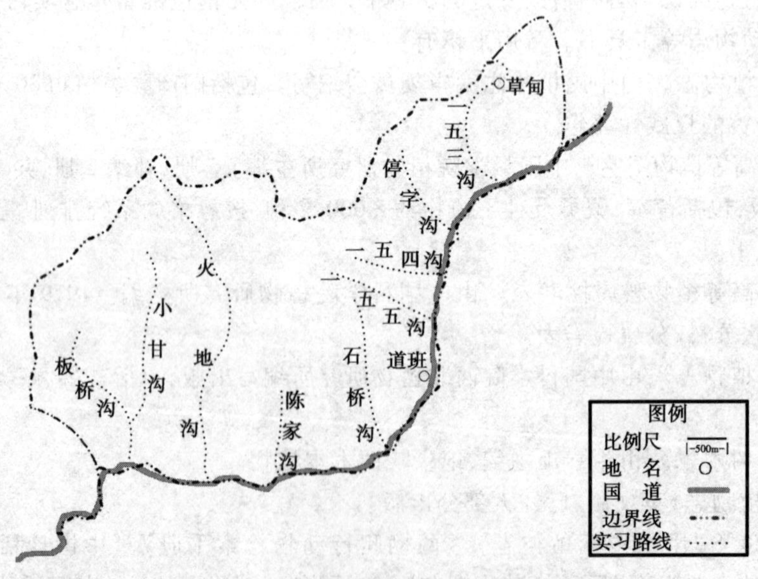

图 2－3　火地塘教学实习基地路线示意图

1. 高山草甸线路

本线路入口处位于 G210 国道平河梁顶，沿一五三沟前进直至高山草甸处。海拔由入口处 2 100 m 升至 2 400 m。沿途可以看到人工落叶松林、青杆林、华山松林、秦岭冷杉林、铁杉林、红桦林、秦岭箭竹林，太白杜鹃灌丛、细枝绣线菊灌丛、秦岭柳灌丛、川滇薹草草甸、球穗蓼草甸、城口薹草草甸和针叶薹草草甸等群落类型。

入口处，沿 G210 国道两侧可以看到人工营造的落叶松林。该区域的主要乔木为：华北落叶松、日本落叶松、糙皮桦、红桦、坚桦、漆等；主要灌木为：银露梅、华榛、榛、千金榆、刺叶高山栎、中华绣线梅、光叶粉花绣线菊、木姜子、三桠乌药等；草本植物最常见的有：薹草、早熟禾、一年蓬、云南蓍、紫云英、画眉草、风毛菊、东方草莓、过路黄、珠芽蓼等；藤本植物主要有：五味子、南蛇藤等。该片区域人工栽培的落叶松较为稠密，林下阴暗。灌木和草本植物主要分布在路旁的开阔地和林间小道中。

沿着一五三沟上行即进入栎、桦阔叶林，该区域为自然更新形成的天然植被。主要乔木为：糙皮桦、红桦、锐齿栎、华山松、油松等；主要灌木为：刺叶高山栎、千金榆、榛、野山楂、高丛珍珠梅、秦岭蔷薇、峨眉蔷薇等；主要草本植物为：齿翅蓼、箐姑草、秦岭耧斗菜、小花草玉梅、陕西紫堇、山酢浆草、裂距凤仙花、阔苞凤仙花、双花堇菜、藓生马先蒿、一年蓬、七叶一枝花、羊茅、早熟禾、莐草、穹隆薹草等。

当海拔升至 2 300 m 左右时，即进入高山灌丛，主要有秦岭箭竹林等。由于秦岭箭竹密度极高，其中其他植物较少。主要乔木为：红桦、坚桦等；主要灌木为：华北绣线菊、乌拉绣线菊、黄瑞香、峨眉蔷薇、蕊被忍冬、腺柳、小叶柳等；主要草本植物为：扬子小连翘、花葶乌头、川陕金莲花、深山堇菜、开口箭、杨叶风毛菊、黑穗画眉草、白茅、银兰、绶草、羊耳蒜等。

该线路的终点位于海拔 2 400 m 的草甸区域。该区域没有大型木本植物，仅有一些灌木和草本植物。其中灌木主要有：红皮柳、曲脉卫矛、蕊被忍冬、杜鹃、秀雅杜鹃、青荚叶、黄瑞香等；草本植物主要有：珠芽蓼、川陕金莲花、小花草玉梅、大火草、川陕遍地金、陕西紫堇、湖北老鹳草、球果堇菜、双花堇菜、高山沙参、川陕风毛菊、绿花百合、散序地杨梅、葱状灯心草、羊茅、囊唇山兰、广布红门兰等。

本条线路虽较为陡峭但基本没有岔路，可以较快地登上草甸。全程需要半天左右，可以见到 14 种主要群落类型，采集植物标本 100 余种。

此区域大型兽类主要为羚牛，成群居于平河梁草甸，常活动于桦木林间；金丝猴一群，常往来于火地沟梁与草甸之间，多见于桦木林中取食树叶与花苞；野猪、草兔、岩松鼠也比较多，在落叶松林缘可捕捉到秦岭鼢鼠、四川林跳鼠。栖于本线路的常见鸟类有 37 种。该带气候寒冷，植被单纯，树种较少，鸟类的种数大大低于中山带。本区域的代表性鸟类主要包括雀科的高山植食性种类，如酒红朱雀和黑尾蜡嘴雀等。此外，还有画眉亚科的白领凤鹛和鹡鸰科的树鹨等，珍稀鸟类中的血雉在本带也保持着一定的数量。

两栖爬行动物种类和数量低于中山地带，高原蝮、太白山溪鲵、秦巴拟小鲵、中国林蛙、秦岭雨蛙和宁陕齿突蟾等为该区常见种群，分别集中分布在其特定的生境中。

在一五三沟附近参观林地气象站（太阳能电池供电）。其中草甸一线按照火地沟的观测方法，在草甸同一地点进行整点观测，记录。

该路线可在沟口生态定位站观察塔西侧的湿地中选设沼泽土剖面；到达亚高山草甸区时选设亚高山草甸土的剖面。

2. 微波站线路

本线路入口处位于 G210 国道平河梁顶，沿前往 205 微波站的旧盘山路可行进至海拔 2 500 m的微波站附近。沿途可以看到人工落叶松林、红桦林、华山松林、青杄林、山杨林、糙皮桦林、巴山冷杉林，秦岭箭竹林、陕甘花楸灌丛、秦岭柳灌丛等群落类型。

该区域入口处的主要乔木为：华北落叶松、红桦等；主要灌木为：小叶柳、高丛珍珠梅、灰栒子、野山楂、陇东海棠、银露梅、峨眉蔷薇、黄瑞香、唐古特瑞香、垂丝丁香、桦叶荚蒾等；草本植物最常见的有：川陕金莲花、东亚唐松草、小花草玉梅、升麻、花葶乌头、单叶细辛、深山堇菜、毛脉柳兰、峨参、蛇床、椭圆叶花锚、沟酸浆、小米草、藓生马先蒿、列当、丝裂沙参、云南蓍、林地早熟禾、扇脉杓兰、广布红门兰、绶草等；藤本植物主要有：华中五味子、绣球藤、藤山柳等。

该线路的终点位于微波站梁顶海拔 2 500 m 的巴山冷杉纯林处。此处有小面积的巴山冷杉群落，可以明显地看到母树周围扩散出的幼树。另外在原微波站废弃的屋后自然更新出的红桦群落已经初步形成。该处的主要乔木为：巴山冷杉、铁杉、青杄、华北落叶松等；主要灌木为：小叶柳、川鄂小檗、乌拉绣线菊、高丛珍珠梅、银露梅、峨眉蔷薇、黄瑞香、秀雅杜鹃、桦叶荚蒾等；主要草本植物为：茜草、肿喙薹草、蕙兰、银兰、西固凤仙花、陕西紫堇、珠芽蓼等。

本线路为废弃的盘山公路，全程 4. 5 km。可以穿越林下进入上一层盘道，林下植物多样性水平较高，有多种腐生植物存在，如鸟巢兰等。可以见到 10 种主要群落类型，采集植物标本 100 余种。

此区域大型兽类主要为羚牛、野猪，常见到野猪拱食的痕迹。草兔、岩松鼠也比较多，在落叶松林缘可捕捉到秦岭鼢鼠、四川林跳鼠。栖于本线路的常见鸟类有 32 种。该带气候寒冷，植被单纯，树种较少，鸟类的种数大大低于中山带。本区域的代表性鸟类主要包括雀科的高山植食性种类，如酒红朱雀和黑尾蜡嘴雀等。此外，还有画眉亚科的白领凤鹛和鹡鸰科的树鹨等，珍稀鸟类中的血雉在本带也保持着一定的数量。两栖爬行动物种类和数量低于中山地带，高原蝮、太白山溪鲵、秦巴拟小鲵、中国林蛙、秦岭雨蛙和宁陕齿突蟾等为该区常见种群，特别是太白山溪鲵成体和宁陕齿突蟾蝌蚪比较多，分布在沿路的水域中。

3. 一五四沟线路

沿平河梁向宁陕方向行进 1 km 左右即到达一五四沟沟口。沿途可以看到人工落叶松林、青杄林、华山松林、红桦林、铁杉林、华山松红桦混交林、秦岭箭竹林、细枝绣线菊灌丛和陕甘花楸灌丛等群落类型。此处的主要乔木为：华北落叶松、油松、华山松、锐齿栎等；主要的灌木是：中华绣线梅、粉花绣线菊、灰栒子、野山楂、长柄山蚂蝗、猫儿刺、四照花、中华青荚叶、桦叶荚蒾等；主要的草本植物为：尼泊尔蓼、繁穗苋、小花草玉梅、陕西唐松草、葶苈、虎耳草、七叶鬼灯檠、党参、紫斑风铃草、侧蒿等；常见的藤本植物为：铁匝散、钝萼铁线莲、多叶木通、中华猕猴桃、鄂西清风藤等。

沿沟谷前行 2 km 左右，进入云杉、巴山冷杉、铁杉混交林区域。该区域的主要乔木为：云杉、巴山冷杉、铁杉、青杄等；主要灌木为：银露梅、尾萼蔷薇、花椒、省沽油、长叶胡颓子、黄素馨等；主要草本植物为：七叶鬼灯檠、虎耳草、酢浆草、陇南凤仙花、露珠草、大百合等。

该线路的终点在沟谷坡面上的栎、桦林区域。该区域在山梁的坡面上，主要乔木树种有红桦、坚桦、锐齿栎等；主要灌木有刺叶高山栎、黄瑞香、光叶粉花绣线菊、峨眉蔷薇、纤齿卫矛等；主要草本植物有川陕金莲花、西南唐松草、单叶细辛、黄海棠、歪头菜、酢浆草、双花堇菜、齿萼报春、堇菜报春、大卫氏马先蒿、泡沙参、城口薹草、云雾薹草、羊茅等。

此区域大型兽类主要为羚牛、斑羚、鬣羚；野猪、岩松鼠、豹猫也比较多，在落叶松林缘可捕捉到秦岭鼢鼠、四川林跳鼠。本区域的代表性鸟类主要包括雀科的高山植食性种类，如酒红朱雀和黑尾蜡嘴雀等。此外，还有画眉亚科的白领凤鹛和鹡鸰科的树鹨等，珍稀鸟类中的血雉在本带也保持着一定的数量。两栖爬行动物种类和数量低于中山地带，高原蝮、太白山溪鲵、秦巴拟小鲵、中国林蛙、隆肛蛙和宁陕齿突蟾等为该区常见种群。

4. 一五五沟线路

沿平河梁向宁陕方向行进 2 km 左右即到达一五五沟沟口。沿途可以看到华山松林、油松林、红桦林、漆树林、铁杉林、华山松和红桦混交林、橿子栎林等群落类型。入口处为落叶松、油松、华山松混交林。此处的主要乔木为：华北落叶松、油松、华山松、锐齿栎等；主要的灌木是：中华绣线梅、粉花绣线菊、云南冬青、卫矛、圆锥山蚂蝗、长柄山蚂蝗、毛黄栌等；主要的草本植物为：中华秋海棠、鸡腿堇菜、露珠草、峨参、野胡萝卜、七叶鬼灯檠、陇南凤仙花、杠柳、丝裂沙参、飞蓬、蟹甲草、大百合等；常见的藤本植物为：多叶木通、葛枣猕猴桃、花赤爬、铁匝散、钝萼铁线莲等。

沿沟谷前行 3 km 左右，进入云杉、巴山冷杉、铁杉混交林区域。该区域的主要乔木为：云杉、巴山冷杉、铁杉、青杆、红桦等；灌木主要为：鄂西绣线菊、银露梅、兴安胡枝子、竹叶花椒、白檀、黄素馨、荚蒾、南方六道木等；主要草本植物有：无距耧斗菜、小花草玉梅、类叶升麻、野大豆、山酢浆草、双花堇菜、毛脉柳兰、短毛独活、野胡萝卜、齿萼报春、过路黄、狼尾花、沟酸浆、通泉草、荩草、穹隆薹草、城口薹草、秦岭风毛菊、日本毛连菜等。

该线路的终点在沟谷坡面上的栎桦阔叶林区域。该区域在山梁的坡面上，主要乔木为：红桦、锐齿栎、华山松等；主要灌木为：刺叶高山栎、桃叶鼠李、光叶粉花绣线菊、竹叶花椒、栓翅卫矛等；主要草本植物为：七叶鬼灯檠、虎耳草、酢浆草、美丽芍药、银线草、鹅绒藤、大百合等。

此区域植物种类丰富，吸引众多的植食性动物栖居于此。常见兽类有羚牛，鬣羚斑羚、小麂、野猪、秦岭鼢鼠、纹背鼩鼱、小纹背鼩鼱、川西缺齿鼩鼱；常见鸟类主要包括山雀科的大山雀、雀科的酒红朱雀、画眉亚科的白领凤鹛、雉鸡类中的血雉、环颈雉；常见两栖爬行动物种类有高原蝮、中国林蛙和隆肛蛙等。

5. 石桥沟线路

石桥沟沟口位于新路道班沿 G210 国道向宁陕方向行进 1.5 km 左右，常年有流水。入口处海拔 1 700 m 左右，沿沟深入 4 km 左右可以深入到海拔 2 400 m 的巴山冷杉原始森林。

沿途可以看到锐齿栎林、油松林、华山松林、铁杉林、漆树林、油松和锐齿栎混交林、油松和华山松混交林、山杨林、枫杨－漆树－槭树混交林，橿子栎林等群落类型。主要的乔木为：华山松、油松、锐齿栎等；灌木主要有：野山楂、陇东海棠、勾儿茶、桦叶荚蒾、膀胱果、盘叶忍冬等；草本植物主要有：悬铃叶苎麻、赤胫散、卷耳、石生蝇子草、狗筋蔓、西南唐松草、类叶升麻、腺茎独行菜、费菜、蟹甲草、川百合、七叶一枝花、扇脉杓兰、广布红门兰等。

沟顶为巴山冷杉林，为未破坏的原始森林。该处的主要乔木为：巴山冷杉、秦岭冷杉、铁杉、青杆、云杉等；主要灌木为：小叶柳、银背柳、腺柳、假豪猪刺、乌拉绣线菊、高丛珍珠梅、蕊被忍冬等；草本植物最常见的有：川陕金莲花、葱状灯心草、羊茅、林地早熟禾、山酢浆草、湖北老鹳草、蹄叶橐吾等；藤本植物主要有：华中五味子、南蛇藤、常春藤等。

石桥沟内有大型兽类，羚牛、鬣羚和斑羚在华山松、油松混交林内活动，果子狸、野猪、岩松鼠也较多。栖于本线路的常见鸟类有 52 种，本区域的代表性鸟类主要为：莺科鸟类，如白领凤鹛、山树莺、斑胸短翅莺、冠纹柳莺等；雉鸡类，如红腹锦鸡、血雉等。两栖爬行动物种类和数量低于火地沟路线，高原蝮、秦巴拟小鲵、中国林蛙和秦岭雨蛙为该区常见种群。

6. 停字沟线路

停字沟入口位于 G210 国道平河梁起向宁陕县方向行进 0.5 km 左右。该线路为常年流水沟谷，山坡较为平缓。沿沟谷中小路行进 4 km 左右可以攀登到海拔 2 400 m 左右的山梁，梁上可见大片的杜鹃灌丛。

该区域沿途可以看到落叶松林、青杆林、华山松林、红桦林、华山松和红桦混交林、秦岭箭竹林、太白杜鹃灌丛、细枝绣线菊灌丛、针薹草草甸等群落类型。沟谷中主要的乔木为：华北落叶松、秦岭冷杉、巴山冷杉、铁杉、青杆、红桦、锐齿栎等；主要灌木为：直穗小檗、栒子、陕西绣线菊、银露梅、峨眉蔷薇、紫荆、膀胱果等；主要草本植物为：粗壮唐松草、鄂西鼠尾草、西固凤仙花、秦岭风毛菊、肿喙薹草、短毛独活、鹿蹄草等；蕨类植物木贼在青杆林下大面积分布，为该生境典型的指示植物。

该线路的终点位于山梁坡面上的杜鹃灌丛中。该区域主要分布有多种杜鹃，常见的有：头花杜鹃、照山白、秀雅杜鹃、四川杜鹃、太白杜鹃等。该区域还有南川绣线菊、银露梅、臭檀吴萸、银背柳、豪猪刺、蕊被忍冬等灌木和鹿蹄草、扁蕾、藓生马先蒿、列当、莛子藨、东亚唐松草、小花草玉梅等草本植物。此外由于该区域的林下腐殖质特别丰富，还有宜昌蛇菰、水晶兰、松下兰、假水晶兰、列当、毛萼山珊瑚、鸟巢兰等腐生植物的存在。

停字沟落叶松人工林内动物种类较少，而在混交林中林蛙、大蟾蜍、高原蝮、黑眉锦蛇、王锦蛇和乌梢蛇，以及大山雀、绿背山雀、黄腹山雀、银喉长尾山雀等鸟类均有相当数量的分布。

7. 火地沟线路

火地沟是火地塘教学实验林场最大的一条主沟，沟宽谷深。沿沟谷进入直至梁顶约 5.5 km，海拔从 1 400 m 上升到 2 100 m 左右。为教学实习最为重要的一条线路。

沿途可以看到落叶松林、锐齿栎林、油松林、华山松林、油松和锐齿栎混交林、橿子栎林、山杨林、漆树林、亮叶桦林、鹅耳枥林、鹅耳枥 + 槭树混交林、枫杨 + 漆树 + 槭树混交林、漆树 + 鹅耳枥混交林、锐齿栎 + 漆树混交林、筐柳灌丛、黄花柳灌丛、城口薹草草甸等群落类型。主要乔木有落叶松、华山松、油松、锐齿栎、胡桃楸、化香树、铁杉、红桦等；灌木植物主要有：木姜子、东陵绣球、山梅花、长柄山蚂蝗、膀胱果、中华绣线梅、盘叶忍冬等；草本植物最常见的有：细野麻、珠芽艾麻、狗筋蔓、蔓孩儿参、纵肋人字果、华北耧斗菜、柔毛金腰、七叶鬼灯檠、一把伞南星、半夏、大叶火烧兰、银兰、羊耳蒜、杜鹃兰等；藤本植物主要有：华中五味子、葛枣猕猴桃、葛、常春藤等。

沿沟上行，海拔至 1 800 ~ 2 000 m 之间则进入栎桦混交林中。主要乔木为：红桦、锐齿栎、华山松、油松等；主要灌木为：刺叶高山栎、峨眉蔷薇、光叶粉花绣线菊等；主要草本植物为：陕西紫堇、川陕金莲花、华北耧斗菜、小花草玉梅、类叶升麻、一年蓬、突脉金丝桃、贯叶连翘、光滑柳叶菜、小花柳叶菜、中华小苦荬、过路黄、狼尾花、夏枯草、大花糙苏、宽苞糙苏等植物。

该线路的终点在山梁的梁顶，海拔约为 2 200 m。该处的主要乔木为：云杉、巴山冷杉、铁杉等;主要灌木为:小叶柳、川鄂小檗、银露梅、峨眉蔷薇、黄瑞香、唐古特瑞香、秀雅杜鹃、垂丝丁香、桦叶荚蒾等;主要草本植物为:茜草、肿喙薹草、蕙兰、银兰、华蟹甲、香青、陕西紫堇、川陕遍地金、绢毛唐松草、珠芽蓼等。

火地沟是采集植物标本较为理想的场所,沟宽坡缓、林地开阔。在此处可以采集150种植物标本。

火地沟沟深路长,水源充足,动物所获得的食物丰富,为两栖爬行动物的主要栖息地。依所获标本数量及野外遇见频次,两栖动物中的隆肛蛙和中华大蟾蜍等为优势种群。其中隆肛蛙在大小河溪中有分布,中华大蟾蜍在山坡、沟谷林下草丛中均有分布,二者是火地塘林山区较大型的经济蛙类和绝对优势种群。太白山溪鲵、巫山角蟾数量非常少,大鲵则由于人为捕捉的原因,几乎很难见到。爬行动物中的优势种群有颈槽游蛇、蝘蜓和黑脊蛇,多在沟谷分布;常见种群有菜花烙铁头、高原蝮、蓝尾石龙子、斜鳞蛇、黑眉锦蛇、王锦蛇和乌梢蛇;而宁陕小头蛇、双全白环蛇数量较少,不易发现。栖于此区域的鸟类有73种,鸟类种群以各种林栖种类占有绝对优势。许多重要的森林益鸟在该带均有相当数量的分布,如啄木鸟类,部分鸦科鸟类,部分画眉亚科鸟类,山雀类等等。另外,陕西林区鸟类中的珍稀种类——雉类,如血雉等也主要分布于此。此区域除森林外,在低山谷间还有一些农田,村舍以及较开阔的河流。这样使得一些平原鸟类和水域鸟类(如灰头麦鸡)以及居民点附近的鸟类(如麻雀等)也有相当数量的分布。鸟类分布过程中的“边缘效应”在本带得以充分体现。火地沟啮齿动物以小纹背鼩鼱、中华姬鼠、大林姬鼠、社鼠、黑腹绒鼠、洮州绒鼠和苛岚绒鼠等占优势,而金丝猴、豹猫、小麂、毛冠鹿、斑羚和鬣羚等,亦是本线路具有代表性的种类。

在火地沟沟口介绍特殊气象站的选址及布置、小气候梯度塔,然后进行林内外的小气候梯度观测。观测项目有气温(不同高度)、湿度、土温(0 cm、5 cm、10 cm、15 cm、20 cm 5个深度)、风向、风速、照度等气象要素。每班分为3个小组,在植物标本的采集过程中,各小组在同一地点进行整点观测。资料最后的整理是气象要素随时间的变化分析(同一小组可进行分析比较),也可在行进途中进行不同地点不同海拔高度的整点观测(不同小组之间进行比较分析)、记录。

在火地沟入口即林场场部后边的人工落叶松林中选设棕壤的剖面。

8. 沿210国道由林场场部到平河梁线路

该路线从实习林场出发,沿G210国道(长安河)向上,海拔高度由1 500 m到2 299 m,整条线路沿长安河而上。全程10 km左右,海拔高差达700多米。沿途可见两侧山坡上的油松林、锐齿栎林、油松+锐齿栎混交林、亮叶桦林、华山松林、华山松+红桦混交林、云杉林、落叶松林、铁杉林、漆树林、陕甘花楸、秦岭柳、峨眉蔷薇灌丛、筐柳灌丛等群落类型。

由林场场部出发,可见附近国道两侧有人工栽培的水杉、核桃、花旗松等;沿河道分布有漆树、椴树、青榨槭、待宵草、苎麻、鹅肠菜、小花草玉梅、湖北金粟兰、野大豆、两型豆、鼠掌老鹳草等植物。

行进至道班附近,海拔至1 800 m左右。两旁的山坡上主要植被为华山松、油松混交林。主要的乔木为:华山松、油松、锐齿栎等;主要灌木有:白背叶楤木、藤五加、桦叶荚蒾、冠果忍冬、竹叶花椒、细弱栒子等;主要的草本植物为:早熟禾、薹草、莎草、无毛牛尾蒿、书带薹草、大叶火烧兰、布袋兰、天蒜、茖葱、玉竹、黄精等。

沿道班向上大约 2 km 处，公路与河道相贴近，可以沿河道进行采集活动。此处主要的植被为阔叶杂木林，以一些喜湿的植物为主。主要的乔木为：漆树、粉椴、青榨槭、枫杨等；灌木有胡颓子、紫荆、兴安胡枝子、杭子梢、黄杨、流苏树等；草本植物有：柳叶菜、酸模叶蓼、簇生卷耳、狗筋蔓、石龙芮、山莓菜、虎耳草、水金凤等。此处还经常有天麻生长。

行进至距平河梁 2 km 左右，海拔至 2 000 m 左右。此处沿路的山坡上主要植被为云冷杉林。主要乔木为：云杉、巴山冷杉、铁杉、青杆等；主要灌木为：银露梅、桦叶荚蒾、野山楂、小叶柳等；主要草本植物为：早熟禾、华蟹甲、香青、云南蓍、珠芽蓼、椭圆叶花锚等。

平河梁可以看到人工营造的落叶松林。该区域的主要乔木为：华北落叶松、日本落叶松、糙皮桦、红桦、坚桦、漆等；主要灌木为：银露梅、华榛、榛、千金榆、刺叶高山栎、中华绣线梅、光叶粉花绣线菊等；草本植物最常见的有：薹草、早熟禾、一年蓬、云南蓍、紫云英、画眉草、风毛菊、伞房草莓、过路黄、珠芽蓼等；藤本植物主要有：五味子、南蛇藤等。

该线路路程较长，全程需要一天左右。可以看到植被明显随海拔高度的地带性变化。可以采集标本 100 余种。但应注意交通安全，小心避让过往车辆。

本线路上，主要能观察到栖息于水边的动物种类，如中华蟾蜍、中国林蛙、隆肛蛙、菜花烙铁头、黑眉锦蛇、颈槽游蛇，以及红尾水鸲、燕尾、褐河乌等喜水鸟类，偶尔能发现兽类长吻鼹、岩松鼠等。

气象观测选择不同海拔高度（地点不同）即 3 个小组在不同地点，进行同一时间的整点观测，要求仪器距离地面高度相同，可以选取三个下垫面条件相同（如均为林地，郁闭度相同），也可完全不同（林地、裸地、草地、砍伐林地等），资料分析是气象要素（如温度、湿度等）随高度的变化，对不同下垫面气象要素的进行分析（不同小组之间资料的比较分析），记录。

在平河梁顶的人工落叶松林中选设暗棕壤剖面进行土壤观察。

9. 小甘沟、板桥沟线路

自火地塘林场场部沿 G210 国道向宁陕方向行进 0.5 km，路旁天然林保护工程碑座后即是本线路的入口。这两条沟入口隐蔽，植被郁闭度较高，林下湿润、腐殖质丰富。

沟口处海拔 1 300 m 左右，沿途可以看到油松林、锐齿栎林、鹅耳枥林、漆树林、铁杉林、山杨林、鹅耳枥 + 槭树混交林、漆树 + 鹅耳枥混交林、枫杨 + 漆树 + 槭树混交林、锐齿栎 + 漆树混交林、筐柳灌丛、黄花柳灌丛、唐古特忍冬灌丛、牛尾蒿草甸等群落类型。主要乔木为华山松、油松、锐齿栎、漆等；灌木植物主要有：圆锥山蚂蝗、长柄山蚂蝗、盘叶忍冬等；草本植物最常见的有：乳瓣景天、柔毛金腰、落新妇、突隔梅花草、野大豆、酢浆草、两型豆、大戟、中华秋海棠、长序变豆菜等；藤本植物主要有：葛枣猕猴桃、华中五味子、葛、常春藤等。

板桥沟和小甘沟分叉处，海拔 1 500 m 左右，为松栎混交林。主要乔木为锐齿栎、油松等；灌木植物主要有：长柄山蚂蝗、圆锥山蚂蝗、膀胱果、白木乌桕、卫矛、多花勾儿茶、中华青荚叶、盘叶忍冬等；草本植物最常见的有：雀舌草、尼泊尔蓼、酸模、大火草、多穗金粟兰、银线草、美丽芍药、蒺藜、松蒿、半蒴苣苔等；藤本植物主要有：葛、华中五味子、常春藤等；林下腐殖质丰富的地方有水晶兰、列当、天麻等腐生植物分布。

该线路的终点在山梁的梁顶,海拔约为 2 000 m。该处的主要乔木为:云杉、铁杉等;主要灌木为:银露梅、唐古特瑞香、秀雅杜鹃、桦叶荚蒾、小叶柳、眉柳、川鄂小檗等;主要草本植物为:肿喙薹草、蕙兰、华蟹甲、香青、陕西紫堇、川陕遍地金、珠芽蓼等。

本线路行进相对较为困难,林下蛇虫较多。但生物多样性水平较高,可以采集到很多不常见植物。

本线路海拔 1 400 ~ 1 600 m 间的动物种类、数量较多,离居民区、农田愈近,两栖、爬行动物种类愈多。低海拔居民区附近可见中华蟾蜍、中国林蛙、黑斑蛙、隆肛蛙、北草蜥、蝘蜓、秦岭滑蜥、菜花烙铁头、紫灰锦蛇、双全白环蛇、黑头剑蛇、黑眉锦蛇及翠青蛇等。其中,颈槽游蛇和斜鳞蛇中华亚种是优势种。栖于本线路的常见鸟类有 48 种,本区域的代表性鸟类主要包括啄木鸟类、部分鸦科鸟类、画眉亚科鸟类、山雀类和柳莺类等。在溪边常见到红尾水鸲、燕尾、褐河乌等喜水鸟类;阔叶林中可见到大山雀、红头长尾山雀、山树莺等鸟类。多种大型兽类如羚牛、斑羚等亦在此沟活动,它们栖息于落叶栎林、针叶林中。尤其是落叶栎林面积最广,也是有蹄类多数物种分布密度最高的区域。野猪、花面狸和猪獾等在此沟活动也比较频繁。

10. 火地塘林场场部向关口方向线路

自火地塘林场场部起,沿 G210 国道向宁陕方向行进 5 ~ 7 km,海拔从 1 400 m 降至600 m 左右。沿途可以看到油松林、锐齿栎林、漆树林、鹅耳枥林、槲栎林、巴山木竹林、枫杨 + 漆树 + 槭树混交林、漆树 + 鹅耳枥混交林、锐齿栎 + 漆树混交林、茅栗林、马尾松林等群落类型。常见的乔木有:油松、马尾松、槲栎、红豆杉、锐齿栎等;灌木有:粗榧、藏刺榛、木姜子等;主要的草本植物有:宽叶荨麻、透茎冷水花、萹蓄、中华抱茎蓼、齿翅蓼、疣、秦岭耧斗菜、类叶升麻、松潘乌头、三枝九叶草、歪头菜等。沿道路两侧有华中五味子、猕猴桃、藤山柳、多叶木通、五月藤、常春藤、鄂西清风藤等藤本植物。

本线路海拔较低,动物种类、数量较多,离居民区、农田愈近,两栖、爬行动物种类愈多。低海拔居民区附近可见中华蟾蜍、中国林蛙、黑斑蛙、隆肛蛙、北草蜥、蝘蜓及秦岭滑蜥,紫灰锦蛇、双全白环蛇、乌梢蛇、黑眉锦蛇及翠青蛇等分布较广。其中,颈槽游蛇是优势种。栖于本线路的常见鸟类有 60 种。本区域的代表性鸟类主要包括大斑啄木鸟、大嘴乌鸦、红嘴蓝鹊、画眉、山雀类和柳莺类等。在溪边常见到红尾水鸲、燕尾、褐河乌等喜水鸟类;阔叶林中可见到大山雀、红头长尾山雀、山树莺等鸟类。多种小型鼠类比较丰富,如甘肃仓鼠、长尾仓鼠、小家鼠、黑线姬鼠和褐家鼠等。野猪、花面狸和猪獾等在此区域活动也比较频繁。

在宁陕老县城附近选设黄棕壤剖面进行观察。

此外陈家沟、宋家沟和水晶沟等线路距离场部比较近,沟谷都比较浅,可以作为阴雨天的备选线路进行实习活动。

生物学实习的基本技术

本篇系统介绍了生物学实习中动、植物标本的采集、制作、鉴定的基本方法和过程；各种气象学观测仪器构造原理，气象要素、小气候观测和资料整理的基本方法；土壤学的基础知识及土壤调查、识别方法；生态学中植物群落调查方法。

第三章 植物标本的采集、制作与鉴定技术

植物标本是指经过采集和适当处理后能够长期保持其形态特征的全株植物或植物的一部分。是鉴定和辨认植物种类最为重要的第一手资料，是永久记录植物形态特征的一种手段。一个好的植物标本对进行植物分类学研究和资料交流十分必要。因此，植物形态标本的采集和制作在植物学教学和科研中有着十分重要的作用和意义。

第一节　植物标本的采集与制作

目前，植物标本的采集与制作有一套成熟的方法，可以使植物材料能够长期保存下来，供教学和科学研究所用。植物标本的采集和制作不仅便于植物材料的长期保存，而且通过植物标本的采集和制作，能够对某一地区的植物资源状况做出客观评价，为合理保护和开发利用植物资源提供依据。

一、植物标本的类型

根据处理和保存方法的不同，可将植物标本分为以下 4 种主要类型。

① 腊叶标本：经过采集和压制，植物体完全干燥后，装订到台纸上的标本。

② 浸制标本：采集后，用药剂将植物浸泡到标本瓶中的标本，以便防腐保存。

③ 风干标本：是指采集后，让其自然干燥所形成的标本。

④ 沙干标本：将植物体用干沙包埋起来，完全干燥后能保持原来的生活状态的标本。

另外，用数码相机和数码摄像机采集植物信息制作成数字影像标本是近年来植物标本的一个新类型。

二、植物标本采集要求

1. 采集完整的标本

对植物根、茎、叶、花、果实、种子各部分均要采集，繁殖器官（花和果）在被子植物的物种鉴定中很重要，标本采集必须具备花或果的材料，或两者都有。注意雌、雄异株植物的采集。

2. 采集健康的植株标本

采集标本时应注意观察植物的形态，不要采集受损、感染病害或被虫蛀的植物部分做标本，采集的标本应保持原有植物的形态与色泽。

3. 采集标本的大小适中

标本大小以长度不超过40 cm为宜。株高40 cm以下的草本整株采集；更矮小的草本则采集数株，以采集物布满整张台纸为宜；40 cm以上的如折叠全株可置于台纸上，则采全株，如不能，则选取代表性的上、中、下三段作同号一份标本。木本植物选有花和（或）果的枝条，有多型叶时要收齐不同叶型的叶片。采集木本植物时，还应注意记录植株全形，如树皮、萌生枝条和叶、树干的枝刺等特征；采集草本植物时，应注意一年生、多年生、土生、附生、石生、常绿、冬枯等习性特征；采集水生植物时，应注意其异型叶的特征；注意观察花的颜色和气味。

4. 每号标本应采集2~3份

如在采集空白、薄弱地区采集时，或多份标本才能表现物种的全部特征时，可适当多采至3~5份，但当遇到珍稀濒危保护植物时，应注意保护，不能滥采。

5. 有完整的采集记录

一份合格的标本，要有填写清楚、详细的采集记录签，包括采集时间、地点、编号、野外生境、形态观察记录等内容，标本上还要有号牌，号牌上填写采集人和编号。

6. 应注意不同产地的植物采集

注意观察植物的生长环境，在同高度、同气候带内采集植物，不宜多走路途，应尽力搜集，不使遗漏。在高山地域，因气候、雨量、环境等条件的不同，山顶和山麓的植物显然有不同的群落；向阳坡与背阴或山谷阴湿处的植物也不同。因此，在不同的气候，不同的环境中，生长不同的植物，就必须随时注意观察，尽量采集。采集时，要注意空旷、树阴、干旱、潮湿和水中生长的植物种类。

除了上述要求之外，采集时还要调查植物土名和用途，要尽可能观察并记载各种植物的开花和结果期及果熟期，对于一些列入国家公告禁采的植物，应注意加以保护，以防绝种。

三、植物标本采集和制作方法

（一）地衣标本采集制作

地衣是藻类植物和真菌的共生体，根据其生长型可分为：壳状地衣、叶状地衣、枝状地衣。

1. 标本采集

采集地衣标本不受季节限制，除不产生子囊果者外，一年四季均可在子囊果内找到子囊孢子。

壳状地衣采集时必须连基质一起采下。如土生壳状地衣可用刀挖取；树枝上的壳状地衣可用剪枝剪连同树枝一起剪取；树干上的地衣可用刀连同树皮一起切割下来；石生的壳状地衣须用锤敲打下一片石块即可。

叶状和枝状地衣采集时要注意地衣体的完整性，有子囊果的要采带子囊果。采集时不能用手抓取，要用刀轻轻从基质上剥下来，否则容易碰碎地衣体。如果不能采集到完整的地衣体时，须在采集前用卷尺量地衣体直径，并记录下来，采集的标本可直接放入牛皮纸制的小纸袋中。

2. 野外采集记录

采集标本应随采随记，重点记载地衣体的颜色、生态环境、基质、采集地点、海拔高度等，认真填写地衣标本野外记录表和采集（鉴定）签（表3-1，图3-1）。

表 3-1　地衣标本野外记录表

标本编号		海拔高度		生　境	
基　质		采集日期		采集地点	
形态特征					
营养繁殖					
有性生殖					
名　称		采集人		标本份数	

×××标本馆地衣植物采集(鉴定)签

标本编号:________　产　地:________
采 集 人:________　采集日期:________
生境与基质:________　海　拔:________
形　态:________　颜　色:________
营养繁殖:________
有性生殖:________
中 文 名:________　科　别:________
学　名:________
鉴 定 人:________　鉴定日期:________

图 3-1　地衣植物采集(鉴定)签

3. 标本制作与保存

地衣标本的制作和保存比较容易,一般分风干和浸制两类。采集回来后,将标本放在通风处风干,标本干后直接装纸袋内。大型标本可压制成腊叶标本。地衣标本不需要消毒处理,直接保存。

浸制标本:用 FAA 固定液固定,再加 0.2% 硫酸铜与 5% 甘油,可长期保存。

石蜡制片:制片用的标本,最好用 FPA 固定剂固定,配方如下:

50% ~70% 乙醇	90 mL
丙酸	5 mL
甲醛	5 mL

(二) 苔藓植物标本的采集制作

苔藓植物是一群没有真正的根,仅有茎、叶分化的小型绿色植物。其孢子体寄生在配子体上,采集标本时应特别注意收集孢子体,可在一年内的不同季节采集。

1. 采集工具

苔藓植物采集除一般工具外,常用的是采集漂浮在水面上的小型苔藓的小抄网、曲别针、塑料瓶、采集纸袋等。

2. 标本采集

不同生态环境中生长的苔藓植物种类不尽相同。根据其生境可分为水生、石生、土生和木生等类型。

(1) 水生苔藓

漂浮在有机质比较丰富的水中,如浮苔属(*Ricciocarpus*)、钱苔属(*Ricciella*)等;流水中生长的有曲柄藓属(*Campylopus*)、塔藓属(*Hglocomium*)等;静水中生长的有柳叶藓科(Amblystegiaceae）；沼生的有泥炭藓属（*Sphagnum*）。对于水生类型可用小抄网捞取，装入标本瓶中，生于沼泽中的，可用手或镊子装入标本瓶或晾干后装入纸袋。

（2）石生

生长在岩石上的苔藓植物比较多，由于岩石上的酸碱度和湿度不同，所生长的苔藓植物种类也不同，如酸性高山岩石上生有黑藓属（*Anerea*）和砂藓属（*Rhacomitivium*）；干旱岩石上生有虎尾藓属（*Hedaigia*）、牛舌藓属（*Anomodon*）等；潮湿岩石上生有提灯藓属（*Mnium*）等。这类标本可用刀片刮取。

（3）土生

土生的苔藓植物种类特别丰富。土壤性质不同，生长的苔藓植物种类也不同，葫芦藓（*Funaria*）喜欢生长在腐殖质比较丰富、含氮比较高的土壤上；中性土壤上多生有羽藓属（*Tinalis*）等；酸性土壤上生长有曲尾藓属（*Dicranum*）等；碱性土壤上有山羽藓属（*Thuidium*）等。采集时应连同土层铲起，注意不要破坏假根。

（4）木生

附生在树干、树枝及倒木上的苔藓植物有光萼苔属（*Porella*）、羽藓科（Plagichilaceae）等。生于树干上的可用刀片削取；生于枝条上的连同枝条截取。

3. 标本制作与保存

采集苔藓植物标本要注意采取有孢子体的标本，其次要将生长的基物一起采下。将采集的苔藓植物标本放入纸袋内，置于通风处风干即可。水生标本或带有附生植物枝叶的标本，可用标本夹压制，压干后再装入纸袋。

4. 野外采集记录

采集标本应随采随记，重点记录孢子体和配子体的形态、采集时间、地点、海拔高度、生境等。同时，在纸袋上用铅笔记上标本编号。回到宿营地后，按编号顺序填写苔藓标本野外记录表和采集（鉴定）签（表 3－2，图 3－2）。

表 3－2　苔藓标本野外记录表

标本编号		采集日期		采集地点	
生　　境				海拔高度	
光照条件			水　　温		
生 活 型					
基质类型					
配 子 体					
生殖器官					
孢 子 体					
名　　称		俗名		采集人	

（三）蕨类植物标本的采集和制作

蕨类植物是具有维管束的孢子植物，具有独立生活的孢子体和配子体。孢子体有根、茎、叶的分化。根为不定根，茎多为根状茎，叶有孢子叶和营养叶之分。孢子叶上可产生孢子囊和孢子，营养叶可进行光合作用。配子体结构简单，大多是具有背腹之分的绿色叶状体，在腹面可产生颈卵器和精子器。

×××标本馆苔藓植物采集(鉴定)签

标本编号:＿＿＿＿＿＿＿＿　产　　地:＿＿＿＿＿＿＿＿
采 集 人:＿＿＿＿＿＿＿＿　采集日期:＿＿＿＿＿＿＿＿
生境与基质:＿＿＿＿＿＿＿　海　　拔:＿＿＿＿＿＿＿＿
配 子 体:生长习性:＿＿＿＿　叶排列:＿＿＿＿　颜色:＿＿＿＿
气室界限:＿＿＿＿　性别:＿＿＿＿　光泽:＿＿＿＿
孢 子 体:孢　蒴:＿＿＿＿＿＿＿＿＿＿＿＿＿＿＿＿
蒴　柄:＿＿＿＿＿＿＿＿　蒴　　帽:＿＿＿＿＿＿＿＿
用　　途:＿＿＿＿＿＿＿＿＿＿＿＿＿＿＿＿＿＿＿＿
中 文 名:＿＿＿＿＿＿＿＿　科　　别:＿＿＿＿＿＿＿＿
学　　名:＿＿＿＿＿＿＿＿＿＿＿＿＿＿＿＿＿＿＿＿
鉴 定 人:＿＿＿＿＿＿＿＿　鉴定日期:＿＿＿＿＿＿＿＿

图 3－2　苔藓植物采集(鉴定)签

1. 蕨类植物的类型

据其生境不同,蕨类植物可分为土生、附生和水生三种类型。

(1) 土生

大部分蕨类植物为土生种,可分为旱生种、阴生种和湿生种。耐旱种类多生于被破坏后的森林、干旱荒山坡上,如常见蕨类植物;阴生种多生于阴湿和林下,如蹄盖蕨科(Athriaceae)、鳞毛蕨属(*Dryopteris*);湿生种多生长在溪沟旁或沼泽地带,如木贼属(*Equisetum*)和金星蕨科(Thelypteridaceae)。

(2) 附生

大多生长在热带和亚热带雨林中的树上和干旱岩石上,如九死还魂草(*Selaginella tamaricina*)可生在极干旱的石灰岩上。

(3) 水生

水生蕨类植物在水中的位置不同,如槐叶萍(*Salvinia natans*)和满江红(*Azolla imbricata*)漂浮在水面上;水韭属(*Isoetes*)是沉水植物。

2. 标本采集

蕨类植物标本的采集需注意以下几点:

(1) 采集完整的蕨类植物标本。带有地下茎的蕨类植物要将地下茎一块采集;有营养叶和孢子叶之分的蕨类植物,两种叶子要分别采集,编上相同的号码;没有营养叶和孢子叶之分的蕨类植物,要采集带有孢子囊(群)的叶子。没有孢子囊(群)的蕨类标本是毫无意义的。

(2) 大型蕨类植物,采集后可剪成数段,编好各段次序号码,并记上同一编号。

(3) 不能仅采一片叶子,要连同地下茎及叶柄基部和茎上的鳞片等附属物一并采上。

(4) 新鲜标本应及时放入塑料袋中,防止挤压,避免脱水萎缩。对于有些植株的孢子囊(群)要妥为保护,防止囊群盖脱落。

(5) 蕨类植物的配子体很小,生长在潮湿的沟边,一般不易采到。遇到配子体时,可连同基物铲起,放入标本瓶,回去后再整理。

3. 野外采集记录

采集标本应对蕨类植物的生境、海拔、习性和叶色等加以记录,重点记录孢子囊群的形态等。同时,按编号顺序填写蕨类植物标本野外记录表和采集(鉴定)签(表 3－3,图3－3)。

表 3－3　蕨类植物标本野外记录表

标本编号		采集日期		采集地点	
生　　境				海拔高度	
光照条件			基质类型		
配 子 体					
生殖器官					
孢 子 体					
名　　称		俗名		采集人	

×××标本馆蕨类植物采集(鉴定)签

标本编号:__________　产　　地:__________
采 集 人:__________　采集日期:__________
生境与基质:__________　海　　拔:__________
孢 子 体:__________
根:______　茎:______　叶:______　颜色:______
孢子囊群:______　囊群盖:______　附属物:______
原 叶 体:__________
用　　途:__________
中 文 名:__________　科　　别:__________
学　　名:__________
鉴 定 人:__________　鉴定日期:__________

图 3－3　蕨类植物采集(鉴定)签

4. 蕨类植物标本的制作

(1) 腊叶标本的制作

压制蕨类植物标本时,注意叶子反正面都应在同一平面上表现出来,以便上台纸后可以同时观察。同时,当蕨类植物个体较大时,可以扭折成"N"形或"V"形。标本制作好以后,贴上采集签和定名签,消毒入柜。另外,像卷柏等一些植物干燥后叶色会改变,在压制前应对叶色等仔细观察并做好记录。

(2) 浸制标本的制作

小型水生蕨类植物,如满江红科(Azollaceae)和槐叶苹科(Salviniaceae)等不宜制作干标本,可以用 5% 福尔马林溶液浸泡。若需保色,可先将植株放入 5% ～10% 硫酸铜水溶液中浸泡 48 h,转入 5% 福尔马林溶液中保存。注意瓶口要密封。

(3) 原叶体整体装片的制作

蕨类植物的原叶体(配子体)很小,可制作整体装片。方法是:将精子器和颈卵器发育成熟的原叶体放入 FAA 固定液中固定 8 h,取出冲洗;放入 5% 硫酸铜水溶液中 24 h,取出冲洗,依次经 50%、85%、95% 乙醇、无水乙醇各脱水 5 ～10 min;再经 1/2 无水乙醇和 1/2 二甲苯的混合液、纯二甲苯透明 5 ～10 min;最后将材料放在干净的载玻片上,用加拿大树胶封片,贴上标签即可。

(四) 种子植物标本的采集和制作

1. 腊叶标本的采集制作

腊叶标本是植物种的具体佐证和模式,是植物分类学研究的基本素材,对植物分类学有着不可替代的重要意义。但是，任何标本只是植物物种一时一地的形态，所含信息量有限，不能全面、整体地反应植物的全貌。要解决这些问题只能研究长期积累保存在标本馆内的腊叶标本。因此，采集好的腊叶标本对以后的研究是至关重要的。

世界各国都非常重视植物标本馆的建设，我国在北京、南京、杨凌等地都建有大型标本馆，收藏有大量腊叶标本，是科学研究和教学的宝贵资料。

(1) 标本采集

种子植物种类繁多，类型多样，不同类型的植物种类，具体采集方法也不同：

① 草本植物标本的采集。对于株高不超过 30 cm 的植株，一般要连根挖出，这样根、茎、叶、花或果就采全了。对于株高超过 30 cm 以上的植株，可以把它折成"N"形、"V"形或"W"形或将其分成几段(上段带有花果，中段带叶，下段带根)，将几段汇成一份标本，然后压入标本夹内，但要注意将全草高度记录下来。对于一些具有匍匐茎的草本植物，可采用上述同样的方法采集，但一定不能缺少顶端部分。对于一些具有地下茎(鳞茎、块茎、根状茎)的植物，如百合科、石蒜科的植物，应特别注意采集其地下部分。每种植物采集 3 ~ 5 份同样的标本，修剪整齐，每份标本采集后，必须立即挂上号牌(图 3 – 4)。

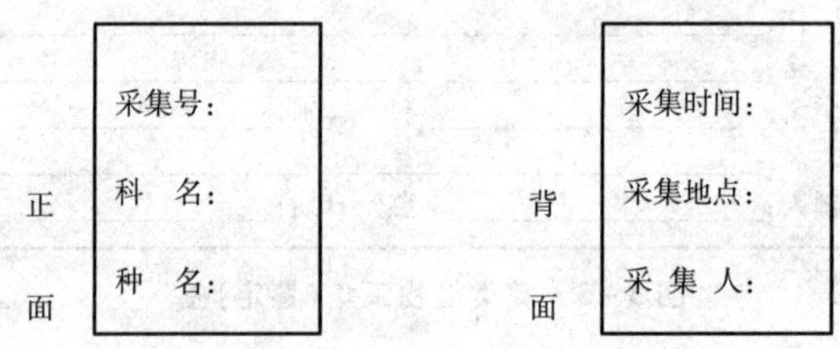

图 3 – 4　号牌式样

② 木本植物标本的采集。木本植物包括乔木、灌木和木质藤本等类型。采集时，首先要选择生长正常，无病虫害的植株作为采集对象，用剪枝剪剪取长约 35 cm 左右的带花、果的小枝，或分别剪取花枝和果枝。采集时不要随意用手折，以免伤树枝，对于较高的木本植物可用高枝剪剪取。有些植物，一年生新枝或萌生枝条的叶型和老枝上的叶型不同，或者新生的叶和老叶在表皮毛的有无等方面有差异，此时，幼叶和老叶就都要采。有些植物枝条髓心的特征可作为鉴定植物的依据，这时不能仅采新枝做标本。对一些先叶开花的植物，采花枝后，待长出叶时，应在同株上采其带叶和果实的枝条做标本。有些木本植物的树皮颜色和剥裂情况是鉴别种类的依据，因此，应剥取一块树皮附在标本上。

枝条剪下后，先作简单修整，如叶过多，过于密集，可以去掉一部分枝叶(疏去时要留叶柄)。再按标本的要求修整成一定大小。

③ 有些植物为雌雄异株，必须分开采集标本，而且要注意不要搞错。一些寄生性的植物如桑寄生、槲寄生、菟丝子等，采集时应注意连寄主一起采集。

④ 大型标本的采集。有些植物的叶片极大，例如芋头、蒲葵、假槟榔等，不可能采集整片叶子。这类标本可以采集部分叶片，若是单叶，可沿中脉的一边剪下，或剪一个裂片；若是复叶可采总轴一边的小叶，但都必须留下叶片的顶端和基部，或顶端的小叶。花、果和叶片可分开处理，但要编同一号。至于较大的花序，如向日葵的头状花序、棕榈科的花序都只能采其中一部分作为标本。

⑤ 同一标本，一般采集三份。原则上同株植物标本，编同一号码，不同株的应编另一号

码,以免混乱,尤其是木本植物标本必须这样做。

⑥ 采集时要考虑植物资源,不可乱砍滥伐。

(2) 采集记录

野外采集时必须具有现场记录,记录内容有专门记录本可按其格式填写(表3-4)。植物地方名、用途、生态环境(山坡、林下或水沟边等)、海拔高度、植株高度、叶形变化、变态器官的特征、花、果颜色、气味、乳汁等都要当时记录,否则就会影响鉴定的正确性。采集记录的同时要按种编号,号码写在标签牌上,然后用线拴在标本上,号码同记录本号码一致,这样就可按记录本上的号码找到标本,不致错误。另外写野外记录和号牌标签应用铅笔,而不用圆珠笔或钢笔,这样不易褪色。

表3-4　种子植物野外采集记录表

标本编号:	________		采集日期:	________	
产　地:	________				
生　境:	________				
	________				
海　拔:	________	性状: ________		体高:	________
胸　径:	________	树皮: ________		芽:	________
叶:	________				
花:	________				
果实及种子:	________				
茎:	________				
根:	________				
俗　名:	________				
中文名:	________		科　别:	________	
学　名:	________				
附　记:	________				
采集人:	________		标本份数:	________	

藤本植物还需记载其长度、被缠绕植物的名称、缠绕的方向等。

采集的标本如不能及时现场压制,应立即放入采集袋或采集箱内,以免失水变形。

(3) 标本的压制

采集的标本最好边采边压,这样就要求把标本夹带到野外。如不能在野外压制,则需把标本带回压制。采回的标本应及时整修压制,不能过夜,以免花、叶变形、变色,无法保持原有形状,而失去保存价值。

① 压制时,将标本夹中的一块平放作为底板,按标本夹的大小铺放5~6层麻纸(吸水纸),把一份标本平展在纸上,对标本进行整修,对过多的枝、叶、花、果要适当摘去一部分,以免重叠而霉变。压制时,可将部分叶柄扭折,使叶背面向上,保证从正面可看到叶背面和腹面两个面上的特征。标本各部分均不可露出标本纸外,对于株高超过30 cm以上的植株,可以把它折成"N"形、"V"形或"W"形或将其分成几段(上段带有花果,中段带叶,下段带根),将几段汇成一份标本,然后压入标本夹内。每层标本纸上视标本大小而放置标本,需四周高低一致,不可一侧厚一侧薄。整理好的每份标本上再盖2~4层麻纸,以此类推,大约压制50~80份标本后,最上面盖5~6层麻纸,将另一块标本夹盖在上面,用麻绳或粘接带将标本夹捆紧,捆时注意四周用力一致,捆得平展即可。捆绑好的标本夹可放在通风处阴干。注意

压制标本时每个标本的号牌不能丢失。

② 标本压制的最初 4 ~ 5 d 内，必须每天翻压 1 ~ 2 次，用干麻纸替换湿麻纸，决不可疏忽大意，否则就会使标本霉变、落叶、落花或变色。4 ~ 5 d 后可隔 2 ~ 3 d 换一次纸，并可捆松点，以免损坏标本，直至完全干燥为止。换纸的过程要注意对植株的再次整形，换下的湿麻纸要及时晾干、晒干或烘干以备再次使用。

③ 换纸过程中，如有花、果、叶脱落，可将其另装入小纸袋内，记上相同采集号，附在标本上。对于肉质植物、块根、块茎、鳞茎、肉质果等不易干燥或各部易脱落的标本，要在压制前用沸水冲烫数分钟，待水晾干后再压制，这样处理既利于标本压干又可避免其脱落。

④ 对某些植物有过大的根或果，不便与标本同时压制的，可挂同一编号的号牌，晾干、晒干，单独妥善保存。

(4) 标本消毒和装订

① 标本消毒。标本压干后，通常要进行消毒，因为标本上往往有虫卵或霉菌孢子。消毒一般用升汞($HgCl_2$)和酒精(95%)配成千分之二至千分之五的升汞酒精溶液，先将溶液放在瓷盘内，将标本浸透静止 5 min 左右，即可用竹筷(不能用铁器)夹起，放在干的吸水草纸中，压干后可以避免生霉及虫害(升汞溶液有剧毒，用时注意防毒)。消毒后上台纸，这样不致把标本弄坏。

② 装订(上台纸)。台纸是 40 cm × 30 cm 的白色硬纸板，要求致密、坚韧。在标本压干后，将其装订在台纸上。装订方法有线订、纸条穿孔粘贴、透明胶布粘贴等方法。最好的方法是用牛皮纸条(3 ~ 5 mm 宽)固定。

装订时，将消毒过的压制标本，按自然状态，即先端向上，基部向下，放置在台纸上适当位置，在标本的主干两侧若干部位用刀片在台纸上纵切出一对切孔，将纸条的两端穿过去，在台纸的背面将两个纸头拉出，分开反贴在台纸背面。一般每个标本在枝和叶柄的位置订 4 ~ 6 处即可。有些叶片可用胶水粘贴。太小的标本，可用硫酸纸袋装上，贴在台纸上。

装订标本时，还应在台纸的左上角留出粘贴采集签的空位，右下角留出定名签的位置。贴采集签时，胶水仅涂抹采集签上方边条，切勿涂满。当标本较大时，可用枝剪加以修剪。

经过分科、分属、分种鉴定之后，可将鉴定标签贴在右下角，这样就成为完整的标本。放入标本橱内密封保存，以便研究和教学时使用。

(5) 标本保管和使用

对已上台纸的标本，储存前应再次消毒，亦可用 -80℃ 的低温冰箱先杀灭虫卵等，再在专门的密封消毒容器或单独消毒房间消毒，但必须远离工作房屋以免中毒。消毒时把装好的标本放在消毒容器内或房间内，用升汞酒精溶液熏杀标本上的所有昆虫和菌类孢子等。这些消毒药器均有剧毒，必须严格防止漏气，在熏杀 36 ~ 48 h 之后，将消毒容器或消毒房间的门窗全部打开，使毒气充分蒸散之后，取出全部消毒标本，存放在植物标本橱内，密封保存。

① 腊叶标本按科的分类系统进行分科后，用牛皮纸夹好，在左下角写出科的系统编号，科名(学名)；科内的属、种分别用牛皮纸夹好，写好学名，按字母顺序排列。

② 将牛皮纸夹好的标本依科的顺序放入标本柜内，柜门外贴上相应科的顺序。

③ 采取防潮、防虫措施：可放置干燥剂、樟脑丸等，注意关好柜门。

④ 标本室应有专人保管，并建立严格的使用制度；标本室应配备观察标本用的桌、椅、

解剖镜、放大镜及有关工具等。保持标本室干燥、通风和整洁。

⑤ 看完后的标本应立即入柜，切忌长期放置在外。

2. 浸制标本的制作

对于一些不适于制作腊叶标本的植物或器官，如肉质植物、果实、花瓣等，可以用浸制液保存，制成浸制标本。在制作浸制标本时，要在标本瓶外贴上标签，注明采集日期、地点、采集人和标本名称。将标本瓶存放在阴凉避光处，或放入柜内，要经常检查，发现药液混浊时，要重新配制药液。如果药液挥发减少，应及时添加。标本瓶要用石蜡密封。每个标本瓶内，新鲜材料不宜装得太多，一般固定液是材料的 8 ~ 10 倍。

（1）防腐浸制标本的制作

可防止植物材料腐烂变质，达到长期保存的目的，但标本容易褪色。制作时，先将标本洗净，放入以下固定防腐液中。

① FAA 固定液：甲醛、冰醋酸和乙醇的混合液。三者的配制比例为 50% 乙醇90 mL，冰醋酸 5 mL，甲醛（其浓度为 37% ~40%，称福尔马林）5 mL，乙醇也可用 70% 浓度的。

② 甲醛水溶液：用 5% ~6% 的甲醛水溶液保存标本。

③ 冰醋酸水溶液：用 3% ~5% 冰醋酸水溶液保存标本。

（2）原色浸制标本的制作

原色标本可以较长时间保色保存植物材料。在保存原色浸制标本时，一定要避光保存，防止氧化，减缓褪色速度。可以配制特殊的固定液。

常用的原色标本的制作方法有：

① 绿色标本的浸制：若要保持绿色，固定液中要含有铜离子，用铜去置换叶绿素中的镁离子，使其变成假绿标本。方法有：

硫酸铜溶液处理：量水 100 mL，放入细碎 $CuSO_4$ 5 g，配成 5% 的处理液，将绿色植物放入，由绿色变黄色，再变绿色即可，时间 1 ~ 14 d。将标本漂洗干净放入 1% ~4% 亚硫酸保存液内长期保存。

醋酸铜溶液处理：用 100 mL 5% 醋酸溶液，加入醋酸铜 6 g 配成饱和原液，同时，原液 1 份加水 4 份，加热至 70℃ ~80℃，将植物放置 3 ~ 10 min，翻动，由黄色转为绿色即可。然后漂洗，放入 1% ~4% 亚硫酸溶液中保存。

② 红色标本的浸制：若要保持红色，固定液必须是酸性的，维持花青素在酸性条件下的红色反应，常用方法是：

福尔马林、硼酸混合溶液处理：用 1% 的福尔马林和 0.8% 的硼酸制成混合溶液，将红色标本放入，浸泡 1 ~ 3 d 左右，待红色转为褐色时取出，转入 0.2% ~1% 亚硫酸和 0.2% 硼酸混合溶液内保存。

硫酸铜溶液处理：瓜类、辣椒等用 5% 硫酸铜溶液处理，约 1 ~ 2 周，一般红色转为褐色后取出，漂洗后放入 1% ~2% 亚硫酸溶液内保存。

③ 黄色标本的浸制：黄色或黄绿色根、叶、果等，可在 5% 硫酸铜溶液内处理 1 ~ 5 d，经过漂洗，放入 2% 亚硫酸溶液内保存。也可用 2% 亚硫酸及 0.1% 福尔马林混合溶液处理保存，浑浊时要及时更换保存液。

④ 黑色和紫色标本的浸制：标本放入 20% 福尔马林和 2% 乙醇混合液处理保存。或用 2% ~3% 福尔马林和 3% 饱和食盐溶液（饱和食盐溶液浓度为 100 mL 水加盐 16 g）混合处理 2 ~ 3 个月，然后放入 1% ~2% 福尔马林溶液内保存。

⑤ 白色标本的浸制：可先在3% ~5%的亚硫酸溶液内处理一周左右，再放入1% ~4%的亚硫酸溶液内保存，也可直接放入1% ~4%的亚硫酸溶液内保存。对于白色带绿色部分，如菜花、白萝卜，可先在5% $CuSO_4$溶液内处理1 ~3 d，漂洗后转入1% ~4%的亚硫酸溶液内保存。

⑥ 蓝色标本的浸制：若要保持蓝色，固定液必须是碱性的，满足花青素在碱性环境下的蓝色反应条件。先将标本放入5%硫酸铜水溶液中24 h，取出转入由6 mL甲醛、2 mL甘油、3 g氢氧化钠和200 mL水配制的混合液中保存。

第二节　种子植物标本的鉴定

经过标本的采集、压制和装订，我们制作了一份合格的植物标本，接下来就要对标本进行鉴定。

一、鉴定方法

1. 分析标本的形态特征

鉴定标本时，首先要利用放大镜和解剖镜对标本进行仔细的观察，结合野外采集记录，搞清植物根、茎、叶，特别是花、果实和种子的形态特征，并仔细记录。

2. 借助各种工具书进行鉴定

根据实习地点，借阅当地的有关植物志，如《秦岭植物志》等，也可利用《中国植物志》、《中国高等植物图鉴》、《中国高等植物科属检索表》等相关书籍中的"检索表"，首先确定要鉴定植物的门、纲、科。之后利用地方植物志进行分属和分种检索，最后确定种名。并进一步与植物志中种的描述和插图进行核对，确认无误时，鉴定即告完成。如果发现某些特征与书上描述不同，可查阅《中国植物志》进一步核实，并及时请教专业指导教师帮助确定。

在鉴定到种以后，填写定名签，并将定名签贴在台纸右下方，定名签的格式如图3 -5所示。

×××标本馆种子植物定名标签

标本编号：	____________	采集地点：	____________
科　　名：	____________	中 文 名：	____________
学　　名：	____________		
采 集 人：	____________	采集日期：	____________
鉴 定 人：	____________	鉴定日期：	____________

图3 -5　种子植物定名标签

二、检索表及其使用

植物检索表是植物分类学中识别鉴定植物的钥匙。检索表的编制是根据二歧分类原则，将要编制的检索表中需容纳的所有植物，选用一对以上显著不同的特征，分成两类；然后又从每类中再找出相对的特征再区分为两类；如此下去，直到所需要的分类单位（如科、属、种等）出现。植物检索表常用的表达方式有等距（定距）检索表和平行（阶梯）检索表两种。

1. 等距检索表

等距检索表是最常采用的一种，在这种检索表中，将每一对相对的特征，编为同样号码，并列在书页左边同样距离处，每一对相同的号码在检索表中只能使用一次，如此继续下去，逐级向右错开，描写行愈来愈短，直至追寻到科、属或种为止。这种检索表的优点是每对相对性状的特征都被排列在书页左边相同距离处，一目了然，便于查找。不足之处是当种类繁多时，左边空白太大，浪费篇幅。

现用小麦（*Triticum aestivum* L.）、玉米（*Zea mays* L.）、稻（*Oryza sativa* L.）、高粱〔*Sorghum bicolor*（Linn.）Moench〕、大豆〔*Glycine max*（L.）Merr.〕、陆地棉（*Gossypium hirsutum* L.）、花生（*Arachis hypogaea* L.）、黄瓜（*Cucumis sativus* L.）、芸苔（*Brassica campestris* L.）、萝卜（*Raphanus sativus* L.）10 种常见植物编制成一个分种定距检索表，以说明其编制方法及格式：

1. 叶由叶片、叶柄或托叶组成；网状叶脉；直根系
　2. 单叶
　　3. 花两性；上位子房；角果或蒴果
　　　4. 四强雄蕊；角果
　　　　5. 花黄色；果熟后开裂 …………………………………… 芸苔
　　　　5. 花淡红色或紫色；果熟后不开裂；具肉质直根 ………… 萝卜
　　　4. 单体雄蕊；蒴果 …………………………………………… 陆地棉
　　3. 花单性；下位子房；瓠果 ……………………………………… 黄瓜
　2. 复叶
　　6. 羽状三出复叶；荚果熟后开裂 ……………………………… 大豆
　　6. 偶数羽状复叶；荚果熟后不开裂 …………………………… 花生
1. 叶由叶片和叶鞘组成；平行叶脉；须根系
　7. 一年生高大草本，茎秆高 2 m 以上；节间实心
　　8. 花两性；圆锥花序顶生 ……………………………………… 高粱
　　8. 花单性，雌雄同株；雄花序圆锥状顶生，雌花序肉穗状腋生 …… 玉米
　7. 一或二年生草本，茎秆高一般在 1 m 以下；节间中空
　　9. 圆锥花序，小穗有柄；雄蕊 6 个 …………………………… 稻
　　9. 穗状花序直立，顶生，小穗无柄；雄蕊 3 个 ………………… 小麦

2. 平行检索表

平行检索表是把每一对相对特征的描述并列在相邻的两行里，便于比较。在每一行后面或为一植物名称，或为一数字。如为数字，则另起一行重写，与另一对相对性状平行排列，如此直至终止。这种检索表的优点是排列整齐、节省篇幅，缺点是不如定距检索表那么一目了然。还以上述 10 种植物说明：

1. 叶由叶片、叶柄或托叶组成；网状叶脉；直根系 ……………………… 2
1. 叶由叶片和叶鞘组成；平行叶脉；须根系 …………………………… 7
2. 单叶 ……………………………………………………………………… 3
2. 复叶 ……………………………………………………………………… 6
3. 花两性；上位子房；角果或蒴果 ……………………………………… 4
3. 花单性；下位子房；瓠果 ……………………………………………… 黄瓜
4. 四强雄蕊；角果 ………………………………………………………… 5
4. 单体雄蕊；蒴果 ………………………………………………………… 陆地棉
5. 花黄色；果熟后开裂 …………………………………………………… 芸苔

5. 花淡红色或紫色;果熟后不开裂;具肉质直根 …………………………………………………… 萝卜
6. 羽状三出复叶;荚果熟后开裂 ……………………………………………………………………… 大豆
6. 偶数羽状复叶;荚果熟后不开裂 …………………………………………………………………… 花生
7. 一年生高大草本,茎秆高 2 m 以上;节间实心 ………………………………………………………… 8
7. 一或二年生草本,茎秆高一般在 1 m 以下;节间中空 ………………………………………………… 9
8. 花两性;圆锥花序顶生 ……………………………………………………………………………… 高粱
8. 花单性,雌雄同株;雄花序圆锥状顶生,雌花序肉穗状腋生 ………………………………………… 玉米
9. 圆锥花序,小穗有柄;雄蕊 6 个 ……………………………………………………………………… 稻
9. 穗状花序直立,顶生,小穗无柄;雄蕊 3 个 ………………………………………………………… 小麦

常用的检索表有分科、分属和分种检索表,可以分别检索出植物所属的科、属、种。要正确检索一种植物,首先要有完整的检索表资料。其次,要掌握检索对象详细的形态特征,并能正确理解检索表中使用的各项专用术语的涵义,如稍有差错、含混,就难以找到正确的答案,因此,在检索过程中,需要十分细心,并要有足够的耐心。

检索一个新的植物种类,即使对一个较有经验的工作者来说,也常会经过反复和曲折,因此,检索的过程也是学习、掌握分类学知识的过程。

第四章
动物标本的采集、鉴定技术

野外工作是动物学工作的一个重要组成部分。通过野外工作可了解各类动物的形态特征、生态环境、生活场所、生活习性与行为和它们对环境的适应性;掌握标本的采集、鉴定和保存的方法;不仅可将从书本上得来的理论知识与实践相结合,还可丰富和发展我们的理论知识;并锻炼和培养观察、分析和解决问题的能力。

第一节　动物标本的采集

一、昆虫标本的采集

在昆虫采集之前首先了解昆虫的生活习性(寄主、食性、活动规律等)和环境特点,从而使采集活动获得较大的收获。由于大部分昆虫具有保护色和拟态,因此要细心地观察周围的环境,并利用昆虫不同的习性采用不同的方法进行采集。在野外,常用的工具主要有捕虫网(包括空网、扫网、水网和刮网)、吸虫管、诱虫灯、黑光灯、毒瓶和三角纸袋等。

常见昆虫的采集方法有网捕法和诱捕法。

1. 网捕法

双翅目、鳞翅目、直翅目和膜翅目昆虫多使用网捕。蝶类采集通常在林间路边和水溪旁。天气晴朗时,10:00—15:00 是蝶类活动的高峰期,可直接网捕。由于蝶类体表具大量鳞片,应立即处死以免鳞片脱落(注意勿用手触及其翅)。蝗虫、蚱蜢、蟋蟀等直翅目昆虫栖息在草丛里,多数善跳跃,可用扫网,采集时间是在早晨或雨后捕捉。直翅目昆虫需要较长的毒杀时间。蜂类和蚂蚁等膜翅目昆虫在网捕时,注意具蜇刺的种类捕入昆虫网后,应先隔着网将其弹晕再放入毒瓶中,以免蜇伤。

2. 诱捕法

利用昆虫的各种趋性采集昆虫标本,包括灯光诱捕、食物诱捕、信息素诱捕、颜色诱捕等。在秦岭火地塘,多用灯光诱捕。夜间在野外较开阔处挂黑光灯,灯下挂一白色幕布,可诱来大量蛾子停息在幕布上,可用网捕或大口瓶罩住捕捉。

二、鱼类标本的采集

因地制宜地使用一些自行设计和制作的简易的采集工具,组织学生捕捞采集鱼类,进行鱼类的种类鉴别和食性分析。

1. 垂钓法

在鱼钩上装上蚯蚓、蝇蛆等诱饵，在鱼类常出没的地方钓捕各种肉食性和杂食性鱼类，如马口鱼、红尾副鳅等。

2. 网捕法

在沟渠、溪流中可以用各种水网采集沙塘鳢、斗鱼、泥鳅、小鲫鱼、鳑鲏等小型鱼类。在水草较茂密的地方，可用菱形铲网在水草间推进捕捞；而在水面富有成簇漂浮的水草（如水浮莲等）处，可将菱形铲网伸入水草下操底兜捞；而水草稀疏处则可用网在水草间来回刮扫；在水底较平坦、水草又短小的地方可用三角形推网或底拖网进行捕捞。

3. 张网驱捕法

在湍急的山涧和溪流中，常有平鳍鳅、鳅鮀、棒花鱼等特有小型鱼类生活。它们喜在水面较开阔而流速稍缓的地段或积水潭中群集活动。可采用张网结合驱捕，即用一个或几个网袋较长的水网拦截在溪流狭窄出口处，然后几个人从张网处上方下水，并排自上游向下游驱赶水中鱼群，使鱼群向下游逃窜而落入网中。

4. 虾篓或瓶捕法

此法适于湖泊、水库、山溪的积水潭等处诱捕花鳅、鮈鱼、小棒花鱼等小型鱼类。以结实的绳系一大口的玻璃瓶或虾篓，篓或瓶内放少许食物（如面包、馒头、面饼、米饭等），将篓或瓶沉入水中。

三、两栖类标本的采集

两栖类是脊椎动物中由水生到陆生的过渡类型，分为有尾类和无尾类动物。它们成体大多在陆上生活，但要在水中繁殖。精与卵均产于水中，进行体外受精。受精卵在水中发育，孵出的幼体（蝌蚪）也在水中生活，有尾无四肢，以鳃呼吸。经变态后成为成体。

1. 有尾两栖类的采集

（1）有尾两栖类成体的采集

有尾两栖类的成体生活在山区水质清澈、水温低、水流较缓的溪流中。大多具四肢，但仍保留有尾，有些种类还终生保留有鳃。常见的种类有大鲵（俗称娃娃鱼）、秦巴小鲵、山溪鲵等。大鲵多栖息于深水积水潭的洞穴中，而其他小型种类则多在浅水区的积水潭或静水池中，潜伏于石块下或石缝中。它们一般白天隐匿，夜间外出活动觅食，有些种类白天也外出活动，如遇惊扰则迅速游向深水区或潜入洞穴、石块下或石缝中藏身。

采集有尾两栖类，主要靠翻动水中石头等进行主动寻找，以采集网（水网）或徒手捕捉，较为简便有效。在山溪环境中采集标本时，搜索的路线应逆流向上。搜寻过程中行动要轻，保持安静，细心观察，捕捉时力求动作敏捷准确。

（2）有尾两栖类蝌蚪的采集

有尾两栖类的蝌蚪，生活于水中，一般均是用水网捕捞。静水型种类的蝌蚪，游泳能力较差，运动缓慢易于捕捞。而流溪型种类的蝌蚪游泳能力强，受惊扰后会钻入石缝间躲藏，可翻动石块搜寻，再以网捕捉。

（3）有尾两栖类卵的采集

有尾两栖类多在春末夏初（四、五月间）产卵，有些种类可延续到七月份。卵多产于石下，一侧黏于石头上。隐鳃鲵类动物的卵都包裹在一共同的卵胶囊之中，如大鲵的卵胶囊呈长带状，卵在其中呈念珠排列状；而小鲵科动物产出的卵胶囊长 7 ~ 8 cm，略弯曲成孤形，多贴于浅流水滩的石块下，翻动石块有可能发现它们。

2. 无尾两栖类的采集

（1）无尾两栖类成体的采集

采集无尾两栖类时，可根据它们的栖息环境和生活习性用不同的方法进行捕捉。无尾两栖类大体上可分为以下 4 种类型。

① 静水型（或称水陆两栖型）：大多数种类都属这一类型。但它们所栖息的静水环境也各不相同。其中，蟾蜍、雨蛙、泽蛙、姬蛙及蛙属的部分种类栖息场所较为广泛，几乎各种静水域中都可发现。高山蛙、倭蛙为高山高原种类，主要栖息在高原沼泽。铃蟾属种类有时则在肮脏甚至发臭的水坑、水沟栖息及产卵。对于游泳迅速、跳跃能力强的蛙类，如黑斑蛙、金线蛙、虎纹蛙、沼蛙等，多栖息于稻田和池塘或岸边，遇有动静立即潜入水中逃遁。这些蛙类白天隐蔽，黄昏夜晚活动，故捕捉最佳时间在夜晚。

静水型无尾两栖类的产卵期大多在春末夏初，而蟾蜍在冬末春初，日本林蛙和峨眉山的弹琴蛙则在秋末产卵。产卵期的长短不一，其中泽蛙和姬蛙科较长；而狭口蛙属多在夏季或初秋大雨之后的临时积水潭中产卵，并在此附近活动。

② 陆栖型：这是一些离水源较远，生活于树林、灌木丛、山坡、草地、农田、菜地、果园等地方的无尾两栖类。严格地讲，它们并非真正的陆栖型，而仍可归入静水型（即水陆两栖型）的范围之内。秦岭常见的种类有中华蟾蜍、林蛙、泽蛙、姬蛙等。

③ 树栖型：树栖型蛙类在指和趾端有吸盘和横沟，主要为大树蛙属和小树蛙属种类，秦岭常见种类为秦岭雨蛙，无斑雨蛙等。这些蛙类常栖息于水边树上或水中植物上。一般产卵期都在初夏，有的可延续至六月。

④ 流溪型：流溪型蛙类常以流水终年不断的山溪为栖息场所，山溪中、下游是流溪型蛙类的主要分布范围，其中一些属于高海拔分布的种类。流溪型蛙类行动迅速、敏捷、机警，常见的有棘胸蛙、湍蛙和臭蛙等。棘胸蛙属大型蛙类，栖息于背阴处山溪中深水积水潭内，或有石洞的小瀑布附近，稍有惊动即潜入岩洞或石缝中，故白天很难发现。湍蛙属小型蛙类，指和趾端具吸盘及横沟，栖息于湍急的溪流区域，以其吸盘将扁平的身躯贴附在流水冲刷或瀑布下的石块上。发现湍蛙后以捕网迎头兜捕，湍蛙受惊后往往向下跳恰好落入网中。

在采集中要注意无尾两栖类的特点。一是每年雨季来临前，在气候温和的春、夏季节里，无尾两栖类相对集中在各自产卵场水域附近，活动频繁且范围不大，因此采集成体应把握住这个时期。二是大多成体都有昼伏夜出的习性。白天隐匿，难以发现，而夜间活动频繁。特别是在农历端午节前后，气候闷热而又无风的夜晚最为活跃，自傍晚至夜间十时左右是一天中捕捉成体的最佳时间。可使用手电找寻，蛙类眼睛在电筒光照射下会发出反光，为蓝绿色或金红色小点。继续用光固定照住它，并轻轻接近使用扫网捕捉。三是在繁殖季节里，雄蛙喜鸣叫，树栖型种类常在树上鸣叫，流溪型种类常匍匐于溪流石块上、高崖陡坎或溪边灌木丛枝叶上鸣叫，尤以傍晚、雨前、雨后鸣声更频繁，捕捉者可循声寻其所在。

（2）无尾两栖类蝌蚪的采集

① 静水型：静水型种类蝌蚪体短而肥胖，游泳能力较差。有些在水中漂浮生活，但多为底栖，甚至钻入底泥和淤积很厚的腐殖质内。大多数种类的蝌蚪在当年完成变态，故一般在秋、冬季就采不到它们。而日本林蛙和弹琴蛙在秋末产卵，蝌蚪在次年夏季前完成变态，因此一般在夏季则采不到这两种蛙的蝌蚪。但弹琴蛙的蝌蚪要到第三年才完成变态，故终年

都有可能发现。而狭口蛙属的蝌蚪生活在大雨后临时积水坑中,发育极迅速,几天内即完成变态,应抓住时机赶紧采集。

② 流溪型:流溪型蝌蚪体修长圆滑,尾肌发达,游泳能力强。全部底栖,仅少数种类偶尔漂浮于洄水区水面。一般多栖息于溪流平缓且水底多砾石、有缝穴处,或在洄水积水潭处较多。这类蝌蚪行动极敏捷,遇惊扰即钻入石块缝穴中躲避,故用网捕捞时动作要快而准确。湍蛙属蝌蚪很特别,体型低扁,腹面具一个大吸盘,以吸附在湍流中石块下面。捕捉时可先用网拦截于水流下方,然后翻动石块,隐匿石下的蝌蚪即被水流冲入网中。蛙属蝌蚪多当年完成变态,但棘蛙属的蝌蚪可越冬,臭蛙属的蝌蚪发育变态相当迅速,而锄足蟾科全部种类的蝌蚪,当年均不能完成变态,有的甚至要越过两个冬季,因此一年四季均可找到它们的蝌蚪。

(3) 无尾两栖类卵的采集

各种无尾两栖类产卵季节不同,而且产卵期长短差别也很大,有的可延续很长,有的则很短暂。同时,各自都有其特定的产卵环境。

① 静水型:静水型种类在池塘、水田、积水坑内,水较浅并向阳处产卵,而在深水环境产卵的较少见。蟾蜍一般在早春 2 ~ 3 月间产卵,卵排列在一对很长的卵带里,卵带缠绕在水生植物间不致下沉。铃蟾属的卵呈单粒,沉于水底或黏挂在水中枯枝上。蛙科、雨蛙科和姬蛙科卵呈堆状或块状,多在近岸边或隐蔽角落处的水草上或泥底。弹琴蛙产卵于岸边泥窝内。狭口蛙的卵产在雨后临时性积水坑中,呈片状,刚产出时漂浮在水面上,遇振荡后便沉入水底,它们的胚胎发育很快,对此种卵要及时采集。

② 流溪型:流溪型种类卵粒最大,多呈乳白色,卵群均产于山溪中。锄足蟾科卵群呈圈状,悬贴于水流中央或漫水滩上石块背水面下方。湍蛙属的产卵环境多在水流更湍急、体积更大的石块下的水洞中。臭蛙属的卵产在流溪中更深的岩洞中,可用采集网探入洞中捞捕。棘蛙属的卵产在流溪旁的小水坑里,卵群呈一串葡萄状挂在水中的树根、枯枝或石壁上。

③ 树栖型:树栖型的种类多产卵于植物上。繁殖季节中,雌雄抱对,两性排出液体经后肢搓动形成白色泡沫,精卵均排入其中,泡沫具黏性,有时黏附于植物叶片上筑成叶窝,又叫叶窝卵。有些树蛙常将卵产于田埂或水坑土壁上,卵泡也可漂浮在水面上,或产卵于沼泽地内,卵泡埋于草皮下或松软潮湿的腐殖堆中。小树蛙属产卵数较少,卵群不大,包埋于透明胶状液中,粘贴于灌木或草本植物叶片上。树栖种类产卵大致都在雨季前不久或雨季初临期,胚胎孵化时正赶上雨季到来,雨水将胚胎冲洗落入下方水塘或积水中。采集树蛙卵时应注意这个季节。由于树蛙卵隐蔽在树叶丛中或草皮下,卵粒一般也无色素,在寻找时应特别注意。

凡发现卵群,首先要拍摄照片,然后再进行采集。静水型种类的卵可以用采集网打捞,流溪型种类的卵可以用镊子从附着物上刮取下来,树栖型种类的叶窝卵可连叶片一道摘取。不论哪种卵群都要收集完全,不可丢失,以便统计它们的排卵量。暂时不能鉴别种类的卵群,还应留若干进行培养,让其继续孵化,长成蝌蚪,甚或直至完成变态,以便鉴别种类。将采到的卵,轻轻放入盛有溪水及少量水草的塑料桶等容器内。水草可减轻容器内水的摇晃振荡,对卵起一定的保护作用。

四、爬行类标本的采集

爬行动物属于真正的陆生脊椎动物。它们体表被覆鳞片或角质盾片,均以肺呼吸。大多数种类有四肢,四肢较发达,趾端具爪,适于陆上爬行。尽管一些种类可在水中生活,但都在陆上产卵，卵在陆上发育、孵化。所以它们可以完全脱离水域而在陆上生活。根据它们的体形和生态习性，可划分为龟鳖类、蜥蜴类和蛇类三大类。

1. 龟鳖类的采集

龟鳖类大多分布于长江流域及以南地区。大多为杂食性，以小型蠕虫、鱼、虾、螺、蚌、蛙、昆虫以及植物嫩茎、叶和种籽等为食。

龟类多栖息于河流、湖泊、池塘、沼泽、沟渠、稻田、山溪及水边半干半湿的土洞或岩石洞穴中。乌龟是最常见的龟类，半水栖或水栖习性。每年春季交配，5—8月间在水边滩地松软处掘穴产卵，并以土覆盖。捕捉可于4—9月间进行，在水边草丛中撒放菜籽饼诱其觅食，并于黄昏后或黎明前后以手电搜捕，或找到其洞穴后挖掘捕捉。

鳖类喜隐于底泥之中，杂食性，以肉食为主。中华鳖为最常见的鳖，白天浮出水面，或爬到水生植物之上，或在岸边晒太阳，夜晚上岸觅食。天气炎热时也常白天上岸，或将整个身体埋藏在沙中。夏季选择泥沙松软背风向阳的坡岸掘穴产卵。捕捉时可采用钩钓法：用结实的长绳，末端系以钢丝钩或较长的缝衣针，用动物肝脏或蚯蚓为饵，傍晚在它们常出没的水域中下钩，第二天早晨取钩收捕。

2. 蜥蜴类的采集

这类动物的采集可归纳为以下几种方法：

① 徒手捕捉法：我国产的蜥蜴、石龙子等均属无毒种类，故一般均可用手直接捕捉。

② 搜索法：对穴居种类，如双足蜥、脆蛇蜥等，可在草丛石块下或草丛中搜寻。对生活在戈壁滩及开阔河岸沙滩上的沙蜥和麻蜥，可掘其洞穴捕捉。

③ 网捕法：对一些行动迅速的种类，不管是树栖型、半水栖型或陆栖型，均可以用采集网兜捕。但对活跃在墙壁、树干、电杆上的种类(如壁虎)最好用刮网捕捉。

④ 扑击法：对一些活跃的种类，特别是当地势较开阔平坦时，可用柔软而带叶的树枝条迅速扑击蜥蜴的头和躯干部，使其受震击失去知觉。因带叶树枝条面积大，故命中率较高。且枝条柔软，一般不易损坏鳞片和身体。

⑤ 垂钓法：在钓钩上串以昆虫为诱饵，可以捕捉在石缝或岩石洞穴中的种类。

⑥ 索套法：用一根2～3 m长的细竹竿，前端以一根结实的尼龙丝细绳结一活套。发现蜥蜴后，趁其抬头凝视时，乘机将竹竿伸去以活套套住其颈部，立即抽紧活套。或轻轻摇晃尼龙绳套，引其抬头，乘机套住。此法尤其适用于捕捉停息在树上高处个体较大的种类。

⑦ 钳夹法：以长柄铁钳也可捕捉一些种类，特别是树栖种类。

3. 蛇类的采集

蛇类通身覆以鳞片，无四肢。均为肉食性，多以鱼、蛙、蜥蜴、鸟、鼠及其他蛇类为食。采集蛇类要依靠主动寻找。根据蛇的种类、大小、是否有毒性、蛇所在的位置等具体情况，以蛇叉、蛇钩、采集网等多种工具进行捕捉。需要特别注意的是，一些蛇类如蝮蛇，具有毒性，它们或行动敏捷迅速，或有良好的保护色，不易察觉发现，因此在采集时，要小心谨慎。采集蛇类的常用方法有以下几种。

① 搜索法：此法适于采集穴居型的种类，如黑脊蛇。

② 蛇叉(钩)法：蛇叉(钩)是捕捉蛇类最常用也是最主要的一种工具。最好采用不锈钢材制作，长约1.2 m，直径粗1 cm左右，一端弯曲成钩，另一端制成叉状，即"Y"形。捕捉蛇类时，可根据具体情况选择或轮流使用任何一端。也可选择粗细合适、结实牢靠、带分叉的树棍来制作。对一般的无毒蛇来说，如果在平坦开阔地面，即可用蛇叉叉住它的颈部；如

其位置是在草丛或凹凸不平之地，则先用蛇钩将其钩拉至平坦处，再以叉压住，然后用钳或长的镊子，或用手捏住颈部拾起，将蛇装入布袋或笼中。捉蛇时的捉握部位应尽量靠近头后侧颞部，即颈部，以蛇不能掉转头咬人为妥。

③ 棍压法：在野外采集时若无蛇叉，也可用一根 1 m 多长结实的木棍、树枝压住蛇的颈部或前半身，再用其他工具或手捕捉。

④ 网捕法：如果发现蛇在水中游泳时，可用水网在水中兜捕。当蛇落入网中之后再将网口翻转使网口封住，这样网中之蛇就无法再逃脱了。或以网封住蛇在水中的洞口，以棍捅入隐藏处，或翻开石块，使之逃出落入网中。

⑤ 扑击法：用质地坚韧而较柔软的细竹枝、藤条等扑打蛇头、颈及前半身，可阻止蛇类逃脱而捕捉之。一般说来不致损伤动物的外形。

⑥ 索套法：和采集蜥蜴类动物时使用的索套法一样，来对付一些蛇类，特别是行动迟缓的毒蛇。它们往往盘曲成团，头部昂起，可将竹竿前端的活套轻轻伸过去，套住蛇的颈部后立即抽紧活套。

五、鸟类标本的采集

秦岭山地地形复杂，林中能见度小，雾网捕捉鸟类是比较有效的一种捕捉方式。它可用于鸟类的相对丰度、性别差异、年龄结构、繁殖状况、领域性和食性等的研究工作。

雾网的规格一般长 12 m、高 2.5 m、网眼 36 mm。在森林张网的地方要清理一个高 3 m、长 13 ~ 15 m、宽 1 ~ 2 m 的网场，或把网张在小路上，网两端用网杆把网支起，使网能在两网杆间绷紧。张网时下纲最低可垂到地上，张网后，每隔 2 ~ 3 h 要检查 1 次网，以使鸟的死亡率低于 1%。从网上摘鸟时需要耐心和细心，注意避免将网线扯断取鸟。对上网的鸟取下后要记录其种名、性别，并称重、测量、记录其栖息生境，检查鸟的肥满度、换羽情况、繁殖状态等。在记录做好之后，原地放鸟。

六、兽类标本的采集

兽类多在晨昏活动，不容易发现，但其活动时会留下很多痕迹，因此兽类的采集还应包括遗弃的骨骼，（特别是头骨）、粪便以及毛皮的采集。

在秦岭山地，可以使用捕鼠笼或捕鼠铗等工具采集甘肃仓鼠等小型哺乳动物；使用埋桶法捕捉鼩鼱等小型食虫目动物。当然，我们也可以因地制宜、就地取材进行目标动物的捕捉。

使用鼠铗的时间一般是在晚上布鼠铗，翌日早晨收鼠铗。在野外布放鼠铗时，最好两个人合作。前一人背上鼠铗并按鼠铗距（如 10 m）逐个把鼠铗放在地上。后一人手持空鼠铗，在行进中固定诱饵（也可预先把难以脱落的诱饵固定在鼠夹上）并支鼠铗，将支好的鼠铗放在适宜地点，顺手拾起地上的空鼠铗，继续支鼠铗、放鼠铗。放完一行鼠铗，应在行的首尾处安置醒目的标记。在布鼠铗时要注意以下几点：

① 根据目标动物大小采用不同型号的鼠铗，常使用中型板夹，具托食踏板或诱饵钓的均可。

② 诱饵以方便易得并为鼠类喜食为准，各地可以因地制宜。

③ 为了保证调查结果的可比性，鼠铗和诱饵必须统一，并不得中途更换。

④ 捕鼠器械捕鼠后需妥善处理,可就地用泥沙、干草等擦净,再放在日光下曝晒数小时,或用开水烧烫冲洗。

⑤ 鼠铗法适用于夜行性的鼠类。

使用埋桶法捕捉鼩鼱等动物时要求桶的规格为高 40 cm 以上,桶口直径在 30 cm 以上,可以使用超市销售的纸篓等塑料桶,也可以定做铁皮桶。埋桶前,要观察地形,鼩鼱常在土层松软,常有腐烂的大树根附近活动,在其地面活动痕迹比较多的区域挖坑,将桶埋入,桶口与地面平齐,桶内也可以放置一些昆虫作为诱饵。

第二节　常见动物的测量、识别和鉴定

一、常见昆虫的鉴定

昆虫纲是节肢动物门中一个主要的纲,其主要特征是身体分头、胸、腹三部分;头部具一对触角;胸部具三对附肢(足),大多数种类还具两对翅。一般将翅的有无、多少、质地和类型,变态的类型,口器、触角及胸足等的形式作为昆虫的鉴定依据。

1. 昆虫的翅

低等的昆虫(无翅亚纲)均无翅,而大多数昆虫(有翅亚纲)的成虫,在中胸和后胸的背面生有两对翅。常见的翅类型有膜翅(蝗虫后翅)、革翅(蝗虫、蟋蟀前翅)、鞘翅(甲虫前翅)、半鞘翅(蝽类前翅)、鳞翅(蝶、蛾)和毛翅(石蝇)。

2. 昆虫的触角

昆虫头部的触角由柄节、梗节及鞭节三节组成。常见的触角类型有刚毛状触角(蜻蜓、蝉)、丝状触角(蝗虫、蟋蟀)、念珠状触角(白蚁)、锯齿状触角(叩头虫、芫菁)、栉齿状触角(甲虫、蛾类雌虫)、羽状触角(雄家蚕蛾)、膝状触角(蚂蚁、蜜蜂)、具芒触角(蝇类)、环毛状触角(雄蚊,摇蚊)、球杆状触角(蝶类)、锤状触角(露尾虫、郭公虫)和鳃状触角(金龟子)。

3. 昆虫的口器

由于生活方式(特别是食性)的不同,昆虫口器的形式多种多样,常见的有咀嚼式口器(蝗虫)、刺吸式口器(蚊、蝉)、嚼吸式口器(蜜蜂)、虹吸式口器(蝶、蛾)和舐吸式口器(蝇)。

4. 昆虫的足

昆虫的前胸、中胸和后胸各具足一对。胸足由六节,即基、转、股、胫、跗及前跗节组成。由于执行不同的功能,足也相应发生了变化,常见的足类型有:步行足(蟑螂、步行甲)、跳跃足(蝗虫,蟋蟀后足)、捕捉足(螳螂前足)、开掘足(蝼蛄前足)、游泳足(松藻虫后足)、抱握足(雄龙虱前足)、携粉足(蜜蜂后足)、攀缘足(虱后足)。

二、脊椎动物的鉴定

1. 脊椎动物的鉴定依据

脊椎动物的鉴定,主要是根据各物种的形态特征、体色、骨骼结构、叫声、行为、活动时遗留的痕迹、栖息姿态和生境来确定。以鸟类为例详细说明动物野外识别的方法。

(1) 根据形态特征识别鸟类

鸟的形态特征是识别的基本依据,例如:

① 身体大小和形状:与麻雀相似的有蓝鹀、金翅等;与八哥相似的有白领凤鹛、乌鸫等;与老鹰相似的有赤腹鹰、灰林鸮等,大型的有大鵟及金鹏;与鸡相似的有血雉、红腹锦鸡、环颈雉、白冠长尾雉等。

② 嘴的形状:长嘴的有冠鱼狗、蓝翡翠、大斑啄木鸟等;嘴向下弯曲的有戴胜、锈脸钩嘴鹛等;嘴呈宽而短的三角形的有普通夜鹰等。

③ 尾的形状:短尾的有鹪鹩等;长尾的有白腹锦鸡、红腹锦鸡及寿带等;叉尾的有家燕、黑卷尾及小燕尾等。

④ 腿的长短:腿特别长的有鹭、鹳、鹤、鸨、鸻及鹬等。

(2) 根据羽毛颜色识别鸟类

观察鸟类的羽毛颜色时,因逆光看好像是黑色,容易产生错觉,故应顺光观察。除注意整体颜色之外,还要在短时间内看清头、背、尾、胸等主要部位,并抓住显要特征,如头顶、眉纹、眼圈、翅斑、腰羽及尾端等处的鲜艳或异样色彩。例如:

几全为黑色的有河乌、噪鹃、乌鸫、大嘴乌鸦等。

黑白两色相嵌的有鹊鹞、喜鹊、白冠燕尾及白鹡鸰等。

以蓝色为主的有蓝翡翠、蓝翅八色鸫、红嘴蓝鹊、蓝歌鸲、红尾水鸲、蓝矶鸫及蓝鹀等。

以绿色为主的有绿鹦嘴鹎、绿翅短脚鹎、红嘴相思鸟、暗绿绣眼鸟及柳莺等。

以褐色或棕色为主的种类繁多,如部分雁、鸭、鹰、隼、鸱鸮、鸻、鹬、斑鸠、雉鸡、云雀、鹨、伯劳、鸫、画眉、树莺、苇莺、扇尾莺、旋木雀、雀及鹀等。

(3) 根据飞翔与停落时的姿态识别鸟类

对一些空中飞翔、逆光或距离较远的鸟类,这是一种有效的方法,例如:

① 飞翔姿态,波浪式前进者,鹡鸰、鹨、云雀、燕雀及啄木鸟等;空中兜圈返回树枝者,鹟、鹎、扇尾莺及三宝鸟等;垂直起飞与降落者,百灵及云雀;鱼贯式飞行者,红嘴蓝鹊、灰喜鹊及松鸦等;长时间滑翔者,鹰、鹞、鵟及鹏等。

② 停落姿态,攀在树干上者,旋木雀、䴓及啄木鸟等;尾上下摆动者,在树上如伯劳,在地上如鹡鸰,在溪流岩石上如水鸲;尾巴左右摇摆者,山鹡鸰能在树枝上奔走,褐河乌能在溪流中潜水,它与鹪鹩在栖止时常仰头翘尾,很像小公鸡。

(4) 根据鸣声识别鸟类

在繁殖期的鸟类,由于发情而频繁鸣啭,其声因种而异,各具独特音韵。此法对资源调查和数量统计尤为重要。鸣声大致有以下几类:

① 婉转多变。绝大多数雀形目鸟类的鸣啭韵律丰富,悠扬悦耳,但各有差异,如画眉、红嘴相思鸟、乌鸫、鹊鸲及白头鹎等;有的能仿效他鸟鸣叫,如画眉、乌鸫;有的还能发出像猫叫的声音,如黄鹂。

② 重复音节,清脆单调,多次重复。重复一个音节的有灰喜鹊、煤山雀等;重复两个音节的有白鹡鸰、暗灰鹃鵙、黑卷尾、锈脸钩嘴鹛、黄腹山雀等;重复三个音节的有鹰鹃、戴胜、棕颈钩嘴鹛、大山雀等;重复四个音节的有四声杜鹃、凤头鹀等;重复五、六个音节的有小杜鹃、赤胸鹀等;重复八、九个音节的有冠纹柳莺等。

③ 如吹哨声。响亮清晰,或轻快如铃,如红翅凤头鹃为两声一度的吹长哨声;山树莺先发一序音再接两声高亢的哨声;毛脚燕如连续的短哨声;蓝翡翠如响亮的串铃。

④ 尖细颤抖。多为小型鸟类，飞翔时发出的叫声，似摩擦金属或昆虫翅膀，既颤抖又尖细拖长，如棕脸鹟莺、暗绿绣眼鸟、黑背燕尾和紫啸鸫等。

⑤ 粗厉嘶哑。叫声单调、嘈杂、刺耳，如绿啄木鸟、大嘴乌鸦、黑脸噪鹛等。

⑥ 低沉。单调轻飘的如斑鸠；声如击鼓的如董鸡等。

以上几种在野外识别鸟类的方法，必须灵活运用，不能单凭一种方法。对一些善于鸣叫的鸟类，常循其鸣声；再走近观察形态与颜色，以确切辨认。

2. 脊椎动物的常用术语和测量部位

脊椎动物的鉴定，多需要进行一些部位的测量，通过部位的定性和定量的描述来识别个体种类。

(1) 鱼类

对于鱼类（图 4－1）来说，主要描述口位（口端位、口下位及口上位）、形态；测量全长、体长、体高、头长、尾长、吻长、眼径、口裂长、尾柄长和尾柄高，以及鳞式和鳍式等。

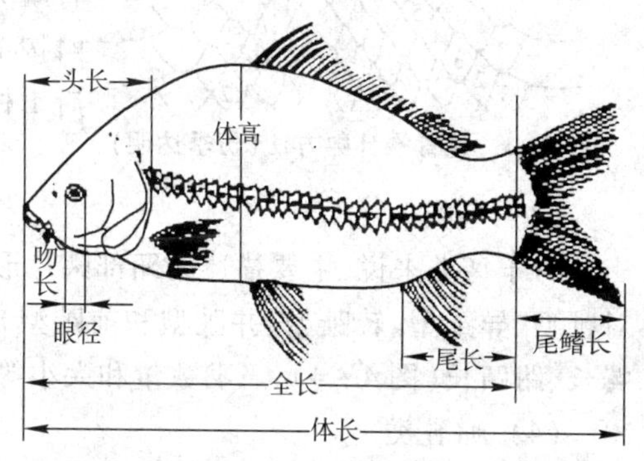

图 4－1　鱼类外形图

鳞式：侧线鳞数＝侧线上鳞数/侧线下鳞数。

侧线鳞数：从鳃盖上方直达尾部的一条带孔的鳞的数目。

侧线上鳞数：从背鳍起点斜列到侧线鳞的鳞数。

侧线下鳞数：从臀鳍起点斜列到侧线鳞的鳞数。

鳍条和鳍棘：鳍由鳍条和鳍棘组成。鳍条柔软而分节，末端分支的为分支鳍条，末端不分支的为不分支鳍条。鳍棘坚硬，由左右两半组成的鳍棘为假棘，不能分为左右两半的鳍棘为真棘。

鳍式：一般用 D 代表背鳍，A 代表臀鳍，C 代表尾鳍，P 代表胸鳍，V 代表腹鳍。用罗马数字表示鳍棘数目，用阿拉伯数字表示鳍条数目。鳍式中的半字线代表鳍棘与鳍条相连，逗号表示分离，罗马字或阿拉伯字中间的一字线示范围。

(2) 两栖类、爬行类

对于两栖类来说，主要描述体色、形态特征；测量体长、头长、头宽、尾长、尾高、吻长、鼻间距、眼间距、鼓膜宽、前臂手长、后肢全长、胫长和足长等。对于爬行动物的有鳞类（图 4－2）来说，除了要测定体长、头长、尾长和全长外，重要的鉴定依据是头背部、头侧、头腹部和躯干所在部位鳞片的有无、鳞片的形状等和背鳞的计数。

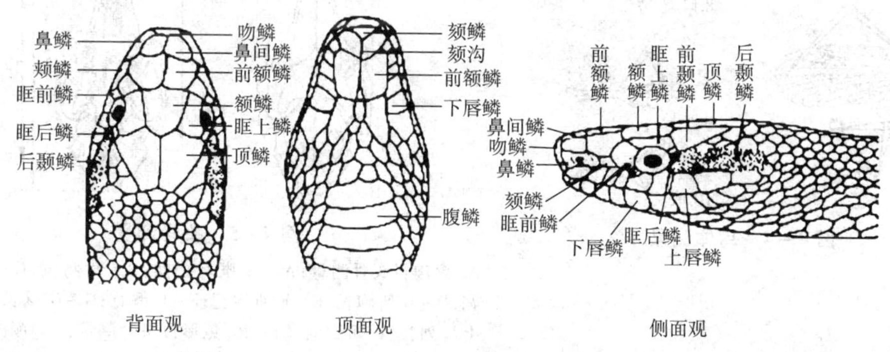

图 4－2　无毒蛇头部鳞被（仿季达明）

背鳞的计数方法为：一般数鳞片时，取颈段（1～2 个头长处）、体中段（吻端与泄殖孔间的终点处）和体后段（泄殖孔前 1～2 个头长处）3 个数据，可用数字式表示，如 21—19—17，表示背鳞在颈段 21 行，体中段 19 行，体后段 17 行。

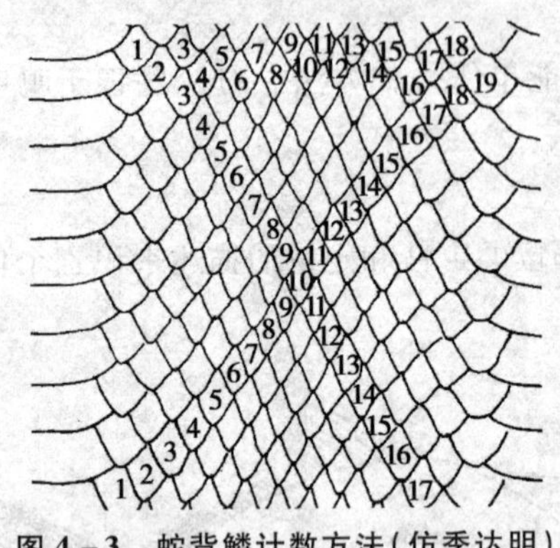

图 4－3　蛇背鳞计数方法（仿季达明）

数鳞的方法有 3 种（图 4－3），无论哪一种数法，所得数字不变。斜线法：自一侧第一枚背鳞（与一侧腹鳞相接）开始，向前或向后，按 1，2，3…顺序斜线计数，直至对侧最后 1 枚背鳞为止。人字法：亦自一侧第一枚背鳞开始，同上法向前或向后按 1，2，3…顺序斜线计数，数至背正中线时向前或后折回计数，直至对侧最后 1 枚背鳞为止。一字法：自一侧第一枚背鳞开始，以 2 列背鳞按 1，2，3，4，5，6，7，8，…横向一字计数，直至对侧最后 1 枚背鳞为止。

（3）鸟类

对于鸟类来说，主要描述跗跖部鳞片形状（盾状鳞、网状鳞和靴状鳞）、趾型（不等趾型、对趾型、异趾型、转趾型、并趾型和前趾型）、体色、体形特征；测量全长、体长、嘴峰长、尾长、翼长、跗跖长（图 4－4）、飞羽数量和大小等。

（4）哺乳类

对于兽类来说，主要测量全长、体长、耳长、尾长和后足长等。此外，尚须鉴定性别、称量体重，测量头骨（图 4－5），并注意形体各部的一般形状、颜色（包括乳头、腺体、外生殖器等）及毛的长短、厚薄和粗细等。

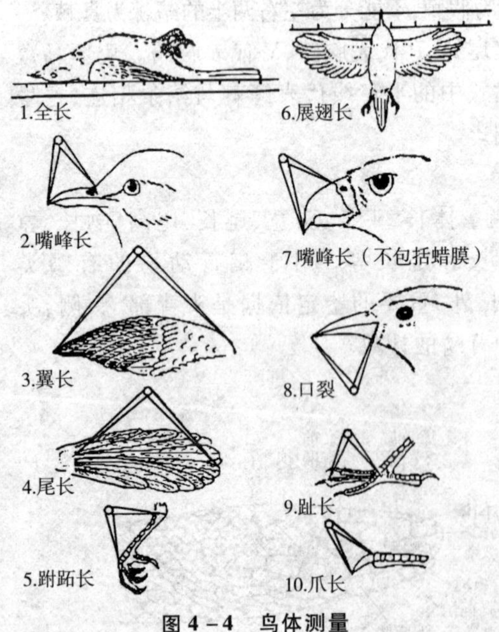

图 4－4　鸟体测量

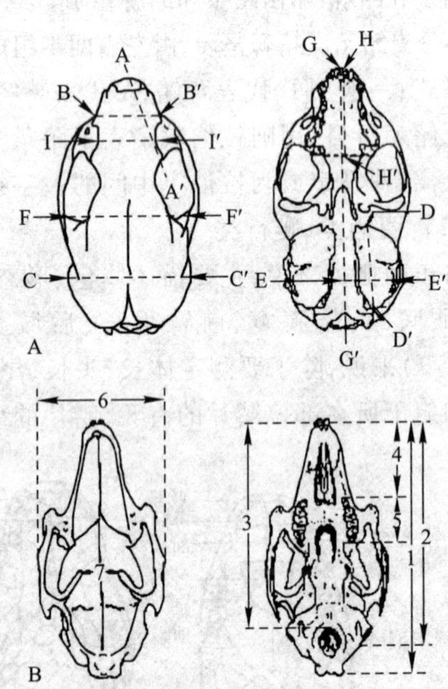

图 4－5　头骨测量

A. 食肉目头骨测量：A－A′眶鼻之间；B－B′吻宽；C－C′后头宽；D－D′听泡长；E－E′听泡宽；F－F′颧宽；G－G′基长；H－H′上齿列长；I－I′眶间宽；　B. 兔形目头骨测量：1. 颅全长；2. 颅基长；3. 基长；4. 齿隙；5. 上齿列长；6. 颧宽；7. 眶间宽

第三节 常见动物标本的制作

常见动物标本的制作主要包括浸制标本的制作、昆虫干制标本的制作和剥制标本的制作等。

一、浸制标本的制作

许多无脊椎动物及鱼、两栖、爬行动物的整体标本和解剖标本，常用浸制的方法制成。浸制标本可保持动物形态结构的完整性，并可长期保存。

1. 无脊椎动物整体浸制标本的制作

无脊椎动物种类繁多，有的躯体柔软，有的体被硬壳，有的躯体具较强的伸缩性。在制作标本时随上述特征而有所不同。

（1）躯体柔软的动物

如扁形动物门中的蜗虫，可用1%的铬酸处死及固定。为防止身体发生卷曲，可将固定后的标本用毛笔挑在培养皿中的一张湿滤纸上，放开展平。其上再加一张滤纸，把动物夹在中间，纸上放几片载玻片，再加入10%甲醛溶液，经12 h后，去掉滤纸并移入5%甲醛溶液中保存。华枝睾吸虫的浸制标本也可采用此法进行。

（2）身体容易伸缩的动物

为防止动物因浸制而产生收缩，常采用下列方法进行制作：

① 麻醉法：一般采用酒精、硫酸镁、薄荷脑、乙醚等麻醉剂先行麻醉，待动物深度麻醉后，再浸入保存液中保存。

② 窒息法：将螺类放入玻璃瓶中，加满清水不留空隙，再盖紧瓶盖，使瓶中没有空气存留。经数小时后，可见其头部与足部伸出壳口，如触之不动时，即用10%甲醛溶液或80%的酒精固定保存。

（3）体被坚硬外壳的动物：如软体动物中的瓣鳃类，为促使其外壳张开，可先将动物浸泡在开水内（数分钟即可），待动物死亡贝壳自开后，取出并用清水冲洗干净。如需长久保存的标本，壳较厚且没有光泽，可用10%甲醛溶液保存；而有光泽的种类最好用80%的酒精固定保存，以免贝壳失去光泽。

2. 脊椎动物浸制标本的制作

（1）鱼类的浸制标本制作

① 整理姿态：将新鲜的鱼用纱布包好，干燥致死。然后用清水将鱼体表的黏液冲洗干净（勿损伤鳞片）。用注射器从腹部向鱼体内注射10%甲醛溶液；然后，将鱼的背鳍、臀鳍和尾鳍展开，用纸板及曲别针加以固定。把整理好的标本侧卧于解剖盘内。鱼体向解剖盘一侧可适量放些棉花衬垫，特别是尾柄部要垫好，以防标本在固定时变形。

② 防腐固定：加入10%甲醛溶液至浸没标本，作为临时固定，待鱼硬化后取出。

③ 装瓶保存：用适当大小的标本瓶（标本瓶要长于鱼体6 cm左右，以便贴上标签后仍能从瓶外看到标本全貌），将固定好的鱼类标本，头朝下放入。或根据标本瓶的内径和高度截一玻璃片，将标本用两条丝线分别从鳃盖骨后缘体侧和尾柄部穿入，缚扎在玻璃片上。用橡胶瓶塞或软木塞剔好小槽做成4个玻片固定脚，分别嵌在玻片两侧，将玻片和标本缓缓装

入标本瓶内。最后,将10%甲醛溶液倒入瓶内至满,盖严瓶盖。

④ 贴标签:将注有科名、学名、种名、采集地、采集时间的标签贴于瓶口下方。标签贴好后,可在标签上用毛笔刷一层石蜡液,以防字迹褪色。

(2) 两栖、爬行类浸制标本制作

① 整理姿态:把蛙、蜥蜴等动物放入大小适宜的标本缸或厚塑料袋内,用脱脂棉浸透乙醚放入其中,盖严缸盖或封紧袋口,使动物麻醉。待致死后,立即整形,用大头针固定在蜡盘上。体形大的标本应事先在体内注射10%甲醛溶液。

② 固定保存:与鱼类标本的固定保存方法相同。个体中等或较小的标本应头朝上绑于玻璃板上,再放入瓶中保存,使外形结构更易观察且展示性更强。

③ 解剖标本的浸制制作:解剖标本的制作目的是观察内脏,应按解剖的一般方法除去体壁,以露出内脏。如要展示某一器官系统时,还须小心地除去不需要的部分,展示部分的各器官仍保持其自然位置,然后浸泡于10%甲醛溶液中。如需标明各器官名称,可用打印好的名称签(或用铅笔书写),用胶水贴在各器官上,待粘牢晾干后,浸入保存液中即可。

二、昆虫干制标本的制作

1. 针插

从毒瓶里取出毒死的昆虫,要用昆虫针(或大头针)插起来。对针插的部位有严格要求:鳞翅目昆虫应插在中胸正中央。膜翅目昆虫(蜂、蚁类昆虫)应插在中胸中央偏右一些。鞘翅目昆虫(瓢虫、天牛、金龟子等)要插在右面鞘翅的左上角,针正好穿过胸部腹面中足与后足之间。直翅目昆虫(蝗虫、蟋蟀等)要插在前翅基部上方的右侧。插针时,务使昆虫针与虫体成90°。

2. 整姿和展翅

针插后,鞘翅目、半翅目、直翅目、双翅目和膜翅目等目的昆虫以及身体细小的昆虫将触角和附肢稍加整理即可。大型的昆虫应取出其腹部的内含物并整姿。以蝗虫为例,沿腹部侧板剪开一约1.5 cm的开口,取出内脏,用棉花清洁一下,再用洁净的棉花填充。在整姿台上将附肢依次摆放好,用大头针固定;再用大头针将其头部、触角和腹部架起。当虫体干燥后可与其生活状态相似,也便于观察和分类等工作。鳞翅目和蜻蜓目的昆虫翅较发达,需要展翅。展翅的操作步骤如下。

调整工具:使用移动式展翅板展翅时,需先根据虫体(头、胸、腹)的粗细移动板面,使虫体正好纳入槽内,以左右两侧不触及板体为准,然后拧紧旋钮。

放虫入槽:把已插针的虫体放进沟槽插在底板上(底板上粘一条软木板,易于插针)。用小镊子调理虫体,使体背与沟槽口面相齐。

挑翅固定:虫体在沟内固定后,先展左侧前后翅,再展右侧前后翅;同侧前后翅先展前翅,再展后翅。先用纸条在前翅基部附近把虫翅压在板面上,纸条上端用大头针固定在翅前方稍远一点的位置上,左手拉住纸条向下轻压,右手用解剖针(或大头针)向前轻挑前翅前缘与虫体体轴垂直,再稍向前挑一点,以待虫翅干燥后回缩时,正好与体轴相垂直。

然后把左侧触角沿前缘平行地压在纸条下面;紧接着挑展后翅,在不掩盖后翅前缘附近的主要斑纹特征的情况下,把后翅前缘挑在前翅内缘的下面,并拉紧纸条,平压在后翅的翅面上,用大头针固定纸条下端。同上法再展右侧前后翅。为了稳固翅位,保持翅面平整,在左右两对翅的外缘附近,再各加压一纸条。

3. 填写采集标签

一个有科学价值的标本必须有采集标签。此标签应用铅笔或绘图墨水写明采集地点、海拔高度、采集时间和采集人。在针插标本后,立即上签。签在昆虫针上的位置可由三级板的二级来决定:将写好的标签放在三级板的第二层上,手持插有虫体的昆虫针上端,透过标签纸右侧(或左侧)中部将昆虫针徐徐插入第二级的底部。如果是需要整姿或展翅的昆虫,可先将写好的标签放在虫体一旁,待虫体干燥后再上签。

4. 保存

昆虫完全干燥后,应放入昆虫盒中,并将其放入密闭的柜子中。在盒和柜子中要放入樟脑或其他防止虫蛀的药品,并不断添加。

三、剥制标本的制作

剥制标本是将动物的皮连同皮外的覆盖物一同由躯体上剥下来,再根据动物的原形,缝制成标本。通常鸟类和哺乳类的标本用此法制作。根据不同的要求,剥制标本有两种类型。一种是陈列标本,称真剥制标本,要求制成生活时的姿态;另一种是研究标本,又称假剥制标本,按统一规格剥制。标本制作是一项细致的工作,应耐心地按照程序操作。下面以小型鸟类为代表,简单介绍剥制标本的制作方法。

1. 测量记录

科研及教学用标本在剥制前应进行测量,测量内容主要为体重、体长、翅长、尾长、附跖长、性别等。

2. 剥皮

① 使鸟仰卧桌面,用手或解剖刀分离胸部羽毛,便之露出皮肤,随后用解剖刀沿胸部前端正中,至胸部龙骨突起后缘,笔直划一刀,注意不要把肌肉割破。然后将皮肤向两边分离,直到两侧腋部。用手拉出鸟颈,使之与皮肤脱离,然后用剪刀把颈部剪断。在剥皮过程中,如遇出血和脂肪过多,可撒些石膏粉。

② 左手拿起连接躯体的颈部,右手按着皮缘慢慢剥离肱骨和肩部之间的皮肤,用剪刀在肱骨与躯干部连接处剪断,然后再剪断另一侧肱骨。继而沿背部剥向腰部。

③ 在剥至腰部荐骨处要特别小心,因这里皮较薄,且羽轴紧附于荐骨,需慢慢用拇指指甲沿荐骨刮离皮肤。在剥腰背部的同时,相应地向腹部剥离,直到腹部和腿部露出。

④ 用剪刀在股骨和胫骨之间剪断,再向尾部剥离。剥至尾时,宜用剪刀剪掉肛门与尾基,皮上若附有脂肪或肌肉,应一齐除净。这时,鸟类的整个躯干与皮肤已分离。

3. 去除肌肉

① 先清理翼上的肌肉,用手拉住肱骨,另一手将皮肤慢慢剥离,在剥至尺骨时,因次级飞羽羽根牢牢长在尺骨上较难剥离,可以用拇指紧贴尺骨将皮肤推下,一直剥至尺腕关节处,再把肱骨和尺骨上的肌肉清除掉。随后开始剥腿部,一直剥到腔部和跗跖之间,去掉胫骨上的肌肉。

② 最后只剩下头部的肌肉,左手捏住已脱离了皮肤的颈部,右手将颈部由皮肤内向外拉,使头部外翻,待膨大的头部显露时,须小心皮肤破裂,应以拇指按着头部皮缘慢慢剥离。

到耳孔处，用右手拇指和食指的指甲在紧贴头部处捏住耳道使之与头骨分离。然后将皮剥至眼部，沿眼的四周轻轻剪开，不要剪破眼睑，直至剥到嘴基。沿枕骨大孔处剪去颈部，剔去上下颌的肌肉和舌，用镊子挖去眼球，用剪刀将枕骨大孔扩大，挖掉脑髓。

③ 待全部剥完后，整个鸟皮已翻出，剔净残存的肌肉和脂肪，否则，以后会渗出油脂污染鸟羽，也容易受到害虫侵袭。

4. 防腐处理

(1)防腐剂的配制

称取亚砷酸400 g，樟脑粉20 g，甘油10 mL，肥皂片70 g，把肥皂削成薄片加适量水，放在微火上煮化，搅拌溶解，待冷却后加入亚砷酸、樟脑粉及甘油，搅匀成糊状即可。

(2)涂防腐药

用毛笔蘸上防腐剂，涂抹于所有留下的骨骼及鸟皮的内面。所用的防腐剂毒性大，用时须特别小心。

5. 填装

用棉花搓成与眼窝大小相当的小球塞大眼窝，四肢也用棉花缠于骨上并使复原形。取一根长度自脑颅腔至尾基部的竹签，前端卷些棉花并插入颅腔中。用手捏住喙尖，慢慢将头部翻出。将竹签的后端削尖，插入尾基。然后以一层薄棉铺在竹签下，并用棉花从颈至腹部依次填塞，使鸟体的形状恢复原有状态。

6. 缝合及整形

用小针和棉线将切口处皮肤缝合。缝时针先从皮内穿出，再由对侧皮内向外穿出。缝好后打结，将腹面羽毛理顺并盖住缝线，将双翅紧贴躯体。用刷将羽刷净，再用镊子将羽毛调顺，两脚交叉摆放平整。最后用一层薄棉将整个标本裹起来固定，待标本干后取下棉花。假剥制标本做好后，体形呈背面平直，胸部丰满，颈部稍短，脚趾舒展。

7. 挂标签

标本做好后，将注有鸟名、采集日期及地点、测量数据的标签挂在后肢上。

四、骨骼标本的制作

兽类、两栖类大多根据外形和内部骨骼特点进行分类检索。因此，在采集和测量记录之后，应制作浸制标本和骨骼标本。不同的脊椎动物，在骨骼标本制作上常有不同的要求和特点，但其制作步骤基本相同。现以蛙类为例，说明标本制作过程。

1. 处死

选择体形大而完整的青蛙（或蟾蜍），放入标本缸中用乙醚或三氯甲烷深度麻醉至死。

2. 剔除肌肉

用剪刀剪开腹部皮肤，注意不要剪到剑胸软骨。然后向两侧剪开，分别向前后四肢各方向拉下皮肤，要小心不要拉断指、趾骨。剪开体壁，取出全部内脏。把左、右上肩胛骨的肌肉从第2、3脊椎骨横突上剥离，左右前肢与肩带之间不要分开，仍借助韧带保持相连。剔除前肢肌肉时，用镊子夹住前肢并放入开水中煮沸，使肌肉发紧变硬，利于剔除。但时间要短，避免骨连接处分离。尤其是指、趾骨部位，只需在开水中蘸一下即可，否则韧带收缩，指、趾骨变弯曲，给整形带来困难。去除指骨肌肉时，也可先将指骨摆放在载玻片上，用细线缠紧再放入开水中，以防卷曲或脱落。后肢在股骨与腰带连接处取下来，按前肢处理方法剔除肌肉。头部和脊柱先在开水中稍煮一下，然后剔除其肌肉。去掉眼球，从枕骨大孔处用镊子清除脑髓，并用清水冲洗。在骨骼上，不易剔除的碎小肌肉，可用刷子刷洗，直到清除干净为止。对薄小的舌骨，应仔细清除肌肉，然后夹在二片载玻片之间，用线缠紧，自然干燥。

3. 脱脂

把骨骼浸泡在 0.5% ~0.8% NaOH 溶液中 1 ~3 d，去除一些难以除去的肌肉，脱去骨骼中的油脂。在浸泡过程中应经常检查，以防骨骼脱散。后取出在清水中漂洗干净。

4. 漂白

用 0.5% ~1% 的过氧化氢漂白 30 min，或用 1% ~3% 的漂白粉水溶液浸泡1 ~3 d。浸泡时间应灵活掌握，主要看骨骼是否已经变白，变白后马上捞出，否则，骨面会被腐蚀而变得粗糙，失去骨骼的光泽。捞出的骨骼用清水冲洗干净并晾干。

5. 整形和装架

取一块泡沫塑料板，将骨骼放在上面。整形时，把躯体和四肢的姿态整理好并按骨骼相应的位置用大头针固定，以免在干燥过程中变形。离散的骨骼可用乳胶将其粘联起来。两块上肩胛骨应附着在第二、三椎骨横突的两侧，头部略抬起呈倾斜状，前肢的腕骨和后肢的趾骨可用乳胶粘在泡沫板上。骨骼标本制成后，最好装入标本盒中保存。

第五章 气象学实习技术

第一节 观测场地的建立

气象观测是气象工作的基础,对一定范围内的气象要素及变化需要进行系统的、连续的观测。这些气象资料来源于分散的气象台站网。我国的气象站(按性质分类)包括基准站(间距平均300 km)、基本站(间距平均150 km)、一般站(间距平均50 km),不同性质的台站观测的项目、次数要求不同。

国家基准气候站,简称基准站。是根据国家气候区划,以及全球气候观测系统的要求,为获取具有充分代表性的长期、连续气候资料而设置的气候观测站,是国家气候站网的骨干。必要时可承担观测业务试验任务。

国家基本气象站,简称基本站。是根据全国气候分析和天气预报的需要所设置的地面气象观测站,大多担负区域或国家气象信息交换任务,是国家天气气候站网中的主体。

国家一般气象站,简称一般站。主要是按省(区、市)行政区划设置的地面气象观测站,获取的观测资料主要用于本省(区、市)和当地的应用气象服务,也是国家天气气候站网观测资料的补充。

无人值守气象站,简称无人站。是在不便建立人工地面气象观测站的地方(如高原、沙漠),利用自动气象站建立的无人地面气象观测站,用于天气气候站网的空间加密,观测项目,观测的时间和次数可根据需要而设定。

根据观测目的的要求,气象观测站分为地面气象观测、高空探测和专业气象观测三类。地面气象观测是利用气象仪器观测近地层的气象要素值,以及用目力对自由大气中的一些现象如云、光、电等进行观测,为天气预报、气候分析和科学研究提供气象情报和积累基本的资料。

测量近地面层以上大气的物理、化学特性的方法和技术,称为高空观测或高空探测。高空气象观测以测定大气各高度上的温度、湿度、气压、风向、风速为主,其他还有一些特殊项目,如大气成分、臭氧、辐射、大气光电等。主要的观测方法有气球探测、无线电探空和测风探测等。

为专业部门需要进行的观测,如农业气象观测、海洋水文气象观测等称为专业气象观测。

另外可设置机动的地面气象观测站,按气象业务和服务的临时需要安排所需的地面气象观测,比如小气候(森林、农田、室内环境)的观测。

由于近地面层的气象要素存在着空间分布的不均匀性和随时间变化的脉动性,因此地面气象观测记录必须具有代表性、准确性、比较性。

代表性——观测记录不仅要反映测点的气象状况，而且要反映测点周围一定范围内的平均气象状况。地面气象观测在选择站址和仪器性能，确定仪器安装位置时要充分满足观测记录的代表性要求。

准确性——观测记录要真实地反映实际气象状况。地面气象观测使用的气象观测仪器性能和制订的观测方法要充分满足地面观测规范规定的准确度要求。

比较性——不同地方的地面气象观测站在同一时间观测的同一气象要素值，或同一个地面气象观测站在不同时间观测的同一气象要素值能进行比较，从而能分别表示出气象要素的空间分布特征和随时间的变化特点。地面气象观测在观测时间、观测仪器、观测方法和数据处理等方面要保持高度统一。

一、环境要求

观测场是取得地面气象资料的主要场所，应设在能较好反应本地区较大范围气象要素特点和天气、气候特征的地方，避免局部地形的影响。一般要求场地平坦空旷，四周没有高大建筑物、树林和大水池的地方。观测场地的边缘与四周孤立障碍物的距离，至少是该障碍物高度的三倍以上，成排的障碍物，至少是该障碍物高度的10倍以上，围栏四周10 m内不应种玉米类高秆作物，以保证气流的通畅。气象站周围观测环境发生变化后要进行详细记录。

二、观测场大小的要求

观测场一般为与周围大部分地区的自然地理条件相同的25 m×25 m的平整场地；确因条件限制，也可取16 m（东西向）×20 m（南北向），高山站、海岛站、无人站不受此限；需要安装辐射仪器的台站，可将观测场南边缘向南扩展10 m。学校气象观测场的大小根据学校的条件安排，但不能小于5 m×4 m，否则仪器相距太近，相互遮挡，影响观测结果。

要测定观测场的经纬度（精确到分）和海拔高度（精确到0.1 m），其数据刻在石桩上，埋设在观测场内的适当位置。

观测场四周一般设置约1.2 m高的稀疏围栏，围栏所用材料不宜反光太强。场地应平整，保持有均匀草层（不长草的地区例外），草高不能超过20 cm。对草层的养护，不能对观测记录造成影响。场内不准种植作物。

为保持观测场地自然状态，场内铺设0.3～0.5 m宽的小路（不用沥青铺面），观测者只准在小路上行走。有积雪时，除小路上的积雪可以清除外，应保护场地积雪的自然状态。

根据场内仪器布设位置和线缆铺设需要，在小路下修建电缆沟或埋设电缆管，用以铺设仪器设备线缆和电源电缆。电缆沟（管）应做到防水、防鼠，并便于铺设和维护（图5－1）。

观测场的防雷必须符合气象台的要求。

三、观测场内仪器的布置及安装要求

观测场内仪器设施的布置要注意互不影响，便于观测操作。具体要求是：高的仪器安置在北边，低的仪器在南边；东西排列成行，南北成列，仪器东西间隔不小于 4 m，南北间隔不小于 3 m，仪器距观测场边缘护栏不小于 3 m；观测场围栏的门一般开在北边，仪器设备紧靠东西向小路南侧，观测员应从北面接近观测仪器；辐射观测仪器一般安装在观测场南边，观测仪器感应面不能受任何障碍物影响。因条件限制不能安装在观测场内时，总辐射、直接辐射、散射辐射以及日照观测仪器可安装在天空条件符合要求的屋顶平台上，反射辐射和净辐射观测仪器安装在符合条件的有代表性下垫面的地方。百叶箱必须保持洁白，一般每 2 年油漆一次。

观测场内仪器安装高度要求见表 5 - 1。

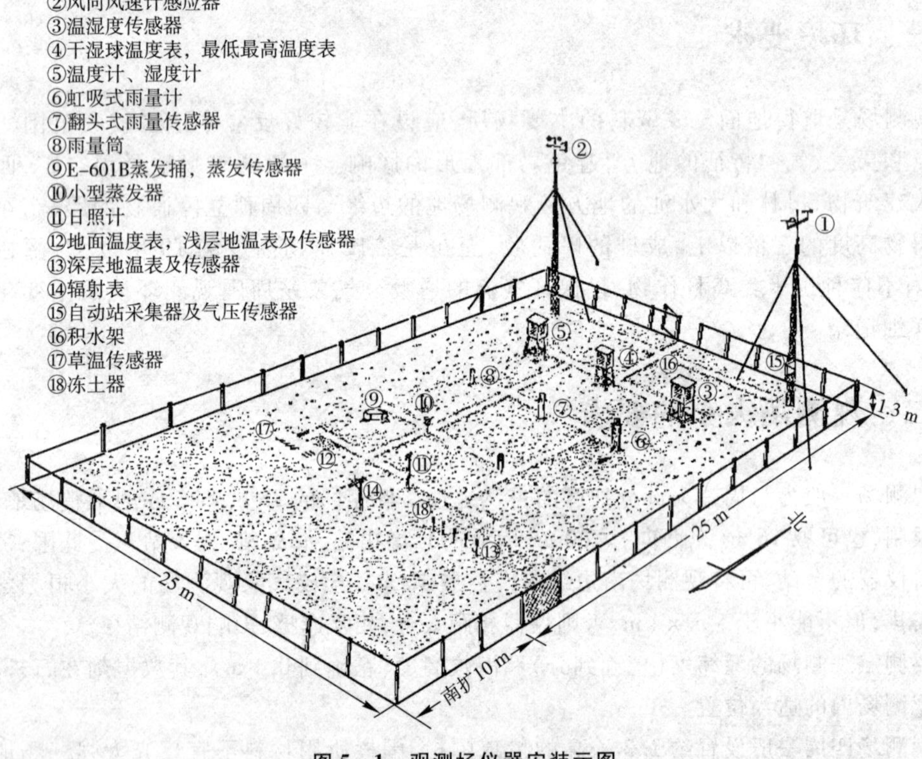

图 5 - 1　观测场仪器安装示图

表 5 - 1　仪器安装要求

仪　器	要求与允许误差范围	基准部位
干湿球温度表	高度 1.5 m ±5 cm	感应部分中心
最高温度表	高度 1.53 m ±5 cm	感应部分中心
最低温度表	高度 1.52 m ±5 cm	感应部分中心
温度计	高度 1.50 m ±5 cm	感应部分中部
湿度计	在温度计上层横隔板上	
毛发湿度表	上部固定在温度表支架上横梁上	
温湿度传感器	高度 1.50 m ±5 cm	感应部分中部
雨量器	高度 70 cm ±3 cm	口缘

续表

仪　　器	要求与允许误差范围	基准部位
虹吸雨量计	仪器自身高度	
翻斗式遥测雨量计	仪器自身高度	
雨量传感器	高度不得低于 70 cm	口缘
小型蒸发器	高度 70 cm ± 3 cm	口缘
E－601B 型蒸发器(传感器)	高度 30 cm ± 1 cm	口缘
地面温度表(传感器)	感应部分和表身埋入土中一半	感应部分中心
草面温度传感器	离地面 6 cm ± 1 cm	感应部分中心
地面最高、最低温度表	感应部分和表身埋入土中一半	感应部分中心
曲管地温表(浅层传感器)	深度 5 cm、10 cm、15 cm、20 cm ± 1 cm	感应部分中心
直管地温表(深层传感器)	深度 40 cm、80 cm ± 3 cm 深度 160 cm ± 5 cm 深度 320 cm ± 10 cm	感应部分中心 表身与地面
冻土器	深度 50 ~ 350 cm ± 3 cm	内管零线
风速器(传感器)	安装在观测场,高 10 ~ 12 m	风杯中心
风向器(传感器)	高 10 ~ 12 m,方位正南(北) ± 5°	风标中心 方位指南(北)杆

四、观测方法

地面气象观测分为人工观测和自动观测两种方式,其中人工观测又包括人工目测和人工器测。具体观测方法根据专业要求,一般只要求地面观测。

五、观测时间

整点观测,观测次数由台站的性质决定(24 次自动站、4 次、3 次等)。一般以北京时间 02:00、08:00、14:00、20:00 进行 4 次气候观测,小气候观测每小时 1 次。学校气象观测园可以每天观测 3 次(条件限制时 02:00 观测可取消),在不影响教学工作的前提下,可以提前 1 小时,在 07:00、13:00、19:00 观测。有些台站需要根据服务对象的要求进行定时和不定时的观测,如航空观测(每天需要 24 ~ 48 次)、危险天气观测和预约天气观测等的观测项目、次数、时间按具体要求而定,对出现的灾害性天气需要及时进行调查记载。定时观测的时间和项目见表 5 – 2 和表 5 – 3。

为了使观测记录有比较性,观测程序要统一。基本原则是短时间变化不大的要素,如目测项目云、能见度、天气现象等可以先观测,温度、湿度、气压等器测尽可能接近正点观测。如天气现象观测必须固定在 43 ~ 46 分进行观测,气压必须固定在 56 ~ 58 分进行。每次定时观测,一般应在正点前 30 min 左右巡视观测场及所用仪器,注意湿球温度表球部的湿润状态和冬季湿球结冰、融冰等准备工作。

气象要素均以北京时间 20:00 为日界,辐射观测和自记记录仪以平太阳 24:00 为日界,日照计以日落为界。

表5-2　人工定时观测的时间和项目

北京时间	02:00、08:00、14:00、20:00	08:00	14:00	20:00	日落后
观测项目	气温、气压、湿度、云、能见度、天气现象、降水、风、地温(包括0、5、10、15、20、40 cm浅层地温)。	地面最低温度	80、160、320 cm深层温度,更换气压计、温度计、湿度计的自记纸	蒸发量、最高气温、最低气温、地面最高温度,并调整仪器 降水自记线更换	日照计换纸

表5-3　定时自动观测项目

时间	北京时		平地方时	
	每小时	20:00	每小时	24:00
观测项目	气压、气温、湿度、风向、风速、地温及其极值和出现时间时降水量、时蒸发量	日蒸发量 日降水量	辐射辐照度及其极值、出现时间	日照时数

第二节　气象要素的观测

一、温度的观测

温度是表示物体冷热程度的物理量,是最基本的气象要素之一,是构成一地气候的重要因素,特别是农作物的生长、发育与气温、地温密切相关。

通常以摄氏温标(℃)、华氏温标(°F)、绝对温标(K)为单位,我国气象部门和日常生活一般采用摄氏温标(℃),取一位小数(0.1℃)。三种温标的换算关系如下:

摄氏温标(℃):　$t(℃)=5/9(t°F-32)$

华氏温标(°F):　$t(°F)=9/5t℃+32$

绝对温标(K):　$T(K)=273.16+t℃$

(一) 玻璃液体温度表的种类

玻璃液体温度表一般采用水银或酒精作为测温液体,利用液体热胀冷缩的特性进行温度测量。温度表由感应球部(也称感应球)、毛细管、刻度磁板和外套管四部分构成。读数精确到0.1℃。

1. 普通温度表

用于测定任意时刻被测物体的温度,即瞬时温度。

在气象工作中用于测定空气温度和湿度的干湿球温度表、地面0 cm温度表以及浅层和深层土壤温度表均属此类。

曲管地温表(见图5-4)在球部的上部附近弯曲成135°(直角为90°)的折角,以便埋入土中时刻度板与地面呈45°(或90°)的夹角,便于读数。另外为防止曲管地温表的套管内空气产生对流,在套管内自刻度板下填满棉花。曲管地温表有5 cm、10 cm、15 cm、20 cm 4个深度。

用于深层土壤温度观测的是直管地温表是用一支普通的套管式温度表，紧紧地嵌入底部带有充满铜屑的铜帽特制保护框内，其长度根据测量深度而定，有 40 cm、80 cm、160 cm、320 cm 4 个深度。

2. 最高温度表

测定一段时间内最高温度的一种仪器。它的构造与普通温度表基本相同，只是球部内有一根玻璃针，玻璃针尖插入毛细管内，使球部与毛细管相连接的部位形成窄道，当温度升高时，球部受热，迫使水银挤过窄道进入毛细管，则水银柱升高。当温度降低时，球部内水银收缩，由于窄道处摩擦力大于水银内聚力，因此毛细管内的水银不能通过窄道收缩回到球部，毛细管内的水银柱在“窄道”处断裂，使“窄道”以上的水银停留在原处，水银柱的指示度即过去一段时间出现过的最高温度。因此最高温度表安装时，先放球部后放表身，水平放置，为防止水银柱上滑，其球部稍低。最高温度表安装前或读数后，应按规定方法进行调整。

最高温度表的调整方法是：握住表身距球部 1/3 处，球部向下，白瓷板面与甩动方向平行；用大臂将表在前后 45°范围内甩动，直至最高温度表的读数接近于当时的干球温度表读数为止。

3. 最低温度表

最低温度表（测液为酒精）测定一段时间内的最低温度的一种仪器。它与普通温度表不同的是在其毛细管内有一个可移动的哑铃形的蓝色游标。

最低温度表水平放置，当温度下降时，酒精柱收缩到与游标顶端相接触，酒精柱顶部的表面张力大于游标对管壁的摩擦力及游标的重力，酒精柱顶部的液面将游标带向低温的一端；当温度上升时，酒精体积膨胀，酒精沿游标周围慢慢通过，由于游标对管壁的摩擦力和重力大于酒精对游标的张力，游标仍留在原处不动。游标远离球部的一端所示的温度，即为过去一段时间内的最低温度。

最低温度表安装时，应先放表身后放球部，水平放置，球部稍微抬高。最低温度表安装前或读数后，按规定方法进行调整。

最低温度表的调整方法是：抬高感应球部，表身倾斜，使游标回到酒精柱的顶端即可。

（二）气温的观测

地面观测中测定的是离地面 1.50 m 高度处的气温。

1. 百叶箱

测定空气气温和湿度的仪器都是放置在百叶箱内的。百叶箱四壁由两排薄木板条组成“人”字形，并与水平面成 45°角。百叶箱的内、外壁都漆白色，以减少辐射影响。

我国气象台站使用的百叶箱一套两个，分大小两种：小百叶箱的内部高、宽、深为 537 mm、460 mm、290 mm，用来安装干湿球温度表、最高温度表、最低温度表、毛发湿度表；大百叶箱的内部高、宽、深为 612 mm、460 mm、460 mm，百叶箱固定在观测场内离地面 1.2 m 高的支架上，百叶箱箱门朝正北开，是为了防止观测时太阳直接照射箱内的仪器（图 5－2）。

在小百叶箱的底板中心，安装一个温度表支架，干球温度表（用于观测空气温度）挂在东面，湿球温度表在西面。温度表支架下部横梁上有一对弧钩，其上下分别安置最高和最低温度表，球部朝东，最高温度表的球部稍向下倾斜，最低温度表则要求球部略高。干、湿球温度表球部中心离地面 1.5 m，该高度基本上避免了地面温度剧烈变化对气温的影响，又是地面上生物活动的一般高度。

温度计安放在大百叶箱内下面的架子上，底座保持水平，感应部分的中部离地面 1.5 m。大百叶箱内除安置温度计外，还安置湿度计。

自动气象站及小气候观测站的温度湿度感应部分安装在轻型百叶箱（图 5－3）内。

图 5－2　小百叶箱

图 5－3　轻型百叶箱

2. 温度表的观测

气温测定有定时气温，日最高、日最低气温，按北京时间 02:00，08:00，14:00 和 20:00 时进行整点观测。在读数时，视线要与温度表的刻度板垂直，先读小数部分，后读整数。读数之后就要进行器差订正。如果温度在零下读数前必须加“－”号。

观测顺序是：干球，湿球（用途见湿度观测），记录后复读一遍；再读最高、最低温度表，重复一次作记录；其中最高、最低温度每天只在 20:00 时观测并调整。

读数时，温度表不能离开原来安放的位置，不要对着温度表呼吸，手和照明用灯也不要接近感应球部。读数力求敏捷，干、湿球温度一次读完，并复读一次，以免误读或发生“零上”“零下”的差错。

（三）地温的观测

地温的观测包括地面、浅层（5 cm、10 cm、15 cm、20 cm）、深层（40 cm、80 cm、160 cm、320 cm），农业气象观测的深度根据要求测定。

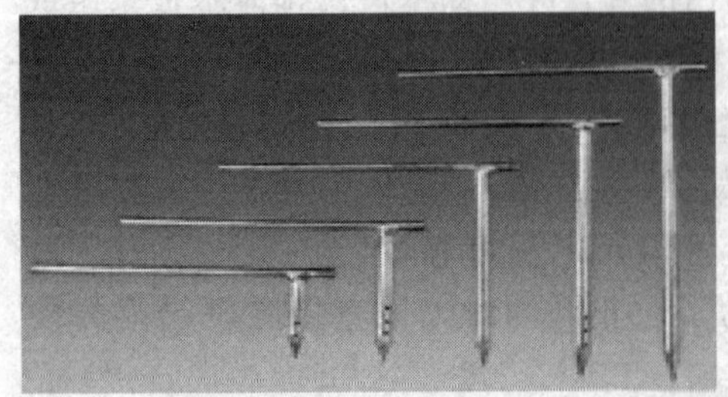

图 5－4　曲管（直角）地温表

1. 地温表的安装

（1）地面温度表

地面温度表和曲管地温表（图 5－4）安装在观测场内西南面平整的裸地上（面积为 2 m×4 m），地表疏松、平整、无草，并于整个观测场地面齐平。地面温度表并排平放在地段中央稍偏东地面上，球部朝东，球部和表身一半埋入土中，由北向南依次为地面温度表、最低温度表、最高温度表，表间距 5 cm。埋入土中的感应部分与土壤必须密贴，不可留有空隙；露出地面的感应部分和表身,要保持干净。

(2) 曲管地温表

安置在地面最低温度表西面约 20 cm 地段,在该地段中央的东西线上,挖一个长40 cm沟;沟北壁向下垂直,南壁随深度挖成与地面成 45°夹角的斜坡面,东边浅西边深。用直尺沿沟的南壁量出各地温表的水平位置,每个表之间相距 10 cm,在北壁自东向西量出 5 cm、10 cm、15 cm、20 cm 地温表所需深度,按各深度把温度表放入沟内,表身与地面成 45°交角,沟坡与沟底的土层要压紧,表身背部和感应部分的底部与土层紧贴,各表的深度、角度和距离均符合安装要求,放好后,再检查一遍深度和角度是否正确,再用土将沟填平。填土时,土层也须适度培紧,使表身与土壤间不留空隙。整个安装过程,运作应轻巧,以免损坏仪器。沟内填满土后,表身红色标号与地面相平。各表表身应沿东西向排齐,露出地面的表身须用叉形木(竹)架支住。为了避免观测时践踏土壤,应在地面温度表北面约40 cm 处,沿东西方向设置一块长约 100 cm,宽约 30 cm 的栅条状踏板,供观测时使用(图 5 -5)。

图 5 -5 地温表图

2. 地温表的观测

(1) 观测时间

每日 02:00、08:00、14:00、20:00 定时观测。地面最高、最低温度表只在每日 20:00 观测一次并调整。

(2) 观测次序

地面温度表,地面最低温度表,地面最高温度表,曲管地温表(由浅至深)。

(3) 注意事项

读数时视线要与刻度板垂直;地面的三支温度表不能拿起离开地面读数;地面的三支温度表被雪覆盖时,巡视时将地面的三支温度表放在雪面上,读数时若球部又被雪覆盖,仍照常读数;冬季,当地面温度降到 -36℃以下时,地面温度和地面最高温度都停止观测,只读最低温度表酒精柱和指标示度,并用器差订正后的酒精柱示度作为地面温度记录。高温季节里,08:00 观测地面最低温度表,然后收回,放置于阴凉处以防地面温度表失效。20:00 观测前一刻钟将其放回原处,但应注意防止午后有突然降温的小尺度天气现象,如夏季的暴雨来临前应尽快将最低温度表放回原处。冰雹季节,地温表和曲管地温表要加盖网罩,以免损坏仪器。

二、湿度的观测

(一) 毛发湿度表

毛发湿度表是根据脱脂后人的头发随空气湿度大小而改变长度的特性,制成的测定空气相对湿度的仪器(图5 -6)。

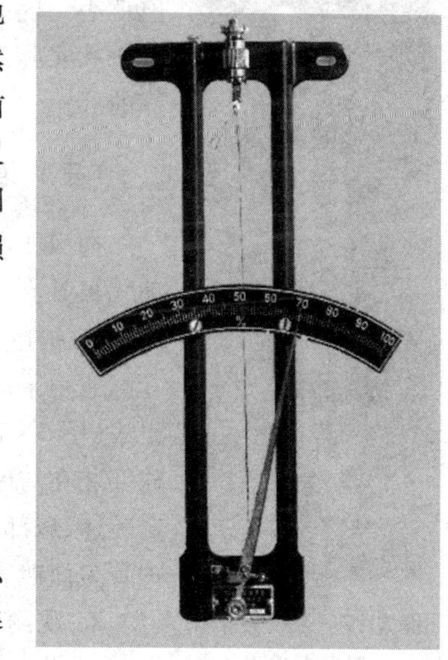

图 5 -6 毛发湿度表

1. 安装

冬季使用毛发湿度表作正式记录的气象站，应配备两个毛发湿度表，并妥为保管。在气温降到 -10.0℃的多年平均日期以前约一个半月内，用软刷蘸蒸馏水对毛发湿度表的毛发进行预湿，并将两个毛发湿度表都安装好。一个作为现用表垂直地悬挂在温度表支架的上横梁上，表的上部用螺钉固定；另一个固定在百叶箱南壁上或备份百叶箱内。若现用毛发湿度表出现故障，可将备份毛发湿度表安装到温度表支架上。

2. 观测和记录

按毛发表指针指示的位置观测读数，记入观测簿。观测读数取百分数的整数。如果读数时发现指针超出刻度的范围，应当用外延法读数，若为上超，按 90 到 100 的刻度尺距离外延到 110；若为下超，按 10 到 0 的刻度距离外延到 -10。估计指针相当在延伸刻度那一个分划线上，得出读数记入观测簿。

3. 注意事项

禁止用手触摸毛发，以免手上的油脂覆盖毛发小孔，影响其正常感应；如果毛发及其部件上附有雾凇、冰或水滴，应轻敲金属架，使它脱落；或从百叶箱拿回室内，使它慢慢地干燥；毛发湿度表不用时，应放回仪器盒里，将指针卡在刻度尺的后面，妥善包装保存。

（二）百叶箱干湿球温度表

用干、湿球温度表测定湿度，在相同环境中（如百叶箱）两支相同的温度表，一支用来测定空气温度（t），称为干球温度表，另一支的感应球部包有湿润的纱布，称为湿球温度表。在未饱和的空气中，湿球温度表纱布上的水分不断蒸发耗热，使湿球温度（tw）降低。当蒸发消耗的热量和从周围空气中获得热量平衡时，湿球温度不再下降，使干、湿球温度读数有一个相对稳定的差值。

干湿球温度差的大小，取决于蒸发的快慢，而蒸发的快慢又取决于空气的湿度大小以及当时的气压和风速。空气湿度越小，纱布表面水分蒸发快，湿球温度降低越多，干、湿球温度差就越大；反之，湿度大，水分蒸发慢，湿球温度降低少，干湿球温度差值就小。因此可以利用干湿球温度差来测定空气的湿度。

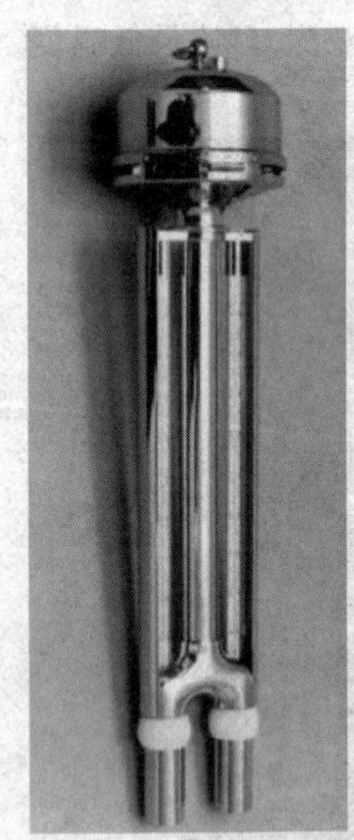

图 5-7　阿斯曼干湿球温度表

在实际工作中，湿度是利用气象常用表第一号（甲种本）进行查算的。

（三）通风干湿表

通风干湿表又称为阿斯曼干湿球温度表，主要用于野外观测或自动气象站在气温或湿度采集出现故障时进行补测时使用。

1. 构造

它由干湿球温度表、通风装置、金属套管、双层保护管和上水滴管等组成（图 5-7）。其作用、原理与百叶箱干湿球温度表基本相同。温度表球部装在与风扇相通的管形套管中，利用机械通风装置，使风扇获得一定转速，球部处于≥2.5 m/s 的恒定速度的气流中。由于球部双层金属护管表面镀有镍或铬，是良好的反射体，能防止太阳对仪器的直接辐射。

2. 观测记录

观测前（夏季 15 min、冬季 30 min 前），根据观测要求，把仪器悬挂在观测地段要求的观测高度(不同的下垫面高度不同,梯度观测),观测场内,感应部分高度 1.50 m,当观测高度低于 50 cm 时,仪器要水平横挂(感应部分略低),以免因通风吸入地面尘土。读数前 4 ~ 5 min 用滴管润湿球部纱布,然后上好风扇发条,发条切忌过紧。观测时应注意不要把观测者自身热量带到通风管中去。

当自然风速大于 4 m/s 时,将防风罩套在风扇迎风面的缝隙上。

3. 数据处理

利用丁湿球温度表读数的差值及湿球温度表读数查算空气相对湿度,水汽压等湿度参量。

三、气压的观测

气压的观测多用空盒气压表。空盒气压表又称固体金属气压表。是一种以变形元件作感应的测定大气压力的仪器。它是利用大气作用于金属空盒上(盒内接近于真空)的压力,使空盒变形,通过杠杆系统带动指针,当空盒的弹性应力与大气压力相平衡时,指针就停止摆动,指针在刻度盘上指出当时气压的数值(图 5-8)。空盒气压表不如水银气压表精确,广泛地应用于气象、农业科研等领域的野外观测,是携带方便的测量大气压力的常规仪器。

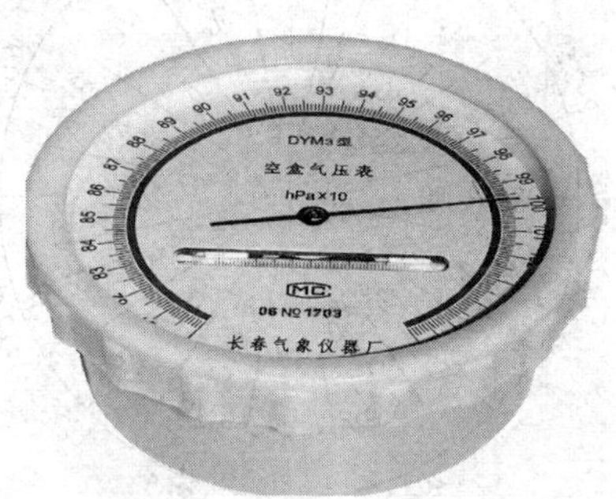

图 5-8 空盒气压表
(DYM_3 型空盒气压表)

1. 使用方法

将空盒气压表水平放置,用手指轻敲仪器外壳或表面玻璃,以消除传动机构中的摩擦,待指针静止后读数。读数时指针与镜面指针相重叠,此时指针所指示数值即为气压表示值,读数精确到 0.1 hPa。读气压表上附属温度表的示度,精确到 0.1℃。

2. 气压值的求算

仪器上读取的气压表示值只有经过下列订正后方能使用。

温度订正:由于环境温度的变化,对仪器金属的弹性产生影响,因此必须进行温度订正。温度订正值可由下式计算:

$$\Delta P_t = \alpha t$$

式中:ΔP_t——温度订正值

α——温度系数值(检定证书上附有)

t——温度表读数

刻度订正:由于空盒及其转动的非线性,当气压变化时就会产生示值误差,因此必须进行刻度订正。求算方法是:根据检定证书上的刻度订正值,在气压表示值相对应的气压范围内,用内插法求出订正示值(精确到小数点后一位)。

补充订正:为消除空盒的剩余变形对示值产生的误差,即当外界压力变化较大时空盒不能完全恢复到原来的位置,有一部分的剩余变形,这种变化随时间不断变化,因此空盒气压表的订正值经常变化。定期(一般 3 ~ 6 个月)与标准水银气压表校对。

经订正后的气压值就是本站气压。

3. 注意事项

仪器工作时必须水平放置、以防止倾斜造成的读数误差;使用者切勿将塑料外壳内仪器取出,以免造成不必要的损坏;由于仪器的补充订正值随时间而改变,因此补充订正值不得超过6个月使用期限,超过时必须重新进行检定。仪器应存放在干燥、空气流通、无腐蚀气体和剧烈震动的地方。

四、风向和风速的观测

空气的水平运动称为风。地面气象观测中风用风向和风速表示。

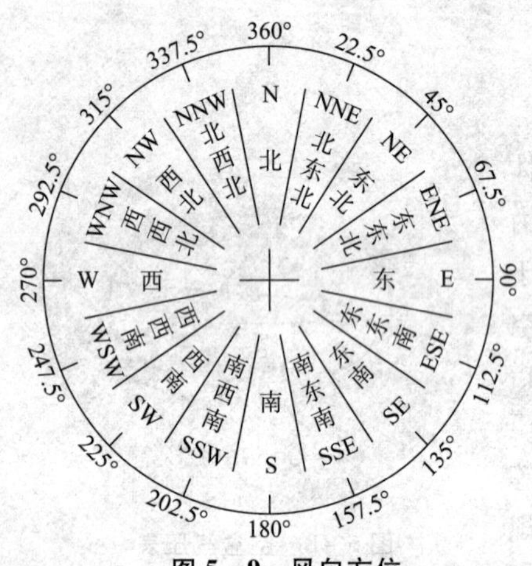

图5-9　风向方位

风向用方位来表示,如陆地上,除静风外,一般用8~16个方位表示,海上多用36个方位表示,高空则用角度表示。用角度表示风向,是把圆周分成360度,北风(N)是0度(即360度),东风(E)是90度,南风(S)是180度,西风(W)是270度,其余的风向都可以由此计算出来(图5-9)。测定风向的仪器称为风向标。

风速是指单位时间内空气移动的水平距离。风速以米/秒(m/s)为单位,取一位小数。通常是以风力等级(0~12级,13~17级以上为补充等级)来表示风的大小,见表5-4。

表5-4　蒲福风力等级表

风力等级	名称	风速		陆地物体现象	海面状态
		$m \cdot s^{-1}$	$km \cdot h^{-1}$		
0	无风	0~0.2	小于1	静烟直上	平静如镜
1	软风	0.3~1.5	1~5	烟能表示风向,但风向标不能转动	微浪
2	软风	1.6~3.3	6~11	人面感觉有风,树叶有微响,风向标能转动	小浪
3	微风	3.4~5.4	12~19	树叶及微小枝摆动不息,旗帜展开	小浪
4	和风	5.5~7.9	20~28	能吹起地面灰尘和纸张,树的小枝微动	轻浪
5	清劲风	8.0~10.7	29~38	有叶的小树枝摇摆,内陆水面有小波	中浪
6	强风	10.8~13.8	39~49	大树枝摆动,电线呼呼有声,撑伞困难	大浪
7	疾风	13.9~17.1	50~61	全树摇动,迎风步行感觉不便	巨浪
8	大风	17.2~20.7	62~74	树枝折断,人向前行感觉阻力甚大	猛浪
9	烈风	20.8~24.4	75~88	建筑物有损坏(烟囱顶部及屋顶瓦片移动)	狂涛
10	狂风	24.5~28.4	89~102	陆上少见,见时可使树木拔起,将建筑物损坏严重	狂涛
11	暴风	28.5~32.6	103~117	陆上很少,有则必有重大损毁	非凡现象
12	飓风	32.7~36.9	118~133	陆上绝少,其摧毁力极大	非凡现象
13	飓风	37.0~41.4	134~149		
14	飓风	41.5~46.1	150~166		
15	飓风	46.2~50.9	167~183		
16	飓风	51.0~56.0	184~201		
17	飓风	56.1~61.2	202~220		

（一）轻便风向风速表

图 5－10　轻便风向风速表

轻便风向风速表是测量风向和一分钟内平均风速的仪器，它用于野外考察或气象站仪器损坏时的备份。仪器由风向部分（包括风向标、方位盘、制动小套）、风速部分（包括十字护架、风杯、风速表主机体）和手柄三部分组成（图 5－10）。

观测时应将仪器带至四周开阔没有高大障碍物的空旷地，由观测者手持仪器或安装在固定地点使用，安装高度以便于观测为限，手持时要高出头部并保持仪器垂直，风速表刻度盘与当时风向平行。将方位盘的制动小套拉下并向右转一定角度，方位盘则按地磁子午线的方向稳定下来，注视风向标约 2 min，记录其摆动范围的中间位置或出现最多的风向（风向不稳定时）。

在观测风向时，待风杯转动约半分钟后，按下风速启动按钮，风速指针回到零位，放开按钮后红色时针开始走动，一分钟后红色指针自动停下，读出风速示值即指示风速，利用仪器的风速检定曲线图查出实际风速，保留一位小数。进行下一次观测，再次按下启动按钮即可。观测结束后，将制动小套向左旋转一定角度，恢复原位。

（二）热球微风仪

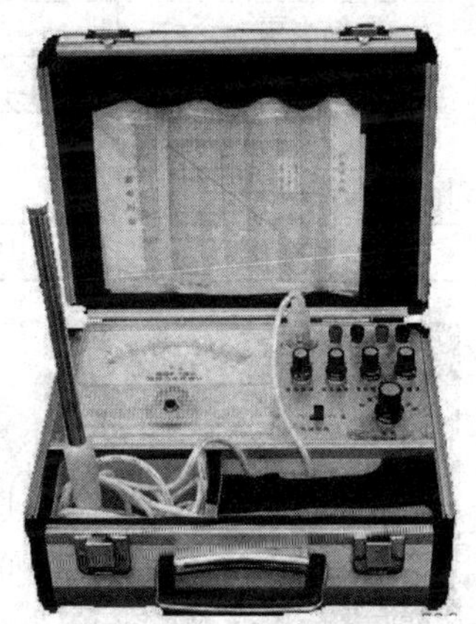

图 5－11　热球微风仪

热球微风仪（QDF 系列为例）是一种便携式、智能化（利用风与温度的相观性）的低风速测量仪表，其测定范围为 0.05～30 m/s，由热球式测探杆和测量仪表两部分组成（图5－11）。根据电流表的读数，查校正曲线，即可查出实际风速（m/s）。在测量管道环境、采暖、空调制冷、环境保护、节能监测、气象、农业、冷藏、干燥、化纤纺织等各种风速实验等方面有广泛用途。

1. 使用方法

将仪器水平放好，调整仪器的机械零点，使指针指到零点；测杆插头插在插座上，测杆垂直向上放置，探头密封；开关置于满度位置，慢慢调整“满度调节”旋钮，使仪器指针指在满度位置；开关置于“零位”（或低速挡，高速挡不需要调零），慢慢调整“零位粗调”和“零位细调”两个旋钮，使指针指在零点的位置；预热 10 min 后，再次调节零位，然后轻轻拉动测杆，使测杆探头露出（长短可根据需要选择），并使探头上的红点正对着风向，探头的高度为所观测的高度。热球微风仪精度较高，读数有瞬时值，也可测平均值。如 1 min 读 10 个数据，6 秒读数一次，共 10 个读数，求其平均值即可得到 1 min 的平均风速。观测结束后，收回测杆，开关置于断的位置。

2. 注意事项

本仪器为一较精密的仪器，严防碰撞振动，不可在含尘量过多或有腐蚀性的场所使用；仪器内装有 4 节电池，分为两组，一组是三节串联的，一组是单节的。在调整“满度调节”旋钮时，如果仪表指针不能达到满刻度，说明单节电池已耗竭，在调整“零位”旋钮时，如果仪表指针不能回到零点，说明三节电池已耗竭，需更换电池。

（三）目力测风

在测风仪器发生故障或没有测风仪器时，可用目力来测风力，风向作为正式记录。目测风一般是根据旌旗、布条、炊烟的方向以及人体感觉等来判断，按八个方位（N、NE、E、SE、S、SW、W、NW）进行估计。根据风对地面物体的影响而引起的各种征象，将风力分为 18 个等级（0 ~ 17 级，见表 5 - 4）。

目测风向和风力时，观测者尽量站在空旷地方，多选几种物体，仔细观测。观测时应连续看两分钟，以平均情况记录。

五、降水蒸发的观测

降水是指从云中降落到地面上的液态或固态（经融化后）的水的过程。降水观测包括降水量和降水强度。

降水量是指在一段时间内，在没有渗透、蒸发、流失的情况下聚积的水层的厚度，单位为 mm，保留 0.1mm。

降水强度是指单位时间的降水量，通常测定 10 min 和 1 h、1 d 内的最大降水量（表 5 - 5）。

表 5 - 5 降水等级的划分

降水等级	24 h 降水量/mm	降水等级	24 h 降水量/mm
小雨	0.0 ~ 10.0	特大暴雨	>200.0
中雨	10.1 ~ 25.0	小雪	0.0 ~ 2.4
大雨	25.1 ~ 50.0	中雪	2.5 ~ 5.0
暴雨	50.1 ~ 100.0	大雪	5.0 ~ 10.0
大暴雨	100.1 ~ 200.0	暴雪	>10.1

图 5 - 12 雨量筒

1. 雨量器

雨量器是观测降水量的仪器，它由雨量筒（图 5 - 12）与量杯组成。雨量筒用来盛接降水物，它包括盛水器、贮水瓶和外筒。我国采用直径为 20 cm 正圆形盛水器，其口缘镶有内直外斜刀刃形的铜圈，以防雨滴溅出和筒口变形。盛水器在测降雪时需要将漏斗取掉或换上没有漏斗的盛雪器。外筒内放贮水瓶，以收集降水量。量杯为特制有刻度的专用量杯，其口径和刻度与雨量筒口径成一定比例关系，一般是 4 cm 口径。

气象站雨量器安装在观测场内固定架子上。器口保持水平，距地面高 70 cm。冬季积雪较深地区，应备有一个较高的备份架子。当雪深超过 30 cm 时，应把仪器移至备份架子上进行观测。单纯测量降水的站点不宜选择在斜坡或建筑物顶部，应尽量选在避风地方。不要太靠近障碍物，最好将雨量仪器安在低矮灌木丛间的空旷地方。每天 08:00、20:00 观测。遇强降水进行加密观测。在有积雪的地方，需要记录积雪的天数，积雪的深度（单位 cm，用直尺测量从地面到雪面的垂直距离）。

2. 蒸发量

气象站测定的蒸发量是水面蒸发量，它是指一定口径的蒸发器中，在一定时间间隔内因蒸发而失去的水层深度，以毫米（mm）为单位，取一位小数。

测量蒸发量的仪器有 E－601B 型蒸发器（图 5－13）和小型蒸发器（图 5－14）。

图 5－13 E－601B 型蒸发器

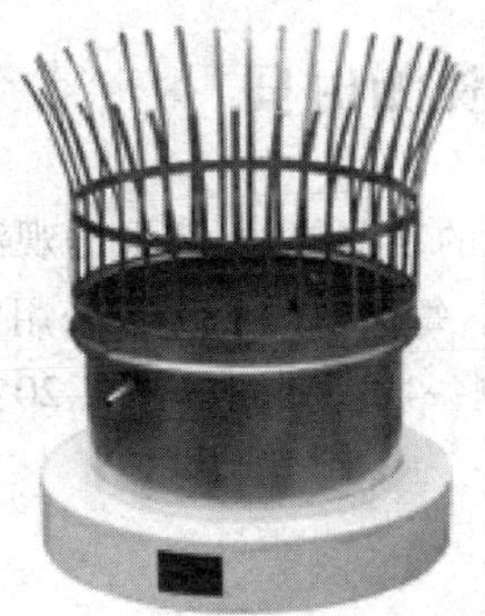

图 5－14 小型蒸发皿

六、照度的观测

照度计是根据光电效应原理制成。当光束照射到金属板上时，金属板上的自由电子吸光后逸出，在回路中形成电流，且光照愈强电流强度愈大，经过换算，可从照度计上直接读出光照强度的数值。照度是农业气象观测的主要因素，单位：Lux（或 lx）。

第三节 小气候梯度的观测

小气候是指作物生活的环境（如农田、果园、温室、畜禽舍等）和生产活动环境（如晒场、喷药、农产品储运环境等）内的气候。按照下垫面的不同有农田小气候、森林小气候、水域小气候等。

一、观测项目

辐射方面有辐射强度、光照度、日照时数；热量特征量包括空气温度、土壤温度、水温、树温等；水汽特征量包括水汽压、相对湿度、饱和差、露点温度等；空气运动的特征量有风向、风速等。

二、地段的选择

必须具有独立性和代表性，能够反映独立地区典型（如林地）的小气候特征。

三、观测点的布置

在观测地段内，设置多个测点，即主要点和辅助点。观测资料要能够反映小气候要素的空间分布特征。

四、观测高度

通常在垂直风向设置 3 ~7 个高度，随高度升高仪器的距离加大。

五、观测时间

除持续的观测外，一般根据观测的目的，选择季节、生育期、天气背景（一般小气候观测多为晴天）。每天观测的次数采用定时观测，一般昼夜内进行 24 次、12 次、8 次，即每隔 1 h、2 h、3 h 观测一次。观测日界以 20:00 为界。观测记录见附录 7 中附表 6、附表 7 和附表 8。

第六章 土壤学实习技术

第一节 土壤的发生发展

土壤是成土母质在一定水、热条件和生长的作用下，经过一系列物理、化学和生物化学的作用而形成的。随着时间的进展，母质与环境之间发生了一系列的物质、能量的交换和转化，形成了土壤腐殖质和黏土矿物，发育了层次分明的土壤剖面等，结果出现了具有肥力特性的历史自然体——土壤。

一、土壤形成因素学说

土壤形成因素学说就是：从土壤发生学的观点出发，提出土壤是一个独立的历史自然体，它的发生发展与自然界的各个成土因素都有联系，即它是母质、生物、气候、地形和时间5种成土因素共同作用的产物。

土壤形成因素学说的基本观点可以从下述4个方面来说明，即：

1. 土壤是成土因素综合作用的产物

土壤是多因素影响下发展变化的客观实体，是在母质、生物、气候、地形和时间5种自然因素综合作用下形成的一个特殊的、独立的历史自然体，它与环境是统一的，而不是孤立于环境之外。它的发生发展和地理分布与环境条件息息相关，既是(地理)环境条件作用的场所，同时又是环境条件的一面镜子，它清晰地反映出环境条件对它作用的深度和广度。

2. 成土因素具有同等重要性和不可代替性

所有成土因素始终是同时地、不可分割地影响着土壤的发生和发展，同等重要和不可代替地参加了土壤的形成过程。因而研究土壤就必须研究所有成土因素。但各个成土因素的同等重要性并非是说每个因素始终、处处都在同样地影响着土壤形成过程，而是在所有因素综合作用下。其中每一个成土因素在土壤形成过程中所表现的特点或个别因素的相对作用，又都有着本质上的差别。不同地区、环境条件的组合不同，其对土壤影响的深广程度也不同，因而形成了各种性状各异、类型不同的土壤。

3. 成土因素的发展和变化制约着土壤的形成和演化

土壤是永无休止地变化的，在这永无止境地发展变化过程中，有时是发展的，有时是破坏的；有时是进步的，有时又是退化的。不同类型的土壤，往往某一成土因素占优势，即某单独因素的作用超过其他所有因素的综合作用。因而土壤就向着相应的方向形成和演化。

也就是说，随着成土因素的变化，随着时间和空间因素的变化，土壤也跟着不断地形成和演化，即土壤是一个不断变化和发展着的历史自然体。我们观察到和所研究的土壤不过是时间极长，范围极广的运动过程的相对静止瞬息。所以在研究现阶段的土壤发育规律时，还要研究地质时期的土壤发育过程，也要预测目前土壤的发展方向。

4. 成土因素是有地理分布规律的

在分析各成土因素与土壤之间相互关系的同时，还必须注意到这些永恒性的土壤形成因素的地理分布规律。其中特别是生物和气候具有特殊的组合规律和变化规律——即具有地带性变化规律，所以也形成了土壤在地球上有规律地分布——即土壤的地带性分布规律。

威廉斯等人提出了土壤形成的生物发生学观点：即生物是土壤形成的主导因素。他认为：土壤的本质特征是具有肥力，而肥力的发生发展，生物（绿色植物、微生物）是起主导作用的，土壤形成过程实际上是一种生物过程。只有生物在母质中出现，土壤才会发生。随着生物的不断更替，土壤类型也随之而发生更替。各种不同的土壤类型是土壤长期发展的环节或阶段。

二、成土因素在土壤形成过程中的作用

成土因素就是指母质、生物、气候、地形和时间 5 种空间和时间因素，它们在土壤形成过程中有着各自特有和不可代替之作用，现分别简述于后。

1. 母质

母质是形成土壤的物质基础，是土壤的骨架和矿物质的来源。它在土壤形成过程中不仅是被改造的材料，而且在土壤形成过程中还具有一定的积极作用，这些作用愈是在土壤形成的初期阶段，愈是表现得作用显著，母质和土壤之间存在着“血缘”关系。主要表现是：母质的机械组成影响到土壤的机械组成；母质的化学成分对土壤形成、性质和肥力均有显著影响，是土壤中植物矿质元素（氮素除外）的来源；母质的层次性（非均质母质）对土壤形成过程中的物质迁移、肥力性状的影响较均质母质更为复杂，母质质地的层次性也会遗传给土壤。

2. 气候

它决定着土壤形成过程中的水、热条件，是直接影响到成土过程强度和方向的基本因素。它（水分和热量）对土壤形成的具体作用表现在：直接参与母质的风化和物质的淋溶过程；控制着植物和微生物的生长；影响着土壤有机质的累积和分解；决定着养料物质生物小循环的速度和范围；温度和降水量是对土壤形成具普遍意义的因素。根据温度、降水量和生物之间的相互关系，常可将地球表面划分出不同的生物气候带。

3. 生物

在土壤形成过程中，生物对土壤肥力特性和土壤类型，具有独特的作用。生物因素包括植物、动物和微生物，它可以从根本上改变成土母质的物理、化学和生物学性质，使“死”的母质转变为“活”的土壤，并与其上生长的生物构成“生态系统”。它对土壤形成和肥力的影响及作用可归纳为：创造了土壤有机质和氮素化合物，使母质或土壤中增添了有机质和氮素养料；使母质中有限的矿质元素，发挥了无限的营养作用；通过生物的吸收，把母质中养料元素的分散状态变成了相对集中状态，使土壤中养料元素不断富集起来；由于生物的选择吸收，原来存于母质中的养料元素，通过生物小循环，更适合于植物生长需要，使土壤养分品质不

断改善；由于生物类型，特别是绿色植物类别不同，对土壤形成的影响亦有很大差别。如木本植物和草本植物下发育之土壤，其性状和肥力特点差异非常明显。

4. 地形

地形在成土过程中的主要作用在于下述两个方面：

影响大气作用中的水热条件，使之发生重新分配，如坡地接受的阳光不同于平地，阴坡又不同于阳坡；地面水及地下水在坡地的移动也不同于平地。从而引起土壤水分、养分、冲刷、沉积等一系列变化，这些对土壤形成和林业生产均有很大影响。

影响母质搬运和堆积，如山地坡度大，母质易受冲刷，故土层较薄；平原水流平缓、母质较易淤积，所以土层厚度较大；而洪积扇的一般规律则是顶端（即靠山口处）的母质较粗大，甚至有大砾石，末端（即与平原相接处）的母质较细，有时开始有分选。顶端坡度大、末端坡度小，以及不同部位的沉积物质粗细不同，亦会造成土壤肥力上的差异，因而在林业利用上宜因地制宜。

5. 时间

与前述 4 个空间因素的不同是，此因素属于时间因素，即前述 4 个成土因素综合作用时间的长短。

一堆岩石风化成的母质没有肥力，不是土壤，只有经过生物生长，积累有机质，改造母质的各种性质，具备了肥力才称为土壤。时间愈长，改造愈深刻，且这种改造是在一定气候、生物和地形条件下进行的，气候和地形可以影响这种改造的方向、速度、强度和结果，有时还可起到决定性的影响。

三、土壤形成的基本规律及森林土壤的主要成土过程

自然土壤是在母质、气候、生物、地形和时间等自然成土因素综合作用下形成的。从土壤发生学的角度看，土壤形成过程也就是土壤肥力发生与发展的过程。

1. 土壤形成的基本规律

物质的地质大循环：岩石的风化产物，通过各种不同的物质运动形式，最终流归海洋，经过长期的地质变化，成为各种海洋沉积岩，以后由于地壳运动或海陆变迁，海洋又能上升为陆地，重新开始新的风化、淋溶、搬运和沉积，这个时间极长且范围极广的过程，称为物质的地质大循环。其中岩石风化过程，包括原生矿物的分解和次生黏土矿物的合成，与土壤形成关系最为密切。

物质的生物小循环：由于风化作用，形成了具有松散性、多孔性、通气性、透水性和保水性以及少量简单无机元素等条件的母质，为最初生活在原始幼年土壤上的，需养分较少微生物和低等植物提供了生活的可能性。它们从原始幼年的土壤中吸收矿质养分、水分和获取其他生活物质和条件，建造自身的有机体，从而使地质大循环过程中的一些可溶性养分得到了保存。而当这些植物死亡之后，经微生物的分解，有机残体中的营养物质又变成无机物质，一部分又进入地质大循环的过程中，另一部分则可被植物重新吸收利用。这种通过植物（包括所有参与这一过程的生物）反复吸收利用和累积营养物质的过程，称为物质的生物小循环。

自然土壤的形成实质就是物质的地质大循环过程与生物小循环过程矛盾的统一。

物质的生物小循环是在地质大循环的基础上发展起来的，没有地质大循环就不可能有

生物小循环。它不可能发生在地质大循环之前，也不可能发生在地质大循环之后。在土壤形成过程中，这两种过程是相互渗透和不可分割地同时进行着。地质大循环仅仅形成了成土母质，虽然地质大循环的作用造成了矿质养料元素的释放，但同时又可以发生矿质养料元素的淋溶作用，岩石风化产物所形成的成土母质，尽管具有初步的通过透性和一定的保蓄性，但它们之间还很不协调。所以地质大循环并没能创造符合植物生长需要的、良好的水、肥、气、热条件。生物小循环可以不断地从地质大循环中累积一系列生物所必需的养料元素。由于有机质的累积、分解和腐殖质的形成，才发生并发展了土壤肥力，使岩风化产物脱离了母质阶段，形成了土壤。

2. 森林土壤的主要形成过程

在自然界，土壤形成过程的基本规律是一致的。土壤类型的发生和演变是成土因素综合作用的结果，但是成土因素的复杂性决定了土壤形成过程总体中的内容、性质及表现形式也是多种多样的，所以在划分土壤个体特征和进行土壤分类时，就必须在分析成土因素的前提下，根据土壤形成过程中物质和能量迁移转化之特点，将成土过程的总体可划分出以下几种主要成土过程。

(1) 原始土壤形成

此阶段是岩石风化或成土过程的初期(起始)阶段，是在低等植物如地衣、苔藓和微生物参与下进行的。这些低等植物和微生物生活在裸露的岩石表面或薄层岩石风化物上。它们使岩石中的矿物成分缓慢地分解、蚀变、从中吸取养分，借助少量水分生长、固定空气中的氮素，在母质中进行有机质的合成与分解、产生了原始土壤，为高等植物的生长发育创造了条件。在高山寒冻条件下，寒漠土的形成即以此过程为主。它的基本特点是土层浅薄、腐殖质累积量少，土体无明显层次分化。

(2) 土壤的灰化过程

在寒带或寒温带针叶林植被下，气候寒冷湿润，降水量大大超过蒸发量，地面堆积了较厚的枯枝落叶层。其渗水性强且针叶林植被下的残落物富含单宁与树脂类物质，它们在真菌分解后产生强酸性的有机酸——富里酸。又因针叶林植被下残落物中盐基物质含量较少，富里酸得不到中和而可以对土壤矿物质起极强的破坏作用。因而形成了强烈的酸性淋溶条件。从而使土壤表层除石英外的其他矿物被淋失或排出土体，结果在残落物层下部形成了强酸性粉砂质，灰白色的灰化层——灰化过程的基本特征。

(3) 土壤的黏化过程

在温暖、湿润气候条件下，土壤形成过程中发生强烈的原生矿物分解和次生矿物的合成过程。结果形成了富含黏土矿物的黏重土层，即是土壤的黏化过程。此过程有残积黏化(即所形成的次生黏土矿物颗粒残留原处)和淀积黏化(即所形成的次生黏土矿物颗粒发生淋溶和淀积)之分。且其中残积黏化过程分布范围极广，在季风气候区各地带性土类如黑钙土、棕壤、褐土、紫色土、黄壤、红壤及砖红壤中，各种形式的次生黏土形成过程占普遍优势。

(4) 土壤的脱硅和富铝化过程

在热带和亚热带气候条件下，土壤形成过程中的原生矿物强烈分解，矿物质部分的硅、铁、铝分离。盐基和硅遭到淋失。次生黏土矿物不断形成，铁铝氧化物在土体中，特别在黏粒部分含量得到相对提高，发生了铁、铝氧化物在土体中“残余聚积”，而二氧化硅在土体中，特别是在黏粒部分的绝对含量不断损失的过程，此过程广泛存在于红壤、黄壤和砖红壤的形成过程之中。

（5）土壤的有机质聚积过程

有机质在土体中的聚积，是生物因素在土壤中发展的结果，是土壤形成过程中最普遍的一种成土过程。由于生物创造有机质和分解与积累有机质受大气的水、热条件及其他成土因素综合作用的影响，所以有机质聚积过程可表现为下列不同形式：

① 干草泥炭皮层的形式：是高山和亚高山带寒冷而有冻土条件下的有机质聚积方式，有机质年累积量少，分解程度弱，常呈毡状草皮而呈干泥炭化。

② 斑毡有机质累积：是高山森林带土壤及热带、亚热带和温带低平地森林土壤有机质聚积的共有特色。有机质聚积虽因气候不同而有区别，但它们均是以粗质形态覆于地面。如高山寒冻带呈斑毡状，热带、亚热带呈粗松残落物状。有机质含氮量一般是斑毡高于粗松残落物层。

③ 草甸及草原腐殖质聚积：在草甸植被下，由于地下水及其带来的丰富养料养育草类，故草本植物有机质年增长量和枯死量均相当高。它们在湿润的草甸土壤中易于进行嫌气性分解而聚积腐殖质。其腐殖质层薄，但含量高，是草甸土的主要形成过程。在草原条件上则情况略有不同，由于草原气候干旱，又无地下水、草本植物有机质年增长量较少，且矿化度较大，但仍一定量的腐殖质累积。它是草原土的主要形成过程。但是草甸及草原所聚积的腐殖质在组分和品质上是有差别的。

④ 沼泽泥炭聚积：是湿润带洼地及森林带内斑状分布的沼泽土有机质聚积过程。其特点是这些地方积累的有机质在过湿的条件下，不被矿化或腐殖质化，而大部分形成了泥炭。其分解程度低、吸水量大，有时可保留有机残体的组织原状。

（6）土壤中碳酸钙的淋溶和淀积过程

在干旱半干旱的气候条件下，土壤形成的水分条件是季节性的淋洗。因而天然风化过程中释放出来的可溶性盐类物质大部分被淋失。硅、铁、铝等氧化物在土体中基本上未发生移动，而化学迁移中的标志元素钙（镁）则在雨季以重碳酸钙的形态向下淋洗。然后在土壤剖面中部沉积起来，形成钙积层。这种钙积层广泛存在于黑钙土、栗钙土、棕钙土等草原土壤中。但由于自然条件（主要是气候条件）的差别，其钙积层出现的深度和厚度是随土类而异的。

（7）土壤的潜育化过程

即土体中的还原过程，是指在排水不良的条件下，土壤受积滞水的长期浸渍，使土壤处于静水封闭中，长期缺氧，形成严格的嫌气状态，有机质在嫌气分解过程中产生较多的还原件物质，可将高价铁、锰还原成低价铁、锰。一方面由于铁、锰的还原脱色作用，使土层颜色变为青灰色，另一方面，被还原的低价铁、锰流动性较强，极易流失，从而发生“潜水离铁作用”，使土壤胶体破坏，土壤变酸。此作用常不同程度地见于沼泽土及某些水稻土、白浆土、红、黄壤的形成过程之中。

（8）潴育化过程

就是指土壤形成过程中的氧化——还原过程，它主要发生在受地下水直接浸润的土层中。由于地下水有季节性的上升、下降，使该土层发生干湿交替，因而导致氧化还原两个过程交替发生，使铁、锰物质在渍水时还原、呈低价状态并随水迁移，在干燥时其又被氧化，形成高价氧化物而在土壤中淀积，形成一个具有锈纹、锈斑以及铁、锰结核的土层，称为潴育层。

（9）土壤的白浆化过程

是指在还原条件下，铁、锰的还原淋洗和黏粒的机械淋溶淀积过程，其多发生在冷凉的湿润地区，由于某些原因（如质地黏重、冻层顶托等），使大气降水或融冻水常被阻滞于土壤表层，而引起铁锰还原，并随侧渗水以侧渗方式淋失，使土壤表面失去铁、锰胶膜的色被而逐渐脱色变浅。土粒也因推动胶膜的胶结而分散于水中，呈悬液随水移至下层淀积，结果在腐殖质层下出现了一个白色土层叫白浆层。所以也有人将白浆化过程称作土壤的滞水淋溶过程。

（10）土壤的熟化过程

就是人为定向培育土壤肥力的过程，它可以使土壤向着有利于植物生长的方向发展、转化。但是熟化作用并没有摆脱自然因素的作用，而是兼受自然因素影响而以人为因素为主导的。

自然界的各种土壤是某种主要成土过程和某些附加成土过程共同作用的结果。所以研究土壤形成过程，可以为土壤的分类和分布，土壤的利用和改良，土壤区划和林业生产规划等提供科学依据。

四、土壤剖面的形成和构造及土壤的地带性分布规律

1. 土壤剖面的形成和构造

土壤剖面是指由土壤表层到底土层（母岩或表岩层）的垂直断面。它是土壤形成过程的产物，是土壤中所进行的各种理化过程和生物学过程的外部表现，土壤形成过程不同，就在土壤剖面上形成了不同的形态特征，因此，对土壤剖面形态的研究就成为了解成土过程、鉴定土壤类型和判断土壤肥力高低的重要依据。

自然土壤剖面是在母质、气候、生物、地形和时间五种主要成土因素共同作用之下形成的。土壤剖面绝非均一，凡是发育完善而未经翻动的土壤，其剖面上常可以划分出在性质上有显著差异的许多层次，这些层次是土壤发育的结果，所以叫发生层。剖面中这些土层的组合叫土壤剖面的构造。土壤剖面的发育是成土过程中物质转移和聚积的结果。

典型的森林土壤，其模式剖面（标准剖面，图 6－1）应包括以下层次。即：

A_0：为枯落物层，它与土壤界限明显，据其分解程度又可分为三个亚层。

A_0'：分解较少的枯落物层，其基本保持植物的形态特征。

A_0''：部分分解和分解较多的枯落物层，其中也有少量新鲜枯落物。

A_0	A_0'	枯落层
	A_0''	
	A_0'''	
A_1	A_1'	腐殖质层
	A_1''	
A_2		灰化层
A_B		过渡层
B	B_1	淀积层
	B_2	

图 6－1　森林土壤剖面模式图

A_0'''：分解强烈的枯落层。已去失原有植物形态，用手搓易碎。

A_1：为腐殖质层，也称淋溶层，此层也可分为两个亚层。

A'_1：聚积过程占优势（当然也有淋溶），是颜色较深的腐殖质层。

A''_1：聚积过程减弱并伴有淋溶过程的颜色较浅的腐殖质层。

A_2：灰化层，灰白色，主要由于淋溶作用形成，是鉴别灰化土类的特征层次。该层腐殖质积累微弱、淋溶强烈，盐基和氧化铁、铝淋失而二氧化硅聚积，故呈灰白色。

B：为淀积层，该层物质聚积丰富，有铁、锰和各种无机、有机胶体等，且多以胶膜形式被覆于土粒表面，故此层颜色多为棕色、红棕色，且黏重紧实。据其发育程度又可分为 B_1、B_2、B_3 等相应亚层。

AB：为腐殖质层与淀积层的过渡层，具有明显的过渡特征。

C:为母质层,即未受到淋溶或淀积作用的母质。

D:为母岩层。

G:为潜育层。

Cc:表示母质中碳酸盐聚积。

Cs:表示母质中有硫酸盐聚积。

上述即为森林土壤的模式(标准)剖面图。但在野外,实际中调到的土壤剖面常不是这么典型,其层间过渡亦不尽相同,有的明显、有的不明显,而且常是逐渐过渡的。

根据土壤发育程度的不同,可将土壤剖面分为下述3种类型:

即:A—D型,发育处于原始阶段;

A—C型,发育处于幼年阶段;

A—B—C型,正常发育之土壤。

而农业土壤的剖面从上到下则依次划分为:

耕作层(15~20 cm)、犁底层(6~8 cm)、心土层(20~30 cm)、底土层(50~60 cm)。

2. 土壤地带性分布规律

土壤受不同气候、生物等成土因素的影响,呈现定向、规律的地理分布,叫土壤的地带性分布规律,又叫土壤地带性。土壤地带性包括水平地带性和垂直地带性。

(1) 水平地带性(又分为纬度地带性和经度地带性)

① 纬度地带性:土壤基本上与纬度平行呈带状分布的规律称为土壤的纬度地带性。土壤呈水平地带性分布规律的原因,主要是纬度不同,其气候和生物的特点不同。

我国东部湿润海洋性地带谱由北向南依次为寒温带、温带、暖温带、亚热带和热带。因而土壤也呈现较明显的水平地带性分布规律。所以在东部湿润的海洋性气候影响下,由北而南也依次出现了相应的土壤地带性分布,即:温带——暗棕壤(大小兴安岭、长白山一带);暖温带——棕壤(辽东半岛、山东半岛);北亚热带——黄棕壤(长江中下游一带);中亚热带——红壤、黄壤(江南丘陵);南亚热带——赤红壤(滇南大部,福建东南部);热带——砖红壤(雷州半岛、海南岛)。这种规律的顺序分布,又叫土壤地带谱。

不同的土壤带,在土壤改良利用方向上有显著地差异。从林业生产来说:暗棕壤地带盛产红松和落叶松;棕壤地带为落叶水果(苹果、梨等);红、黄壤地带为樟木、茶叶、毛竹、柑橘;而砖红壤地带则主要为橡胶和热带果木,所以应因地制宜,安排生产。

② 经度地带性:土壤随经度不同而呈现规律性的分布叫土壤的经度地带性。这种分布规律主要与距离海洋远近有关:距离海洋愈远、受潮湿季风影响愈小、气候愈干旱;反之,气候愈湿润。由于气候不同,生物特点也不同,因而势必对土壤形成和分布产生影响。

我国温带内陆地区,从东到西,从草原区到荒漠草原地带,土壤就呈明显的经度地带性分布,其依次出现的土壤类型分别为:黑土(湿润地区)→黑钙土(半湿润地区)→栗钙土(半干旱地区)→棕钙土(干旱地区)→灰钙土(干旱地区)→棕漠土(干旱地区)。

(2) 垂直地带性

山区土壤随海拔高度呈有规律的平行带状分布称为土壤的垂直地带性。土壤呈垂直地带性分布规律的原因是,随着海拔高度的增加,山地的气温不断下降,相应的植被也必然发生变化,从而导致土壤类型出现有规律地更替。由于山区多是林业生产的基地,因此研究山区的土壤分布规律,对于发展林业生产,有重要的现实意义。相反,若不了解山区土壤分布,实行因地制宜,因土植林,则常会招致林业生产的失败。如东北长白山垂直分布的棕色针叶林土带的林场在采伐迹地上营造其下部土带(暗棕壤土带)的适生树种红松,结果无一存活,即为一深刻教训。

土壤的垂直分布也与山地所在的地理位置、海拔高度和坡向等因素有关。如我省太白山北坡的垂直带谱为:埁土(耕地)→灌木侧柏林下的褐色土→松栎林下的淋溶褐色土→松桦林下的棕壤→针叶林下的暗棕壤→山地草甸土。而地处青藏高原北缘的祁连山阳坡垂直带谱则为:灰钙土→山地栗钙土→亚高山草甸草原土→高山草甸土;而阴坡的垂直带谱为;灰钙土→灰褐土→淋溶灰褐土→亚高山草甸土→高山草甸土。

土壤的地带性分布规律,综合反映了土壤所处当地的生物、气候特点,所以称这类土壤称为"显域性"土壤,如干旱地区的灰钙土、温带的暗棕壤等。而对于受局部地区自然条件影响而形成的土壤类型,没有明显的地带性分布如沼泽土、草甸土、盐碱土等,则叫做非地带性土壤或"隐域性"土壤。

第二节　森林土壤概述

一、森林土壤的特点

森林土壤是在森林植被下发育的土壤。

森林土壤在世界上分布相当广泛,从寒带到热带(干旱地区除外)的广大范围内,凡是条件适宜的地方均有其分布。森林土壤总面积约占世界陆地总面积的35%。我国森林土壤主要分布在东半部广大地区及西南的云贵高原和四川盆地。此外西部地区的山地土壤垂直带谱中也包括有森林土壤。

由于森林土壤分布广泛,因而其形成的自然条件与土壤形态特征也各种各样。但它们却都具有一些由森林地区生物气候条件所决定的共同特点,这些特点一般可归纳为:

1. 所在地区气候较湿润,土壤水分状况大多属淋溶型,土壤遭受强烈的淋溶作用,使土壤中的盐基物质较少,土壤反应偏于酸性。

2. 由于淋溶作用较强,表土层物质下移明显,因而土壤剖面中一般多有淀积层发育,且较显著。

3. 土壤表面都有枯枝落叶层,有机物质主要从表土进入,土壤腐殖质含量以表土较多,向下层则急剧减少,并且在腐殖质的成分中,富啡酸常较胡敏酸多。

4. 土壤中矿物质分解程度较强,所形成的次生矿物中以高岭石及氢氧化铁、铝为主。

我国农业历史悠久,林地多被开垦。现仅东北、西南局部地区仍保存有较小面积的原始森林,余则多遭破坏而为次生林、灌丛、草地及农田所代替。因而使原来森林土壤的形态亦发生了相应变化,故在研究我国森林土壤时,对此应予充分重视。

由于森林土壤分布广泛,各地成土条件差异甚大,因而在各种森林土壤的形成过程中,上述共同特点表现也不一致,所以形成了一系列不同的森林土壤类型。在我国,各种森林土壤都分布,其自北向南的规律性分布依次为:寒温带的灰化土(漂灰土、棕色针叶林土）；温带的暗棕壤（灰棕壤）和灰色森林土；暖温带的棕壤和褐土；亚热带的黄棕壤、红壤和黄壤及热带的砖红壤等。它们虽然各具特点，但在性状上却有一定的规律，反映了它们有着发生学上的联系。

二、秦岭山区主要森林土壤类型简介

1. 秦岭南坡森林植被的垂直分布及土壤

（1）高山灌木草甸带

海拔 3 350 ~ 3 700 m，气候属亚寒带，气候寒冷，生长期短，四季多风。土壤为高山草甸土。

（2）亚高山针叶林带

海拔 2 200 ~ 3 350 m，气候属寒温带，土壤为山地灰化土、山地沼泽土及山地草甸土。其又可分为落叶松林亚带，海拔 2 800（3 000）~ 3 350 m；冷杉林亚带，海拔 2 300 ~ 2 600 m；云杉林亚带，海拔 2 200 ~ 2 400 m 三个亚带。其中云杉林亚带在宁陕地区所处地形多在高山山脊之间的山坡中部凹地，故坡度较平缓、土壤深厚潮湿，大部分为棕色灰化土，亦有少量的灰化棕色森林土，山脊陡坡上则为石质土。

（3）桦木林带

海拔 2 200 ~ 2 600 m，为温带气候，此带位于前述高山针叶林带和下述针阔混交林带之交界处。林带的很大部分与上述冷杉及云杉林带相重叠，它也可分为两个亚带。

① 糙皮桦林亚带，海拔 2 600 ~ 2 700 m，土壤为山地棕色灰化土糙皮桦成团状分布于冷杉林间。

② 红桦林亚带，海拔 2 200 ~ 2 600 m，土壤为灰化棕色森林土，红桦在火地塘林区分布的海拔范围为 1 800 ~ 2 600 m，在 1 900 ~ 2 400 m 成林。

（4）针阔混交林带

海拔 1 300 ~ 2 200 m，属温带气候，本带所占面积最广，它又可分为两个亚带。

① 松桦林亚带，海拔 1 800 ~ 2 200 m，本带在宁陕林区，多位于山脉的 2 ~ 3 次支脉上，地形复杂，坡度一般较陡，土壤大多为灰化棕色森林土，但在土壤的厚度、质地及湿度等方面各不相同。在陡坡及山脊干燥处的石质上，在低海拔的阳坡，亦有山地棕色森林土，在山坡下部及溪旁，则较湿润肥厚。

② 松栎林亚带，海拔 1 300 ~ 1 800 m，本亚带在宁陕林区地形复杂，山脊山沟纵横交错，悬崖陡壁也多，坡度较大。土壤主要为弱灰化棕色森林土，山地棕色森林土，在陡坡山脊为石质土。

（5）落叶阔叶林带

海拔 820 ~ 1 300 m，本带居民渐稠。农田较多、无林地多、森林覆盖率低。气候属暖温带，土壤为山地黄棕色森林土、山地残余碳酸盐黄棕色森林土，上界有少量的弱灰化或隐灰化棕色森林土。

（6）具有常绿阔叶树的落叶混交林带

海拔 500 ~ 600 m，气候属于北亚热带，温暖湿润。土壤为山地黄褐色土。本带农田增多，下部主要为农耕地，森林覆盖率更少，多呈小面积零星分布。

2. 秦岭南、北坡土壤垂直分布

秦岭山地是我国气候带的重要分界线。因此，其森林植被和土壤类型都较复杂，分布规律和形成特点均显示出若干明显的过渡性。其植物的特点已如前述，在秦岭山区由于气候、植被随海拔高度的升高而变化，所以制约土壤形成的因素也相应变化，随之就出现了土壤分布的变化，显示了明显的垂直地带性分布规律。秦岭南北坡土壤的垂直分布如图 6－2 所示。

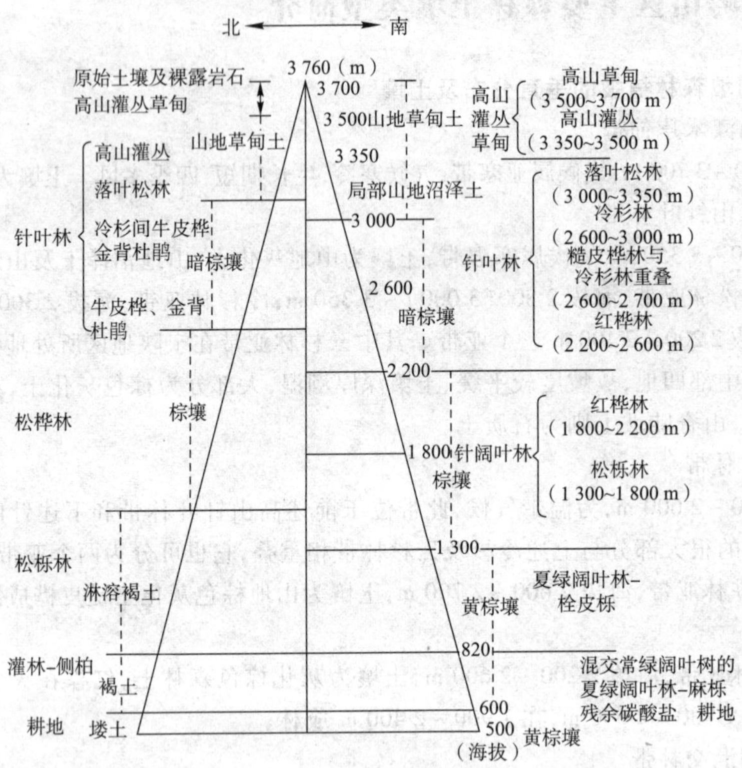

图 6－2　秦岭南北坡土壤垂直分布

第三节　森林土壤调查的方法

在林业生产过程中，土壤调查的目的主要在于获得资料，为立地类型的划分、土壤利用改良规划、森林经营和更新造林等提供科学依据。

一、森林土壤的野外调查和研究

野外工作是土壤调查工作中最重要的部分，这阶段工作的质量，直接关系着全部调查工作的质量。它的主要任务是研究各成土因素的变化，确定土壤类型，找出土壤分布规律，详细研究土壤剖面特征、特性，定出土壤边界，画出土壤分布草图，采集土壤标本等。

1. 森林土壤调查的步骤与方式

土壤的野外调查，一般分初查和详查两步进行。

(1) 初查

即是初步踏勘。目的是实地了解调查区的全面概况，为详查打基础。初查多采取路线调查方式,即在调查区内选择几条路线,沿路线进行初步勘察。路线选择的原则是要通过调查区各不同地形部位和不同的植被地区,沿途对母质、植被、地形、土壤等要作调查记录。

(2) 详查

是在初查的基础上进行的,要对全调查区土壤作详细的观察和研究,了解土壤分布规律,找出分布边界,绘出土壤分布草图,并采集必要的十壤标本。

2. 成土因素的调查与研究

(1) 地形

地形可以指示土壤的分布规律,且不同地形类型的林业利用特点不同,故地形对林业生产十分密切。在野外除分别观察记载观察点的大区地形、中区地形、小区地形外,还要记载剖面所在地的海拔高度、相对高度、坡度、坡向和坡位。

(2) 植被

要注意调查区内能反映出区域特点的植物群落和在不同地形部位、水文状况上的小范围植被群落,调查其优势种,密度生长状况以及林木组成、林龄、高度、胸径、疏密度、幼林、下木和地被物状况等。

(3) 气候

主要是靠收集调查区或邻近地区的气候资料中与成土条件和成土过程有关的数据。

(4) 母岩母质

主要是对已有地质资料、参考文献和地形图等作初步分析,再利用土壤和地质露头了解基岩性质的分布,同时要注意把地质、地形、母质与土壤性质之间的关系联系起来考虑。岩石名称若在野外不能确定,则应采集标本回室内鉴定。标本规格为 10 cm × 7.5 cm × 2.5 cm,并应打去风化面,记载采集地点、剖面号等。对成土母质主要描述其形成方式、类型及简单化学性质等。

(5) 土壤侵蚀状况

主要记载土壤侵蚀的类型、侵蚀强度和当地的防治措施等。

3. 土壤剖面的设置和挖掘

观察和描述土壤剖面的形态和性状特征,是研究土壤形成、演化与环境因素的关系以及了解林业生产特性的重要手段。故要设置有代表性的土壤剖面进行观察。

(1) 上壤剖面的类型

主要剖面(基本剖面):是为全面研究土壤而设置的,要求选择在有典型性、代表性的地方。剖面深度是自地面向下直达母质或基岩为止。不能设置在土层遭受破坏的地点,如沟边、路旁、取土点等处。一般每类土壤只挖 1 ~2 个主要剖面。

检查剖面(对照剖面):其目的是在于研究和检查修正主要剖面所确定的土壤主要特征的变异程度及稳定性,其也应设在有代表性的位置,深度为挖至主要土层即可,一般为75 ~150 cm(或至 B 层),观察记载可比主要剖面简单,可以不采土样。

定界剖面:是为了确定和检查修正土壤边界而设置的,定界剖面较浅,深度多在 1 m 以内,只要能观察出主要特征即可,一般不作详细记载,不必采集土样。其剖面数目应多于前述两类剖面。

三种剖面设置和挖掘的数量比一般为:主要剖面∶检查剖面∶定界剖面 =1∶2∶5。

(2) 土壤剖面的选择和挖掘

土壤剖面的选择除遵循前述主要剖面中所列内容外,还应满足一定比例尺的工作量要求和每种土壤类型均有其具代表性主要剖面的要求。

土壤剖面的规格一般为长方形坑,其体积(长×宽×深)为2 m×0.8 m×1.5 m。挖掘时坑的向阳(观察)面应垂直切下,以便进行观察;向阳面对面挖成梯阶,以便上下;挖出的表土和底土分放剖面坑两侧,保证观察完后回填土层不乱;观察面上方不宜堆土和走动,以免压紧表土结构,失去原有状态。挖掘深度以能看到土壤整个发生层次并能了解到与林业生产有关的土壤底层的某些特性为准。观察记载取样后,按原土层顺序回填。

4. 土壤剖面形态的观察记载

土壤剖面的观察记载是了解土壤特性及其林业生产性质的手段之一,是野外研究土壤的基本工作。

(1) 划分剖面层次,记载层次厚度

剖面层次的划分,应于剖面挖好并清理好后,挂上软尺,根据剖面的颜色、质地、结构、松紧状况、新生体等,自上而下依次划分。

层次厚度的记载:各层厚度在量取时,应以层与层间的平均厚度为准,并以每层上部和下部离土壤面的距离表示。例如A层为0~20 cm,B层20~80 cm等。不要以它的绝对值如B层为60 cm来表示,以免发生混乱而出错。若发生层次不明显,或不易辨认时,可用1、2、3、4……等层序代表发生层次的名称。

(2) 土壤颜色

土壤颜色是土壤内在性质的外在表现。它决定于土壤的矿物组成化学成分,由于土壤组成复杂,故颜色多变,因而给土壤颜色定名困难,所以常用两个字形容,且一般是副色在前、主色在后,如红棕色、灰黄色,其副色分别为红和灰,而主色则分别为棕和黄。决定土壤颜色的物质主要有以下几种:

腐殖质:含量多时土壤色暗,少量时为灰色。

氧化铁:Fe_2O_3使土壤呈红色、棕红色等;含水氧化铁$Fe_2O_3 \cdot 3H_2O$使土壤呈黄色。这两种氧化铁是游离的氧化铁颜色;而在矿物中氧化铁则呈棕色,如蒙脱石中的氧化铁即是。

石英、长石、方解石、高岭石、铝土矿等,均可使土壤呈白色。

氧化亚铁广泛分布在沼泽土、潜育土中,它可使土壤变为蓝灰色、青灰色,如蓝铁矿$Fe_2O_3(PO_4)_2 \cdot 8H_2O$为白色,若遇空气中的氧即变为青灰色。

土壤颜色还受土壤湿度、光线和分散性之影响,故观察土壤颜色要尽量做到条件一致。亦可用"涂泥法"制成卡片:即将不同颜色的土和水调成泥状,涂于白色卡片上或人工配制成土壤色卡,便于野外携带,作为土壤颜色描述之标准。

(3) 土壤质地

土壤质地对土壤肥力影响较大,其野外测定方法有干法和湿法之分,本实习中规定以湿法(卷搓法)确定土壤质地的标准(苏联制)如表6-1。

表 6－1　土壤质地野外鉴定标准

质地名称	卷搓性状
砾质土	肉眼可以看出土壤中含有很多石块、石砾（山地多砾质土），据 >3 mm 直径的砾石含量可分为：轻砾质土（>3 mm 砾石含量 5%～15%），中砾质土（>3 mm 砾石含量 15%～30%），重砾质土（>3 mm 砾石含量 >30%）
砂土	干时将小块置于手中，轻轻地便可压碎，所含细砂粒肉眼有见；湿时可搓成小块，但稍加压即散开
砂壤岩	湿时可搓成圆球但不能成条
轻壤土	湿时能搓成条，但裂开
中壤土	湿时能搓成完整的细条，如果弯成环时即裂开
重壤土	能搓成细土条并可弯成带裂缝的环
黏土	平时有尖锐棱角、不易压碎，湿时可搓成光滑的细土条，并能弯成完整的环，压扁时不产裂缝，还似有光泽

注：国际制直径 >2 mm 为石砾

（4）土壤结构

观察描述土壤结构时，要仔细分辨出主要结构和次要结构，命名时主要结构在后，次要结构在前。如核块状结构即是以块状结构为主。

观察结构的方法是从某土层取土，使之散开在地面或手中，观察其自然结合的形状和大小，定出结构名称记于表中。其标准见表 6－2。

表 6－2　野外土壤结构类型鉴别标准

结构类型	结构名称	大小	直径（mm）	实物比拟
块状、粒状结构	块状结构（面、棱不明显）	大	>20	大于拇指
	面块状结构（面、棱不明显）	大	20～10	胡桃
		中	10～1	黄豆～胡桃
		小	1～0.5	小米
	核块状结构（面、棱明显）	大	20～10	小栗子
		中	10～7	蚕豆
		小	7～5	玉米粒
	粒状结构（面、棱明显）	大	5～3	高粱米～黄豆
		中	8～1	绿豆～小米
		小	1～1.5	小米
棱柱状结构	棱柱状结构（面、棱明显）		>30	大于 2 指
柱状结构	柱状结构（面、棱不明显）	大	>50	大于 3 指
		中	50～30	2～3 指
		小	<30	小于 2 指
片状结构	片状结构	厚	5～3	薄板
		中	3～1	硬纸片
		薄	<1	鱼鳞

（5）土壤松紧度

野外常借小刀来鉴别，常分为以下等级：

① 紧实：用较大之力，不能把小刀插入土中。

② 稍紧实:用较大之力,能把小刀插入土中1~3 cm。

③ 适中:用较大之力,能把小刀插入土中4~5 cm。

④ 疏松:用较小之力,能把小刀插入土中,且刀过处土粒易脱落。

上述标准是指土体而言,如因石块过多或根系盘结而引起的松紧状况,则应另作说明。

(6) 土壤湿度

土壤温度在野外可分5级

① 干:以手握时,感觉不到土壤中有水分。

② 潮:以手握时,有潮湿感。

③ 湿:用手指挤压,土块上留有手印。

④ 重湿:用手指挤压,无水流出,但在手上留有明显水湿印痕。

⑤ 极湿:用手指挤压,有水流出。

(7) 新生体

新生体是成土过程中发生和聚积的有一定形状和界限的物质。是土壤形成过程中的产物,新生体的有无与土壤肥力和水分运动性质有关。所以它是判断土壤性质、土壤类型和土壤发生分类非常重要的依据。如锈纹和锈斑或铁结核表明曾经有过干湿交替过程;而有盐结皮和盐霜说明有可溶性盐存在。

常见的新生体有胶膜、铁、锰结核、铁子、铁管、铁盘、铁斑、假菌丝体、砂姜等。应记载其类型、多少、大小、分布深度等。

(8) 侵入体

侵入体不是成土过程的产物,而是由于人类活动或机械加入到土壤中的物体,如石子、砖块、瓦片、炭屑、贝壳、蚯蚓粪等。它虽然与土壤形成无关,但用它可以判断土壤的历史,如人为经营活动对土壤层次影响所达到的深度以及土层来源等。记载时应记侵入体的名称和出现的深度等。

(9) 石灰反应

用10%的盐酸在土壤剖面上自上而下检查有无气泡发生,记载气泡产生和消失的深度与强度,石灰反应的强弱可分为五级:

① 无:没有气泡发生,用“——”表示。

② 弱:徐缓的发生小气泡(土壤含石灰在1%以下),用“+”表示。

③ 中:有明显的、稍大的气泡发生(土壤含石灰1%~5%),用“++”表示。

④ 强:强烈起泡、泡沫稍飞溅(土壤含石灰5%~10%),用“+++”表示。

⑤ 极强:剧烈起泡、呈沸腾状(土壤含石灰10%以上),用“++++”表示。

(10) 土壤的酸碱反应

测定各层酸碱度可作为分类依据。一般用混合指示剂法测定。其具体方法是:取少许土壤样品(约0.1 g)放于白色瓷盘的凹穴中,加蒸馏水一滴,再加混合指示剂3~5滴,以能湿润样品而稍有余,然后轻摇白色瓷盘,待稍澄清,侧倒瓷盘,观察颜色,据pH混合指示剂变色范围,确定土壤溶液pH。pH4~10混合指示剂变色范围如下:

pH	4	5	6	7	8	9	10
颜色	红	橙	黄	草绿	天蓝	暗蓝	紫

(11) 植物根

观察植物根在土壤中的分布特点,可以帮助了解土壤的松紧度、结构、养分状况等,其一般用目测法查明各层根量、种类(草本或木本根)、活根或腐根,还应量取密集部位之深度、根量的多少可记为多、中、少、无4级。

(12) 动物活动

土壤中动物活动的情况作为判断土壤肥力的间接指标。如蚯蚓、蚂蚁,各种昆虫的幼虫及其洞穴、排泄物、粪便等,一般除目测其种类、数量外,也要量取密集部位的深度。其级别也可按多、中、少、无4级记载。

(13) 层次过渡情况

主要指上、下层颜色的过渡,以明显、较明显、逐渐过渡等描述。其可以帮助了解土壤形成过程中物质移动的程度。

在观察,描述上述内容的同时,应将观察到的内容认真填入"土壤调查登记表"和"土壤剖面形态记载表"内(见附录6中附表4、附表5)。

5. 土壤标本和样品的采集

(1) 土壤标本采集

① 整段土壤标本:主要是为室内检查野外观察结果和陈列、研究及教学示范用。其标本规格为100 cm×20 cm×5 cm。具体采集方法是先在典型土类剖面坑的垂直壁上,挖一个与整段标本箱大小相符的长方形土柱然后将木框套在土柱上,将凸出的多余土壤部分铲去,用螺钉旋紧箱底,再切断土柱,修正剖面,将箱盖用螺钉固紧。盖上注明剖面号码,取土地点和土壤名称等。有条件时,可配置相应地点的景观照片或挂图,以便陈列时,实图并茂,加深直观感觉。

② 纸盒土壤标本:它是为了进行剖面比照对照,评土分类和土壤拼图而采集的土壤标本,亦可用来陈列示范。其标本规格因纸盒大小不同而有所差异,一般为20 cm×5 cm×3 cm。具体采集方法是自下而上的在土壤面的每层中心部位采取,所取部分大小以能放入纸盒内的小方格为度,采下后应保持土壤原有形态特征,切忌用手捏压。同时应在纸盒边框上注明各层名称或层序号数及深度,纸盒盖上注明剖面号码、采集地点、日期、地形、植被、土壤名称、采集人等。

(2) 土壤样品采集

为了正确确定十壤类型和土壤肥力特性,除野外形态描述外,还要采集分析样品,以便带回室内进行各项理化性质的分析研究。采集时应分层由下向上采集,且采前须用土壤刀先修去一薄层,然后按不同要求分别以下述两法采集。

① 柱状取样:在已整理好的土壤剖面中间画两条相距5~10 cm左右从上到下的平行线,然后自下而上在每一层内挖取一定量的土样,一般为1 kg左右,但应保证足够分析所有项目,然后用铅笔填写好标签两张,一张与所采土样装入土袋内,一张拴于土袋外边。

② 典型取样:主要是为了研究土壤的发生发育、土壤剖面中物质移动等而采取的土样。其一般是在剖面中有代表性的典型部位取样,而不能在过渡层取样。为了避免污染,要刮去其表层,从下而上逐渐取样,一般上层取样较密,下层较稀。取好后仍按层次用铅笔填写标签一式两份,分别放入土袋内、外,以备查考。

6. 土壤分类分布的野外研究

森林土壤调查不仅是只观察研究土壤的形态特征,更重要的是要把这些形态特征和环境条件联系起来，分析成土过程、确定土壤类型，为进行土壤分类和土壤利用改良提供依据。

(1) 观察研究成土因素、分析土壤形成过程

成土因素的观察研究主要包括：自然植被（森林群落、灌木－草本群落及林下层及地被物等）、母质、地形、水热条件、社会经济活动等。具体研究分析可联系前述各类森林土壤的成土条件导致发生的不同土壤形成过程，找出主要成土过程，即可大致判定土壤形成特点，提出分类及利用改良之依据。

(2) 进行野外土壤分类、研究分布规律

野外土壤分类应与评土、比土工作同时进行。其工作程序是：先将已初步判定的土壤进行全面排队，自下而上，把土壤性状近似、肥力水平相当、立地类型相近，利用改良措施相同的土壤进行归纳合并为各种不同的组，作为基层分类单位（如土种或变种）；再据各组土壤的发生联系，合并成高一级的分类单位（如亚类或土类），并归入一定的土壤类别。同时要自上而下检查，使各种土壤所属的分类单位都符合土壤发生学的原则。

分布规律的野外研究是在搞清调查区内地带性土壤分布规律的基础上，查明各种土壤发生系列的分布规律及土类之间的相互衔接。同时也要搞清非地带性土壤的分布规律及它们之间的演化规律，然后确定土壤界限，为制图和区划或资源调查提供依据。

二、秦岭山区常见的几种地形、母质及其鉴别特征

（一）秦岭山区常见地形及其鉴别特征

地面的起伏叫地形，秦岭山常见的地形种类主要有以下3类：

1. 山地

即四周被平地环绕的孤立高地，据其海拔高度的不同，一般可将山地分为4类（表6－3）。

表6－3 山地类型的划分

名称		绝对高度/m 海拔高度/m	相对高程/m
极高山		>5 000	>1 000
高山	强烈切割的	3 500～5 000	>1 000
	中等切割的		500～1 000
	轻微切割的		100～500
中山	强烈切割的	1 000～3 500	>1 000
	中等切割的		500～1 000
	轻微切割的		100～500
低山	强烈切割的	500～1 000	500～1 000
	轻微切割的		100～500

其进一步还可以划分为山岭、山脊、山腰、山咀、山坡、山麓等。

2. 丘陵

指相对高度在100 m以内的浑圆形波状起伏的高地（不论其绝对高程或海拔高程如何）。根据其形状和所处地段的不同还可进一步划分为梁、峁、沟以及顶、分水鞍等中小地形。

3. 洪积扇

由山洪夹带泥沙、砾石堆积在山口宽阔地带,所形成的倾斜的扇状地形叫洪积扇。其进一步还可以划分为扇顶、扇坡(包括上、中、下部)、扇缘及扇缘洼地等中小地形。

(二) 秦岭山区常见母质及其鉴别特征

母质是土壤形成的物质基础,是土壤的骨架和矿质养分的来源,它和土壤之间存在着血缘关系。秦岭山区常见的母质类型有:

1. 残积母质

是基岩直接风化之产物,除部分物质被淋溶和迁移外,其余未能经搬运而残留在原地的物质。

残积母质的特点是:多岩石碎块和砾石,且棱角明显,未经分选,母质性质基本上保留了原来基岩之特性。从纵断面上看,其上部为疏松的散碎体,中部为半风化的风化壳,并逐渐向下过渡到基岩。

2. 坡积母质

是指岩石风化产物受流水搬运和重力作用在坡的下部或山麓形成的堆积物。

坡积物的特点是:分选性差、砾石和大小不同的土壤颗粒相混杂没有层理性。由于搬运距离短,岩石碎块棱角明显,磨损程度差,从坡的上部到山麓下部,坡积层逐渐加厚。

3. 洪积母质

是山区暂时性的山洪所挟带的砾石和泥石,在山谷出口的山麓地带或山前平缓地带沉积的物质。

洪积物的主要特征是:分选性不强,粗细相混杂,层理不明显,砾石多具棱角,但是从洪积扇的扇顶到扇缘,洪积物的成分、质地、厚度均呈有规律的变化。洪积扇顶部沉积下来的主要是巨砾、砾石等粗大颗粒。砾石间有砂土,地面坡度较大(15 ~28°);扇尾沉积下来的颗粒变小,多属黄土状物质,甚至黏粒淤泥等,地面坡度较小。由于每次山洪大小不同,所携带物质的颗粒大小也不同,故常出现不同质地相间排列现象。

4. 黄土母质

是第四纪的一种土状堆积物。其特点是:土层深厚、质地均一、粉砂质地、疏松多孔、不具层理,垂直性状发达,富含碳酸钙。多数学者认为是一种与风力搬运堆积有关的母质。

5. 黄土性状物质

又称次生黄土,是黄土经流水侵蚀,搬运后,再沉积而成的。其特点是土层深厚、无明显层次,颗粒细小均匀,为棕黄色粉沙质黏土,具棱柱状结构,并含有大量铁、锰结核及胶膜,由于其地处潮湿,碳酸钙被淋溶至底部,多呈结核状,上部呈微酸性反应。通常所说的下蜀黄土即指此类物质。

第七章

生态学实习技术

植物群落野外调查是生态学研究的主要技术方法。常用的有样方法、样线法等。

一、定位标准地的测设

1. 标准地面积及境界的测定

用罗盘仪测出 20 m×20 m 或 20 m×30 m 的标准地(抚育伐的标准地应大一些,一般要求不小于 0.2 hm^2,株数不少于 600 株),砍开境界线,四角埋设标桩,测量误差不得大于 1/200。

2. 标准地调查

① 填写森林生态试验标准地概况表(见表 7－1)。

② 每木编号,在每木(胸径大于 3 cm 者)的胸高(1.3 m)处钉一号码牌,牌子在树干上一律面朝山脊方向,以利检尺及日后复测。

③ 每木检尺,分别测胸径、冠幅、枝下高、生长级(用克拉夫特五级分类)。年龄则视情况而定,若为人工林,可访问栽树年代。

④ 树高测定,中央径阶测五株,其他径阶测三株,幼林用竹竿测,大树用测高仪测定。有时根据需要进行每木实测。

⑤ 绘制树高曲线,求出平均直径后,再用树高曲线求平均高。然后,在标准地外选伐平均木,该平均木高和平均高误差不大于 5%,直径和平均直径相差不过 ±0.5 cm。

⑥ 绘制林木定位图及群落剖面(林相)图,按一定比例尺在方格纸上绘出每株林木的水平位置,描出树冠投影,以反映森林的水平结构,同时绘出乔木层、下木层、草木层的垂直剖面,以反映林相。

二、群落组成及结构调查

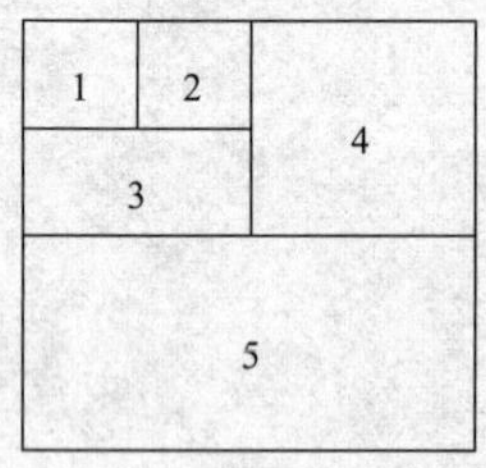

图 7－1 群落样地扩大顺序

1. 样地数及样地最小面积的确定(种－面积曲线法)

① 在踏察及路线调查基础上,根据优势种、群落生境、植物生长状况选择典型的地段作为样地。

② 按图 7－1 所示方法,不断扩大样地面积。

第一次取样面积 1 m×1 m(1),第二次取样面积 1 m×2 m(2),第三次取样面积 2 m×2 m(3),第四次取样面积 2 m×4 m(4),第五次取样面积 4 m×4 m(5)以此类推。

每扩大一次,要登记新增加的植物种类。开始样地面积扩大,植物种类的数目也随之迅速增加,之后,随面积扩大,植物种类增加数目逐渐减少,最后面积再扩大,植物种类很少增加。按照面积扩大和植物种类增加的累积数二者间的关系,可绘出调查群落的种-面积曲线。曲线开始平伸的一点所对应的面积即为最小面积(图7-2)。

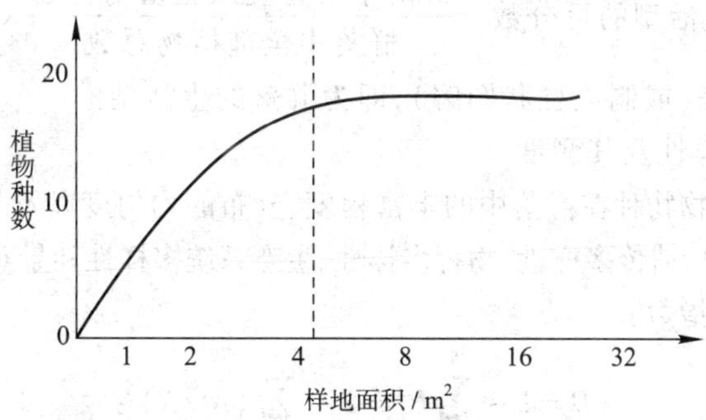

图7-2 群落种-面积曲线示意图

2. 群落调查项目

(1) 密度:表示群落中林木或样方中各种植物的疏密状况,故用单位面积上株数多少表示:

$$密度=\frac{林木株数}{标准地面积} \quad 或 \quad \frac{某个种的个数}{样方面积}$$

$$相对密度=\frac{某个种的株数}{样地上的总株数}\times 100\%$$

(2) 多度:用多度来描述下木或活地被物在样方中多少的程度。常用德鲁捷多度分类法记载。

附:德鲁捷多度等级表

记载符号	原名	译名
un	uncum	仅见一株
Sol	Soliariae	稀少
Sp	Sparae	少
Cop^1	$Copiosae^1$	尚多
Cop^2	$Copiosae^2$	多
Cop^3	$Copiosae^3$	很多
Soc	Sociales	极多

(3) 郁闭度和盖度:郁闭度指林分中林冠投影面积与林地面积之比,用十分法表示,仅对乔木而言。

$$郁闭度=\frac{林冠投影面积}{标准地面积} \quad (林冠投影法)$$

或

$$郁闭度=\frac{林冠取截长度之和}{样线长度} \quad (样线法)$$

盖度指下木、活地被物所遮盖面积与样方面积之比。用百分数表示,多采用目测估计。

(4) 频度:指一个种在一定面积上所有样方中出现的次数,用百分数表示。

$$频度 = \frac{某个种出现的样方数}{总样方数} \times 100\%$$

(5) 生活型谱:把样地上所有的植物按瑙基耶尔(Raunkiaer,1934)的分类方法,鉴定每种植物各属什么生活型,统计每一类生活型中的植物种类数目,求出百分率。

$$某一生活型的百分数 = \frac{群落中某一生活型植物种数}{群落中全部植物总数} \times 100\%$$

把统计结果列成表(或制成柱状图解),即为群落的生活型谱。

(6) 群落生物多样性及其测度

生物多样性是指生物物种在群落中的丰富程度、分布的均匀度以及与环境形成的各种生态过程的总称。其内涵包括遗传多样性、物种多样性、生态系统多样性和景观多样性四个层次。

①Simpson 多样性指数:

$$D = 1 - \sum_{i=1}^{S} P_i^2 = 1 - \sum (N_i/N)^2$$

②Shannon - Wiener 多样性指数

$$H = - \sum_{i=1}^{S} P_i^2 \ln P_i$$

式中:P_i 为第 i 个物种所占的比例;

S 为物种总数;

N_i 为第 i 个物种的个体数目;

N 为群落中所有物种的个体总数。

3. 样方法

此法是群落调查中最为通用的方法。调查时以同一林型(或立地类型)为单位。样方面积多采用 4 m^2,共 25 ~ 30 个;当幼苗、幼树的数量较多,分布较均匀时,也有用 1 m^2 的,计 15 ~ 20 个。布置样方有机械和随机两种,前者在林型(或立地类型)地段内全面、等距离机械布置样方;后者可在若干随机点上不带主观地向四周扔出一系列标志的标竿或铁片等作为更新样方的中心点(图 7 - 3)。

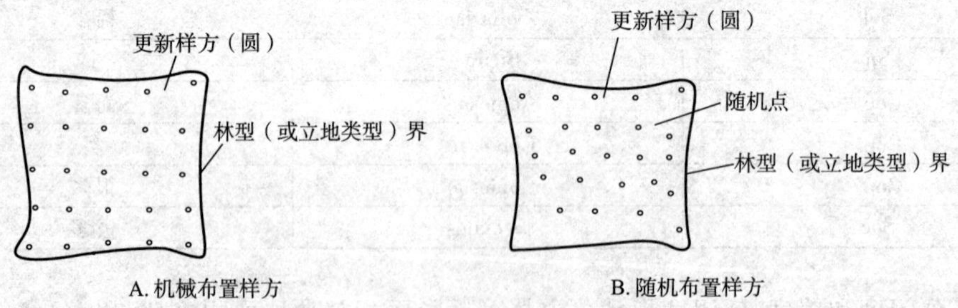

图 7 - 3　机械和随机布样示意图

样方内的幼树要分别树种、起源、生长状况和高度级(如属采伐迹地,还需分别采伐前、后更新的幼树)逐株查数,记入表 7 - 1。

为了方便,也有只调查“频度”的。此时,不论每个更新样方内有多少株幼树,只记载其中的主要树种的最高一株幼树,其余都略去不计(如无主要树种,则记次要树种)。记入表7 - 1 时,也只在该样方栏内写上某树种在某高度级内有更新;没有幼树更新的样方就记“无”。

遇到更新特别好或不好的样方,要同时按表 7 - 2 记载该样方所在的微域地形、光照、植

表 7－1　天然更新样方（圆）幼树调查表

标准地（或路线调查点）号　　　　　　日期　　　　　　调查者

样方（圆）面积　　　　　　个数　　　　　　样方（圆）配置示意图

样带号 样方号	树种	各高变级实生株数															各高度级萌生株数														其他
		当年生苗/cm	30 cm 以下		31 ~ 50 cm		51 ~ 100 cm		101 ~ 150 cm		151 ~ 200 cm		201 cm 以上		小计		30 cm 以下		31 ~ 50 cm		51 ~ 100 cm		101 ~ 150 cm		151 ~ 200 cm		201 cm 以上		小计		
			健康	不健康	健康	不健康	健康	不健康	健康	不健康	健康	不健康	健康	不健康	健康	不健康	健康	不健康	健康	不健康	健康	不健康	健康	不健康	健康	不健康	健康	不健康	健康	不健康	

表 7－2　更新样方（圆）生境调查表

路线调查点（或标准地）号　　　　　　日期　　　　　　调查者

样方号	微域地形	植被情况			A_0层覆盖度与厚度	草根盘结度	其他（倒木上、林窗下、裸露地、林缘、林冠下……）
		林冠郁闭度	下木覆盖度 优势种及多度	地被物覆盖度 优势种及多度			

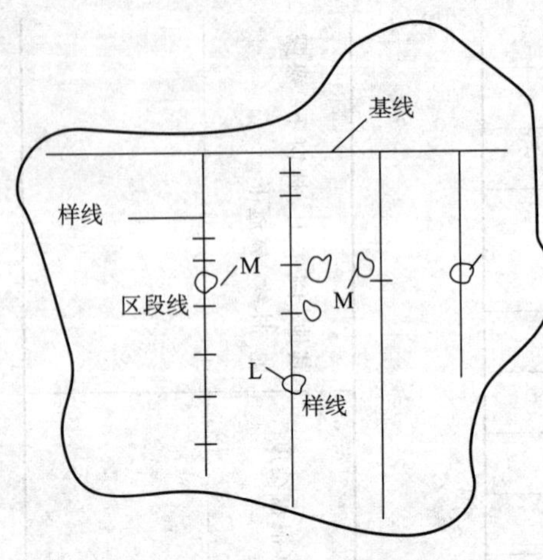

图 7－4　样线法幼树调查示范图

被、枯枝落叶层等情况，注明该样方更新好坏的主要原因。最好做“图记样方”，即用方格纸按比例如实描绘样方内的幼树分布情况，及其与上方树冠投影、下木、地被物覆盖度、地表倒木及微域地形起伏等的关系。

4. 样线法

在林型地段内的一边，用测绳设立基线（图 7－4），用随机或机械取样法选出线上相应的一系列点，再在这些点上作垂直于基线的样线，并把样线区分为等长的区段（如以 1 m 或 2 m 为一区段），记载每个区段上树冠投影被样线所切幼树的名称和株数（个体数），以及在样线上所截的幼树树冠投影的长度（*L*），垂直于样线的幼树树冠投影的最大宽度（*M*）和样线覆在无幼树投影地面上的长度。把这些内容逐项记在表 7－3 中。

表 7－3　样线法幼树更新调查表

路线调查点（或标准地）号　　　日期　　　调查者

林型（或立地类型）名称

样线总长　　米　　区段总数　　段　区段长度　　米　　样线布局图

幼树名称	样线号							
	区段 1		区段 2		区段 3		区段 4	
	L	M	L	M	L	M	L	M

5. 随机点－四分法

先在林型地段内设置两条互相垂直的 x、y 坐标线（图 7－5A），再在 x、y 线上各取一组随机数字，确定这一系列的随机点，从这些点引出与 x、y 相平行的线，这些平行线交织成方格网（图 7－5A），其交叉点即为所需的随机点（或用其他方法确定随机点，如投标法等）。再将各随机点四等分分成四个象限（图 7－5B），具体可用罗盘仪或其他方法，通过各随机点使平行于 x、y 坐标轴的两条互相垂直的线，把各点分为四个象限。在各随机点上标出 4 个象限内最近随机点的一株幼树，按表 7－4 记载四个象限内最靠近随机点的幼树的树种名称、高度、生长状况、覆盖面积及点到幼树的距离（图7－5B）。

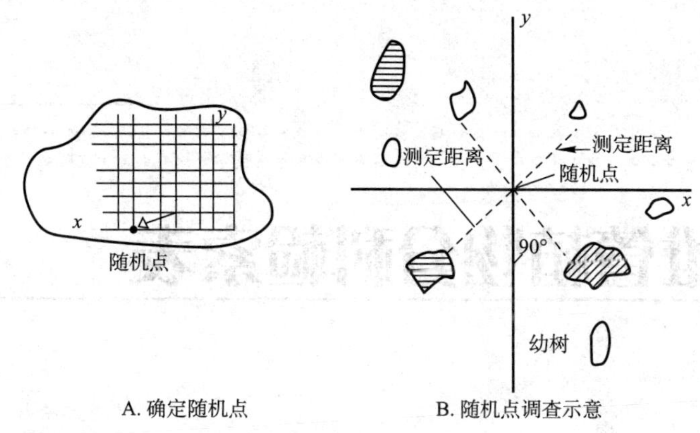

A. 确定随机点　　B. 随机点调查示意

图 7－5　随机点－四分法调查

上述随机点－四分法至少需选 40 个随机点。

表 7－4　随机点－四分法调查表

路线调查点（或标准地）号　　日期　　调查者

林型（或立地类型）名称

随机点号	象限	项目							其他
		树种或代号	树高	生长状况			点到幼树的距离	覆盖面积	
				健康	不健康	濒死			

附录1

火地塘维管植物分科检索表

1. 植物无花,无种子,以孢子繁殖 ………………………………………………… 蕨类植物门 Pteridophyta
1. 植物有花,以种子繁殖 …………………………………………………………………………………… 2
2. 胚珠包于子房内;具典型的花;种子具1~2子叶 …………………………… 被子植物门 Angiospermae
2. 胚珠裸露,不包于子房内,球花单性;种子具1至多数子叶……………… 裸子植物门 Gymnospermae

蕨类植物门 Pteridophyta

1. 叶退化或细小,远不如茎那样发达,鳞片形、钻形或披针形,不分裂;孢子囊生于枝顶的孢子叶球内(小叶型蕨类) ……………………………………………………………………………………………… 2
1. 叶远较茎发达,单叶或复叶;孢子囊生于正常叶的下面或边缘,聚生成圆形、椭圆形或线形的孢子囊群或孢子囊穗,或满布于叶片下面(大叶型蕨类,真蕨亚门 Filicophytina) ……………………………… 3
2. 茎细长,圆柱形,直立,中空,有明显的节,无真正的叶,单茎或在节上具轮生枝,节间表面有纵行的沟脊,各节基部被管状而有锯齿的鞘所围绕;孢子囊多数,生于盾状鳞片形能育叶的下面,在枝顶上形成单独的椭圆形孢子叶球(楔叶蕨亚门 Sphenophytina 木贼目 Equisetales)……………… 2. 木贼科 Equisetaceae
2. 茎常有腹背之分,往往有根托;叶通常为鳞片形,二型,两列生(即4行排列),扁平或少为钻形,同型并为螺旋状排列;腹叶基部有一小舌状体(叶舌);孢子囊二型,生于能育叶的基部上面(卷柏目 Selaginellales) ……………………………………………………………………… 1. 卷柏科 Selaginellaceae
3. 孢子囊壁厚,由多层细胞组成(厚囊蕨纲 Eusporangiopsida 瓶尔小草目 Ophioglossales) ………………… 4
3. 孢子囊壁薄,由一层细胞组成 ……………………………………………………………………………… 5
4. 复叶,一至三回羽状分裂,叶脉分离;孢子囊序为圆锥状;孢子囊小,圆球形,不陷入囊托内 ……………………………………………………………………………………………… 3. 阴地蕨科 Botrychiaceae
4. 单叶,叶脉网状;孢子囊序为单穗状;孢子囊大,扁圆球形,陷入于囊托两侧 ……………………………………………………………………………………………… 4. 瓶尔小草科 Ophioglossaceae
5. 孢子囊圆球形,环带极不发育,只有几个厚壁细胞生于顶端附近,并自顶端向下纵裂;植物体不具真正的毛和鳞片,只是粘质腺状绒毛,不久消失;叶为强度二型;孢子囊不形成定形的囊群,而是生于无叶绿素的强度变质的能育叶的羽片边缘,形成穗状孢子囊序;孢子同型,有两极口,能两极发芽(原始薄囊蕨纲 Protoleptosporangiopsida 紫萁目 Osmundales) …………………………………… 5. 紫萁科 Osmundaceae
5. 孢子囊为多种形状,环带发育完全;孢子囊生于正常叶的下面或边缘,或生于特化为不具叶绿素的能育叶或能育羽片的下面(薄囊蕨纲 Leptosporangiopsida)……………………………………………………… 6
6. 叶强度二型,不育叶为一回羽状复叶,能育叶的羽片在羽轴两侧内卷成圆筒形或聚合成分离的圆球形 ……………………………………………………………………………………… 17. 球子蕨科 Onocleaceae
6. 叶一型或二型,如为二型,则能育叶(或羽片)比不育叶(或羽片)仅为不同程度的狭缩,从不为上述的内卷或聚合 ……………………………………………………………………………………………… 7

7. 孢子囊群(或囊托)突出于叶边之外;孢子囊近球形,无柄,具有斜生环带,生于柱状而往往突出于叶缘外的囊托上,包于管状、喇叭状或两唇瓣形的囊苞内…………………………6. 膜蕨科 Hymenophyllaceae
7. 孢子囊群生于叶缘、缘内或叶下面,从不如上述那样突出于缘外 …………………………………… 8
8. 孢子囊群生于叶缘,具囊群盖,自叶边向内或向外开,罕为无盖 ……………………………………… 9
8. 孢子囊群生于叶背,远离叶边,如有囊群盖,则不同上述的形状,并不自叶边向外或向内开 ………… 13
9. 囊群盖薄膜质,由叶边变成,向叶背反折,掩盖孢子囊群,因而向内开(开向主脉) ……………… 10
9. 囊群盖不为薄膜质,自叶缘内生出,不向叶背反折而开向叶边(向外开);植株全体被灰白色针状刚毛;孢子囊群圆形,从不汇合;小羽片不为半开式或扇形,小脉羽状分枝(单轴式);囊群盖生于叶缘内(至少内瓣),位于小脉顶端并开向叶边,碗形或杯形 ……………………… 7. 碗蕨科 Dennstaedtiaceae
10. 孢子囊生于反折囊群盖下面的小脉上(稀生于脉间的薄壁组织上);羽片或小羽片为对开式或扇形,叶脉为扇形多回二叉分枝 ………………………………………………………… 11. 铁线蕨科 Adiantaceae
10. 孢子囊生于叶缘的连结脉或小脉上,反折囊群盖不具小脉;羽片或小羽片不为对开式或扇形,叶脉不为扇形二叉分枝 ……………………………………………………………………………………… 11
11. 孢子囊群生于小脉的顶端,幼时为圆形而分离的孢子囊群,成熟时往往彼此连接而成线形;囊群盖不断或往往有不同程度的断裂,有时无盖;叶柄和叶轴一般为栗色或深褐色 …………………………………………………………………………………………………… 10. 中国蕨科 Sinopteridaceae
11. 孢子囊群沿叶缘生于连结小脉的总脉上,形成1条汇合囊群;囊群盖连续不断;叶柄常为淡色 …… 12
12. 根状茎长而横走,密被锈黄色茸毛;叶片多少被柔毛;囊群盖有内外两层 ………… 8. 蕨科 Pteridiaceae
12. 根状茎短而直立或少有长而横生,被鳞片;叶片通常无毛;囊群盖仅有1层…9. 凤尾蕨科 Pteridaceae
13. 孢子囊群圆形、椭圆形或线形,彼此分离,偶有汇合;叶一型,无不育叶和能育叶之分 ……………… 14
13. 孢子囊群不聚生成圆形、椭圆形或线形的孢子囊群,而是一开始就密布于能育叶的下面;叶二型,偶有近一型,有不育叶及能育叶之分;叶柄基部以关节着生于根状茎上,单叶或掌状指裂 …………………………………………………………………………………………… 20. 水龙骨科 Polypodiaceae
14. 孢子囊群圆形 ……………………………………………………………………………………… 15
14. 孢子囊群长形或线形 ……………………………………………………………………………… 20
15. 孢子囊群有盖 ……………………………………………………………………………………… 16
15. 孢子囊群无盖 ……………………………………………………………………………………… 18
16. 囊群盖下位(即生于孢子囊群的下面,幼时往往包着孢子囊群全部),球形、半球形或为碟形(或有时简化,细裂为睫毛状);叶狭小,披针形,一回羽状复叶至二回羽裂,叶柄中部或顶端往往有关节(如无关节则遍体有毛);囊群盖膜质,碗形、杯形或细裂为睫毛状的碟形;囊托从不凸出 ………………………………………………………………………………………………… 18. 岩蕨科 Woodsiaceae
16. 囊群盖上位(即盖于孢子囊群的上面),圆肾形、盾形或少为鳞片状,基部有时略微压在成熟的孢子囊群之下(如冷蕨属 Cystopteris) ………………………………………………………………………… 17
17. 植物体(尤其是羽轴上面)有淡灰色的针状刚毛,有时叶柄基部的鳞片上也有同样的毛;叶柄基部横断面有扁阔的维管束两条 ……………………………………………… 14. 金星蕨科 Thelypteridaceae
17. 植物体(至少在根状茎上)有阔鳞片,无上述的针状毛;叶柄基部横断面有小圆形的维管束多条 ………………………………………………………………………………………… 19. 鳞毛蕨科 Dryopteridaceae
18. 叶柄基部以关节着生于根状茎上;单叶,全缘,或为一回羽状复叶,有星状毛或孢子囊,或孢子囊群幼时为有长柄的盾状隔丝覆盖 ………………………………………… 20. 水龙骨科 Polypodiaceae
18. 叶柄基部无关节 …………………………………………………………………………………… 19
19. 植物遍体或至少各回羽轴上有灰白色的针状刚毛,刚毛为单细胞(偶为多细胞);根状茎和叶柄基部多少有鳞片;孢子囊群生于小脉的背部,有真正的囊群盖或为无盖 ……… 14. 金星蕨科 Thelypteridaceae
19. 植物体不具灰白色的针状刚毛或有棕色腊肠状的多细胞柔毛 ………………… 13. 蹄盖蕨科 Athyriaceae
20. 孢子囊群有盖,半月形、线形、或上端为钩形或马蹄形 ……………………… 15. 铁角蕨科 Aspleniaceae

20. 孢子囊群无盖,沿小脉分布,如为网状眼,则沿网眼分布 …………………………………… 21
21. 孢子两侧对称;叶远生,叶缘具密睫毛 ……………………………… 16. 睫毛蕨科 Pleurosoriopsidaceae
21. 孢子辐射对称;叶簇生或疏生,叶缘无毛或具柔毛 ………………………… 12. 裸子蕨科 Hemionitidaceae

裸子植物门 Gymnospermae

1. 雌球花的胚珠着生于珠鳞腹面,形成球果或成熟时成浆果状;种子常具翅 …………………………… 2
1. 雌球花的胚珠着生于珠托上,不形成球果,而形成1或数个种子,种子核果状或坚果状,具肉质假种皮 ……………………………………………………………………………………………………… 4
2. 球果的种鳞与苞鳞离生(仅基部合生),每种鳞具2粒种子,雄蕊有2花药;叶条形或针形,基部不下延,种鳞与叶均螺旋状排列 ……………………………………………………………… 1. 松科 Pinaceae
2. 球果的种鳞与苞鳞半合生(先端分离)或完全合生;每种鳞具1至多粒种子;雄蕊有2~9花药;叶的基部通常下延;种鳞与叶螺旋状着生或交叉对生或轮生 ………………………………………… 3
3. 种鳞与叶均螺旋状着生,稀交叉对生;每种鳞具2~9粒种子;叶披针形、钻形、鳞形或条形 ………… ……………………………………………………………………………………… 2. 杉科 Taxodiaceae
3. 种鳞与叶均交叉对生或轮生;每种鳞具1至多粒种子;叶鳞形或刺形 ……………… 3. 柏科 Cupressaceae
4. 种子核果状,椭圆形,全部包于肉质的假种皮中 ………………………… 4. 三尖杉科 Cephalotaxaceae
4. 种子核果状或坚果状,几圆形,全部包于肉质假种皮中或包于杯状肉质假种皮中 ……………………… ……………………………………………………………………………………… 5. 红豆杉科 Taxaceae

被子植物门 Angiospermae

1. 胚通常2枚子叶;茎具无限维管束;花通常为4~5基数;叶经常具网状脉 ………………………… ……………………………………………………………………………… 双子叶植物纲 Dicotyledoneae
1. 胚通常具1枚子叶,茎具有限维管束;花多为3基数;叶常具平行脉 …… 单子叶植物纲 Monocotyledoneae

双子叶植物纲 Dicotyledoneae

1. 花无真正的花冠,花萼存在或不存在,有时花萼呈花瓣状 ………………………………………… 2
1. 花有花冠和花萼 ………………………………………………………………………………… 59
2. 柔荑花序或柔荑状的头状或穗状花序 …………………………………………………………… 3
2. 花完全或不完全,不成柔荑花序 ………………………………………………………………… 8
3. 雌雄花都成柔荑花序或柔荑状的头状或穗状花序 ……………………………………………… 4
3. 雌花单生、簇生或成穗状花序,雄花成柔荑花序或穗状花序 …………………………………… 7
4. 雄蕊1枚;叶掌状分裂;雄花与雌花具长梗而下垂的头状花序 ………………… 39. 悬铃木科 Platanaceae
4. 雄蕊多于1个 …………………………………………………………………………………… 5
5. 果为二裂蒴果,种子具长白毛 ……………………………………………… 2. 杨柳科 Salicaceae
5. 果不为蒴果,种子不具长毛 ……………………………………………………………………… 6
6. 花萼通常整齐,草质或干果时变为肉质;子房1~2室,有单生胚珠;果为瘦果或为小浆果,常结合成为复合果,或为肉质花托所包围 ……………………………………………………… 7. 桑科 Moraceae
6. 花萼退化或不存在;果为小坚果,具翅或不具翅 ……………………………………… 3. 桦木科 Betulaceae
7. 叶为单叶;坚果包于或半包于壳斗中 …………………………………………………… 4. 壳斗科 Fagaceae
7. 叶为羽状复叶;果为核果状,或为坚果、翅果或为托以苞片的小坚果,或为球果状 …… 1. 胡桃科 Juglandaceae

8. 心皮有 1、2、8 颗胚珠 …… 9
8. 心皮有多数胚珠 …… 50
9. 子房上位 …… 10
9. 子房下位，或花萼附着于子房上 …… 45
10. 草本植物 …… 11
10. 木本植物 …… 29
11. 心皮多数分离或仅于基部连合 …… 12
11. 心皮 1 个或数个全部连合 …… 16
12. 雄蕊着生花萼或萼筒上 …… 44. 蔷薇科 Rosaceae
12. 雄蕊着生花托上 …… 13
13. 花成穗状或总状花序 …… 14
13. 花不成穗状花序，花萼常呈花瓣状，白色或有彩色 …… 15
14. 花序托以显著的白色花瓣状苞片；叶具挥发油腺 …… 30. 三白草科 Saururaceae
14. 花不具花瓣状苞片；叶不具挥发油腺 …… 13. 商陆科 Phytolaccaceae
15. 直立或攀援草本；果为瘦果或蓇葖果 …… 25. 毛茛科 Ranunculaceae
15. 攀援草本；果为核果 …… 29. 防己科 Menispermaceae
16. 雄蕊着生萼筒上 …… 44. 蔷薇科 Rosaceae
16. 雄蕊着生花托上 …… 17
17. 托叶鞘包围茎节，草本稀为藤本 …… 12. 蓼科 Polygonaceae
17. 托叶不成鞘状 …… 18
18. 寄生、肉质、蕈状植物；花成头状花序 …… 11. 蛇菰科 Balanophoraceae
18. 非寄生植物 …… 19
19. 花萼细筒状，2～3 裂，开放后反卷；雌雄同株异花 …… 79. 假繁缕科 Theligonaceae
19. 花萼不为细筒状 …… 20
20. 花柱 1 个，或无花柱 …… 21
20. 花柱 2～3 个或 2～3 裂 …… 22
21. 花两性 …… 25. 毛茛科 Ranunculaceae
21. 花单性 …… 8. 荨麻科 Urticaceae
22. 叶掌状分裂 …… 23
22. 叶非掌状分裂 …… 26
23. 花两性，植株含黄色液汁 …… 37. 罂粟科 Papaveraceae
23. 花单性或两性，植株不含黄色液 …… 24
24. 花单性同株，成各种花序；植株常含乳汁 …… 25
24. 花两性或单性，同株、簇生或雌花单生；植株不含乳汁；子房 1 室；果实为翅果、坚果或核果 …… 5. 榆科 Ulmaceae
25. 雌花序成穗状或球果状；果实为瘦果；子房 1 室 …… 7. 桑科 Moraceae
25. 雌花多着生于雄花下部；果实为蒴果；子房 2～3 室 …… 49. 大戟科 Euphorbiaceae
26. 子房 3 室 …… 27
26. 雄蕊与萼片同数，稀更少；子房 1 室，果实为坚果或蒴果 …… 28
27. 茎和叶不含乳汁；花成穗状花序；种子无种阜 …… 64. 黄杨科 Buxaceae
27. 茎和叶含乳汁；花簇生或成鸟巢状花序；种子多有种阜 …… 49. 大戟科 Euphorbiaceae
28. 苞片和花萼膜质；果实横裂或不开裂 …… 18. 苋科 Amaranthaceae
28. 苞片和花萼不为膜质；果实为坚果，稀开裂 …… 17. 藜科 Chenopodiaceae
29. 心皮分离 …… 30

29. 心皮部分或全部连合 …………………………………………………………………………………… 35
30. 果实为蓇葖果；花单性，稀杂性 ………………………………………………………………………… 31
30. 果实不为蓇葖果 ……………………………………………………………………………………… 32
31. 雌雄花异株，心皮4个，果实小；雄蕊分离；叶为单叶不分裂 …………… 24. 连香树科 Cercidiphyllaceae
31. 雌雄花异株，或具杂性花；心皮1~5个；雄蕊不连合成筒；叶为羽状复叶或有三出小叶 ……………
………………………………………………………………………………………… 50. 芸香科 Rutaceae
32. 乔木；果实为簇生而具梗的小翅果；单叶互生 ……………………………… 23. 领春木科 Eupteleaceae
32. 攀援灌木，稀直立 ……………………………………………………………………………………… 33
33. 叶对生或三出掌状复叶；两性花；果实为一簇花柱具毛的瘦果 ……………… 25. 毛茛科 Ranunculaceae
33. 叶为互生，花单性同株 ………………………………………………………………………………… 34
34. 单叶，果实为一簇核果 ……………………………………………………… 29. 防己科 Menispermaceae
34. 三出复叶，聚合浆果 ………………………………………………………… 27. 大血藤科 Sargentodoxaceae
35. 果实为深4裂的蒴果；柱头生于心皮的基部；萼片4片；雄蕊4枚 ……… 22. 水青树科 Tetracentraceae
35. 果实不为4深裂 ……………………………………………………………………………………… 36
36. 子房与果实3室；果实为蒴果 ………………………………………………………………………… 37
36. 子房与果实1~9室；稀3室；果实不为蒴果 ………………………………………………………… 38
37. 茎和叶不含乳汁；花成穗状花序，萼片为4片；种子无种阜 …………………… 64. 黄杨科 Buxaceae
37. 茎和叶含乳汁；花成各式花序；萼片多为5片；种子有种阜 ……………… 49. 大戟科 Euphorbiaceae
38. 果实为翅果 …………………………………………………………………………………………… 39
38. 果实非翅果 …………………………………………………………………………………………… 41
39. 子房2室；果实有2翅；花杂性，簇生或成总状和圆锥状花序；翅果颇大；叶对生，通常为单叶，掌状或指状分裂或为羽状复叶 ……………………………………………………………… 56. 槭树科 Aceraceae
39. 子房1室；翅果有1、2或4、5翅 ………………………………………………………………………… 40
40. 雌雄花异株，无花被；雄蕊8~10枚；果实长圆形，具2狭翅；单叶互生 ……… 6. 杜仲科 Eucommiaceae
40. 花两性，具花萼；果实有2~5翅，具1顶生翅；雄蕊2枚；叶对生，为羽状复叶 …… 91. 木犀科 Oleaceae
41. 花萼长筒状，萼裂片花瓣状 …………………………………………………………………………… 42
41. 花萼非长筒状 ………………………………………………………………………………………… 44
42. 花和叶有银白色或褐色星芒状或盾状毛；子房1室 ……………………… 70. 胡颓子科 Elaeagnaceae
42. 花和叶无星芒状或盾状毛；子房2~5室，稀1室 …………………………………………………… 43
43. 花萼花冠状，常有彩色 ………………………………………………………… 69. 瑞香科 Thymelaeaceae
43. 花萼草质，绿黄色 ……………………………………………………………… 65. 鼠李科 Rhamnaceae
44. 乔木或灌木，通常有香气，花药瓣裂；果实为核果状浆果；种子无胚乳，胚直生 …… 21. 樟科 Lauraceae
44. 草本或半灌木，无香气；花药不为瓣裂，果实不为核果、浆果，干燥，包于各种形式的花被内；种子有胚乳，胚生于胚乳外围，胚环形或马蹄形 ……………………………………… 17. 藜科 Chenopodiaceae
45. 肉质寄生草本；花有花被时，其雄蕊常与花被裂片同数；子房1~3室 …… 11. 蛇菰科 Balanophoraceae
45. 非肉质寄生草本 ………………………………………………………………………………………… 46
46. 花小形，单性；雄蕊1~3枚，连成块状；子房1室，含1颗胚珠；果实为小核果；花成穗状、圆锥状或头状花序 ……………………………………………………………… 31. 金粟兰科 Chloranthaceae
46. 花、雄蕊、子房与上述科不同 …………………………………………………………………………… 47
47. 草本；花较大而美丽；叶对生而宽，具明显羽状脉 ……………………… 14. 紫茉莉科 Nyctaginaceae
47. 灌木或乔木 …………………………………………………………………………………………… 48
48. 花柱1~2个 …………………………………………………………………………………………… 49
48. 花柱3个至多数；子房1~4室，各有1颗胚珠；花雌雄异株，成圆锥花序 ………… 81. 山茱萸科 Cornaceae
49. 果实为蒴果，聚合成头状或穗状果序；花两性或单性 ……………………… 40. 金缕梅科 Hamamelidaceae

49. 果实为核果或坚果;花多单性,稀两性,花小形;叶互生,狭细,具1~3脉;单生或雄花成伞形花序,有时为半寄生植物 ………………………………………………………… 9. 檀香科 Santalaceae
50. 草本植物 ……………………………………………………………………………… 51
50. 木本植物 ……………………………………………………………………………… 57
51. 子房上位 ……………………………………………………………………………… 52
51. 子房下位;花萼有筒,萼裂片3;叶基生 ……………………………… 32. 马兜铃科 Aristolochiaceae
52. 心皮多数,分离或仅基部连合 ……………………………………………………… 53
52. 心皮1个,或数个连合 ……………………………………………………………… 54
53. 花较小,直径在5 cm以下,如超过5 cm则有距,无肉质花盘;果皮非革质 …… 25. 毛茛科 Ranunculaceae
53. 花较大,直径多在5 cm以上,有肉质花盘;果皮革质 ………………………… 33. 芍药科 Paeoniaecae
54. 子房1室或只有1心皮 ……………………………………………………………… 55
54. 叶非肉质;子房2~6室;果实为蒴果 ……………………………………… 77. 千屈菜科 Lythraceae
55. 叶对生 ……………………………………………………………………… 16. 石竹科 Caryophyllaceae
55. 叶互生 ………………………………………………………………………………… 56
56. 叶为复叶或分裂;总状花序;心皮2~3个 ……………………………… 42. 虎耳草科 Saxifragaceae
56. 叶为单叶,互生;果实稀为浆果 …………………………………………… 25. 毛茛科 Ranunculaceae
57. 子房下位;花萼有弯曲的细长管;多为攀援灌木,有时为草本状 ………… 32. 马兜铃科 Aristolochiaceae
57. 子房上位或下位;花萼无弯曲之细长筒 ………………………………………………… 58
58. 子房上位,花簇生或成总状花序或聚伞花序;果实为2~5瓣裂的蒴果 …… 71. 大风子科 Flacourtiaceae
58. 子房半下位,花成头状或穗状花序,果实为木质化、具2室之蒴果;植株常被星状毛 ……………………………………………………………………………… 40. 金缕梅科 Hamamelidaceae
59. 花冠有分离的花瓣 …………………………………………………………………… 60
59. 花冠具连合花瓣 ……………………………………………………………………… 135
60. 心皮分离或仅基部连合 ……………………………………………………………… 61
60. 心皮连合或只有1个 ………………………………………………………………… 75
61. 草本植物 ……………………………………………………………………………… 62
61. 木本植物 ……………………………………………………………………………… 66
62. 雄蕊离心发育,花大;心皮2~5个,围以肉质的花盘 ………………………… 33. 芍药科 Paeoniaecae
62. 雄蕊向心发育,多数或只有5~10枚 ………………………………………………… 63
63. 雄蕊多数 ……………………………………………………………………………… 64
63. 雄蕊5~10枚 ………………………………………………………………………… 65
64. 雄蕊着生花托上 ……………………………………………………… 25. 毛茛科 Ranunculaceae
64. 雄蕊着生花萼筒上 …………………………………………………………… 44. 蔷薇科 Rosaceae
65. 肉质草本或半灌木,叶为互生或簇生单叶;果实为蓇葖果 ……………………… 41. 景天科 Crassulaceae
65. 肉质草本;叶为对生单叶或为羽状复叶;果实为干裂果 ……………………… 48. 蒺藜科 Zygophyllaceae
66. 攀援灌木 ……………………………………………………………………………… 67
66. 乔木或直立灌木 ……………………………………………………………………… 70
67. 花瓣小于萼片;雄蕊6枚;心皮3、6、9个,各含多数胚珠,或心皮多数各含1枚胚珠 ……………………………………………………………………………… 28. 木通科 Lardizabalaceae
67. 花瓣大于萼片;雄蕊多数;心皮多数或少数,含2颗至多数胚珠 ………………………… 68
68. 雄蕊着生花萼筒上,果实为聚合小核果,或为多数瘦果,包于瓶状花托内 ………… 44. 蔷薇科 Rosaceae
68. 雄蕊着生花托上 ……………………………………………………………………… 69
69. 雄蕊全部或一部连合成块状;心皮成熟时浆果状,成头状或穗状排列 …… 20. 五味子科 Schisandraceae
69. 雄蕊分离;雌雄花异株;果实为核果状;种子马蹄铁形 ……………………… 29. 防己科 Menispermaceae

70. 叶为单叶 …………………………………………………………………………………………… 71
70. 叶为复叶 …………………………………………………………………………………………… 73
71. 叶对生；心皮5个或10个，分离；花小形，萼片与花瓣各5片，花柱甚长；裂果为增大的花被所包 ……
…………………………………………………………………………………… 54. 马桑科 Coriariaceae
71. 叶互生 ……………………………………………………………………………………………… 72
72. 心皮螺旋状排列，成球果状；果实为聚合蓇葖果或翅果，萼片与花瓣成数组 …… 19. 木兰科 Magnoliaceae
72. 心皮完全分离，轮状排列或簇生；果实为蓇葖果或浆果状 ……………………… 44. 蔷薇科 Rosaceae
73. 矮小灌木；叶为二回三出复叶，花大，单生；心皮2~5个，围以肉质花盘 ……… 33. 芍药科 Paeoniaecae
73. 高大灌木或乔木；叶为羽状或三出复叶 ……………………………………………………………… 74
74. 果实为蒴果；心皮几分离；叶有挥发油腺 ………………………………………… 50. 芸香科 Rutaceae
74. 果实为翅果或核果；心皮完全分离 ……………………………………………… 51. 苦木科 Simaroubaceae
75. 雄蕊通常多于10枚，无定数 ………………………………………………………………………… 76
75. 雄蕊10枚或少于10枚 ……………………………………………………………………………… 88
76. 花萼多少附生于子房上；子房多室或数室 ………………………………………………………… 77
76. 花萼不附生于子房上 ……………………………………………………………………………… 81
77. 萼片2；果实为蒴果，有特立中央胎座或基底胎座；叶肉质 ……………… 15. 马齿苋科 Portulacaceae
77. 植物不具上列习性 …………………………………………………………………………………… 78
78. 萼片2~3；雌雄花同株；子房下位；果实为蒴果，叶多斜形 ……………… 75. 秋海棠科 Begoniaceae
78. 萼片4~5；花两性 …………………………………………………………………………………… 79
79. 叶对生或轮生；雄蕊离心发育；子房下位或半下位，子房每室含数颗或多数胚珠；花序边缘有时具大形不育花；果实为蒴果 …………………………………………………………… 42. 虎耳草科 Saxifragaceae
79. 叶互生；子房每室含1颗至多数胚珠 ……………………………………………………………… 80
80. 花瓣5~10，狭长，向外卷；子房下位；果实为核果，顶端有增大的萼片；含1颗种子 ………………
…………………………………………………………………………………… 80. 八角枫科 Alangiaceae
80. 花瓣5，不向外卷；子房下位；果实为梨果；子房每室含2颗至多数种子 ……………… 44. 蔷薇科 Rosaceae
81. 子房1室 …………………………………………………………………………………………… 82
81. 子房多室 …………………………………………………………………………………………… 84
82. 胚珠多数 …………………………………………………………………………………………… 83
82. 胚珠1枚；果实为核果；雄蕊着生花萼筒上 ……………………………………… 44. 蔷薇科 Rosaceae
83. 草本；萼片2，早落；植株含乳汁 ……………………………………………… 37. 罂粟科 Papaveraceae
83. 灌木或小乔木；萼片4~5，有时3~6；植株无乳状液汁 ……………………… 71. 大风子科 Flacourtiaceae
84. 叶对生；花两性或单性，黄色，雄蕊连合成数束 ……………………………… 36. 藤黄科 Guttiferae
84. 叶互生 ……………………………………………………………………………………………… 85
85. 花药有1花粉囊，花丝常结合成筒，着生于花瓣基部；多为草本 ……………… 68. 锦葵科 Malvaceae
85. 花药有2花粉囊，花丝不连合成筒状 ……………………………………………………………… 86
86. 萼片镊合状排列；雄蕊分离或基部连合，或连合成数束，无退化雄蕊；花序梗有时与舌状苞片下部连合 …………………………………………………………………………… 67. 椴树科 Tiliaceae
86. 萼片覆瓦状排列 …………………………………………………………………………………… 87
87. 花药基生；子房每室有1至数颗胚珠；果实为蒴果或核果状小浆果；直立灌木或乔木 ………………
…………………………………………………………………………………… 35. 山茶科 Theaceae
87. 花药背部着生；子房每室有多数胚珠；果实为浆果；攀援灌木 ………………… 34. 猕猴桃科 Actinidiaceae
88. 雄蕊与花瓣同数而对生 …………………………………………………………………………… 89
88. 雄蕊与花瓣互生而同数或较多 ……………………………………………………………………… 93
89. 子房1室 …………………………………………………………………………………………… 90

89. 子房 2~5 室 …………………………………………………………………………… 92
90. 寄生灌木;花瓣分离或连合成筒状,子房下位;果实为浆果 ………………… 10. 桑寄生科 Loranthaceae
90. 非寄生植物 ……………………………………………………………………………… 91
91. 花药瓣裂,灌木或草本 …………………………………………………… 26. 小檗科 Berberidaceae
91. 花药纵裂,小草本;叶肉质 ………………………………………………… 15. 马齿苋科 Portulacaceae
92. 直立灌木或乔木,无卷须;花萼 4~5 裂,花成聚伞花序 ……………………… 65. 鼠李科 Rhamnaceae
92. 攀援灌木,多有卷须,花萼无或极小,花成与叶对生的簇生花序 ………………… 66. 葡萄科 Vitaceae
93. 花萼与子房分离 …………………………………………………………………………… 94
93. 花萼或萼筒多少附着于子房上 ………………………………………………………… 129
94. 叶有透明油腺点,叶为羽状或三出复叶,或只有 1 小叶;草本、灌木或乔木 ……… 50. 芸香科 Rutaceae
94. 叶无透明腺点 ……………………………………………………………………………… 95
95. 子房 1 室 …………………………………………………………………………………… 96
95. 子房 2 室至多室 ………………………………………………………………………… 108
96. 果实为豆荚;花不整齐为蝶形或整齐,叶多为羽状复叶,稀为掌状复叶或单叶 …… 45. 豆科 Leguminosae
96. 果实非豆荚;花不为蝶形 ………………………………………………………………… 97
97. 花冠不整齐 ………………………………………………………………………………… 98
97. 花冠整齐 …………………………………………………………………………………… 100
98. 雄蕊 6 枚,连合成 2 组;萼片 2,脱落 ………………………………………… 37. 罂粟科 Papaveraceae
98. 雄蕊 5 或 8 枚 ……………………………………………………………………………… 99
99. 雄蕊 5 枚,分离,下面花瓣大,有距或有爪,蒴果 3 室 ……………………… 72. 堇菜科 Violaceae
99. 雄蕊 8 枚,连合成鞘状,鞘在上面开裂,花瓣无距;蒴果 2 裂,或为翅果 ………… 53. 远志科 Polygalaceae
100. 胚珠 1 颗;叶互生,为羽状复叶;果实通常为偏斜的核果 ……………………… 55. 漆树科 Anacardiaceae
100. 胚珠 2 颗或较多 ………………………………………………………………………… 101
101. 灌木或乔木 ……………………………………………………………………………… 102
101. 草本 ……………………………………………………………………………………… 103
102. 叶互生,极小,呈鳞片状;花瓣和雄蕊均着生花托上 ……………………… 74. 柽柳科 Tamaricaceae
102. 叶对生,大而显著,花瓣和雄蕊均着生花萼筒上 ………………………… 77. 千屈菜科 Lythraceae
103. 胎座为特立中央胎座或中轴胎座 ………………………………………………………… 104
103. 胎座为侧膜胎座 …………………………………………………………………………… 105
104. 花瓣着生花萼筒上 …………………………………………………………… 77. 千屈菜科 Lythraceae
104. 花瓣不着生花萼筒上,常有长爪 ……………………………………………… 16. 石竹科 Caryophyllaceae
105. 叶对生,有透明腺点 …………………………………………………………… 36. 藤黄科 Guttiferae
105. 叶互生或基生,无透明腺点 ……………………………………………………………… 106
106. 雄蕊 6 枚,4 长 2 短;花瓣 4,多有爪;果实为长角果或短角果 ……………… 38. 十字花科 Cruciferae
106. 雄蕊 5~10 枚,或多数,非 4 长 2 短 ……………………………………………………… 107
107. 花瓣 4~6,花萼不附生于子房上 ……………………………………………… 37. 罂粟科 Papaveraceae
107. 花瓣 3~5,花萼附生子房上 ………………………………………………… 42. 虎耳草科 Saxifragaceae
108. 花不整齐;直立草本、灌木或乔木 ……………………………………………………… 109
108. 花整齐或近整齐 ………………………………………………………………………… 111
109. 多水汁的草本;叶为互生单叶;花下面萼片有距,蒴果裂成 5 个卷曲的肉质裂瓣 ……………………………………………………………………………………… 60. 凤仙花科 Balsaminaceae
109. 乔木,花、果实与上科不同;叶为羽状或掌状复叶 ………………………………… 110
110. 叶为对生掌状复叶 …………………………………………………… 58. 七叶树科 Hippocastanaceae
110. 叶为互生羽状复叶 ………………………………………………………… 57. 无患子科 Sapindaceae

111. 雄蕊不与花瓣同数,也不为其2倍 …… 112
111. 雄蕊与花瓣同数或为其2倍 …… 114
112. 草本;花瓣4;雄蕊6枚,4长2短 …… 38. 十字花科 Cruciferae
112. 乔木、灌木或藤本 …… 113
113. 果实为有2翅的翅果;雄蕊3~12枚,全部发育 …… 56. 槭树科 Aceraceae
113. 果实为浆果,无翅,发育雄蕊仅2枚;单叶或为羽状复叶 …… 59. 清风藤科 Sabiaceae
114. 子房每室有1~2颗胚珠 …… 115
114. 子房每室有数颗至多数胚珠 …… 124
115. 草本植物 …… 116
115. 木本植物 …… 119
116. 雌雄花同株或异株;子房3室 …… 49. 大戟科 Euphorbiaceae
116. 花两性 …… 117
117. 蒴果有长芒状花柱;成熟心皮自中轴分离,自基部向上卷成扭捩 …… 47. 牻牛儿苗科 Geraniaceae
117. 果实非上列性状 …… 118
118. 花药顶孔开裂;胚珠多数 …… 84. 鹿蹄草科 Pyrolaceae
118. 羽状复叶或叶呈不规则分裂;花药直裂;子房每室通常有2颗胚珠;果实为蒴果,开裂或不开裂 …… …… 48. 蒺藜科 Zygophyllaceae
119. 叶为单叶 …… 120
119. 叶为复叶 …… 123
120. 叶具掌状叶脉;果实为有2翅的翅果 …… 56. 槭树科 Aceraceae
120. 叶具羽状叶脉 …… 121
121. 果实为核果 …… 122
121. 果实为翅果或蒴果 …… 62. 卫矛科 Celastraceae
122. 子房3至多室;乔木或直立灌木 …… 61. 冬青科 Aquifoliaceae
122. 成熟心皮1~2个,向一面膨胀,有1近基生花柱;藤本 …… 59. 清风藤科 Sabiaceae
123. 果实为有2翅的翅果,花单性,稀两性,子房2室,每室含2颗胚珠;叶对生 …… 56. 槭树科 Aceraceae
123. 果实为核果状浆果或蒴果;花两性,子房2~5室,每室含1至多数胚珠,雄蕊连合成筒状;叶互生 …… …… 52. 楝科 Meliaceae
124. 叶为复叶 …… 125
124. 叶为单叶 …… 127
125. 叶为掌状复叶,有3小叶;果实为蒴果 …… 46. 酢浆草科 Oxalidaceae
125. 叶为羽状或三出复叶,或只有1小叶 …… 126
126. 叶为二或三回三出或掌状复叶;果实为蒴果;草本 …… 42. 虎耳草科 Saxifragaceae
126. 叶为一回羽状复叶或只有1小叶;果实为蒴果或角果;乔木或灌木 …… 63. 省沽油科 Staphyleaceae
127. 叶对生;花萼有长筒;花瓣着生花萼筒上;子房3室 …… 77. 千屈菜科 Lythraceae
127. 叶互生;萼片不连合成筒;花瓣着生花托上 …… 128
128. 花为4基数,成穗状或总状花序 …… 73. 旌节花科 Stachyuraceae
128. 花为5基数,单生或成伞房花序 …… 43. 海桐花科 Pittosporaceae
129. 子房每室有2颗至多数胚珠 …… 130
129. 子房每室有1颗胚珠 …… 132
130. 子房1室 …… 42. 虎耳草科 Saxifragaceae
130. 子房2至多室;雄蕊着生花萼上 …… 131
131. 花柱单1;子房下位;花常单生 …… 78. 柳叶菜科 Onagraceae
131. 花柱2或较多 …… 42. 虎耳草科 Saxifragaceae

132. 雄蕊 5 或 10 枚；花两性，成伞房花序、总状花序、圆锥状复伞形或头状花序；子房下位，1～5 室 …… 133
132. 雄蕊 2、4 至 8 枚 …… 134
133. 果实为浆果状；多为木本植物 …… 82. 五加科 Araliaceae
133. 果实为 2 干燥心皮，形成双悬果，常有油管；多为草本植物 …… 83. 伞形科 Umbelliferae
134. 果实为核果，有时连合成头状复果，花序有时托以花瓣状总苞片 …… 81. 山茱萸科 Cornaceae
134. 果实为具 2 室的木质蒴果；花成总状穗状花序或头状花序 …… 40. 金缕梅科 Hamamelidaceae
135. 花单性；果实为浆果，每室有 1、2 颗种子 …… 88. 柿树科 Ebenaceae
135. 花两性 …… 136
136. 雄蕊较花冠裂片多 …… 137
136. 雄蕊不较花冠裂片多 …… 141
137. 雄蕊不着生花冠上 …… 138
137. 雄蕊着生花冠上 …… 139
138. 寄生草本；花瓣 3～6 片，分离或下部连合 …… 84. 鹿蹄草科 Pyrolaceae
138. 灌木或小乔木；花冠合瓣；雄蕊常有尾，花药顶孔开裂 …… 85. 杜鹃花科 Ericaceae
139. 雄蕊基部连合成筒或成束 …… 140
139. 雄蕊基部不连合；花药顶孔开裂；子房下位；果实为浆果或核果 …… 85. 杜鹃花科 Ericaceae
140. 雄蕊多数，连合成数束 …… 90. 山矾科 Symplocaceae
140. 雄蕊为花冠裂片的倍数，常部分连合成筒，植物有星芒状毛 …… 89. 安息香科 Styracaceae
141. 雄蕊与花冠裂片同数且对生，有时具退化雄蕊；子房有数颗至多数胚珠；果实有数颗至多数种子 … 142
141. 雄蕊与花冠裂片同数且互生，或较少 …… 143
142. 草本；叶多基生；果实为蒴果 …… 87. 报春花科 Primulaceae
142. 木本；叶多互生；果实为浆果状或核果状 …… 86. 紫金牛科 Myrsinaceae
143. 子房上位 …… 144
143. 子房下位 …… 167
144. 花冠整齐或近整齐，不成 2 唇裂 …… 145
144. 花冠不整齐，成 2 唇裂 …… 163
145. 花冠裂片与雄蕊同数 …… 146
145. 花冠裂片多于雄蕊 …… 161
146. 子房 1 个，深裂，或多于 1 个 …… 147
146. 子房 1 个，4 浅裂 …… 149
147. 花冠裂片不扭转；子房通常深 4 裂，成熟心皮成为 4 个小坚果，稀连合成核果 …… 98. 紫草科 Boraginaceae
147. 花冠裂片扭转；成熟心皮 2 个，分离或 1 个深裂成 2 个角果状 …… 148
148. 雄蕊合生；花粉连合呈成对的花粉块，花有副花冠 …… 94. 萝藦科 Asclepiadaceae
148. 雄蕊离生；花粉不连合成花粉块 …… 93. 夹竹桃科 Apocynaceae
149. 子房 1 室 …… 150
149. 子房 2～10 室 …… 152
150. 果实为瘦果或有 1 颗种子的蒴果；花成穗状花序；花冠 4 裂；雄蕊 4 枚；叶基生 …… 108. 车前科 Plantaginaceae
150. 果实为蒴果，有数颗至多数种子 …… 151
151. 雄蕊与花冠裂片同数；花冠裂片通常扭捩，稀为覆瓦状排列；蒴果短 …… 92. 龙胆科 Gentianaceae
151. 雄蕊少于花冠裂片或与之同数而一部分退化，花冠不整齐，裂片不扭捩；蒴果瘦长，长为花冠的 2 倍 …… 105. 苦苣苔科 Gesneriaceae
152. 缠绕植物，有时为寄生无叶缠绕草本 …… 97. 旋花科 Convolvulaceae

152. 直立草本或灌木 ………………………………………………………………………………………… 153
153. 叶通常对生,且在两叶间有托叶所形成的连接线或附属物;雄蕊着生花冠上 ……………………………………………………………………………………… 102. 马前科 Loganiaceae
153. 叶互生,若对生则无托叶形成的连接线 …………………………………………………………… 154
154. 雄蕊与花冠分离或近分离 ……………………………………………………………………………… 155
154. 雄蕊着生花冠筒上 ………………………………………………………………………………………… 156
155. 雄蕊5枚等长;花药顶孔开裂,花冠整齐 ……………………………………… 85. 杜鹃花科 Ericaceae
155. 雄蕊2枚,若为5枚,则其中3枚较短;花药不为顶孔开裂;花冠近整齐 ……………………………………………………………………………… 103. 玄参科 Scrophulariaceae
156. 雄蕊4枚;花冠不整齐 ………………………………………………………………………………… 157
156. 雄蕊5枚或较多 …………………………………………………………………………………………… 158
157. 子房2~3室,有4颗胚珠;果实为核果或浆果 ……………………………… 99. 马鞭草科 Verbenaceae
157. 子房1室,有1颗胚珠;果实为瘦果 …………………………………………… 107. 透骨草科 Phrymaceae
158. 果实有1或4颗种子状小坚果 ……………………………………………………… 98. 紫草科 Boraginaceae
158. 果实为蒴果或浆果 ………………………………………………………………………………………… 159
159. 子房3室,具3个柱头,着生齿轮状花盘上 ……………………………………… 96. 花荵科 Polemoniaceae
159. 子房为2或4室或不完全的1~4室 ………………………………………………………………… 160
160. 种子通常4颗;花冠漏斗状或近轮状;果实多为蒴果 ………………………… 97. 旋花科 Convolvulaceae
160. 种子多数,花冠筒状或近辐射状,果实多为浆果或蒴果 ………………………………… 101. 茄科 Solanaceae
161. 子房4裂;果实为4个小坚果;花轮生,茎4棱形 ………………………………… 100. 唇形科 Labiatae
161. 子房不4裂 ………………………………………………………………………………………………… 162
162. 雄蕊2枚,乔木或灌木,叶对生,稀互生 …………………………………………………… 91. 木犀科 Oleaceae
162. 雄蕊4枚;草本,叶通常互生,稀对生 ………………………………………… 103. 玄参科 Scrophulariaceae
163. 子房4裂,每室有1颗胚珠;轮伞花序,茎4棱形 ………………………………… 100. 唇形科 Labiatae
163. 子房不4裂,每室有2至多数胚珠 …………………………………………………………………… 164
164. 寄生草本,植株黄褐色,肉质;子房1室 ………………………………………… 106. 列当科 Orobanchaceae
164. 绿色植物,子房2至多室 ……………………………………………………………………………… 165
165. 种子有大翅;蒴果长,乔木或大藤本 …………………………………………… 104. 紫葳科 Bignoniaceae
165. 种子有或无大翅,草本或灌木 ………………………………………………………………………… 166
166. 种子无大翅,有胚乳;蒴果短 ………………………………………………… 103. 玄参科 Scrophulariaceae
166. 种子有大翅,无胚乳;蒴果狭长 ……………………………………………… 104. 紫葳科 Bignoniaceae
167. 攀援植物,有卷须;花单性;雄蕊合生,常3枚,稀4枚或5枚而分离;子房具侧膜胎座;种子多数,横生 ……………………………………………………………………………………… 76. 葫芦科 Cucurbitaceae
167. 直立或攀援植物,无卷须;花多为两性,种子通常不横生 …………………………………… 168
168. 雄蕊分离,5枚,稀1~4枚 …………………………………………………………………………… 169
168. 雄蕊以花药连合成环状包围花柱 …………………………………………………………………… 174
169. 雄蕊与花冠分离或近分离;果实为蒴果或浆果,顶端常有不脱落的花萼 …… 112. 桔梗科 Campanulaceae
169. 雄蕊着生花冠上 …………………………………………………………………………………………… 170
170. 雄蕊1~4枚,较花冠裂片少 ………………………………………………………………………… 171
170. 雄蕊4~5枚,与花冠裂片同数 ……………………………………………………………………… 172
171. 子房3室;花冠管基部常有囊或距;花序无总苞 ……………………………… 110. 败酱科 Valerianaceae
171. 子房1室;花冠管基部无距;花序有显著总苞 ………………………………… 111. 川续断科 Dipsacaceae
172. 子房2~5室 ………………………………………………………………………………………………… 173
172. 子房1~3室;花成紧密有总苞的头状花序或聚伞花序,有副萼 ……………… 111. 川续断科 Dipsacaceae

173. 叶对生,无或有微小托叶 …………………………………………………… 109. 忍冬科 Caprifoliaceae
173. 叶对生,有显著托叶,或轮生而无托叶 ………………………………………… 95. 茜草科 Rubiaceae
174. 花不成头状花序;子房 2~5 室,有多数胚珠;果实为蒴果或浆果 ………… 112. 桔梗科 Campanulaceae
174. 花成紧密有总苞的头状花序;子房 1 室,每室有 1 颗胚珠;果实为瘦果 ………… 113. 菊科 Compositae

单子叶植物纲 Monocotyledoneae

1. 水生植物,植物体弱微小,不过 2 厘米,为无茎而浮水面或略沉没水中的叶状体 … 125. 浮萍科 Lemnaceae
1. 陆生或浅水沼泽生植物 …………………………………………………………………………… 2
2. 乔木,干不分枝,或灌木或攀援,藤本;叶大,革质,掌状分裂或小形、不分裂或有时基呈耳状浅裂 …… 3
2. 草本或具茎节间中空的木质灌木 ……………………………………………………………… 4
3. 直立棕榈型小乔木,叶掌状或羽状分裂;花序具佛焰苞 …………………… 123. 棕榈科 Palmae
3. 丛生半灌木或攀援藤本,茎有时具钩状皮刺;叶不分裂,有时基部有耳状圆裂 …………………………
…………………………………………………………… 116. 百合科 Liliaceae(菝葜属 Smilax Linn.)
4. 禾草类或禾草状植物,茎有节;花集成小穗状,小穗下为颖片所包;无花被或花被仅为鳞片状、刺毛状;子房上位,1 室,内含 1 胚珠 ……………………………………………………………………… 5
4. 非禾草状植物(灯心草科例外),茎无节 ………………………………………………………… 6
5. 茎通常圆柱形,极多数为中空;叶 2 列互生;叶鞘通常开裂;花药丁字形着生;果为颖果 ……………
…………………………………………………………………………… 122. 禾本科 Gramineae
5. 杆多呈三棱形,实心;茎生叶 3 行排列,叶鞘封闭;花药基着;果实为瘦果 ……… 127. 莎草科 Cyperaceae
6. 子房上位或半下位 ……………………………………………………………………………… 7
6. 子房下位 ………………………………………………………………………………………… 14
7. 心皮 2 至数个,分离;花具显然的花萼与花冠 ………………………… 114. 泽泻科 Alismataceae
7. 心皮 1 个或心皮数个合生 ……………………………………………………………………… 8
8. 花序圆锥状或总状;心皮集为头状,子房具 1~2 胚珠 ……………………………………………… 9
8. 花序伞形;子房具多数胚珠 ……………………………………………… 115. 花蔺科 Butomaceae
9. 花被为颖片状;花序为聚伞状 ……………………………………………… 120. 灯心草科 Juncaceae
9. 花被不为颖片状 ………………………………………………………………………………… 10
10. 花被缺或不明显;雌雄同株;叶长线形、戟形或卵形 ………………………………………… 11
10. 花被呈花瓣状或萼片、花瓣区别明显 ……………………………………………………… 12
11. 花序肉穗状,通常具彩色的佛焰苞;叶戟形、卵形至掌状深裂,具网状脉 ……… 124. 天南星科 Araceae
11. 叶线形,具并行脉,佛焰苞不具彩色,肉穗花序为棒状,雄花居上部,雌花居下部 ……………………
…………………………………………………………………………… 126. 香蒲科 Typhaceae
12. 花被为花瓣状 …………………………………………………………………………………… 13
12. 萼片与花瓣区别明显,叶互生,基部具鞘 ………………………………… 121. 鸭跖草科 Commelinaceae
13. 花被不整齐;雄蕊不同形;沼生植物 ………………………………………… 118. 雨久花科 Pontederiaceae
13. 花被整齐;雄蕊同形;陆生植物 …………………………………………………… 116. 百合科 Liliaceae
14. 花单性,攀援藤本 ………………………………………………………… 117. 薯蓣科 Dioscoreaceae
14. 花两性;直立草本 ……………………………………………………………………………… 15
15. 花辐射对称雄蕊 3 枚,叶基部两侧压扁,有套折叶鞘 ……………………………… 119. 鸢尾科 Iridaceae
15. 花两侧对称 ……………………………………………………………………………………… 16
16. 能育雄蕊 1 枚,花药 2 室,萼管状或佛焰苞状,叶披针形 …………………… 128. 姜科 Zingiberaceae
16. 能育雄蕊 1~2 枚,花被片之一形成唇瓣,花粉粒形成花粉块;雄蕊和雌蕊形成合蕊柱 ………………
……………………………………………………………………………… 129. 兰科 Orchidaceae

附录2 火地塘被子植物分属检索表

双子叶植物纲 Dicotyledoneae

一、胡桃目 Juglandales

1. 胡桃科 Juglandaceae

1. 小枝的髓坚实；花无花被；小坚果生于木质的苞腋，多数合成球果状 … 化香树属 *Platycarya* Sieb. et Zucc.
1. 小枝的髓为片状；花有花被 …………………………………………………… 2
2. 苞片与小苞片结合，贴生于子房，肉质，形成核果状的坚果 ……………………… 胡桃属 *Juglans* Linn.
2. 苞片与小苞片分离，小苞片延伸，形成具翅的坚果 …………………………… 枫杨属 *Pterocarya* Kunth

二、杨柳目 Salicales

2. 杨柳科 Salicaceae

1. 苞片先端尖裂；花盘多歪杯状；柔荑花序下垂；有顶芽，芽具数鳞片 ………………… 杨属 *Populus* Linn.
1. 苞片先端不裂；花盘呈狭腺状；柔荑花序通常直立；无顶芽，芽具一小鳞片 …………… 柳属 *Salix* Linn.

三、壳斗目 Fagales

3. 桦木科 Betulaceae

1. 小坚果扁平，具翅，包藏于木质鳞片状的总苞内，组成球状或柔荑状果序 …… 桦木属 *Betula* Linn.
1. 小坚果卵圆形或球形，无翅，包藏于叶状或囊状的草质总苞内，组成簇生或穗状果序 ………………… 2
2. 坚果大，直径约 1 cm；总苞叶状或刺状；叶多为卵形或卵圆形 ……………………… 榛属 *Corylus* Linn.
2. 坚果小，直径约 5 mm；总苞叶状或囊状；叶多为长圆状披针形 ………………………………… 3
3. 总苞扁平，叶状，基部常有一小裂片，向内包卷，不能完全包住小坚果；果序长穗状 …… 鹅耳枥属 *Carpinus* Linn.
3. 总苞囊状，全部包住小坚果，果序簇生状 ………………………………………… 铁木属 *Ostrya* Scop.

4. 壳斗科 Fagaceae

1. 雄花序直立；柱头和花柱没有明显界限；总苞 4 裂 …………………………………… 栗属 *Castanea* Mill.

1. 雄花序下垂;柱头和花柱有明显界限;总苞不开裂或不规则开裂 …………………………………… 2
2. 总苞(壳斗)鳞片结合成同心环状,叶常绿 ………………………… 青冈属 *Cyclobalanopsis* Oerst.
2. 总苞(壳斗)鳞片螺旋状排列,不结合成同心环带;落叶或常绿 …………………… 栎属 *Quercus* Linn.

四、荨麻目 Urticales

5. 榆科 Ulmaceae

1. 果实为翅果;种子扁平 ………………………………………………………………… 榆属 *Ulmus* Linn.
1. 果实为核果,或为有翅的小坚果 ……………………………………………………………………… 2
2. 叶有平行脉7对或更多,最下1对多不显著;花被裂片稍合生 ………………… 榉属 *Zelkova* Spach
2. 叶基部有三出脉,侧脉通常不足6对;花被裂片离生 ……………………………………………… 3
3. 果实为核果;花药无毛;小枝灰褐色,有短柔毛 ……………………………………… 朴属 *Celtis* Linn.
3. 果实为有翅小坚果;花药先端有毛;小枝光滑 ………………………… 青檀属 *Pteroceltis* Maxim.

6. 杜仲科 Eucommiaceae

杜仲属 *Eucommia* Oliv.

7. 桑科 Moraceae

1. 花着生于中空的肉质花托内,形成隐头花序;托叶合生,包围顶芽,脱落后留有环状痕迹叶在芽中旋卷 ……………………………………………………………………………… 无花果属 *Ficus* Linn.
1. 花组成柔荑花序或头状花序;托叶离生,脱落后不留环状痕迹;叶在芽中对折 ………………… 2
2. 枝常具刺;花丝在芽中直立 ………………………………………………………… 柘属 *Cudrania* Trec.
2. 枝无刺;花丝在芽中弯曲 ……………………………………………………………………………… 3
3. 雌雄花序皆为柔荑状;桑椹果圆柱形;芽具3~6片鳞片 ……………………………… 桑属 *Morus* Linn.
3. 雄花序柔荑状,雌花序为球形头状花序;桑椹果球形;芽具2~3片鳞片 …………………………………………………………………………………… 构属 *Broussonetia* L' Herit. ex Vent.

8. 荨麻科 Urticaceae

1. 植株有刺毛;雌花无退化雄蕊 ……………………………………………………………………… 2
1. 植株无刺毛;雌花常有退化雄蕊或无 ……………………………………………………………… 3
2. 瘦果直立不歪斜,无雌蕊柄;柱头画笔头状;托叶侧生 ……………………… 荨麻属 *Urtica* Linn.
2. 瘦果歪斜,具雌蕊柄;柱头丝形、舌状或钻状;叶互生;托叶柄内生 ……… 艾麻属 *Laportea* Gaudich.
3. 雌蕊无花柱;柱头画笔头状,雌花花被片分生或基部合生,有退化雄蕊;钟乳体条形或纺锤形,稀点状 ………………………………………………………………………… 冷水花属 *Pilea* Lindl.
3. 雌蕊大多数有花柱,柱头多样,一般不作画笔头状;雌花花被常合生成管状,稀极度退化或不存在,无退化雄蕊;钟乳体点状 ………………………………………………………………………………… 4
4. 柱头在果时宿存;团伞花序常排成穗状或圆锥状,有时簇生于叶腋,瘦果果皮薄,无光泽 ………………………………………………………………………………………… 苎麻属 *Boehmeria* Jacq.
4. 柱头花后脱落;团伞花序腋生;瘦果果皮硬壳质,常有光泽 ………………… 糯米团属 *Gonostegia* Turcz.

五、檀香目 Santalales

9. 檀香科 Santalaceae

米面蓊属 *Buckleya* Torr.

10. 桑寄生科 Loranthaceae

1. 茎和枝无明显的节和节间;花两性,花被花瓣状,离生 …………………… 钝果寄生属 *Taxillus* Van Tiegh.
1. 茎和枝具明显的节和节间;花单性,花被花萼状 …………………………………………………… 2
2. 叶基部多少合生;相邻节间排列在一个平面上;花药2室 …………… 栗寄生属 *Korthalsella* Van Tiegh.
2. 叶基部不合生;相邻节间相互垂直;花药多室 ………………………………………… 槲寄生属 *Viscum* Linn.

六、蛇菰目 Balanophorles

11. 蛇菰科 Balanophoraceae

蛇菰属 *Balanophora* Forst

七、蓼目 Polygonales

12. 蓼科 Polygonaceae

1. 瘦果具翅 …………………………………………………………………………………………… 2
1. 瘦果无翅 …………………………………………………………………………………………… 3
2. 果翅基部有三个角状物 ……………………………………… 翼蓼属 *Pteroxygonum* Damm. et Diels
2. 果翅基部没有角状物 ………………………………………………………………… 大黄属 *Rheum* Linn.
3. 花被片6;柱头非头状 ……………………………………………………………… 酸模属 *Rumex* Linn.
3. 花被片5,稀4;柱头头状 …………………………………………………………………………… 4
4. 花柱2,果时伸长,硬化,顶端呈钩状,宿存 ……………………………………… 金线草属 *Antenoron* Rafin.
4. 花柱3,稀2,花柱果时非上述情况 ………………………………………………………………… 5
5. 茎缠绕或直立;花被片外面3片果时常增大,稀不增大,背部常具翅或龙骨状突起,稀不具翅或龙骨状突起 ……………………………………………………………………………………………… 6
5. 茎直立,花被果时不增大,稀增大成肉质 …………………………………………………………… 7
6. 茎缠绕,花两性,柱头头状 ……………………………………………………… 何首乌属 *Fallopia* Adans.
6. 茎直立,花单性,雌雄异株,柱头流苏状 ……………………………………… 虎杖属 *Reynoutria* Houtt.
7. 瘦果具3棱,明显比宿存花被长,稀近等长 ………………………………… 荞麦属 *Fagopyrum* Mill.
7. 瘦果具3棱或双凸镜状,比宿存花被短,稀较长 ……………………………… 蓼属 *Polygonum* Linn.

八、中央子目 Centrospermae

13. 商陆科 Phytolaccaceae

商陆属 *Phytolacca* Linn.

14. 紫茉莉科 Nyctaginaceae

紫茉莉属 *Mirabilis* Linn.

15. 马齿苋科 Portulacaceae

马齿苋属 *Portulaca* Linn.

16. 石竹科 Caryophyllaceae

1. 萼片离生,稀基部联合;花瓣近无爪,稀缺花瓣;雄蕊常周位生,稀下位生;蒴果 ………………………… 2
1. 萼片合生;花瓣通常具爪;雄蕊下位生;蒴果或浆果 ……………………………………………… 6
2. 花瓣先端不裂,有时微凹,有时无花冠;蒴果6齿裂 ……………………………… 无心菜属 *Arenaria* Linn.
2. 花瓣先端深2裂,有时浅2裂 ………………………………………………………………… 3
3. 花柱5个,稀3~4个,常与萼片对生;蒴果具大小相等的10齿裂,先端偏斜或直立;花瓣裂达其三分之一或全缘 ………………………………………………………………… 卷耳属 *Cerastium* Linn.
3. 花柱3~5个,如为5个必与萼片互生 ……………………………………………………… 4
4. 心皮5个,花柱5个 ……………………………………………………… 鹅肠菜属 *Myosoton* Moench
4. 心皮3个,稀2个;花柱通常3个,稀2个 ……………………………………………………… 5
5. 具块状根茎;花2型,上部花不结实,下部闭锁花结实 ……………………… 孩儿参属 *Pseudostellaria* Pax
5. 不具块状根茎;花不为2型 …………………………………………………… 繁缕属 *Stellaria* Linn.
6. 果实为浆果,不开裂或不规则地崩裂;花柱3个 ……………………………… 狗筋蔓属 *Cucubalus* Linn.
6. 果实为蒴果,先端齿裂;花柱3~5个 …………………………………………… 蝇子草属 *Silene* Linn.

17. 藜科 Chenopodiaceae

1. 叶线状圆柱形,肉质,先端具小锐尖刺 ………………………………………… 猪毛菜属 *Salsola* Linn.
1. 叶不呈上状 ……………………………………………………………………………… 2
2. 叶狭披针形至线状披针形,全缘 ………………………………………………… 地肤属 *Kochia* Roth
2. 叶长圆状卵形,卵状披针形,三角状卵形或菱状卵形,叶缘常波状牙齿 ……… 藜属 *Chenopodium* Linn.

18. 苋科 Amaranthaceae

1. 叶互生 ………………………………………………………………………… 苋属 *Amaranthus* Linn.
1. 叶对生 ………………………………………………………………………… 牛膝属 *Achyranthes* Linn.

九、木兰目 Magnoliales

19. 木兰科 Magnoliaceae

木兰属 *Magnolia* Linn.

20. 五味子科 Schisandraceae

1. 芽鳞早落;果期花托不伸长,聚合果球状或椭圆状 ……………………… 南五味子属 *Kadsura* Kaempf. ex Juss.

1. 芽鳞宿存;果期花托伸长,聚合果穗状 ………………………………………… 五味子属 *Schisandra* Michx.

21. 樟科 Lauraceae

1. 花药2室,花序伞形或簇生状 ……………………………………………………… 山胡椒属 *Lindera* Thunb.
1. 花药4室,花序圆锥状或短总状 ………………………………………………………………………………… 2
2. 花序为伞形或短总状花序 ………………………………………………………………… 木姜子属 *Litsea* Lam.
2. 花序为腋生或顶生的圆锥花序或简化成总状花序 ……………………………………………………… 3
3. 宿存花被裂片向外反曲或开展 ………………………………………………………… 润楠属 *Machilus* Nees
3. 宿存花被裂片直立,紧贴果实基部 …………………………………………………………… 楠属 *Phoebe* Nees

22. 水青树科 Tetracentraceae

水青树属 *Tetracentron* Oliv.

23. 领春木科 Eupteleaceae

领春木属 *Euptelea* Sieb. et Zucc.

24. 连香树科 Cercidiphyllaceae

连香树属 *Cercidiphyllum* Sieb. et Zucc.

十、毛茛目 Ranunculales

25. 毛茛科 Ranunculaceae

1. 木质藤本(稀草质),叶对生 ………………………………………………………… 铁线莲属 *Clematis* Linn.
1. 直立草本,稀灌木,叶基生或互生 ……………………………………………………………………………… 2
2. 果实为蓇葖果,稀为浆果,具数颗种子,稀具1颗种子 …………………………………………………… 3
2. 果实为瘦果,具1颗种子 ……………………………………………………………………………………… 10
3. 花整齐,花直径常在5 cm以下,新皮基部无肉质花盘 ……………………………………………………… 4
3. 花不整齐 ……………………………………………………………………………………………………… 9
4. 花瓣或蜜叶有距,稀为浅囊 ………………………………………………………… 耧斗菜属 *Aquilegia* Linn.
4. 花瓣或蜜叶无距 ……………………………………………………………………………………………… 5
5. 花瓣或蜜叶管状 ……………………………………………………………………… 铁筷子属 *Helleborus* Linn.
5. 花瓣或蜜叶扁平,非管状 ……………………………………………………………………………………… 6
6. 花黄色,直径3 cm以上 …………………………………………………………… 金莲花属 *Trollius* Linn.
6. 花白色,较小 …………………………………………………………………………………………………… 7
7. 心皮1枚,果为浆果 …………………………………………………………………… 类叶升麻属 *Actaea* Linn.
7. 心皮2至数枚,果为蓇葖果 …………………………………………………………………………………… 8
8. 花序圆锥形,密生多数花朵,蜜叶无柄 …………………………………………… 升麻属 *Cimicifuga* Linn.
8. 花序为伞房状聚伞花序,蜜叶具丝状柄 ……………… 人字果属 *Dichocarpum* W. T. Wang et P. K. Hsiao
9. 上面萼片有延伸的长距,蜜叶无爪 ……………………………………………… 翠雀花属 *Delphinium* Linn.
9. 上面(背面)萼片呈兜状或圆筒状,蜜叶有爪 ……………………………………… 乌头属 *Aconitum* Linn.

10. 花无花瓣或蜜叶,花萼花瓣状 …… 12
10. 花有花瓣或蜜叶 …… 11
11. 花瓣有蜜叶 …… 毛茛属 *Ranunculus* Linn.
11. 花瓣无蜜叶 …… 侧金盏花属 *Adonis* Linn.
12. 花下有总苞 …… 银莲花属 *Anemone* Linn.
12. 花下无总苞 …… 唐松草属 *Thalictrum* Linn.

26. 小檗科 Berberidaceae

1. 灌木;单叶互生;萼片全部为花瓣状,浆果 …… 小檗属 *Berberis* Linn.
1. 草本;复叶;萼片2轮,内轮花瓣状,蒴果 …… 淫羊藿属 *Epimedium* Linn.

27. 大血藤科 Sargentodoxaceae

大血藤属 *Sargentodoxa* Rehd. et Wils.

28. 木通科 Lardizabalaceae

1. 直立灌木;奇数羽状复叶;花杂性 …… 猫屎瓜属 *Decaisnea* Hook. f. et Thoms.
1. 藤本;掌状复叶;花单性 …… 2
2. 花被片3;雌花大,雄花小 …… 木通属 *Akebia* Decne.
2. 花被片6;雌雄花近似 …… 3
3. 落叶藤本;小叶3片,顶生小叶与侧生小叶形状不同;花序总状 …… 串果藤属 *Sinofranchetia* Hemsl.
3. 常绿藤本;小叶3~9片,形状略同;花序几为伞房状 …… 八月瓜属 *Holboellia* Wall.

29. 防己科 Menispermaceae

1. 雄蕊6~9枚;退化雄蕊6枚;叶全缘或3裂 …… 木防己属 *Cocculus* DC.
1. 雄蕊9~12枚;退化雄蕊9枚;叶全缘或掌状分裂 …… 风龙属 *Sinomenium* Diels.

十一、胡椒目 Piperales

30. 三白草科 Saururaceae

蕺菜属 *Houttuynia* Thunb.

31. 金粟兰科 Chloranthaceae

金粟兰属 *Chloranthus* Swartz

十二、马兜铃目 Aristolochiales

32. 马兜铃科 Aristolochiaceae

1. 直立草本;花辐射对称,雄蕊和雌蕊分离或结合;果不开裂或腐败后开裂 …… 细辛属 *Asarum* Linn.

1. 缠绕灌木或草本；花两侧对称，雄蕊和花柱结合；果为胞背开裂或胞间开裂的蒴果 …………………………………………………………………………………………………… 马兜铃属 *Aristolochia* Linn.

十三、藤黄目 Guttiferales

33. 芍药科 Paeoniaecae

芍药属 *Paeonia* Linn.

34. 猕猴桃科 Actinidiaceae

1. 茎髓多为片层状，稀实心；花柱分离；果实为浆果；种子多数 …………………… 猕猴桃属 *Actinidia* Lindl.
1. 茎髓实心；花柱合生；果实为蒴果；种子5枚 ………………………… 藤山柳属 *Clematoclethra* Maxim.

35. 山茶科 Theaceae

紫茎属 *Stewartia* Linn.

36. 藤黄科 Guttiferae

金丝桃属 *Hypericum* Linn.

十四、罂粟目 Papaverales

37. 罂粟科 Papaveraceae

1. 雄蕊6枚，合成2束 …………………………………………………………… 紫堇属 *Corydalis* Vent.
1. 雄蕊多数，离生 ………………………………………………………………………………………… 2
2. 柱头与胎座对生 ………………………………………………………… 绿绒蒿属 *Meconopsis* Vig.
2. 柱头与胎座互生 ………………………………………………………………………………………… 3
3. 花瓣缺如 ……………………………………………………………………… 博落回属 *Macleaya* R. Br.
3. 花瓣4片 ………………………………………………………………………………………………… 4
4. 茎聚伞状分枝，花于枝端成伞形花序 ……………………………… 白屈菜属 *Chelidonium* Linn.
4. 茎不分枝，花于枝端成聚伞花序或数朵丛生 ………………………………………………………… 5
5. 花具苞片，丛生于最上部的基生叶中 ……………………………… 金罂粟属 *Stylophorum* Nutt.
5. 花不具苞片，聚伞状排列或仅有2花 ………………………………… 荷青花属 *Hylomecon* Maxim.

38. 十字花科 Cruciferae

1. 果实为短角果 …………………………………………………………………………………………… 2
1. 果实为长角果 …………………………………………………………………………………………… 6
2. 植株无毛或有单毛 ……………………………………………………………………………………… 3
2. 植株具分枝毛或无毛 …………………………………………………………………………………… 5
3. 花黄色 ……………………………………………………………………………… 蔊菜属 *Rorippa* Scop.

3. 花白色 …………………………………………………………………………………… 4
4. 短角果倒卵形或倒心形,周围有翅,每室含2至数颗种子 ………………… 菥蓂属 *Thlaspi* Linn.
4. 短角果圆形,长圆形或倒卵形,仅在近顶端有狭翅,每室含1颗种子 ………… 独行菜属 *Lepidium* Linn.
5. 花黄色,短角果椭圆形或纺锤形…………………………………………… 葶苈属 *Draba* Linn.
5. 花白色,短角果倒三角形至倒心形 ……………………………………… 荠属 *Capsella* Medic.
6. 植株无毛或有单毛,有时杂有腺毛 ………………………………………………………… 7
6. 植株有分枝毛,有时杂有单毛和腺毛 …………………………………………………… 11
7. 花黄色 ……………………………………………………………………………………… 8
7. 花白色,红色或紫红色 …………………………………………………………………… 9
8. 长角果线形,果瓣有3脉 ………………………………………………… 大蒜芥属 *Sisymbrium* Linn.
8. 长角果球形至线形,果瓣有1脉 ………………………………………………… 蔊菜属 *Rorippa* Linn.
9. 长角果圆柱形而较短,果瓣有明显的龙骨状突起,种子较大,无翅 …………… 山嵛菜属 *Eutrema* R. Br.
9. 长角果线形或长椭圆形,果瓣无明显龙骨瓣状突起,种子较小,无翅或有翅 ………………… 10
10. 草本较小,单叶或羽状复叶 …………………………………………… 碎米荠属 *Cardamine* Linn.
10. 草本较大,单叶常不分裂 ………………………………………………………… 南芥属 *Arabis* Linn.
11. 毛中杂有腺毛,长角果线形,串珠状,直立,弯曲或扭曲 ……………… 念珠芥属 *Torularia* O. E. Schulz
11. 毛中不杂有腺毛 ……………………………………………………………………………… 12
12. 叶2至3回羽状分裂,花黄色 ………………………………… 播娘蒿属 *Descurainia* Webb. et Berth.
12. 叶多不裂 …………………………………………………………………………………… 13
13. 小草本,花白色,紫色或淡红色 ………………………………………………………… 14
13. 草本较大,花黄色……………………………………………………………… 糖芥属 *Erysimum* Linn.
14. 茎生叶基部常抱茎……………………………………………………………… 南芥属 *Arabis* Linn.
14. 茎生叶少,基部不抱茎 ……………………………………………………… 涩芥属 *Malcolmia* R. Br.

十五. 蔷薇目 Rosales

39. 悬铃木科 Platanaceae

悬铃木属 *Platanus* Linn.

40. 金缕梅科 Hamamelidaceae

1. 叶掌状分裂;子房每室多枚胚珠;种子具翅 ……………………………… 山白树属 *Sinowilsonia* Hemsl.
1. 叶不分裂;子房每室1枚胚珠;种子无翅……………………………………… 枫香树属 *Liquidambar* Linn.

41. 景天科 Crassulaceae

1. 心皮有柄或基部渐狭,全部分离 ……………………………………… 八宝属 *Hylotelephium* H. Ohba
1. 心皮无柄,基部合生或分离 ………………………………………………………………… 2
2. 心皮直立 ……………………………………………………………………… 红景天属 *Rhodiola* Linn.
2. 心皮先端反曲 ………………………………………………………………………… 景天属 *Sedum* Linn.

42. 虎耳草科 Saxifragaceae

1. 草本 ………………………………………………………………………………………… 2

1. 木本 ………………………………………………………………………………………………… 7
2. 多年生大型草本;叶为掌状复叶或2~3回羽状复叶,小叶边缘有锯齿 ……………………… 3
2. 多年生稀为一年生小草本;叶为单叶,全缘,偶有浅齿 ………………………………………… 4
3. 叶为掌状复叶;根茎粗壮为块根状,横卧生长;花两性,无花瓣 ………… 鬼灯檠属 *Rodgersia* A. Gray
3. 叶为2~3回羽状复叶;根须状;花两性或单性,有花瓣 ………………… 落新妇属 *Astilbe* Buch. -Ham.
4. 花单生;心皮合生;发育雄蕊5枚,另有5枚扁平、顶端分裂的退化雄蕊……… 梅花草属 *Parnassia* Linn.
4. 花少数或多数;雄蕊8~10枚,均发育 ……………………………………………………………… 5
5. 茎匍匐,稀直立,通常富含水汁;无花瓣,雄蕊通常8枚 ………………… 金腰属 *Chrysosplenium* Linn.
5. 茎直立;花有花瓣;雄蕊10枚 ……………………………………………………………………… 6
6. 基生叶掌状分裂,有时为3小叶;蒴果上部分离为长短不等而扁平的2个角 … 黄水枝属 *Tiarella* Linn.
6. 单叶不分裂;蒴果卵圆形或椭圆形,深裂或浅裂 ………………………………… 虎耳草属 *Saxifraga* Linn.
7. 叶互生;果实为浆果 ………………………………………………………………… 茶藨子属 *Ribes* Linn.
7. 叶对生;果实为蒴果 …………………………………………………………………………………… 8
8. 花二型,花序边缘有大型不育花……………………………………………… 绣球属 *Hydrangea* Linn.
8. 花同形,均发育 ………………………………………………………………………………………… 9
9. 花萼、花瓣4~5枚 …………………………………………………………………………………… 10
9. 花萼、花瓣7~10枚;叶全缘 …………………………………………………… 赤壁木属 *Decumaria* Linn.
10. 植株体有星状毛;花5数,雄蕊10枚;花丝扁平,顶端有齿 ……………………… 溲疏属 *Deutzia* Thunb.
10. 植株体无星状毛;花4数,雄蕊多数 ………………………………………… 山梅花属 *Philadelphus* Linn.

43. 海桐花科 Pittosporaceae

海桐属 *Pittosporum* Banks

44. 蔷薇科 Rosaceae

1. 果实为开裂的蓇葖果,稀蒴果;心皮1~5(~12);托叶或有或无 ……………… 绣线菊亚科 Spiraeoideae
1. 果实不开裂,全有托叶 ………………………………………………………………………………… 2
2. 子房下位、半下位,稀上位;心皮(1)2~5,多数与杯状花托内壁连合;梨果或浆果状,稀小核果状 ……… …………………………………………………………………………………………… 苹果亚科 Maloideae
2. 子房上位,少数下位 …………………………………………………………………………………… 3
3. 心皮常多数;瘦果;萼宿存;常具复叶,极稀单叶 ………………………………… 蔷薇亚科 Rosoideae
3. 心皮常为1,少数2或5;核果;萼常脱落;单叶 ……………………………………… 李亚科 Prunoideae

绣线菊亚科 Spiraeoidae

1. 单叶 ……………………………………………………………………………………………………… 2
1. 羽状复叶 ………………………………………………………………………… 珍珠梅属 *Sorbaria* A. Br.
2. 心皮1~2个;总状花序或圆锥花序;萼筒管状,果实包于宿存的萼筒内;托叶有,早落 ………………… ………………………………………………………………………………………… 绣线梅属 *Neillia* D. Don
2. 心皮5;伞形花序、伞形总状花序、复伞房花序或圆锥花序;萼筒钟状或杯状;托叶无 ……………………… ………………………………………………………………………………………… 绣线菊属 *Spiraea* Linn.

苹果亚科 Maloideae

1. 心皮(内果皮)在成熟时骨质;果实内含1~5颗坚果状小核 ………………………………………… 2
1. 心皮(内果皮))在成熟时革质或纸质,稀软骨质;梨果1~5室,每室含1至数颗种子 ……………… 4
2. 枝无枝刺;叶全缘 …………………………………………………………… 栒子属 *Cotoneaster* B. Ehrhart

2. 枝有枝刺;叶缘有锯齿或裂片 …………………………………………………………………………………… 3
3. 叶常绿;心皮5个,各具成熟的胚珠2个;复伞房花序 ………………………… 火棘属 *Pyracantha* Roem.
3. 叶凋落,稀半常绿;心皮1~5个,各具成熟的胚珠1个;伞房花序,稀花单生…… 山楂属 *Crataegus* Linn.
4. 伞房花序、复伞房花序或圆锥花序 ……………………………………………………………………… 5
4. 伞形花序或总状花序,有时花单生或簇生 ………………………………………………………………… 6
5. 叶常绿或凋落,单叶有锯齿,稀全缘;花梗多具疣点;萼宿存 ……………………… 石楠属 *Photinia* Lindl.
5. 叶凋落,羽状复叶或单叶,叶缘由锯齿或浅裂片,稀近于全缘;花梗不具疣点;萼脱落或宿存 ………
……………………………………………………………………………………………… 花楸属 *Sorbus* Linn.
6. 子房(果实)具不完全的4~10室,每室含胚珠(种子)1颗;总状花序;花瓣狭长圆形,基部楔形 ………
…………………………………………………………………………………… 唐棣属 *Amelanchier* Medic.
6. 子房(果实)2~5室,每室含胚珠(种子)2颗;伞形总状花序;花瓣圆形或倒卵形,基部具短爪………… 7
7. 花柱离生;果实含多数石细胞 ……………………………………………………………… 梨属 *Pyrus* Linn.
7. 花柱基部合生;果实不含石细胞,稀含少数石细胞 ……………………………………… 苹果属 *Malus* Mill.

蔷薇亚科 Rosoideae

1. 瘦果着生于杯状或壶状花托内 …………………………………………………………………………… 2
1. 瘦果或小核果,着生于扁平、凸起或微凹的花托上 …………………………………………………… 3
2. 心皮多数;花托成熟时肉质而具色泽;羽状复叶,稀为单叶;灌木,枝有皮刺 ………… 蔷薇属 *Rosa* Linn.
2. 心皮1~4个;花托成熟时干燥,坚硬;草本 …………………………………… 龙芽草属 *Agrimonia* Linn.
3. 托叶与叶柄离生;心皮5~8个,着生于扁平或微凹的花托基部 …………………… 棣棠花属 *Kerria* DC.
3. 托叶常与叶柄合生;心皮数个至多数,稀少数,着生于球形或圆柱形凸起的花托上 ………………… 4
4. 心皮各含2颗胚珠;果实为聚合核果;无副萼;灌木,有刺,稀无刺;很少为草本 … 悬钩子属 *Rubus* Linn.
4. 心皮各含1颗胚珠;果实为聚合瘦果;有副萼;草本,稀为无刺灌木 ……………………………… 5
5. 花柱羽状,顶生,宿存;胚珠直立 ………………………………………………………… 路边青属 *Geum* Linn.
5. 花柱侧生或基生,脱落或宿存;胚珠下垂 ………………………………………………………………… 6
6. 花托在果熟时干燥;草本稀为灌木 ……………………………………………… 委陵菜属 *Potentilla* Linn.
6. 花托在果熟时肉质;草本 ……………………………………………………………………………… 7
7. 花白色,成伞房花序;萼片常全缘,副萼片比萼片小 ………………………………… 草莓属 *Fragaria* Linn.
7. 花黄色,单生叶腋;副萼片先端3裂,比萼片大…………………………… 蛇莓属 *Duchesnea* J . E. Smith

李亚科 Prunoideae

1. 幼叶多为席卷式,少数为对折式;果实有沟,外面被毛或被蜡粉 ……………………………………… 2
1. 幼叶常为对折式,果实无沟,不被蜡粉,枝有顶芽 …………………………………………………… 4
2. 侧芽3,两侧为花芽,具顶芽;花1~2,常无柄,稀有柄;子房和果实常被短柔毛,极稀无毛;核果常有孔穴,极稀光滑;花先叶开 ……………………………………………………………… 桃属 *Amygdalus* Linn.
2. 侧芽单生,顶芽缺;核常光滑或有不明显孔穴 ………………………………………………………… 3
3. 子房和果实常被短柔毛;花常无柄或有短柄,花先叶开 ………………………… 杏属 *Armeniaca* Mill.
3. 子房和果实均光滑无毛,常被蜡粉;花常有柄,花叶同开 ……………………………… 李属 *Prunus* Linn.
4. 花单生或数朵着生在短总状或伞房状花序,基部常有明显苞片;子房光滑;核平滑,有沟,稀有孔穴 ……
……………………………………………………………………………………………… 樱属 *Cerasus* Mill.
4. 花小型,10朵至多朵着生在总状花序上,苞片小型 ………………………………… 稠李属 *Padus* Mill.

45. 豆科 Leguminosae

1. 花辐射对称;花瓣镊合状排列,分离或于基部合生 …………………………………… 含羞草亚科 Minosoideae
1. 花两侧对称;花瓣覆瓦状排列 …………………………………………………………………………… 2

2. 花瓣蝶形；最上面一花瓣（旗瓣）在最外面 ………………………………… 蝶形花亚科 Papilionatae

2. 花瓣不为蝶形；最上面一花瓣在最里面 ………………………………… 云实亚科 Caesalpinioideae

含羞草亚科 Minosoideae

合欢属 *Albizia* Durazz.

云实亚科 Caesalpinioideae

1. 叶全缘；花冠紫色或淡紫色 ………………………………… 紫荆属 *Cercis* Linn.

1. 羽状复叶；花冠黄色或橙黄色 ………………………………… 云实属 *Caesalpinia* Linn.

蝶形花亚科 Papilionatae

1. 雄蕊10枚，分离或仅基部合生 ………………………………… 2

1. 雄蕊10枚，合成单体或二体 ………………………………… 5

2. 荚果圆筒形，种子之间缢缩形成串珠状 ………………………………… 槐属 *Sophora* Linn.

2. 荚果扁平或膨胀，种子之间不缢缩 ………………………………… 3

3. 荚果膨胀，无翅，木质，种皮朱红色；花瓣有柄 ………………………………… 红豆树属 *Ormosia* Jacks.

3. 荚果不膨胀，革质或薄革质，种皮不为朱红色；花瓣无柄 ………………………………… 4

4. 芽单生，具芽鳞，不为叶柄下芽；小叶对生或近对生；花序直立 …… 马鞍树属 *Maackia* Rupr. et Maxim.

4. 芽叠生，不具芽鳞，叶柄下芽；小叶互生；花序直立或下垂 ………………………………… 香槐属 *Cladrastis* Raf.

5. 荚果如含种子2枚以上时，则在种子之间形成节荚，各节荚含种子1枚；不开裂 ………………………………… 6

5. 荚果如含种子2枚以上时，不在种子之间形成节荚；开裂或不开裂 ………………………………… 10

6. 小托叶通常存在，荚果2至数节 ………………………………… 7

6. 小托叶通常不存在，荚果通常1节 ………………………………… 8

7. 荚果线形，节间微收缩，无伸长之果柄 ………………………………… 山蚂蝗属 *Desmodium* Desv.

7. 荚果自节间收缩，具果柄 ………………………………… 长柄山蚂蝗属 *Podocarpium*（Benth.）Yang et Huang

8. 一年生草本；托叶大型，宿存 ………………………………… 鸡眼草属 *Kummerowia* Schindl.

8. 灌木，稀为草本；托叶细小，脱落 ………………………………… 9

9. 苞片宿存，腋间常具2花；花梗不具关节 ………………………………… 胡枝子属 *Lespedeza* Michx.

9. 苞片通常脱落，腋间常具1花；花梗具关节 ………………………………… 杭子梢属 *Campylotropis* Bunge

10. 大型藤本植物；小叶3枚 ………………………………… 葛属 *Pueraria* DC.

10. 非藤本植物，若为藤本植物则小叶多于3枚 ………………………………… 11

11. 木本植物，荚果1～2枚种子，不开裂 ………………………………… 黄檀属 *Dalbergia* Linn. f.

11. 荚果1至数枚种子，开裂或不开裂 ………………………………… 12

12. 木本植物 ………………………………… 13

12. 草本植物 ………………………………… 15

13. 乔木，叶柄具托叶刺 ………………………………… 刺槐属 *Robinia* Linn.

13. 灌木 ………………………………… 14

14. 偶数羽状复叶，顶端小叶形成针刺 ………………………………… 锦鸡儿属 *Caragana* Fabr.

14. 奇数羽状复叶 ………………………………… 木蓝属 *Indigofera* Linn.

15. 缠绕草本 ………………………………… 16

15. 非缠绕草本 ………………………………… 18

16. 小叶3枚 ………………………………… 17

16. 小叶3枚以上 ………………………………… 野豌豆属 *Vicia* Linn.

17. 子房基部不具鞘状腺体构成的花盘，花单型 ………………………………… 大豆属 *Glycine* Linn.

17. 子房基部具鞘状腺体构成的花盘，花分为有花瓣和无花瓣两种类型 ……… 两型豆属 *Amphicarpaea* Ell.

18. 小叶3枚 ………………………………… 19

18. 小叶3枚以上 ………………………………… 20

19. 荚果卷曲成螺旋状或镰刀状 …………………………………… 苜蓿属 *Medicago* Linn.
19. 荚果直或微弯 ……………………………………………………… 草木犀属 *Melilotus* Adans.
20. 龙骨瓣先端具一小突尖，荚果有时沿腹缝线深入形成2室 ………………… 棘豆属 *Oxytropis* DC.
20. 龙骨瓣先端无小突尖，荚果有时沿背缝线深入形成2室 ………………… 黄耆属 *Astragalus* Linn.

十六．牻牛儿苗目 Ceraniineae

46. 酢浆草科 Oxalidaceae

酢浆草属 *Oxalis* Linn.

47. 牻牛儿苗科 Geraniaceae

老鹳草属 *Geranium* Linn.

48. 蒺藜科 Zygophyllaceae

蒺藜属 *Tribulus* Linn.

49. 大戟科 Euphorbiaceae

1. 花无花被，雌雄花同生于花萼形总苞以内，组成杯状聚伞花序 ………………… 大戟属 *Euphorbia* Linn.
1. 花有花被，雌雄花不同包藏于杯状的总苞内，不形成聚伞花序 ……………………………… 2
2. 子房每室有胚珠2枚 ……………………………………………………………… 3
2. 子房每室有胚珠1枚 ……………………………………………………………… 5
3. 雄花无花盘，雄蕊3～8，结合成柱状，无退化雌蕊；叶披针形 ………………… 算盘子属 *Glochidion* Forst.
3. 雄花花盘发达，有退化雌蕊 ………………………………………………………… 4
4. 花雌雄同株；有花瓣 ……………………………………………… 雀舌木属 *Leptopus* Decne.
4. 花雌雄异株；无花瓣 ……………………………………………… 白饭树属 *Flueggea* Willd.
5. 雄花萼片啮合状排列；雄蕊8枚以上 ………………………………………………… 6
5. 雄花萼片开展，略为覆瓦状排列；雄蕊2～3枚 ………………………………… 乌桕属 *Sapium* R. Br.
6. 雄花有花瓣 ………………………………………………………………………… 7
6. 雄花无化瓣 ………………………………………………………………………… 8
7. 花小型；花萼有整齐的5～7裂片 …………………………………… 地构叶属 *Speranskia* Baill.
7. 花大型，鲜艳；花萼有不整齐的2～3裂片 ………………………………… 油桐属 *Vernicia* Lour.
8. 雄花花丝合成多束；叶大，盾形，掌状深裂 ………………………………… 蓖麻属 *Ricinus* Linn.
8. 雄花花丝离生或仅基部合生，但不形成多束 ……………………………………… 9
9. 草本或小灌木；花丝基部合 ………………………………………… 生铁苋菜属 *Acalypha* Linn.
9. 灌木或小乔木；花丝离生 …………………………………………………………… 10
10. 雄蕊通常8枚 ……………………………………………………… 山麻杆属 *Alchornea* Sw.
10. 雄蕊通常超过16枚 ………………………………………………………………… 11
11. 花无花盘；花药2室；蒴果有疣状腺毛、皮刺或刺毛 ……………………… 野桐属 *Mallotus* Lour.
11. 花有花盘；花药4室；蒴果被绢毛 ………………… 假奓包叶属 *Discocleidion*（Muell. Arg.）Pax et Hoffm.

十七．芸香目 Rutales

50. 芸香科 Rutaceae

1. 叶对生;茎无皮刺 ………………………………………………………… 吴茱萸属 *Evodia* J. R. et G. Forst.
1. 叶互生;茎有皮刺 ………………………………………………………………… 花椒属 *Zanthoxylum* Linn.

51. 苦木科 Simaroubaceae

1. 小叶 7 ~ 15;花序腋生;果实为小核果 ……………………………………………… 苦树属 *Picrasma* Blume
1. 小叶 13 ~ 24;花序顶生;果实为翅果 ……………………………………………… 臭椿属 *Ailanthus* Desf.

52. 楝科 Meliaceae

香椿属 *Toona* Roem.

53. 远志科 Polygalaceae

远志属 *Polygala* Linn.

十八．无患子目 Sapindales

54. 马桑科 Coriariaceae

马桑属 *Coriaria* Linn.

55. 漆树科 Anacardiaceae

1. 单叶 ………………………………………………………………………………… 黄栌属 *Cotinus* Miller.
1. 羽状复叶 …………………………………………………………………………………………………… 2
2. 偶数羽状复叶;花无花瓣 ………………………………………………………… 黄连木属 *Pistacia* Linn.
2. 奇数羽状复叶;花有花瓣 ……………………………………………………………………………… 3
3. 花序顶生;果序直立 ……………………………………………………… 盐肤木属 *Rhus*（Tourn.）Linn.
3. 花序腋生;果序下垂 ……………………………………………………… 漆属 *Toxicodendron*（Tourn.）Mill.

56. 槭树科 Aceraceae

1. 羽状复叶,小叶 9 ~ 15;果实周围具翅 ……………………………………… 金钱槭属 *Dipteronia* Oliv.
1. 单叶,如为羽状复叶则小叶不超过 7 枚;果实一侧具长翅 ………………………………… 槭属 *Acer* Linn.

57. 无患子科 Sapindaceae

栾树属 *Koelreuteria* Laxm.

58. 七叶树科 Hippocastanaceae

七叶树属 *Aesculus* Linn.

59. 清风藤科 Sabiaceae

1. 木质藤本;聚伞花序腋生;花辐射对称,雄蕊全部发育 …………………………… 清风藤属 *Sabia* Colebr.
1. 直立木本;圆锥花序顶生或腋生;花两侧对称,雄蕊仅2枚发育 …………… 泡花树属 *Meliosma* Blume

60. 凤仙花科 Balsaminaceae

凤仙花属 *Impatiens* Linn.

十九、卫矛目 Celastrales

61. 冬青科 Aquifoliaceae

冬青属 *Ilex* Linn.

62. 卫矛科 Celastraceae

1. 叶对生,极少轮生;子房3~5室 …………………………………………………… 卫矛属 *Euonymus* Linn.
1. 叶互生,子房3室 ……………………………………………………………… 南蛇藤属 *Celastrus* Linn.

63. 省沽油科 Staphyleaceae

1. 奇数羽状复叶,对生;蒴果 ………………………………………………… 省沽油属 *Staphylea* Linn.
1. 奇数羽状复叶,互生;核果 ………………………………………………… 瘿椒树属 *Tapiscia* Oliv.

64. 黄杨科 Buxaceae

1. 叶对生,全缘,厚革质;叶脉羽状;雌花生于花序顶端 ………………………… 黄杨属 *Buxus* Linn.
1. 叶互生,有粗锯齿;叶脉三出;花序穗状;花柱伸长 ……………………… 板凳果属 *Pachysandra* Michx.

二十、鼠李目 Rhamnales

65. 鼠李科 Rhamnaceae

1. 萼筒较浅,子房不陷入花盘中 ……………………………………………………………… 2
1. 萼筒较深,子房陷入花盘中 ………………………………………………………………… 4
2. 叶脉3出,稀5出;托叶刺状 ……………………………………………………………… 3
2. 叶脉羽状,全缘;托叶不呈刺状;攀援灌木 ………………………………… 勾儿茶属 *Berchemia* Neck.
3. 果实为干果,革质,周围有水平开展的翅 ……………………………………… 马甲子属 *Paliurus* Mill.

3. 果实为肉质核果,无翅 …………………………………………………………………… 枣属 *Ziziphus* Mill.
4. 乔木;不具刺;叶脉3出;花梗肉质化 ………………………………………………… 枳椇属 *Hovenia* Thunb.
4. 灌木;具刺;叶脉羽状;花梗不肉质化 ………………………………………………… 鼠李属 *Rhamnus* Linn.

66. 葡萄科 Vitaceae

1. 树皮无皮孔;髓褐色;叶多为单叶;花瓣顶端粘合,花后呈帽状脱落;圆锥花序 ……… 葡萄属 *Vitis* Linn.
1. 树皮有皮孔;髓白色;叶多为复叶;花瓣离生;聚伞花序 …………………………………………………… 2
2. 花序与叶对生或顶生;花5数 …………………………………………………………………………… 3
2. 花序腋生,花4数,花柱明显,柱头头状 ………………………………………………… 乌蔹莓属 *Cayratia* Juss.
3. 花盘明显,隆起,卷须顶端不扩大 ……………………………………………… 蛇葡萄属 *Ampelopsis* Michx.
3. 花盘不明显或不存在,卷须顶端扩大形成吸盘 ………………………………… 地锦属 *Parthenocissus* Planch.

二十一、锦葵目 Malvales

67. 椴树科 Tiliaceae

1. 草本;蒴果呈长角果状,3瓣裂 ……………………………………………… 田麻属 *Corchoropsis* Sieb. et Zucc.
1. 木本;核果或坚果 ……………………………………………………………………………………… 2
2. 乔木;花序腋生;总花梗通常与长圆形或披针形苞片贴生;坚果 …………………… 椴树属 *Tilia* Linn.
2. 灌木;花序与叶对生;无上述之苞片;核果 ……………………………………………… 扁担杆属 *Grewia* Linn.

68. 锦葵科 Malvaceae

1. 分果,心皮分离 ………………………………………………………………………………………… 2
1. 蒴果,心皮合生;花萼钟形,果期宿存 ……………………………………………… 木槿属 *Hibiscus* Linn.
2. 子房每室含胚珠2枚或更多;无苞片;心皮先端叉开 …………………………… 苘麻属 *Abutilon* Adans.
2. 子房每室含胚珠1枚;苞片3枚或更多;心皮先端不叉开 ………………………………………………… 3
3. 苞片3枚,分离;心皮1列,无“喙” ……………………………………………………… 锦葵属 *Malva* Linn.
3. 苞片6~9枚,基部合生;心皮2列,其中一列不育,有“喙” ……………………… 蜀葵属 *Althaea* Linn.

二十二、瑞香目 Thymelaeales

69. 瑞香科 Thymelaeaceae

1. 花萼管内无鳞片 ……………………………………………………………………… 瑞香属 *Daphne* Linn.
1. 花萼管内有鳞片 …………………………………………………………………… 荛花属 *Wikstroemia* Endl.

70. 胡颓子科 Elaeagnaceae

胡颓子属 *Elaeagnus* Linn.

二十三、堇菜目 Violales

71. 大风子科 Flacourtiaceae

山桐子属 *Idesia* Maxim.

72. 堇菜科 Violaceae

堇菜属 *Viola* Linn.

73. 旌节花科 Stachyuraceae

旌节花属 *Stachyurus* Sieb. et Zucc.

74. 柽柳科 Tamaricaceae

水柏枝属 *Myricaria* Desv.

75. 秋海棠科 Begoniaceae

秋海棠属 *Begonia* Linn.

二十四、葫芦目 Cucurbitales

76. 葫芦科 Cucurbitaceae

1. 雄蕊花丝结合成柱;小叶3~7 ………… 绞股兰属 *Gynostemma* Blume
1. 雄蕊离生或仅基部合生;单叶不分裂、浅裂或深裂 ………… 2
2. 雄蕊5 ………… 赤瓟属 *Thladiantha* Bge.
2. 雄蕊3,稀2或多于3 ………… 栝楼属 *Trichosanthes* Linn.

二十五、桃金娘目 Myrtiflorae

77. 千屈菜科 Lythraceae

1. 蒴果室间开裂;果皮有横纹 ………… 节节菜属 *Rotala* Linn.
1. 蒴果2瓣裂或不规则开裂;果皮无横纹 ………… 2
2. 蒴果成熟时不规则开裂 ………… 水苋菜属 *Ammannia* Linn.
2. 蒴果成熟时2瓣裂 ………… 千屈菜属 *Lythrum* Linn.

78. 柳叶菜科 Onagraceae

1. 萼具2裂片;花瓣2;雄蕊2 ………… 露珠草属 *Circaea* Linn.

1. 萼具4~6裂片;花瓣4~6,雄蕊4枚以上 …………………………………………………… 2
2. 花黄色 ………………………………………………………………… 月见草属 *Oenothera* Linn.
2. 花紫色、白色 …………………………………………………………… 柳叶菜属 *Epilobium* Linn.

79. 假繁缕科 Theligonaceae

假繁缕属 *Theligonum* Linn.

二十六、伞形目 Apiales

80. 八角枫科 Alangiaceae

八角枫属 *Alangium* Lam.

81. 山茱萸科 Cornaceae

1. 花单性,稀杂性;聚伞花序常生于叶面上 ……………………………… 青荚叶属 *Helwingia* Hutch.
1. 花两性;花腋生或顶生 …………………………………………………………………… 2
2. 叶互生 ……………………………………………… 灯台树属 *Bothrocaryum* (Boehne) Pojark.
2. 叶对生 ……………………………………………………………………………………… 3
3. 聚伞花序或伞房花序,无花瓣状苞片 ……………………………………… 梾木属 *Swida* Opiz.
3. 伞形花序或头状花序,具花瓣状苞片 …………………………………………………… 4
4. 伞形花序;总苞小型,淡黄色,花后脱落;核果长椭圆形 ………………… 山茱萸属 *Cornus* Linn.
4. 头状花序;总苞大型,白色,花后宿存;聚合果球形 ……………… 四照花属 *Dendrobenthamia* Hutch.

82. 五加科 Araliaceae

1. 草本;掌状复叶,轮生 ……………………………………………………………… 人参属 *Panax* Linn.
1. 木本;单叶或复叶,互生 …………………………………………………………………… 2
2. 单叶,稀在同一植株上存在单叶和掌状复叶 ………………………………………………… 3
2. 掌状或羽状复叶 …………………………………………………………………………… 5
3. 攀援灌木;有气生根 ………………………………………………………… 常春藤属 *Hedera* Linn.
3. 直立乔木或灌木;无气生根 ……………………………………………………………… 4
4. 落叶乔木;植株有刺 ……………………………………………………… 刺楸属 *Kalopanax* Miq.
4. 常绿乔木或灌木;植株无刺 …………………………………………… 梁王茶属 *Nothopanax* Miq.
5. 羽状复叶 ………………………………………………………………………… 楤木属 *Aralia* Linn.
5. 掌状复叶;植株具刺 …………………………………………………… 五加属 *Acanthopanax* Miq.

83. 伞形科 Umbelliferae

1. 单叶,掌状或3出式浅裂;花序为伞形或不规则伸展的复伞形 ………………… 变豆菜属 *Sanicula* Linn.
1. 复叶(柴胡属除外);花序为复伞形花序 ………………………………………………… 2
2. 果实或子房有刚毛、刺毛或小瘤 …………………………………………………………… 3
2. 果实或子房光滑或被柔毛 ………………………………………………………………… 6

3. 果实或子房的刺毛不呈钩状，果实顶端尖细而呈喙状 …………………… 峨参属 *Anthriscus* Hoffm.
3. 果实或子房的刚毛钩刺状或仅为小瘤；果实顶端呈圆锥状 …………………………………… 4
4. 果实或子房上有海绵状小瘤；花杂性 ……………………………… 防风属 *Saposhnikovia* Schischk.
4. 果实或子房具钩刺状刚毛；花两性 ……………………………………………………………… 5
5. 总苞和小苞片狭窄，全缘；分果的主棱线形 ………………………………… 窃衣属 *Torilis* Adans.
5. 总苞和小苞片羽状分裂；分果的主棱不明显 ……………………………… 胡萝卜属 *Daucus* Linn.
6. 果实和子房的横切面圆形或侧扁；果棱无翅 ……………………………………………………… 7
6. 果实和子房的横切面背扁或微扁；果棱具翅 ……………………………………………………… 13
7. 果实球形、卵圆形或心形 ………………………………………………………………………… 8
7. 果实线形、长圆形或椭圆形 ……………………………………………………………………… 11
8. 花瓣先端内折；果实卵圆形或卵状心形；棱槽中有油管2~3条或不明显 ……………………… 9
8. 花瓣先端向内弯；但不反折；果实圆形、长圆形；棱槽中有油管1条 ………………………… 10
9. 花柱开展或外弯，花柱基部全部靠拢；果实卵状心形，常呈双悬心瓣状，稀长圆状卵形；棱槽中有油管2~3条，显著 …………………………………………………………… 茴芹属 *Pimpinella* Linn.
9. 花柱反曲或反折，花柱几乎开叉到基部；果实长圆形，棱槽中油管不明显 … 羊角芹属 *Aegopodium* Linn.
10. 陆生植物；果实或子房有柔毛或糙毛 …………………………………… 岩风属 *Libanotis* Crantz.
10. 水生植物；果实光滑，分果棱木栓化 …………………………………… 水芹属 *Oenanthe* Linn.
11. 叶为单叶，全缘，叶脉平行 ……………………………………………… 柴胡属 *Bupleurum* Linn.
11. 叶为复叶，叶脉羽状 ……………………………………………………………………………… 12
12. 叶为3出复叶，小叶宽大；伞幅和花梗均长短参差不等；花序圆锥状 ……… 鸭儿芹属 *Cryptotaenia* DC.
12. 叶1至多回羽状分裂，小叶狭小；正常复伞形花序，二级伞形花序上有多数花，花瓣基部狭窄不隆起 ……………………………………………………………………………………… 葛缕子属 *Carum* Linn.
13. 分果背部略扁平；果棱均具宽翅或侧棱的翅较背棱、中棱为宽 ………… 蛇床属 *Cnidium* Cuss.
13. 分果背部极扁平；侧棱具宽翅，而背棱、中棱无翅 ……………………… 独活属 *Heracleum* Linn.

二十七、杜鹃花目 Ericales

84. 鹿蹄草科 Pyrolaceae

1. 绿色植物；无磷状叶；花药在花蕾期反折，后直立，顶孔开裂 …………………………………… 2
1. 腐生肉质植物；有磷状叶；花药直立，纵缝开裂 …………………………………………………… 3
2. 草本；叶基生或近基生，具长柄；总状花絮；蒴果从基部开裂 ………… 鹿蹄草属 *Pyrola* (Tourn.) Linn.
2. 半灌木；叶茎生，具短柄；伞房或伞形花序，稀单1；蒴果从顶端开裂 ……… 喜冬草属 *Chimaphila* Pursh
3. 中轴胎座；蒴果 ……………………………………………………… 水晶兰属 *Monotropa* Linn.
3. 侧膜胎座；浆果 …………………………………………… 沙晶兰属 *Monotropastrum* H. Andres

85. 杜鹃花科 Ericaceae

1. 子房下位；浆果 …………………………………………………………… 越桔属 *Vaccinium* Linn.
1. 子房上位；蒴果 ……………………………………………………………………………………… 2
2. 蒴果室间开裂；花大，花药无芒状附属物；叶常全缘 ……………… 杜鹃属 *Rhododendron* Linn.
2. 蒴果室背开裂 ………………………………………………………………………………………… 3
3. 匍匐灌木，叶鳞状，花单生 ………………………………………………… 岩须属 *Cassiope* D. Don

3. 直立灌木,叶非鳞形;总状花序 …………………………………………………… 珍珠花属 *Lyonia* Nutt.

二十八、报春花目 Primulales

86. 紫金牛科 Myrsinaceae

铁仔属 *Myrsine* Linn.

87. 报春花科 Primulaceae

1. 花冠檐部裂片在花蕾中旋转排列 …………………………………………… 珍珠菜属 *Lysimachia* Linn.
1. 花冠檐部裂片在花蕾中覆瓦状或重覆瓦状排列 ……………………………………………………………… 2
2. 雄蕊着生于花冠筒的中部;花药顶端钝 ……………………………………………………………………… 3
2. 雄蕊着生于花冠筒的基部;花药顶端尖锐 ……………………………………… 假报春属 *Cortusa* Linn.
3. 花冠筒明显长于花萼;花通常具长柱花和短柱花两型 ………………………… 报春花属 *Primula* Linn.
3. 花冠筒短于花萼或与花萼等长;花单型 …………………………………… 点地梅属 *Androsace* Linn.

二十九、柿树目 Ebenales

88. 柿树科 Ebenaceae

柿属 *Diospyros* Linn.

89. 安息香科 Styracaceae

1. 子房下位;果实具棱或翅 ……………………………………………… 白辛树属 *Pterostyrax* Sieb. et Zucc.
1. 子房上位;果实无棱或翅 ……………………………………………… 野茉莉属(安息香属)*Styrax* Linn.

90. 山矾科 Symplocaceae

山矾属 *Symplocos* Jacq.

三十、木犀目 Oleales

91. 木犀科 Oleaceae

1. 羽状复叶,罕单叶 ……………………………………………………………………………………………… 2
1. 单叶,罕羽状复叶 ……………………………………………………………………………………………… 3
2. 翅果 …………………………………………………………………………………………… 梣属 *Fraxinus* Linn.
2. 浆果 …………………………………………………………………………………… 素馨属 *Jasminum* Linn.
3. 蒴果 …… 4
3. 核果或浆果 ……………………………………………………………………………………………………… 5

4. 花黄色;花冠裂片比花冠筒长;枝空心或有片状髓 …………………………… 连翘属 *Forsythia* Vahl.
4. 花非黄色;花冠裂片比花冠筒短;枝实心 …………………………………… 丁香属 *Syringa* Linn.
5. 花序常下垂;花冠裂片长约花冠筒数倍 ……………………………… 流苏树属 *Chionanthus* Linn.
5. 花序常直立;花冠裂片短 ……………………………………………………………………… 6
6. 花序顶生……………………………………………………………………… 女贞属 *Ligustrum* Linn.
6. 花序腋生 …………………………………………………………………… 木樨属 *Osmanthus* Lour.

三十一、龙胆目 Gentianales

92. 龙胆科 Gentianaceae

1. 茎缠绕,花冠裂片间具褶 ……………………………………………… 双蝴蝶属 *Tripterospermum* Blume
1. 茎直立或倾斜,花冠裂片间无褶 ………………………………………………………………… 2
2. 花冠裂片间具褶,蜜腺生于子房基部 …………………………………………… 龙胆属 *Gentiana* Linn.
2. 花冠裂片间不具褶。蜜腺生于冠筒基部 ……………………………………………………… 3
3. 花萼裂片成2对;萼筒基部具小腺体,无腺窝和距 ……………………… 扁蕾属 *Gentianopsis* Ma
3. 花萼裂片不成2对;萼筒基部有明显的腺窝或距 ………………………………………… 4
4. 花4~5(6)数,花冠多少辐射状,裂片基部有浅腺窝,腺窝的边缘有毛或细毛;无距 ……
……………………………………………………………………………… 獐牙菜属 *Swertia* Linn.
4. 花4数,花冠宽钟状,裂片基部有由腺窝形成的距…………………………… 花锚属 *Halenia* Borckh.

93. 夹竹桃科 Apocynaceae

络石属 *Trachelospermum* Lem.

94. 萝藦科 Asclepiadaceae

1. 四合花粉,承载于匙形载粉器上,基部有一黏盘,副花冠瓶形,花丝离生,花粉颗粒状 …………
…………………………………………………………………………………… 杠柳属 *Periploca* Linn.
1. 花粉粒结成块状,藏在一层软韧的薄膜内;花丝合生成筒状 ……………………………………… 2
2. 花粉块下垂,茎直立或缠绕 …………………………………………………………………… 3
2. 花粉块直立或平展 ………………………………………………………… 南山藤属 *Dregea* E. Meyer.
3. 副花冠杯状,花丝合生,花粉粘生成块状 ……………………………… 鹅绒藤属 *Cynanchum* Linn.
3. 副花冠成5枚小叶状,极短,长不到合蕊冠的一半 ………………………… 秦岭藤属 *Biondia* Schltr.

95. 茜草科 Rubiaceae

1. 花萼裂片不等大,有些花的裂片其中一片扩大成叶状,白色而宿存于果上 ……………………
…………………………………………………………………………… 香果树属 *Emmenopterys* Oliv.
1. 花萼裂片等大,不扩大成叶状 ………………………………………………………………… 2
2. 直立灌木或缠绕藤本 ………………………………………………………… 鸡矢藤属 *Paederia* Linn.
2. 草本 ………………………………………………………………………………………………… 3
3. 花5数,果肉质 ………………………………………………………………… 茜草属 *Rubia* Linn.
3. 花4数,果干燥或近干燥 ………………………………………………………… 拉拉藤属 *Galium* Linn.

三十二、管花目 Tubiflorae

96. 花荵科 Polemoniaceae

花荵属 *Polemonium* Linn.

97. 旋花科 Convolvulaceae

1. 无叶绿素寄生植物 …………………………………………… 菟丝子属 *Cuscuta* Linn.
1. 有叶绿素非寄生植物 …………………………………………… 2
2. 花萼包藏在两片大苞片内;子房1室或不完全的2室 ………………… 打碗花属 *Calystegia* R. Br.
2. 花萼不为苞片包被,苞片披针形,与花萼分离;子房2室 ………………… 旋花属 *Convolvulus* Linn.

98. 紫草科 Boraginaceae

1. 花冠喉部或筒部无附属物 …………………………………… 紫草属 *Lithospermum* Linn.
1. 花冠喉部或筒部有5个向内突出于花冠裂片对生的附属物 ………………… 2
2. 小坚果有锚状刺 …………………………………… 琉璃草属 *Cynoglossum* Linn.
2. 小坚果无锚状刺 …………………………………… 3
3. 雄蕊外露;叶心状卵形 …………………………………… 车前紫草属 *Sinojohnstonia* Hu
3. 雄蕊内藏;叶不为心状卵形 …………………………………… 4
4. 小坚果背面具碗状或环状突起 …………………………………… 盾果草属 *Thyrocarpus* Hance
4. 小坚果无上述突起 …………………………………… 5
5. 小坚果肾形,密生小疣状突起,腹面中部具凹陷 ………………… 斑种草属 *Bothriospermum* Bge.
5. 小坚果卵形或四面体形,无疣状突起,腹面无凹陷 ………………… 6
6. 花冠裂片覆瓦状排列;小坚果四面体形 ………………… 附地菜属 *Trigonotis* Stev.
6. 花冠裂片螺旋状排列;小坚果卵形 ………………… 勿忘草属 *Myosotis* Linn.

99. 马鞭草科 Verbenaceae

1. 穗状花序狭长如鞭 …………………………………… 马鞭草属 *Verbena* Linn.
1. 聚伞花序成圆锥花序 …………………………………… 2
2. 果为蒴果,成熟后开裂成4个小坚果 ………………… 莸属 *Caryopteris* Bge.
2. 果为核果 …………………………………… 3
3. 花大而美丽;花冠筒长,檐部5裂而稍偏斜 ………………… 大青属 *Clerodendrum* Linn.
3. 花较小;花冠筒短,顶端4裂,近辐射对称 ………………… 紫珠属 *Callicarpa* Linn.

100. 唇形科 Labiatae

1. 花冠单唇或假单唇(上唇不发达);子房不裂至深裂;花柱着生点高于子房基部 ………… 2
1. 花冠二唇形;子房全裂;花柱着生于子房的基部 ………………… 4
2. 一年生直立草本;叶3~5掌状分裂;花萼5裂片相等 ………………… 水棘针属 *Amethystea* Linn.
2. 一年生至多年生草本,或半灌木至灌木;叶不分裂或为羽状复叶 ………………… 3

3. 花冠上唇完全退化而不存在故成单唇状 …………………………………………… 香科科属 *Teucrium* Linn.
3. 花冠上唇不完全退化,稍存活有不明显的2裂故成假单唇状 ………………… 动蕊花属 *Kinostemon* Kudo
4. 花冠通常4/1式二唇裂;雄蕊下倾,平卧于花冠下唇上或包于其中 ……… 香茶菜属 *Rabdosia* (Blume) Hassk.
4. 花冠二唇形,上唇先端微凹或2深裂,下唇3裂,稀近辐射对称;雄蕊上升或平展而直伸向前 ………… 5
5. 花冠筒藏于花萼筒中;雄蕊、花柱不伸出花冠筒 ……………………… 夏至草属 *Lagopsis* Bge. ex Benth.
5. 花冠筒通常不藏于花萼筒中;雄蕊、花柱伸出花冠筒 ……………………………………………………… 6
6. 花药球形,药室通常水平叉开,稀略叉开,顶部通常贯通为1室 ………………… 香薷属 *Elsholtzia* Willd.
6. 花药非球形,药室平行或叉开,顶部通常不贯通为1室 ……………………………………………………… 7
7. 花冠裂片各异,上唇外凸,弧形、镰形或盔状 ……………………………………………………………… 8
7. 花冠裂片除下唇中裂片特大外,其余通常几相等,上唇通常直立,扁平或微外凸 ……………………… 17
8. 雄蕊2枚,另2枚退化成小棒状、点状或消失,线形药隔与花丝相连成关节……… 鼠尾草属 *Salvia* Linn.
8. 雄蕊4枚,花丝丝状无关节 …………………………………………………………………………………… 9
9. 后对雄蕊长于前对雄蕊 ……………………………………………………………………………………… 10
9. 后对雄蕊短于前对雄蕊 ……………………………………………………………………………………… 12
10. 两对雄蕊不平行,后对上升,前对向前倾 …………………………… 裂叶荆芥属 *Schizonepeta* Briq.
10. 两对雄蕊平行,均从花冠上唇下面上升 …………………………………………………………………… 11
11. 花萼在果时不成壶形;花药水平叉开几成180度,花盘前裂片略大 ……………… 荆芥属 *Nepeta* Linn.
11. 花萼在果时成壶形;花药平行或略叉开成锐角;花盘前方具一蜜腺 ………… 活血丹属 *Glechoma* Linn.
12. 花萼二唇形,喉部在果实成熟时由于下唇2裂片向上斜升而闭合 ………… 夏枯草属 *Prunella* Linn.
12. 花萼5裂片近相等,喉部在果实成熟时开张 ……………………………………………………………… 13
13. 花冠上唇边缘穗状;后对花丝基部多有附属器 …………………………………… 糙苏属 *Phlomis* Linn.
13. 花冠上唇边缘全缘;后对花丝基部无附属器 ……………………………………………………………… 14
14. 花药被毛或其中一室有纤毛 ………………………………………………………… 野芝麻属 *Lamium* Linn.
14. 花药无毛 ……………………………………………………………………………………………………… 15
15. 叶3~5掌状分裂或深裂 …………………………………………………………… 益母草属 *Leonurus* Linn.
15. 叶不分裂,多为卵形至长圆形 ……………………………………………………………………………… 16
16. 花萼具5~8(10)脉,下唇明显较上唇长,裂片不同形 ……………………… 斜萼草属 *Loxocalyx* Hemsl.
16. 花萼具10脉,上下唇近相等,裂片近同形…………………………………………… 水苏属 *Stachys* Linn.
17. 雄蕊沿花冠上唇上升 ………………………………………………………………………………………… 18
17. 雄蕊不沿花冠上唇上升,而从基部直伸 …………………………………………………………………… 19
18. 小苞片通常披针形,短,被短毛;冠筒内通常无毛;花时柱头裂片展开 ………… 蜜蜂花属 *Melissa* Linn.
18. 小苞片刺状,与花萼近等长,被长毛;冠筒内近下唇片处具毛;花时柱头裂片通常不展开 …………………………………………………………………………………………… 风轮菜属 *Clinopodium* Linn.
19. 叶通常全缘 …………………………………………………………………………… 牛至属 *Origanum* Linn.
19. 叶缘具锯齿 …………………………………………………………………………… 薄荷属 *Mentha* Linn.

101. 茄科 Solanaceae

1. 草本;宿存花萼完全包住果实 …………………………………………………………… 酸浆属 *Physalis* Linn.
1. 灌木;宿存花萼果时稍增大或脱落 …………………………………………………………………………… 2
2. 花组成聚伞花序;花冠辐射对称……………………………………………………………… 茄属 *Solanum* Linn.
2. 花单生或簇生;花冠漏斗状 ……………………………………………………………………………………… 3
3. 植株具刺;花单生于叶腋或2至数朵与叶簇生 ……………………………………… 枸杞属 *Lycium* Linn.

3. 植株无刺;花常单生于枝叉间 …………………………………………… 曼陀罗属 *Datura* Linn.

102. 马前科 Loganiaceae

醉鱼草属 *Buddleja* Linn.

103. 玄参科 Scrophulariaceae

1. 乔木;花萼革质 ………………………………………………………… 泡桐属 *Paulownia* Sieb. et Zucc.
1. 草本;花萼膜质或草质 …………………………………………………………………………… 2
2. 花冠上唇或上面2裂片不向前弓曲成盔状,直立或向后反卷 ……………………………………… 3
2. 花冠上唇稍成盔状或倒舟状 ………………………………………………………………………… 9
3. 叶异形,主茎上的叶卵形对生,分枝上的内卷为针状而密集丛生;花丝全部与花冠贴生;蒴果肉质,红色 …………………………………………………………………………… 鞭打绣球属 *Hemiphragma* Wall.
3. 叶同形;花丝游离;蒴果干燥,稀肉质 ……………………………………………………………… 4
4. 雄蕊2枚 …………………………………………………………………………………………… 5
4. 雄蕊4或5枚 ………………………………………………………………………………………… 6
5. 叶对生或上部的互生;花序总状稀穗状;冠筒短或檐部近辐射;蒴果先端常微凹 …………………………………………………………………………………………… 婆婆纳属 *Veronica* Linn.
5. 叶互生,稀轮生;花序穗状;冠筒长;蒴果先端全缘 ……………… 腹水草属 *Veronicastrum* Heist. ex Farbic.
6. 花萼不分裂,具5明显的棱 ……………………………………………………… 沟酸浆属 *Mimulus* Linn.
6. 花萼常近深裂,无翅,无棱或有棱 …………………………………………………………………… 7
7. 基生叶莲座状,茎生叶少而小;花冠大,喇叭状 …………… 地黄属 *Rehmannia* Libosch. ex Fisch. et Mey.
7. 基生叶稀成莲座状,叶多茎生;花冠小而唇形 ……………………………………………………… 8
8. 花萼钟形,中裂;蒴果短;花丝无附属物 ……………………………………… 通泉草属 *Mazus* Lour.
8. 花萼5深裂几达基部,如浅裂则蒴果披针状狭长;花丝常有附属物 ……………… 母草属 *Lindernia* All.
9. 有小苞片,苞片常具芒状长齿或在下部有尖齿,稀全缘;花冠上唇边缘密被须毛 …………………………………………………………………………………………… 山罗花属 *Melampyrum* Linn.
9. 有或无小苞片,苞片常全缘;花冠上唇通常无毛 ………………………………………………… 10
10. 花萼下有1对小苞片 ………………………………………………… 阴行草属 *Siphonostegia* Benth.
10. 花萼下无小苞片 ………………………………………………………………………………… 11
11. 花冠上唇先端不裂或2裂,裂片边缘伸直而不卷,常延长至各种形状之喙 …………………………………………………………………………………………… 马先蒿属 *Pedicularis* Linn.
11. 花冠上唇先端2裂,裂片边缘向外反卷 ………………………………………………………… 12
12. 叶羽状分裂 ……………………………………………………… 松蒿属 *Phtheirospermum* Bge.
12. 叶不裂,具锯齿 ………………………………………………………… 小米草属 *Euphrasia* Linn.

104. 紫葳科 Bignoniaceae

1. 草本,叶互生 ………………………………………………………………… 角蒿属 *Incarvillea* Juss.
1. 木本,叶对生或3叶轮生 …………………………………………………………………………… 2
2. 乔木,单叶;花具能育雄蕊2枚 ……………………………………………………… 梓属 *Catalpa* Scop.
2. 藤本,复叶;花具能育雄蕊4枚 …………………………………………………… 凌霄属 *Campsis* Lour.

105. 苦苣苔科 Gesneriaceae

1. 可育雄蕊2枚;具茎,叶对生 …………………………………… 半蒴苣苔属 *Hemiboea* C. B. Clarke
1. 可育雄蕊4枚;茎短缩,叶基生;花冠下唇内被密毛 …………………… 珊瑚苣苔属 *Corallodiscus* Batalin

106. 列当科 Orobanchaceae

列当属 *Orobanche*(Tourn.) Linn.

107. 透骨草科 Phrymaceae

透骨草属 *Phryma* Linn.

三十三、车前目 Plantaginales

108. 车前科 Plantaginaceae

车前属 *Plantago* Linn.

三十四、川续断目 Dipsacales

109. 忍冬科 Caprifoliaceae

1. 叶为奇数羽状复叶 ………………………………………… 接骨木属 *Sambucus* Linn.
1. 叶为单叶 …………………………………………………… 2
2. 草本 ………………………………………………………… 莛子藨属 *Triosteum* Linn.
2. 灌木,稀藤本或小乔木 ……………………………………… 3
3. 花冠辐射对称通常辐状,若为钟状或筒状,则花柱极短 ……………… 荚蒾属 *Viburnum* Linn.
3. 花冠通常两侧对称,若为辐射对称,则花柱较长 ………………………… 4
4. 每个总花梗上并生两花,两花的萼筒稍合生 ……………………… 忍冬属 *Lonicera* Linn.
4. 相邻两花的萼筒分离 ………………………………………… 5
5. 萼筒上具翅状小苞片 ………………………………………… 双盾木属 *Dipelta* Maxim.
5. 萼筒上具翅状小苞片 ………………………………………… 六道木属 *Abelia* R. Br.

110. 败酱科 Valerianaceae

1. 雄蕊4,极少退化为1或2;花萼直立或开展有浅齿;果无冠毛;根无香气 ………… 败酱属 *Patrinia* Juss.
1. 雄蕊3;花萼多裂,花期内卷不明显,果期伸长开展成羽毛状;根常有香气 …… 缬草属 *Valeriana* Linn.

111. 川续断科 Dipsacaceae

川续断属 *Dipsacus* Linn.

三十五、桔梗目 Campanulales

112. 桔梗科 Campanulaceae

1. 果实由基部孔裂 ………………………………………………………………………………………… 2
1. 果实由先端瓣裂 ………………………………………………………………… 党参属 *Codonopsis* Wall.
2. 花柱基部具圆筒状花盘;花冠5浅裂 …………………………………………… 沙参属 *Adenophora* Fisch.
2. 花柱基部无花盘;花冠5深裂达中部 ………………………………………………… 风铃草属 *Campanula* Linn.

113. 菊科 Compositae

1. 头状花序具有同形或异形的小花,中央的花非舌状;植物体无乳汁 …………… 管状花亚科 Carduoideae
1. 头状花序具有同形的舌状花;植物体具乳汁 …………………………………… 舌状花亚科 Cichorioideae

管状花亚科 Carduoideae

1. 花药基部钝圆或微尖 ………………………………………………………………………………… 2
1. 花药基部急尖,戟形或尾尖 …………………………………………………………………………… 6
2. 头状花序盘状,具有同形的筒状花;花柱上端有棒锤状或有稍扁钝的附属结构 …… 泽兰族 Eupatorieae
2. 头状花序辐射状,边缘通常具有舌状花或盘状而无舌状花 ……………………………………… 3
3. 花柱分枝通常一面平或一面凸出,上端有尖或三角形附器,有时上端钝 ……………… 紫菀族 Astereae
3. 花柱分枝通常截形,无或有尖或三角形附器,有时分枝钻形 …………………………………… 4
4. 叶互生,冠毛毛状 ……………………………………………………………………… 千里光族 Senecioneae
4. 叶互生或对生,冠毛不存在或存在时不为毛状 ……………………………………………………… 5
5. 头状花序辐射状;总苞片叶质,叶对生 …………………………………………… 向日葵族 Heliantheae
5. 头状花序盘状或辐射状;总苞片全部或边缘膜质 …………………………… 春黄菊族 Anthemideae
6. 头状花序具有同形的筒状花;花柱上端有稍膨大而被毛的节 ………………………… 菜蓟族 Cynareae
6. 头状花序具异形小花;花柱上端无被毛的节 ……………………………………………………… 7
7. 小花花冠浅裂,不呈二唇形 ……………………………………………………………… 旋覆花族 Inuleae
7. 小花花冠深裂,呈二唇形 ………………………………………………………………… 帚菊木族 Mutisieae

泽兰族 Eupatorieae

泽兰属 *Eupatorium* Linn.

紫菀族 Astereae

1. 瘦果先端具1层冠毛,舌状花和筒状花瘦果先端冠毛均极短而同型 …………… 马兰属 *Kalimeris* Cass.
1. 瘦果先端具两层冠毛,极少1层冠毛 ……………………………………………………………… 2
2. 总苞片3~4层;雌花1层,舌状花蓝紫色 …………………………………………… 紫菀属 *Aster* Linn.
2. 总苞片2~3层;雌花多层,舌状或丝状 ……………………………………………………………… 3
3. 总苞2层;外围数层雌花较长;外层冠毛膜片状,内层刚毛状 …………………… 飞蓬属 *Erigeron* Linn.
3. 总苞2~3层;外围数层雌花较短或无舌片;两层冠毛均为锦毛状 …………… 白酒草属 *Conyza* Linn.

旋覆花族 Inuleae

1. 头状花序盘状;花雌雄同株时异型或雌雄异株时同型;雌花花冠细管状或丝状;花柱较花冠长 ……… 2
1. 头状花序辐射状或盘状;花异型或仅具有同型的两性花,雌雄同株;雌花花柱较花冠短;两性花柱头2裂 ………………………………………………………………………………………………… 4
2. 两性花不结实;柱头不分裂,或裂或较深裂;头状花序具多层雌花和少数两性花,或仅具两性花或仅具雌花 ……………………………………………………………………………………………… 3

2. 两性花全部或大部分结实;柱头分裂;头状花序外围雌花多层,2~3层总苞片黄色或褐色 ………………………………………………………………………………… 鼠麴草属 *Gnaphalium* Linn.

3. 头状花序伞房状密集或半球状;外围通常具开展的苞叶群;冠毛基部结合成环状 ………………………………………………………………………………… 火绒草属 *Leontopodium* R. Br.

3. 头状花序伞房状,排列疏松;外围无星状苞叶群;冠毛基部分离,不结合,且易脱落 ………………………………………………………………………………… 香青属 *Anaphalis* DC.

4. 头状花序的小花异型;外围1层雌花为舌状;瘦果先端具冠毛 ……………… 旋覆花属 *Inula* Linn.

4. 头状花序的小花同型;雌花为管状;瘦果先端无冠毛 ………………………………………… 5

5. 两性花和雌花均结实;小花及多数;瘦果细长,先端具喙,具软骨质环状物 … 天名精属 *Carpesium* Linn.

5. 两性花7~8,不结实;雌花7~11,结实;瘦果倒椭圆状锥形,具有有柄的腺毛 …… 和尚菜属 *Adenocaulon* Hook.

向日葵族 Heliantheae

1. 头状花序单性具同形花,雌花无花冠;总苞序单性具同形花,雌花无花冠;总苞具多数钩刺 ………………………………………………………………………………… 苍耳属 *Xanthium* Linn.

1. 头状花序具异形花,雌花花冠舌状或管状,或有时无雌花而头状花序具同形花;总苞无钩刺 ………… 2

2. 舌状花宿存于瘦果上而随瘦果脱落;花序托圆锥状或圆柱状;总苞3至多层,半圆形 ………………………………………………………………………………… 百日菊属 *Zinnia* Linn.

2. 舌状花不宿存于瘦果上,或无舌状花,仅具同形的两性花;花序托通常稍凸起;总苞片1至多层,不呈半圆形 ……………………………………………………………………………… 3

3. 瘦果圆柱形或舌状花瘦果具三棱,筒状花瘦果侧面扁平 ………………………………………… 4

3. 瘦果背面稍扁平或具4棱,上部无明显的喙;冠毛具倒刺 ……………………… 鬼针草属 *Bidens* Linn.

4. 外层总苞片5,匙形,内面具腺毛,内层总苞片半包围 ………………… 豨莶属 *Siegesbeckia* Linn.

4. 外层总苞片无腺毛,内层总苞片不包围瘦果 ……………………………………………………… 5

5. 头状花序小型,舌状花白色;叶对生 ……………………………………………… 醴肠属 *Eclipta* Linn.

5. 头状花序大型,舌状花黄色;上部叶互生 ……………………………… 向日葵属 *Helianthus* Linn.

春黄菊族 Anthemieae

1. 舌状花长4~7毫米;瘦果椭圆形,具3翅,具多数纵肋 ………… 菊属 *Dendranthema* (DC.) Des Moul.

1. 舌状花长约2毫米或无;瘦果倒卵形或圆形,近无翅,无纵肋 ………………………………… 2

2. 头状花序具舌状花;瘦果倒卵形,长2~4毫米 ……………………………………… 蓍属 *Achillea* Linn.

2. 头状花序无舌状花;瘦果圆柱形,长1~1.5毫米 ………………………………… 蒿属 *Artemisia* Linn.

千里光族 Senecioneae

1. 两性花不结实;花柱不分枝;叶基生,茎生叶鳞片状 ………………………… 款冬属 *Tussilago* Linn.

1. 两性花结实;花柱先端分枝 ……………………………………………………………………… 2

2. 叶柄基部非鞘状,稀稍抱茎;花柱分枝先端截形 ……………………………………………… 3

2. 叶柄基部呈明显的鞘状抱茎;花柱分枝先端钝圆 ……………………………………………… 6

3. 子叶1枚;基部叶幼时呈伞状下垂 …………………………………… 兔儿伞属 *Syneilesis* Maxim.

3. 子叶2枚;基部叶幼时不呈伞状下垂 ……………………………………………………………… 4

4. 花黄色;总苞片8~10 ……………………………………………… 蒲儿根属 *Sinosenecio* B. Nord.

4. 花白色,稀黄色或淡紫色;总苞3~5,稀8 ……………………………………………………… 5

5. 头状花序无舌状花;根状茎细长或稍膨大,非块状 ………… 蟹甲草属 *Parasenecio* W. W. Smith et J. Small

5. 头状花序具舌状花1~3;根状茎明显膨大成块状 ………… 华蟹甲属 *Sinacalia* H. Robins. et Brettel

6. 叶边缘外卷,瘦果无毛 ………………………………………………………… 橐吾属 *Ligularia* Cass.

6. 叶边缘内卷,瘦果密被毛 ……………………………………………… 大吴风草属 *Farfugium* Lindl.

菜蓟族 Cynareae

1. 总苞片具钩状刺毛;叶无刺 ……………………………………………………… 牛蒡属 *Arctium* Linn.

1. 总苞片无钩状刺毛；叶具刺 …… 2
2. 总苞片具刺；叶具刺 …… 3
2. 总苞片无刺；叶通常无刺或短刺 …… 4
3. 冠毛有糙毛 …… 飞廉属 *Carduus* Linn.
3. 冠毛有羽状毛 …… 蓟属 *Cirsium* Mill.
4. 瘦果具15条纵肋；总苞片背面具龙骨状附片 …… 泥胡菜属 *Hemistepta* Bge.
4. 瘦果无纵肋；具4棱；总苞片无龙骨附片，冠毛1层 …… 风毛菊属 *Saussurea* DC.

帚菊木族 Mutisieae

帚菊木属 *Pertya* Sch. -Bip.

舌状花亚科 Cichorioideae

菊苣族 Cichoreae

1. 冠毛具羽状毛，花序托无托毛；瘦果具短喙 …… 毛连菜属 *Picris* Linn.
1. 冠毛具糙毛或细毛 …… 2
2. 叶基生；头状花序单生于花葶上；总苞片多层；瘦果具长喙 …… 蒲公英属 *Taraxacum* Weber
2. 具茎生叶；头状花序生于总花序梗上；总苞片1～2层；瘦果无喙 …… 3
3. 头状花序具多数小花；冠毛具较粗的直毛和极细的柔毛 …… 苦苣菜属 *Sonchus* Linn.
3. 头状花序具少数小花；冠毛仅具较粗的直毛和糙毛 …… 4
4. 瘦果扁平或少扁平，两面各具1或数条纵肋，先端具长喙或短喙 …… 翅果菊属 *Pterocypsela* Shih
4. 瘦果稍扁或圆柱形，具多条纵肋，先端截形，无喙 …… 5
5. 头状花序圆锥状；花冠筒与舌片等长或稍长；硕果圆柱形，先端截形，无喙 … 福王草属 *Prenanthes* Linn.
5. 头状花序单生于枝端或呈疏圆锥状；花冠筒较舌片短；瘦果纺锤形或圆柱形，先端狭，具喙 …… 6
6. 瘦果有10条高起的尖翅肋 …… 苦荬菜属 *Ixeris* Cass.
6. 瘦果有9～12条高起的钝纵肋 …… 小苦荬属 *Ixeridium*（A. Gray）Tzvel.

单子叶植物纲 Monocotyledoneae

三十六、沼生目 Helobiae

114. 泽泻科 Alismataceae

慈姑属 *Sagittaria* Linn.

115. 花蔺科 Butomaceae

花蔺属 *Butomus* Linn.

三十七、百合目 Liliiflorae

116. 百合科 Liliaceae

1. 攀援灌木，偶为草本；腋生伞形花序；花单性，雌雄异株 …… 菝葜属 *Smilax* Linn.
1. 草本；花两性，单生，若为花序时则非腋生伞形花序 …… 2
2. 植物地下部分不具鳞茎或球茎；有块茎，根状茎或纤维根 …… 3

2. 植物地下部分具鳞茎或球茎 ………………………………………………………………………… 15
3. 叶退化为膜质鳞片;茎变态为叶状 ………………………… 天门冬属 *Asparagus* (Tourn.) Linn.
3. 叶正常发育 ……………………………………………………………………………………………… 4
4. 叶仅1轮,生于茎顶;定生1花,绿色,无苞片 ……………………………… 重楼属 *Paris* Linn.
4. 叶基生或茎生,若仅于茎顶排列成1轮则花有苞片 ………………………………………………… 5
5. 蒴果 ……………………………………………………………………………………………………… 6
5. 浆果或浆果状 ………………………………………………………………………………………… 10
6. 叶茎生 …………………………………………………………………………………………………… 7
6. 叶基生 …………………………………………………………………………………………………… 8
7. 花序圆锥状;花药1室 ………………………………………………… 藜芦属 *Veratrum* Linn.
7. 花序伞房状或总状;花药2室 ………………………………………… 油点草属 *Tricyrtis* Wall.
8. 叶宽阔,椭圆形,较短 ……………………………………………………… 玉簪属 *Hosta* Tratt.
8. 叶线形或带状,较长 ……………………………………………………………………………………… 9
9. 花大型,4 cm以上 ………………………………………………………… 萱草属 *Hemerocallis* Linn.
9. 花小型,不及1 cm;花被合生 …………………………………………… 粉条儿菜属 *Aletris* Linn.
10. 子房下位或半下位;花梗弯曲而使花下垂 …………………… 沿阶草属 *Ophiopogon* Ker.-Gawl.
10. 子房上位;花梗直立 ………………………………………………………………………………… 11
11. 叶基生 ………………………………………………………………………………………………… 12
11. 叶茎生 ………………………………………………………………………………………………… 13
12. 叶椭圆形或长椭圆形;花茎高于叶片或与之相近;花1~2朵,顶生于花茎 … 七筋姑属 *Clintonia* Rafin.
12. 叶带状;花茎低于叶片;总状花序多花 ……………………………………… 山麦冬属 *Liriope* Lour.
13. 花或花序生于叶腋,花被合生 ……………………………………… 黄精属 *Polygonatum* Adans.
13. 花或花序生于茎顶 …………………………………………………………………………………… 14
14. 茎常分支,花较大,超过15 mm;雄蕊不生于花冠上;单生或数个排成伞形花序 …………………… ………………………………………………………………………… 万寿竹属 *Disporum* Salisb.
14. 茎常单一,花较小,不足15 mm;雄蕊着生于花冠上;常排列成总状或圆锥花序 …………………… ………………………………………………………………………… 鹿药属 *Smilacina* Desf.
15. 花排列成典型的伞形花序,花序基部具苞片 ………………………………… 葱属 *Allium* Linn.
15. 花序为总状或圆锥花序 ……………………………………………………………………………… 16
16. 叶卵形,具叶柄;鳞茎的鳞片少数 ……………………………… 大百合属 *Cardiocrinum* (Endl.) Lindl.
16. 叶线形或披针形,无柄或具短柄 ………………………………… 百合属 *Lilium* (Tourn.) Linn.

117. 薯蓣科 Dioscoreaceae

薯蓣属 *Dioscorea* Linn.

118. 雨久花科 Pontederiaceae

雨久花属 *Monochoria* Presl

119. 鸢尾科 Iridaceae

1. 花柱分枝不为花瓣状 ……………………………………………………… 射干属 *Belamcanda* Adans.
1. 花柱分支扩展为花瓣状 ……………………………………………………………… 鸢尾属 *Iris* Linn.

三十八、灯心草目 Juncales

120. 灯心草科 Juncaceae

1. 叶鞘闭合,叶缘多少具纤毛;蒴果1室,有3粒种子 …………………………… 地杨梅属 *Luzula* DG.
1. 叶鞘通常开展,叶片无毛;蒴果1室或3室,有多粒种子 ………………………… 灯心草属 *Juncus* Linn.

三十九、鸭跖草目 Commelinales

121. 鸭跖草科 Commelinaceae

1. 雄蕊6枚;叶片卵状心……………………………………………… 竹叶子属 *Streptolirion* Edgew.
1. 可育雄蕊3枚,具1~3枚退化雄蕊,叶卵状披针形 ………………………… 鸭跖草属 *Commelina* Linn.

四十、禾本目 Poales

122. 禾本科 Gramineae

1. 秆一般为木质,多年生;秆箨与叶鞘有区别,箨叶缩小,通常无显著的中脉;普通叶片具短柄,与叶鞘相连处成一关节 …………………………………………………………………… 竹亚科 Bambusoideae
1. 秆一般为草质,秆箨与叶鞘通常无区别(箨叶即普通叶片);叶片有显著的中脉,通常没有叶柄,也不予叶鞘形成关节……………………………………………………………………… 禾亚科 Pooideae

竹亚科 Bambusoideae

1. 秆圆筒形 ……………………………………………………………………………… 2
1. 秆在分枝的一侧扁平或具有明显的沟槽 ……………………… 刚竹属 *Phyllostachys* Sieb. et Zucc.
2. 秆每节1~3分枝,叶片大型(25cm以上) ………………………………… 箬竹属 *Indocalamus* Nakai
2. 秆每节具3至多数分枝,叶片小型或中型(20cm以下) ………………………………………… 3
3. 箨环微隆起,秆环不隆起;花枝生于叶枝顶端,外稃先端渐尖呈芒状 …………… 箭竹属 *Fargesia* Franch.
3. 箨环,秆环均不隆起;花枝生于叶枝下部各节,外稃先端急尖,不成芒尖 ……………………………………………………………………………… 巴山木竹属 *Bashania* Keng f. et Yi

禾亚科 Pooideae

1. 小穗含多花,通常两侧压扁,脱节于颖上;不孕花位于成熟花之上,偶有位于成熟花之上下两端;小穗轴大部分延伸至上部花或成熟花的内稃之后而形成1细柄或1个刺状毛 ………………………… 2
1. 小穗含2花或仅含1花,背腹压扁或呈圆筒形,脱节于颖下(*Arundinella* 可例外),不孕花若存在则位于成熟花之下端,小穗轴不延伸,故在成熟花之内稃后方没有细柄或刚毛存在 ……………… 6
2. 小穗无柄或几乎无柄,排列成穗状花序或穗形总状花序 …………………………………… 3
2. 小穗具柄,稀无柄或近无柄,排列成开展或收缩的圆锥花序 ……………………………… 4
3. 小穗位于穗轴的两侧,穗状或复穗状花序顶生,单纯,稀分枝 ……………………… 小麦族 Triticeae
3. 小穗位于穗轴一侧,且沿穗轴作覆瓦状排列为1~2行,多个或仅一个穗状花序或穗形总状花序再沿一主轴形成圆锥、总状或指状等复合花序 ………………………………… 虎尾草族 Chlorideae
4. 小穗通常1花(在 *Deyeuxla* 中含有2花),外稃具1~5脉 ………………………… 翦股颖族 Agrostideae
4. 小穗通常含2至多数花,如为1花时,其外稃具数脉乃至多数脉 …………………………………… 5

5. 第二颖大都等长或较长于第一花(在 *Trisetum* 中可稍短),芒如存在则大多膝曲而基部扭转,通常位于外释之背部或2裂片之间 ………………………………………………………………………… 燕麦族 Aveneae
5. 第二颖通常短于第一花(在 *Poa* 及 *Phragmites* 中可例外),芒如存在则伸直,稀可反曲但绝不扭转,通常自外稃顶端或裂齿间伸出,有时也可位于2裂隙之稍下方但不位于外稃之背部 ……… 狐茅族 Festuceae
6. 第二花之稃体通常质地坚韧,较其颖为厚 ………………………………………………………………… 7
6. 所有稃体均为膜质或透明的薄膜质,较颖为薄 …………………………………………………………… 8
7. 小穗单生或孪生,脱节于颖之下,第二花之外稃通常无芒,基盘无毛 …………………… 黍族 Paniceae
7. 小穗成对,脱节于颖上;成熟花外稃常具芒,基盘常有毛 ………………………… 野古草族 Arundinelleae
8. 小穗通常仅含1花,第一颖常微小或退化而缺如,为穗状或穗形总状花序 ………… 结缕草族 Zoysieae
8. 小穗含2花,下方之1小花通常退化,第一颖通常最长 ……………………………… 蜀黍族 Andropogoneae

狐茅族 Festuceae

1. 外稃基盘细长如柄状,其上具有丝状的细长毛;植株高大 ……………………… 芦苇属 *Phragmites* Trin.
1. 外稃基盘短小,非细柄状,通常无毛;植株通常小型 ……………………………………………………… 2
2. 外稃1~3脉,脉通常明显;颖果小型,先端无喙,成熟后通常包藏于稃体内 ………………………………
………………………………………………………………………………………… 画眉草属 *Eragrostis* Beauv.
2. 外稃5至多脉(Bromus 中有3脉),脉通常不明显 …………………………………………………………… 3
3. 小穗紧密,覆瓦状排列,再聚为多球状的圆锥花序 ……………………………………… 鸭茅属 *Dactylis* Linn.
3. 小穗开展,不为覆瓦状排列,再聚为圆锥花序,稀为总状花序 ……………………………………………… 4
4. 外稃3~5脉,叶鞘边缘互相覆盖但不结合 ………………………………………………………………… 5
4. 外稃5~9脉(*Bromus* 中有3脉),叶鞘全部或仅下部结合 ……………………………………………… 6
5. 外稃先端具芒,各脉于顶端汇合 ……………………………………………………… 羊茅属 *Festuca* Linn.
5. 外稃先端膜质,全缘,无芒,背部具脊,各脉平行,在顶端微汇合;花柱存在 ………… 早熟禾属 *Poa* Linn.
6. 子房先端具糙毛,颖果与内稃不分离;叶鞘闭合 ……………………………………… 雀麦属 *Bromus* Linn.
6. 子房先端无毛,颖果与稃体分离,小穗顶端有不育外稃形成的小球 ………………… 臭草属 *Melica* Linn.

小麦族 Triticeae

1. 小穗通常以2至数枚共生于穗轴每节之上 ……………………………………………………………………… 2
1. 小穗通常单生于穗轴每节之上,小穗成熟时脱节于颖上,小穗轴从各小花之间折断 ……………………
……………………………………………………………………………………… 鹅观草属 *Roegneria* C. Koch.
2. 颖缺如或极微小,有时可成芒状或锥状 ……………………………………………… 猬草属 *Hystrix* Moench.
2. 颖存在,小穗含2至数花,穗轴延续而不断落 ………………………………………… 披碱草属 *Elymus* Linn.

虎尾草族 Chlorideae

1. 小穗脱节于颖上 ……………………………………………………………………………………………… 2
1. 小穗脱节于颖下,小穗轴不延伸 …………………………………………………… 茵草属 *Beckmannia* Host.
2. 小穗含两性花2至数朵 ……………………………………………………………………………………… 3
2. 小穗通常含两性花1朵 ……………………………………………………………………………………… 4
3. 穗状花序单独1枚,顶生;外稃具1~3芒 ……………………………… 草沙蚕属 *Tripogon* Roem. et Schult.
3. 穗状花序2至数枚,散生于1主轴之上,呈指状排列;外稃无芒 ……………………… 穇属 *Eleusine* Gaertn.
4. 外稃无芒 ………………………………………………………………………………… 狗牙根属 *Cynodon* Rich.
4. 外稃具芒 ………………………………………………………………………………… 虎尾草属 *Chloris* Swartz.

燕麦族 Aveneae

1. 小穗长不及1 cm;子房无毛;颖果无腹沟且与稃体分离 ……………………………… 三毛草属 *Trisetum* Pers.
1. 小穗长超过1 cm;子房有毛;颖果有腹沟且不与稃体分离 ……………………………… 燕麦属 *Avena* Linn.

剪股颖族 Agrostideae

1. 两颖不等长,通常第一颖多少短于外稃 ……………………………………………………………………… 2

1. 两颖等长,或稍长于外稃 …… 3
2. 小穗脱节于颖下,背腹压扁;颖果成熟后外露 …… 显子草属 *Phaenosperma* Munro ex Benth. et Hook. f.
2. 小穗脱节于颖上,外稃顶生1细长芒;颖果成熟后不外露 …… 乱子草属 *Muhlenbergia* Schreb
3. 外稃质薄于颖,膜质 …… 4
3. 外稃质厚于颖,至少在其背部较颖坚硬,无芒,无显著的基盘 …… 粟草属 *Milium* Linn.
4. 小穗脱节于颖下 …… 5
4. 小穗脱节于颖上 …… 6
5. 两颖基部及外稃基部之两边缘互相结合,内稃缺如;圆锥花序紧密呈穗状或圆筒形,颖无芒 ……
…… 看麦娘属 *Alopecurus* Linn.
5. 两颖基部及外稃基部之两边缘互相分离,内稃存在,颖具芒 …… 棒头草属 *Polypogon* Desf.
6. 圆锥花序开展或收缩;花柱短小或缺如,柱头作扫帚状,开花时在花的侧方伸出,颖上部具脊,先端尖锐或钝圆 …… 7
6. 圆锥花序紧密呈圆柱形;花柱长,柱头细长,开花时在花的顶端露出;颖两侧压扁,具脊,其上具纤毛,先端具芒或小尖头 …… 梯牧草属 *Phleum* Linn.
7. 小穗轴延伸于内稃之后,其上具纤毛;外稃草质或膜质但不透明 …… 野青茅属 *Deyeuxia* Clar.
7. 小穗轴不延伸于内稃之后,外稃通常膜质而透明 …… 8
8. 外稃之基盘有长纤毛 …… 拂子茅属 *Calamagrostis* Adans.
8. 外稃之基盘平滑、无毛或仅有微毛 …… 剪股颖属 *Agrostis* Linn.

黍族 Paniceae

1. 花序中有不育小枝形成的刚毛 …… 2
1. 花序中无不育小枝,且小穗排列于穗轴之一侧,形成穗状或穗形总状花序,此花序通常再作指状排列 ……
…… 3
2. 小穗脱落时,附于其下的刚毛依然存在 …… 狗尾草属 *Setaria* Beauv.
2. 小穗脱落时,附于其下的刚毛随之脱落 …… 狼尾草属 *Pennisetum* Rich.
3. 第二外稃为软骨质有弹性,边缘透明质薄,大部分覆盖内稃使其露出较少 ……
…… 马唐属 *Digitaria* Heist. ex Fabricius
3. 第二外稃为骨质或革质,多少坚硬,通常具较狭窄内卷之边缘,使内稃露出较多 …… 4
4. 颖及第一外稃先端有芒 …… 5
4. 颖及第一外稃先端无芒 …… 6
5. 颖上具芒,第一颖之芒最长;秆基部偃卧;叶片较宽,质薄 …… 求米草属 *Oplismenus* Beauv.
5. 颖上无芒,第一外稃上具芒或芒状尖头;叶无显著叶舌 …… 稗属 *Echinochloa* Beauv.
6. 小穗基部具有一个环状或球状的基盘;第二外稃背着穗轴而生 …… 野黍属 *Eriochloa* Kunth
6. 小穗基部无环状或球状的基盘;第二外稃对着穗轴而生 …… 雀稗属 *Paspalum* Linn.

野古草族 Arundinelleae

野古草属 *Arundinella* Raaddi

结缕草族 Zoysieae

锋芒草属 *Tragus* Scop.

蜀黍族 Andropogoneae

1. 叶片披针形或卵状披针形;第一颖表面有瘤状突起 …… 荩草属 *Arthraxon* Beauv.
1. 叶片线形或带状;第一颖表面有瘤状突起 …… 2
2. 每一总状花序下部有1个佛焰苞,单生或聚集成束而生与叶腋 …… 菅属 *Themeda* Forsk.
2. 总状花序下部无佛焰苞,顶生 …… 3
3. 由数个总状花序形成顶生的圆锥花序;小穗常具芒 …… 芒属 *Miscanthus* Anderss.
3. 由数个穗状花序(Triarrhena Nakai 为总状花序)形成顶生的圆锥花序;小穗常无芒 …… 4

4. 大型草本;雄蕊3枚 …………………………………………………………… 白茅属 *Imperata* Gyrillo
4. 小型草本;雄蕊2枚 …………………………………………………………… 荻属 *Triarrhena* Nakai

四十一、棕榈目 Palmales

123. 棕榈科 Palmae

棕榈属 *Trachycarpus* H. Wendl.

四十二、佛焰花目 Spathiflorae

124. 天南星科 Araceae

1. 单叶;肉穗花序上雌花与雄花远离,顶端有延伸的附属物 ………………… 犁头尖属 *Typhonium* Schoot
1. 复叶,具3个或3个以上小叶 …………………………………………………………… 2
2. 雌雄异株 …………………………………………………………… 天南星属 *Arisaema* Mart.
2. 雌雄同株 …………………………………………………………………………… 3
3. 小型草本;佛焰苞顶端闭拢,绿色 …………………………………… 半夏属 *Pinellia* Tenore
3. 大型草本;佛焰苞钟状开展或纵卷,紫色 ……………………………… 魔芋属 *Amorphophallus* Spreng.

125. 浮萍科 Lemnaceae

1. 每片叶状体着生1条根,下面绿色或具褐色条纹 ………………………… 浮萍属 *Lemna* Linn.
1. 每片叶状体着生数条根,下面通常红色 ……………………………… 紫萍属 *Spirodela* Schleid.

四十三、露兜树目 Pandanales

126. 香蒲科 Typhaceae

香蒲属 *Typha* Linn.

四十四、莎草目 Cyperales

127. 莎草科 Cyperaceae

1. 花单性;雌雄异株 …………………………………………………… 薹草属 *Carex* Linn.
1. 花两性 …………………………………………………………………………… 2
2. 鳞片螺旋状排列;小穗圆形;下位刚毛存在或缺乏 ……………………………… 3
2. 鳞片两行排列;小穗扁;无下位刚毛 ………………………………………………… 4
3. 花柱基部不膨大,与小坚果成连续状,无区别;下位刚毛6条,较粗,不分生 ……… 藨草属 *Scirpus* Linn.
3. 花柱基部膨大,明显与小坚果区别;花被不存在;小穗多数 …………………… 飘拂草属 *Fimbristylis* Vahl
4. 小穗无关节,小穗不脱落 ……………………………………………………………… 5
4. 小穗基部具关节,小穗常与鳞片一同脱落 ………………………………………… 7
5. 柱头3个;小坚果三棱形 ………………………………………………… 莎草属 *Cyperus* Linn.
5. 柱头2个;小坚果双凸状,平凸或凹凸状 ……………………………………………… 6

6. 小坚果背腹压扁,宽面对小穗轴……………………………………… 水莎草属 *Juncellus*(Griseb.)Glarke
6. 小坚果两侧压扁,狭侧对小穗轴 ……………………………………… 扁莎草属 *Pycreus* Beauv.
7. 柱头3个;小坚果三棱形;宽面对小穗轴 ……………………………… 砖子苗属 *Mariscus* Gaertn.
7. 柱头2个;小坚果双凸状,平凸或凹凸状 ……………………………… 水蜈蚣属 *Kyllinga* Rottb.

四十五、姜目 Zingiberales

128. 姜科 Zingiberaceae

姜属 *Zingiber* Adans

四十六、微子目 Orchidales

129. 兰科 Orchidaceae

1. 腐生植物;叶退化为鳞片状或鞘状,非绿色 ……………………………………………… 2
1. 非腐生植物;具有绿色的叶 ……………………………………………………………… 5
2. 攀援植物;大型圆锥花序;蒴果2 cm以上 ……………………………… 山珊瑚属 *Galeola* Lour.
2. 直立植物;总状花序;蒴果2 cm以下 ……………………………………………………… 3
3. 植株大型,达到35 cm以上;根状茎块状;花被片合生成筒状,唇瓣很小,贴生于花被筒上 ……………………………………………………………………………… 天麻属 *Gastrodia* R. Br.
3. 植株小型,不足35 cm;根状茎不为块状;花被片离生 ……………………………………… 4
4. 具鸟巢状纤维根;唇瓣较萼片长,上面不具褶片;蒴果近直立 ……………… 鸟巢兰属 *Neottia* Ludwig
4. 具珊瑚状肉质根状茎;唇瓣较萼片或花萼短,上面近基部有2枚肉质褶片;蒴果下垂 ……………………………………………………………………………… 珊瑚兰属 *Corallorhiza*(Hall.)Chat.
5. 可育雄蕊2枚;唇瓣呈囊状 ……………………………………………… 杓兰属 *Cypripedium* Linn.
5. 可育雄蕊1枚;唇瓣不呈囊状 ……………………………………………………………… 6
6. 唇瓣无距 …………………………………………………………………………………… 7
6. 唇瓣有距 …………………………………………………………………………………… 15
7. 叶互生或对生,在茎中部有正常的叶 ………………………………………………………… 8
7. 叶几乎基生,在茎中部无正常的叶 ………………………………………………………… 10
8. 叶通常2枚,对生,位于植株中部至近上部 ……………………………… 对叶兰属 *Listera* R. Br.
8. 叶明显互生 ………………………………………………………………………………… 9
9. 花直立,即与花序轴近平行;叶较小,宽2 cm以下 ……………………… 头蕊兰属 *Cephalanthera* Rich.
9. 花平展,即与花序轴近垂直;叶较大,宽2 cm以上 ……………………… 火烧兰属 *Epipactis* Adans.
10. 叶剑形,长50 cm以上 ……………………………………………………… 兰属 *Cymbidium* Sw.
10. 叶不为剑形,长不足50 cm ……………………………………………………………… 11
11. 叶4~5片;花茎具鞘;花序呈螺旋状旋转 ……………………………… 绶草属 *Spiranthes* Rich.
11. 叶1~3片 ………………………………………………………………………………… 12
12. 花着生于花序轴之一侧 …………………………………………………… 杜鹃兰属 *Cremastra* Lindl.
12. 花着生于花序轴之两侧 ………………………………………………………………… 13
13. 总状花序具多数花,通常25朵以上 ……………………………………… 沼兰属 *Malaxis* Sw.
13. 总状花序具少多数花,通常20朵以下 ………………………………………………… 14
14. 唇瓣不裂或微裂 ………………………………………………………… 羊耳蒜属 *Liparis* Rich.

14. 唇瓣3裂 …………………………………………………………………………………… 山兰属 *Oreorchis* Lindl.
15. 叶1片,花单生 ……………………………………………………………………… 布袋兰属 *Calypso* Salisb.
15. 叶1~5片,花排列成花序 ………………………………………………………………………………… 16
16. 唇瓣舌状,肉质,不分裂 ………………………………………………………… 舌唇兰属 *Platanthera* Rich.
16. 唇瓣非肉质 ……………………………………………………………………………………………… 17
17. 叶长10 cm以上,植株大型 ……………………………………………………… 虾脊兰属 *Calanthe* R. Br.
17. 叶长不及10 cm,植株小型 ………………………………………………………………………………… 18
18. 唇瓣4裂、3裂或不裂 ……………………………………………………………… 红门兰属 *Orchis* Linn.
18. 唇瓣3裂,但中央裂片较小,仅为一个小突尖 ………………………………… 凹舌兰属 *Coeloglossum* Hartm.

附录3

火地塘常见维管植物名录

蕨类植物门 Pteridophyta

一、卷柏目 Selaginellalse

1. 卷柏科 Selaginellaceae

1.1 卷柏属 *Selaginella* Spring

蔓出卷柏 *Selaginella davidii* Franch.

兖州卷柏 *Selaginella involvens* (Sw.) Spring

伏地卷伯 *Selaginella nipponica* Franch. et Sav.

地卷伯 *Selaginella prostrata* H. S. Kung

旱生卷柏 *Selaginella stauntoniana* Spring

鞘舌卷柏 *Selaginella vaginata* Spring

二、木贼目 Equisetales

2. 木贼科 Equisetaceae

2.1 木贼属 *Equisetum* Linn.

问荆 *Equisetum arvense* Linn.

木贼 *Equisetum hyemale* Linn.

节节草 *Equisetum ramosissimum* Desf.

三、瓶尔小草目 Ophioglossales

3. 阴地蕨科 Botrychiaceae

3.1 假阴地蕨属 *Botrypus* Michx.

蕨萁 *Botrypus virginianus* (Linn.) Holub

4. 瓶尔小草科 Ophioglossaceae

4.1 瓶尔小草属 *Ophioglossum* Linn.

心叶瓶尔小草 *Ophioglossum reticulatum* Linn.

四、紫萁目 Osmundales

5. 紫萁科 Osmundaceae

5.1 紫萁属 *Osmunda* L.

紫萁 *Osmunda japonica* Thunb.

五、真蕨目 Eufilicales

6. 膜蕨科 Hymenophyllaceae

6.1 膜蕨属 *Hymenophyllum* Sm.

华东膜蕨 *Hymenophyllum barbatum* (Bosch) Bak.

7. 碗蕨科 Dennstaedtiaceae

7.1 碗蕨属 *Dennstaedtia* Bernh.

溪洞碗蕨 *Dennstaedtia wilfordii* (Moore) Christ

8. 蕨科 Pteridiaceae

8.1 蕨属 *Pteridium* Scopoli

蕨 *Pteridium aquilinum* var. *latiusculum* (Desv.) Underw.

9. 凤尾蕨科 Pteridaceae

9.1 凤尾蕨属 *Pteris* Linn.

凤尾蕨 *Pteris cretica* var. *nervosa* (Thunb.) Ching et Wu

狭叶凤尾蕨 *Pteris henryi* Christ

井栏边草 *Pteris multifida* Poir.

10. 中国蕨科 Sinopteridaceae

10.1 金粉蕨属 *Onychium* Kaulf.

野雉尾金粉蕨 *Onychium japonicum* (Thunb.) Kze.

10.2 粉背蕨属 *Aleuritopteris* Fée

银粉背蕨 *Aleuritopteris argentea* (Gmél.) Fée

陕西粉背蕨 *Aleuritopteris shensiensis* Ching

10.3 碎米蕨属 *Cheilosoria* Trev.

毛轴碎米蕨 *Cheilosoria chusana* (Hook.) Ching et Shing

11. 铁钱蕨科 Adiantaceae

11.1 铁钱蕨属 *Adiantum* Linn.

白背铁线蕨 *Adiantum davidii* Franch.

普通铁线蕨 *Adiantum edgeworthii* Hook.

肾盖铁线蕨 *Adiantum erythrochlamys* Diels

12. 裸子蕨科 Hemionitidaceae

12.1 金毛裸蕨属 *Gymnopteris* Bernh.

川西金毛裸蕨 *Gymnopteris bipinnata* Christ

耳形川西金毛裸蕨 *Gymnopteris bipinnata var. auriculata*(Franch.) Ching

12.2 凤丫蕨属 *Coniogramme* Fée

普通凤丫蕨 *Coniogramme intermedia* Hieron.

紫柄凤丫蕨 *Coniogramme sinensis* Ching

13. 蹄盖蕨科 Athyriaceae

13.1 羽节蕨属 *Gymnocarpium* Newman

东亚羽节蕨 *Gymnocarpium oyamense* (Bak.) Ching

13.2 假冷蕨属 *Pseudocystopteris* Ching

大叶假冷蕨 *Pseudocystopteris atkinsoni* (Bedd.) Ching

假冷蕨 *Pseudocystopteris spinulosa* (Maxim.) Ching

三角叶假冷蕨 *Pseudocystopteris subtriangularis* (Hook.) Ching

13.3 蛾眉蕨属 *Lunathyrium* Koidz.

陕西蛾眉蕨 *Lunathyrium giraldii* (Christ) Ching

河北蛾眉蕨 *Lunathyrium vegetius*(Kitagawa) Ching

13.4 介蕨属 *Dryoathyrium* Ching

中华介蕨 *Dryoathyrium chinense* Ching

陕甘介蕨 *Dryoathyrium confusum* Ching et Hsu

朝鲜介蕨 *Dryoathyrium coreanum* (Christ) Tagawa

13.5 蹄盖蕨属 *Athyriun* Roth

麦秆蹄盖蕨 *Athyrium fallaciosum* Milde

中华蹄盖蕨 *Athyrium sinense* Rupr.

14. 金星蕨科 Thelypteridaceae

14.1 卵果蕨属 *Phegopteris* Fée

卵果蕨 *Phegopteris connectilis* (Michx.) Watt

延羽卵果蕨 *Phegopteris decursive-pinnata* (van Hall) Fée

15. 铁角蕨科 Aspleniaceae

15.1 铁角蕨属 *Asplenium* Linn.

宝兴铁角蕨 *Asplenium moupinense* Franch.

北京铁角蕨 *Asplenium pekinense* Hance

钝齿铁角蕨 *Asplenium subvarians* Ching ex C. Chr.

铁角蕨 *Asplenium trichomanes* Linn.

16. 睫毛蕨科 Pleurosoriopsidaceae

16.1 睫毛蕨属 *Pleurosoriopsis* Fomin

睫毛蕨 *Pleurosoriopsis makinoi* (Maxim.) Fomin

17. 球子蕨科 Onocleaceae

17.1 荚果蕨属 *Matteuccia* Todaro

荚果蕨 *Mattenccia struthiopteris* (Linn.) Todaro

东方荚果蕨 *Matteuccia orientalis* (Hook.) Trev.

中华荚果蕨 *Matteuccia intermedia* C. Chr.

18. 岩蕨科 Woodsiaceae

18.1 岩蕨属 *Woodsia* R. Br.

耳羽岩蕨 *Woodsia polystichoides* Eaton

19. 鳞毛蕨科 Dryopteridaceae

19.1 贯众属 *Cyrtomium* Presl

贯众 *Cyrtomium fortunei* J. Sm.

19.2 耳蕨属 *Polystichum* Roth

小狭叶芽胞耳蕨 *Polystichum atkinsoni* Bedd.

喜马拉雅耳蕨 *Polystichum brachypterum* (Kuntze) Ching

鞭叶耳蕨 *Polystichum craspedosorum* (Maxim.) Diels

革叶耳蕨 *Polystichum neolobatum* Nakai

宁陕耳蕨 *Polystichum ningshenense* Ching et Hsu

秦岭耳蕨 *Polystichum submite* (Christ) Diels

19.3 鳞毛蕨属 *Dryopteris* Adanson

半岛鳞毛蕨 *Dryopteris peninsulae* Kitag.

川西鳞毛蕨 *Dryopteris rosthornii* (Diels) C. Chr.

两色鳞毛蕨 *Dryopteris setosa* (Thunb.) Akasawa

半育鳞毛蕨 *Dryopteris sublacera* Christ

20. 水龙骨科 Polypodiaceae

20.1 水龙骨属 *Polypodiodes* Ching

中华水龙骨 *Polypodiodes chinensis*(Christ) S. G. Lu

20.2 瓦韦属 *Lepisorus* Ching

扭瓦韦 *Lepisorus contortus* (Christ) Ching

有边瓦韦 *Lepisorus marginatus* Ching

20.3 石蕨属 *Saxiglossum* Ching

石蕨 *Saxiglossum angustissimum* (Gies.) Ching

20.4 石韦属 *Pyrrosia* Mirbel

华北石韦 *Pyrrosia davidii* (Bak.) Ching

毡毛石韦 *Pyrrosia drakeana* (Franch.) Ching

有柄石韦 *Pyrrosia petiolosa* (Christ) Ching

20.5 假瘤蕨属 *Phymatopteris* Pic. Serm.

陕西假瘤蕨 *Phymatopteris shensiensis* (Christ) Pic.

裸子植物门 Gymnospermae

1. 松科 Pinaceae

1.1 冷杉属 *Abies* Mill.

秦岭冷杉 *Abies chensiensis* Van Tieghem

巴山冷杉 *Abies fargesii* Franch.

1.2 铁杉属 *Tsuga* Carr.

铁杉 *Tsuga chinensis* (Fr.) Pritz.

1.3 云杉属 *Picea* Dietr.

青杆 *Picea wilsonii* Mast.

云杉 *Picea asperata* Masters

1.4 落叶松属 *Larix* Mill.

日本落叶松 *Larix kaempferi* (Lamb) Carr.

黄花落叶松 *Larix olgensis* Henry

华北落叶松 *Larix principis-rupprechtii* Mayr.

1.5 松属 *Pinus* Linn.

油松 *Pinus tabulieformis* Carr.

华山松 *Pinus armandii* Franch.

马尾松 *Pinus massoniana* Lamb.

樟子松 *Pinus sylvestris* var. *mongolica* Litv.

2. 杉科 Taxodiaceae

2.1 杉木属 *Cunninghamia* R. Br.

杉木 *Cunninghamia lanceolata* (Lamb.) Hook.

2.2 水杉属 *Metasequoia* Miki ex Hu et Cheng

水杉 *Metasequoia glyptostroboides* Hu et Cheng

3. 柏科 Cupressaceae

3.1 圆柏属 *Sabina* Mill.

高山柏 *Sabina Squamata* (Buch. -hamilt.) Ant.

4. 三尖杉科 Cephalotaxaceae

4.1 三尖杉属 *Cephalotaxus* Sieb. et Zuce. ex Endl.

粗榧 *Cephalotaxus sinensis* (Rehd. et Wils.) Li

5. 红豆杉科 Taxaceae

5.1 红豆杉属 *Taxus* Linn.

红豆杉 *Taxus chinensis* (Pilg.) Rehd.

被子植物门 Angiospermae
双子叶植物纲 Dicotyledoneae
原始花被亚纲 Archichlamydeae

一、胡桃目 Juglandales

1. 胡桃科 Juglandaceae

1.1 枫杨属 *Pterocarya* Kunth

甘肃枫杨 *Pterocarya macroptera* Batal.

a. 甘肃枫杨(原变种) *Pterocarya macroptera* Batal. var. *macroptera*

b. 华西枫杨(变种) *Pterocarya macroptera* Batal. var. *insignis* (Rehd. & Wils.) W. E. Manning

枫杨 *Pterocarya stenoptera* C. DC.

湖北枫杨 *Pterocarya hupehensis* Skan

1.2 胡桃属 *Juglans* Linn.

胡桃 *Juglans regia* Linn.

胡桃楸 *Juglans mandshurica* Maxim.

1.3 化香树属 *Platycarya* Sieb. et Zucc.

化香树 *Platycarya strobilacea* Sied. et Zucc.

二、杨柳目 Salicales

2. 杨柳科 Salicaceae

2.1 柳属 *Salix* Linn.

黄花柳 *Salix caprea* linn.

甘肃柳 *Salix kansuensis* K. S. Hao

红皮柳 *Salix sinopurpurea* C. Wang et Ch. Y. Yang

腺柳 *Salix chaenomeloides* Kimura

筐柳 *Salix linearislipularis* (Fianch.) Hao

小叶柳 *Salix hypoleuca* Seemen

银背柳 *Salix ernesti* Schneid.

秦岭柳 *Salix alfredii Goerz ex Rehder & koobuski*

2.2 杨属 *Populus* Linn.

响叶杨 *Populus adenopoda* Maxim.

冬瓜杨 *Populus purdomii* Rehd.

椅杨 *Populus wilsonii* Schneid.

山杨 *Populus davidiama* Dode

三、壳斗目 Fagales

3. 桦木科 Betulaceae

3.1 桦木属 *Betula* Linn.

糙皮桦 *Betula utilis* D. Don.

红桦 *Betula albosinensis* Burk.

亮叶桦 *Betula luminifera* H. Winkl.

香桦 *Betula insignis* Franch.

坚桦 *Betula chinensis* Maxim.

3.2 榛属 *Corylus* Linn.

华榛 *Corylus chinensis* Franch.

藏刺榛(变种) *Corylus ferox* Wall. var. *thibetica* Franch.

榛 *Corylus heterophylla* Fisch. ex Trautv.

a. 榛(原变种)*Corylus heterophylla* Fisch. ex Trautv. var. *heterophylla*

b. 川榛(变种)*Corylus heterophylla* Fisch. ex Trautv. var. *sutchuenensis* Franch.

披针叶榛 *Corylus fargesii* Schneid.

毛榛 *Corylus mandshurica* Maxim. et Rupr.

3.3 鹅耳枥属 *Carpinus* Linn.

昌化鹅耳枥 *Carpinus tschonoskii* Maxim.

千金榆 *Carpinus cordata* Blume

a. 千金榆(原变种)*Carpinus cordata* Blume var. *cordada*

b. 华千金榆(变种)*Carpinus cordata* Blume var. *chinensis* Franch.

多脉鹅耳枥 *Carpinus polyneura* Franch.

鹅耳枥 *Carpinus turczaninowii* Hance

雷公鹅耳枥 *Carpinus viminea* Wall.

3.4 铁木属 *Ostrya* Scop.

铁木 *Ostrya japonica* Sarg.

4. 壳斗科 Fagaceae

4.1 栎属 *Quercus* Linn.

锐齿槲栎(变种)*Quercus aliena* var. *acuteserrata* Maxim.

枹栎 *Quercus serrata* Thunb.

a. 枹栎(原变种)*Quercus serrata* Thunb. var. *sertata*

b. 短柄枹栎(变种)*Quercus serrata* Thunb. var. *brevipetiolata*(A. DC.)Nakai

青树栎 *Quercus lanceolata* S. Z. Qu et W. H. Zhang

槲树 *Quercus dentata* Thunb.

刺叶高山栎 *Quercus spinosa* David. ex Franch.

尖叶栎 *Quercus oxyphylla* Hand-Mzt.

巴东栎 *Quercus engleriana* Seem.

栓皮栎 *Quercus variabilis* Bl.

麻栎 *Quercus acutissima* Carruth.

槲栎 *Quercus aliena Blume*

橿子栎 *Quercus baronii skan*

4.2 青冈属 *Cyclobalanopsis* Oerst.

青冈 *Cyclobalanopsis glauca*(Thunb.)Oerst.

短星毛青冈 *Cyclobalanopsis breviradiata* Cheng ex Hsu et Jen

小叶青冈 *Cyclobalanopsis myrsinaefolia* Oerst.

多脉青冈 *Cyclobalanop multinervis* Cheng

曼青冈 *Cyclobalanopsis oxyodon*(Miq.)Oerst.

4.3 栗属 *Castanea* Mill.

栗 *Castanea mollissima* Blume

四、荨麻目 Urticales

5. 榆科 Ulmaceae

5.1 榆属 *Ulmus* Linn.

大果榆 *Ulmus macrocarpa* Hance

黑榆 *Ulmus davidiana* Planch.

榔榆 *Ulmus parvifolia* Jacq.

兴山榆 *Ulmus bergmanniana* Schneid.

a. 兴山榆(原变种)*Ulmus bergmanniana* Schneid. var. *bergmanniana*

b. 蜀榆(变种)*Ulmus bergmanniana* Schneid. var. *lasiophylla* Schneid.

5.2 朴属 *Celtis* Linn.

紫弹树 *Celtis biondii* Pamp.

大叶朴 *Celtis koraiensis* Nakai

朴树 *Celtis sinensis* Pers.

黑弹树 *Celtis bungeana* Bl.

珊瑚朴 *Celtis julianae* Scheid.

5.3 榉属 *Zelkova* Spach

大叶榉树 *Zelkova schneideriana* Hand. -Mzt.

光叶榉 *Zelkova serrata*(Thunb.)Nak.

5.4 青檀属 *Pteroceltis* Maxim.

青檀 *Pteroceltis tatarinowii* Maxim.

6. 杜仲科 Eucommiaceae

6.1 杜仲属 *Eucommia* Oliv.

杜仲 *Eucommia ulmoides* Oliv.

7. 桑科 Moraceae

7.1 桑属 *Morus* Linn.

蒙桑 *Morus mongolica*(Bureau)Schneid.

桑 *Morus alba* Linn.

鸡桑 *Morus australis* Poir.

华桑 *Morus cathayana* Hemsl.

7.2 柘属 *Cudrania* Trec.

柘 *Cudrania tricuspidata* (*Carr.*)Bur. ex Lavall.

7.3 无花果属 *Ficus* Linn.

异叶榕 *Ficus heteromorpha* Hemsl.

珍珠莲(变种)*Ficus sarmentosa* Buch. -Ham. et. J. E. Smith var. *henryi*(King)Coin.

无花果 *Ficus carica* Linn.

7.4 构属 *Broussonetia* L'Herit. ex Vent.

构树 *Broussonetia papyrifera*(Linn.)L'Herit. ex Vent.

8. 荨麻科 Urticaceae

8.1 苎麻属 *Boehmeria* Jacq.

悬铃叶苎麻 *Boehmeria tricuspis*(Hance)Makino

细野麻 *Boehmeria gracilis* C. H. Wright

苎麻 *Boehmeria nivea*(Linn.)Gaud.

8.2 艾麻属 *Laportea* Gaudich.

珠芽艾麻 *Laportea bulbifera*(Sieb. et Zucc.)Wedd.

a. 珠芽艾麻(原亚种)*Laportea bulbifera* (Sieb. et Zucc.)Wedd.

b. 螫麻(亚种)*Laportea bulbifera* (Sieb. et Zucc.) Wedd. subsp. *dielsii*(Pamp.)C. J. Chen

艾麻 *Laportea cuspidata*(Wedd.)Friis

8.3 荨麻属 *Urtica* Linn.

宽叶荨麻 *Urtica laetevirens* Maxim.

8.4 冷水花属 *Pilea* Lindl.

透茎冷水花 *Pilea pumila*(Linn.)A. Gray

山冷水花 *Pilea japonica*(Maxim.)Hand. -Mzt.

8.5 糯米团属 *Gonostegia* Turcz.

糯米团 *Gonostegia hirta*(Blume)Miq.

五、檀香目 Santalales

9. 檀香科 Santalaceae

9.1 米面蓊属 *Buckleya* Torr.

米面蓊 *Buckleya lanceolata* Miq.

10. 桑寄生科 Loranthaceae

10.1 钝果寄生属 *Taxillus* van Tiegh.

毛叶钝果寄生 *Taxillus nigrans*(Hance)Danser

10.2 槲寄生属 *Viscum* Linn.

槲寄生 *Viscum coloratum*(Komar.)Nakai

10.3 栗寄生属 *Korthalsella* van Tiegh.

栗寄生 *Korthalsella japonica*(Thunb.)Engl.

六、蛇菰目 Balanophorles

11. 蛇菰科 Balanophoraceae

11.1 蛇菰属 *Balanophora* Forst

宜昌蛇菰 *Balanophora henryi* Hemsl.

七、蓼目 Polygonales

12. 蓼科 Polygonaceae

12.1 酸模属 *Rumex* Linn.

水生酸模 *Rumex aquaticus* Linn.

酸模 *Rumex acetosa* Linn.

尼泊尔酸模 *Rumex nepalensis* Spreng.

12.2 大黄属 *Rheum* Linn.

药用大黄 *Rheum officinale* Baill.

12.3 翼蓼属 *Pteroxygonum Damm.* et Diels

翼蓼 *Pteroxygonum giraldii* Damm. et Diels

12.4 金线草属 *Antenoron* Rafin.

短毛金线草(变种)*Antenoron filiforme* (Thunb.) Rob. et Vaut. var. *neofiliforme*(Nakai)A. J. Li

12.5 蓼属 *Polygonum* Linn.

尼泊尔蓼 *Polygonum nepalense* Meisn.

萹蓄 *Polygonum aviculare* Linn.

杠板归 *Polygonum perfoliatum* Linn.

赤胫散(变种)*Polygonum runcinatum* Buch-Ham var. *sinensis* Hemsl.

酸模叶蓼 *Polygonum lapathifolium* Linn.

中华抱茎蓼(变种)*Polygonum amplexicaule* D. Don var. *sinense* Forb. et Hemsl.

珠芽蓼 *Polygonum viviparum* Linn.

丛枝蓼 *Polygonum posumbu* Buch. -Ham. ex D. Don

支柱蓼 *Polygonum suffultum* Maxim.

12.6 虎杖属 *Reynoutria* Houtt.

虎杖 *Reynoutria japonica* Houtt.

12.7 何首乌属 *Fallopia* Adans.

何首乌 *Fallopia multiflora*(Thunb.)Harald.

牛皮消蓼 *Fallopia cynanchoides*(Hemsl.)Harald.

齿翅蓼 *Fallopia dentatoalata*(F. Schm.)Holub

12.8 荞麦属 *Fagopyrum* Mill.

细柄野荞麦 *Fagopyrum gracilipes* (Hemsl.) Dammer

苦荞麦 *Fagopyrum tataricum*(Linn.)Gaertn.

八、中央子目 Centrospermae

13. 商陆科 Phytolaccaceae

13.1 商陆属 *Phytolacca* Linn.

商陆 *Phytolacca acinosa* Roxb.

14. 紫茉莉科 Nyctaginaceae

14.1 紫茉莉属 *Mirabilis* Linn.

紫茉莉 *Mirabilis jalapa* Linn.

15. 马齿苋科 Portulacaceae

15.1 马齿苋属 *Portulaca* Linn.

马齿苋 *Portulaca oleracea* Linn.

16. 石竹科 Caryophyllaceae

16.1 无心菜属 *Arenaria* Linn.

无心菜(蚤缀)*Arenaria serpyllifolia* Linn.
16.2 繁缕属 *Stellaria* Linn.
箐姑草 *Stellaria vestita* Kurz
雀舌草 *Stellaria uliginosa* Murr.
16.3 鹅肠菜属 *Myosoton* Moench
鹅肠菜 *Myosoton aquaticum*(Linn.)Moench
16.4 卷耳属 *Cerastium* Linn.
簇生卷耳(变种)*Cerastium fontanum* Baumg. subsp. *triviale*(Link)Jalas
卷耳 *Cerastium arvense* Linn.
16.5 蝇子草属 *Silene* Linn.
鹤草 *Silene fortunei* Vis.
石生蝇子草 *Silene tatarinowii* Regel
16.6 狗筋蔓属 *Cucubalus* Linn.
狗筋蔓 *Cucubalus baccifer* Linn.
16.7 孩儿参属 *Pseudostellaria* Pax
蔓孩儿参 *Pseudostellaria davidii*(Franchet)Pax

17. 藜科 Chenopodiaceae

17.1 藜属 *Chenopodium* Linn.
藜 *Chenopdium album* Linn.
灰绿藜 *Chenopodium glaucum* Linn.
17.2 地肤属 *Kochia* Roth
地肤 *Kochia scoparia*(Linn.)Schrad.
17.3 猪毛菜属 *Salsola* Linn.
猪毛菜 *Salsola collina* Pall.

18. 苋科 Amaranthaceae

18.1 苋属 *Amaranthus* Linn.
尾穗苋 *Amaranthus caudatus* Linn.
繁穗苋 *Amaranthus paniculatus* Linn.
18.2 牛膝属 *Achyranthus* Linn.
牛膝 *Achyranthus bidentatae* Blume

九、木兰目 Magnoliales

19. 木兰科 Magnoliaceae

19.1 木兰属 *Magnolia* Linn.
武当木兰 *Magnolia sprengeri* Pamp.
望春玉兰 *Magnolia biondii* Pamp.

20. 五味子科 Schisandraceae

20.1 五味子属 *Schisandra* Michx.
狭叶五味子 *Schisandra lancifolia* (Behd. et Wils.) A. C. Smith.
华中五味子 *Schisandra sphenanthera* Rend. et Wils.
铁匝散(变种)*Schisandra propinqua* Baill. var. *sinensis* Oliv.
20.2 南五味子属 *Kadsura* Kaempf. ex Juss.
南五味子 *Kadsura longipedunculata* Fin. et Gagn.

21. 樟科 Lauraceae

21.1 山胡椒属 *Lindera* Thunb.
山胡椒 *Lindera glauca*(Sieb. et Zucc)Blume
三桠乌药 *Lindera obtusiloba* Bl.
川钓樟 *Lindera pulcherrima*(Wall.)Benth. var. *hemsleyana*(Diels)H. P. Tsui
21.2 楠木属 *Phoebe* Nees
山楠 *Phoebe chinensis* Chun.
湘楠 *Phoebe hunanensis* Hand. -Mazz.
竹叶楠 *Phoebe faberi*(Hemsl.)Chun
21.3 木姜子属 *Litsea* Lam.
秦岭木姜子 *Litsea tsinlingensis* Yang et P. H. Huang
红叶木姜子 *Litsea rubescens* Lec.
木姜子 *Litsea pungens* Hemsl.
21.4 润楠属 *Machilus* Nees
宜昌润楠 *Machilus ichangensis* Rehd. et Wils.

22. 水青树科 Tetracentraceae

22.1 水青树属 *Tetracentron* Oliv.
水青树 *Tetracentron sinense* Oliv.

23. 领春木科 Eupteleaceae

23.1 领春木属 *Euptelea* Sieb. et Zucc.
领春木 *Euptelea pleiospermum* Hook. f. et Thoms.

24. 连香树科 Cercidiphyllaceae

24.1 连香树属 *Cercidiphyllum* Sieb. et Zucc.
连香树 *Cercidiphyllum japonicum* Sieb. et Zucc.

十、毛茛目 Ranunculales

25. 毛茛科 Ranunculaceae

25.1 金莲花属 *Trollius* Linn.
川陕金莲花 *Trollius buddae* Schipcz.
25.2 铁筷子属 *Helleborus* Linn.
铁筷子 *Helleborus thibetanus* Franch.
25.3 人字果属 *Dichocarpus* W. T. Wang et P. K. Hsiao
纵肋人字果 *Dichocarpum fargesii* (Franch.) W. T. Wang et Hsiao
25.4 耧斗菜属 *Aquilegia* Linn.
华北耧斗菜(变种)*Aquilegia oxysepala* Trautv. et Mey. var. *yabeana*(Kitag.)Munz
秦岭耧斗菜 *Aquilegia incurvata* Hsiao
无距耧斗菜 *Aquilegia ecalcarata* Maxim.

25.5 唐松草属 *Thalictrum* Linn.

绢毛唐松草 *Thalictrum brevisericeum* W. T. Wang et S. H. Wang

东亚唐松草(变种) *Thalictrum minus* Linn. var. *hypoleucum*(Sieb. et Zucc.) Miq.

粗壮唐松草 *Thalictrum robustum* Maxim.

长柄唐松草 *Thalictrum przewalskii* Maxim.

瓣蕊唐松草 *Thalictrum petaloideum* Linn.

陕西唐松草 *Thalictrum shensiense* W. T. Wang et S. H. Wang

弯柱唐松草 *Thalictrum uncinulatum* Franch.

长喙唐松草 *Thalictrum macrorhynchum* Franch.

西南唐松草 *Thalictrum fargesii* Franch. ex Fin. et Gagnep.

贝加尔唐松草 *Thalictrum baicalense* Turcz.

25.6 升麻属 *Cimicifuga* Linn.

升麻 *Cimicifuga foetida* Linn.

单穗升麻 *Cimicifuga simplex* Wormsk.

25.7 类叶升麻属 *Actaea* Linn.

类叶升麻 *Actaea asiatica* Hara

25.8 乌头属 *Aconitum* Linn.

爪叶乌头 *Aconitum hemsleyanum* Pritz.

花葶乌头 *Aconitum scaposum* Franch.

a. 花葶乌头(原变种) *Aconitum scaposum* Franch. var. *scaposum*

b. 聚叶花葶乌头(变种) *Aconitum scaposum* Franch. var. *vaginatum*(Pritz.) Rapaics

c. 等叶花葶乌头(变种) *Aconitum scaposum* Franch. var. *hupehanum* Rapaics

铁棒锤 *Aconitum pendulum* Busch

高乌头 *Aconitum sinomontanum* Nakai

松潘乌头 *Aconitum sungpanense* Hand. -Mzt.

大麻叶乌头 *Aconitum cannabifolium* Franch. ex Finet et Gagnep.

25.9 翠雀花属 *Delphinium* Linn.

秦岭翠雀花 *Delphinium giraldii* Diels

25.10 毛茛属 *Ranunculus* Linn.

石龙芮 *Ranunculus sceleratus* Linn.

褐鞘毛茛 *Ranunculus sinovaginatus* W. T. Wang

25.11 银莲花属 *Anemone* Linn.

小花草玉梅 *Anemone rivularis* Buch-Ham. ex DC. var. *flore-minore* Maxim

大火草 *Anemone tomentosa*(Maxim) Pei

毛果银莲花 *Anemone baicalensis* Turcz.

小银莲花 *Anemone exigua* Maxim.

鹅掌草 *Anemone flaccida* F. Schmidt

25.12 铁线莲属 *Clematis* Linn.

粗齿铁线莲 *Clematis argentilucida* W. T. Wang

绣球藤 *Clematis montana* BuchnHim. ex Decandolle

美花铁线莲 *Clematis potaninii* Maxim.

须蕊铁线莲 *Clematis pogonandra* Maxim.

钝萼铁线莲 *Clematis peterae* Hand. -Mzt.

a. 钝萼铁线莲(原变种) *Clematis peterae* Hand. -Mzt. var. *peterae*

b. 毛果铁线莲(变种) *Clematis peterae* Hand. -Mzt. var. *trichocarpa* W. T. Wang

大叶铁线莲 *Clematis heracleifolia* De Cand.

秦岭铁线莲 *Clematis obscura* Maxim.

毛蕊铁线莲 *Clematis lasiandra* Maxim.

钝齿铁线莲(变种) *Clematis apiifolia* DC. var. *obtusidentata* Rehd. et Wils.

25.13 侧金盏花属 *Adonia* Linn.

蜀侧金盏花 *Adonia sutchuenensis* Franch.

短柱侧金盏花 *Adonia brevistyla* Franch

26. 小檗科 Berberidaceae

26.1 小檗属 *Berberis* Linn.

豪猪刺 *Berberis julianae* Schneid.

假豪猪刺 *Berberis soulieana* Schneid.

川鄂小檗 *Berberis henryana* Schneid.

首阳小檗 *Berberis dielsiana* Fedde

异长穗小檗 *Berberis feddeana* Schneid.

直穗小檗 *Berberis dasystachya* Maxim.

秦岭小檗 *Berberis circumserrata*(Schneid.) Schneid.

26.2 淫羊藿属 *Epimedium* Linn.

三枝九叶草 *Epimedium sagittatum* (Sieb. et Zucc.) Maxim.

27. 大血藤科 Sargentodoxaceae

27.1 大血藤属 *Sargentodoxa* Rehd. et Wils.

大血藤 *Sargentodoxa cuneata* Rehd et Wils.

28. 木通科 Lardizabalaceae

28.1 猫屎瓜属 *Decaisnea* Hook. f. et Thoms.

猫儿屎 *Decaisnea insignis*(Griff.) Hook. f. et Thoms.

28.2 木通属 *Akebia* Decne.

三叶木通 *Akebia trifoliata*(Thunb.) Koidz.

a. 三叶木通(原变种) *Akebia trifoliata* (Thunb.) Koidz. var. *trifoliata*

b. 白木通(变种) *Akebia trifoliata* (Thunb.) Koidz.

var. *australis*(Diels) Rehd.

C. 多叶木通(变种) *Akebia quinata* Decne. var. *polyphylla* Nakai

28.3 八月瓜属 *Holboellia* Wall.

牛姆瓜 *Holboellia grandiflora* Reaub.

鹰爪枫 *Holboellia coriacea* Diels.

五月藤 *Holboellia fargesii* Reaub.

28.4 串果藤属 *Sinofranchetia* Hemsl.

串果藤 *Sinofranchetia chinensis* Hemsl.

29. 防己科 Menispermaceae

29.1 木防己属 *Cocculus* DC.

毛木防己(变种) *Cocculus orbiculatus* (Linn.) DC. var. *mollis*(Wall. ex Hook. f. et Thoms.) Hara

29.2 风龙属 *Sinomenium* Diels.

风龙 *Sinomenium acutum*(Thunb.) Rehd. et Wils.

十一、胡椒目 Piperales

30. 三白草科 Saururaceae

30.1 蕺菜属 *Houttuynia* Thunb.

蕺菜 *Houttuynia cordata* Thunb.

31. 金粟兰科 Chloranthaceae

31.1 金粟兰属 *Chloranthus* Swartz

银线草 *Chloranthus japonicus* Sieb.

多穗金粟兰 *Chloranthus multistachys* Pei

湖北金粟兰(变种) *Chloranthus henryi* Hemsl. var. *hupehensis*(Pamp.) K. F. Wu

十二、马兜铃目 Aristolochiales

32. 马兜铃科 Aristolochiaceae

32.1 马兜铃属 *Aristolochia* Linn.

北马兜铃 *Aristolochia contorta* Beg.

异叶马兜铃(变型) *Aristolochia kaempferi* Willd. form. *heterophylla* S. M. Huang.

32.2 细辛属 *Asarum* Linn.

单叶细辛 *Asarum himalaicum* Hook. form ex P. Duch.

双叶细辛 *Asarum caulescens* Maxim.

十三、藤黄目 Guttiferales

33. 芍药科 Paeoniaecae

33.1 芍药属 *Paeonia* Linn.

美丽芍药 *Paeonia mairei* Levl.

川赤芍 *Paeonia veitchii* Lynch

34. 猕猴桃科 Actinidiaceae

34.1 猕猴桃属 *Actinidia* Lindl.

葛枣猕猴桃 *Actinidia polygama* Maxim.

中华猕猴桃 *Actinidia chinensis* Planch.

a. 中华猕猴桃(原变种) *Actinidia chinensis* Planch. var. *chinensis*

b. 硬毛猕猴桃(变种) *Actinidia chinensis* var. *hispida* C. F. Liang

软枣猕猴桃 *Actinidia arguta*(Sieb. et Zucc.) Planch. ex Miq.

四萼猕猴桃 *Actinidia tetramera* Maxim.

34.2 藤山柳属 *Clematoclethra Maxim.*

绵毛藤山柳 *Clematoclethra lanosa* Rehd.

猕猴桃藤山柳 *Clematoclethra actinidioides* Maxim.

藤山柳 *Clematoclethra lasioclada* Maxim.

繁花藤山柳 *Clematoclethra hemsleyi* Baill.

35. 山茶科 Theaceae

35.1 紫茎属 *Stewartia* Linn.

紫茎 *Stewartia shensiensis* Chang

36. 藤黄科 Guttiferae

36.1 金丝桃属 *Hypericum* Linn.

黄海棠 *Hypericum ascyron* Linn.

突脉金丝桃 *Hypericum przewalskii* Maxim.

贯叶连翘 *Hypericum perforatum* Linn.

扬子小连翘 *Hypericum faberi* R. Keller

川陕遍地金 *Hypericum subcordatum* (R. Keller) N. Robson

十四、罂粟目 Papaverales

37. 罂粟科 Papaveraceae

37.1 博落回属 *Macleaya* R. Br.

小果博落回 *Macleaya microcarpa*(Maxim.) Fedde

37.2 金罂粟属 *Stylophorum* Nutt.

四川金罂粟 *Stylophorum sutchuense*(Franch.) Fedde

37.3 绿绒蒿属 *Meconopsis* Vig.

柱果绿绒蒿 *Meconpsis oliveriana* Franch. et Prain ex Prain

37.4 白屈菜属 *Chelidonium* Linn.

白屈菜 *Chelidonium majus* Linn.

37.5 荷青花属 *Hylomecon* Maxim.

荷青花 *Hylomecon japonica*(Thunb.) Prantl et Kundig

37.6 紫堇属 *Corydalis* Vent.

南黄堇 *Corydalis davidii* Franch.

蛇果黄堇 *Corydalis ophiocarpa* Hook. f. et Thoms.

陕西紫堇 *Corydalis shensiana* Liden

湖北紫堇 *Corydalis acuminate* Franch. subsp. *hupehensis* C. Y. Wu

38. 十字花科 Cruciferae

38.1 葶苈属 *Draba* Linn.

葶苈 *Draba nemorosa* Linn.

38.2 山萮菜属 *Eutrema* R. Br.

山萮菜 *Eutrema yunnanense* Franch.

38.3 大蒜芥属 *Sisymbrium* Linn.

垂果大蒜芥 *Sisymbrium heteromallum* C. A. Mey.

38.4 播娘蒿属 *Descurainia* Webb. et Berth.

播娘蒿 *Descurainia sophia*(Linn.)Schur

38.5 念珠芥属 *Torularia* O. E. Schulz

蚓果芥 *Torularia humilis*(C. A. Mey.)O. E. Schulz.

38.6 糖芥属 *Erysimum* Linn.

小花糖芥 *Erysimum cheiranthoides* Linn.

38.7 蔊菜属 *Rorippa* Linn.

广州蔊菜 *Rorippa cantoniensis*(Lour.)Ohwi

蔊菜 *Rorippa indica*(Linn.)Hiern

无瓣蔊菜 *Rorippa dubia*(Pers.)Hara

38.8 碎米荠属 *Cardamine* Linn.

大叶碎米荠 *Cardamine macrophylla* Willd.

白花碎米荠 *Cardamine leucantha*(Tausch)O. E. Schulz.

光头山碎米荠 *Cardamine engleriana O. E.* schulz

弹裂碎米荠 *Cardamine impatiens* Linn.

碎米荠 *Cardamine hirsuta* Linn.

弯曲碎米荠 *Cardamine flexuosa* With.

38.9 南芥属 *Arabis* Linn.

硬毛南芥 *Arabis hirsuta*(Linn.)Scop.

垂果南芥 *Arabis pendula* Linn.

38.10 涩芥属 *Malcolmia* R. Br.

涩芥 *Malcolmia africana*(Linn.)R. Br.

38.11 菥蓂属 *Thlaspi* Linn.

菥蓂 *Thlaspi arvense* Linn.

38.12 独行菜属 *Lepidium* Linn.

腺茎独行菜 *Lepidium apetalum* Willd.

38.13 荠属 *Capsella* Medic.

荠 *Capsella bursapastoris*(Linn.)Medic.

十五、蔷薇目 Rosales

39. 悬铃木科 Platanaceae

39.1 悬铃木属 *Platanus* Linn.

二球悬铃木 *Platanus acerifolia* Willd.

40. 金缕梅科 Hamamelidaceae

40.1 山白树属 *Sinowilsonia* Hemsl.

山白树 *Sinowilsonia henryi* Hemsl.

40.2 枫香树属 *Liquidambar* Linn.

枫香树 *Liquidambar formosana* Hance

41. 景天科 Crassulaceae

41.1 八宝属 *Hylotelephium* H. Ohba

轮叶八宝 *Hylotelephium verticillatum*(Linn.)H. Ohba

41.2 红景天属 *Rhodiola* Linn.

菱叶红景天 *Rhodiola henryi*(Diels)S. H. Fu

42.3 景天属 *Sedum* Linn.

山飘风 *Sedum major*(Hemsl.)Migo

乳瓣景天 *Sedum dielsii* Hamet

火焰草 *Sedum stellariifolium* Franch.

细叶景天 *Sedum elatinoides* Franch.

大苞景天 *Sedum amplibracteatum* K. T. Fu.

费菜 *Sedum aizoon* Linn.

佛甲草 *Sedum lineare* Thunb.

42. 虎耳草科 Saxifragaceae

42.1 黄水枝属 *Tiarella* Linn.

黄水枝 *Tiarella polyphylla* D. Don

42.2 金腰属 *Chrysosplenium* Linn.

纤细金腰 *Chrysosplenium giraldianum* Engl.

秦岭金腰 *Chrysosplenium biondianum* Engl.

大叶金腰 *Chrysosplenium macrophyllum* Oliv.

柔毛金腰(变种)*Chrysosplenium pilosum* Maxim. var. *valdepilosum* Ohwi

42.3 虎耳草属 *Saxifraga* Linn.

虎耳草 *Saxifraga stolonifera* Meerb.

球茎虎耳草 *Saxifraga sibirica Linn.*

42.4 鬼灯檠属 *Rodgersia* A. Gray

七叶鬼灯檠 *Rodgersia aesculifolia* Batal.

42.5 落新妇属 *Astilbe* Buch. -Ham.

落新妇 *Astilbe chinensis*(Maxim.)Franch. et Savat.

多花落新妇 *Astilbe rivularis* Buch. -Ham. ex D. Don var. *myriantha*(Diels)J. T. Pan

42.6 梅花草属 *Parnassia* Linn.

突隔梅花草 *Parnassia delavayi* Franch.

鸡肫梅花草 *Parnassia wightiana* Wall. ex Wight et Arn.

42.7 茶藨子属 *Ribes* Linn.

细枝茶藨子 *Ribes tenue* Jancz.

糖茶藨子 *Ribes himalense* Royle ex Decne.

宝兴茶藨子 *Ribes moupinense* Franch.

冰川茶藨子 *Ribes glaciale* Wall.

华蔓茶藨子(变种) *Ribes fasciculatum* Sieb. et Zucc. var. *chinense* Maxim.

42.8 绣球属 *Hydrangea* Linn.

挂苦绣球 *Hydrangea xanthoneura* Diels

腊莲绣球 *Hydrangea strigosa* Rehd.

冠盖绣球 *Hydrangea anomala* D. Don

东陵绣球 *Hydrangea bretschneideri* Dipp.

锈毛绣球(变种) *Hydrangea longipes* Franch. var. *fulvescens* (Rehd.) W. T. Wang ex Wei

42.9 山梅花属 *Philadelphus* Linn.

山梅花 *Philadelphus incanus* Koehne

短序山梅花 *Philadelphus brachybotrys* Koehne ex Vilm. et Bois

42.10 溲疏属 *Deutzia* Thunb.

异色溲疏 *Deutzia discolor* Hemsl.

小花溲疏 *Deutzia parviflora* Bunge

碎花溲疏(变种) *Deutzia parviflora* Bunge var. *micrantha* Rehd.

长叶溲疏 *Deutzia longifolia* Franch.

长梗溲疏 *Deutzia vilmorinae* Lem. et Bois

42.11 赤壁木属 *Decumaria* Linn.

赤壁木 *Decumaria sinensis* Oliv.

43. 海桐花科 Pittosporaceae

43.1 海桐属 *Pittosporum* Banks

厚圆果海桐 *Pittosporum rehderianum* Gowda

柄果海桐 *Pittosporum podocarpum* Gagnep.

崖花子 *Pittosporum truncatum* Pritz.

44. 蔷薇科 Rosaceae

绣线菊亚科 Spiraeoideae

44.1 绣线梅属 *Neillia* D. Don

中华绣线梅 *Neillia sinensis* Oliv.

毛叶绣线梅 *Neillia ribesioides* Rehd.

44.2 绣线菊属 *Spiraea* Linn.

粉花绣线菊 *Spiraea japonica* Linn.

a. 光叶粉花绣线菊(变种) *Spiraea japonica* Linn. f. var. *fortunei* (Planchon) Rehd.

b. 渐尖叶粉花绣线菊(变种) *Spiraea japonica* Linn. f. var. *acuminata* Franch.

华北绣线菊 *Spiraea fritschiana* Schneid.

a. 华北绣线菊(原变种) *Spiraea fritschiana* Schneid. var. *fritschiana*

b. 大叶华北绣线菊(变种) *Spiraea fritschiana* Schneid. var. *angulata* Rehd.

长芽绣线菊 *Spiraea longigemmis* Maxim.

无毛川滇绣线菊(变种) *Spiraea schneideriana* Rehd. var. *amphidoxa* Rehd.

细枝绣线菊 *Spiraea myrtilloides* Rehd

陕西绣线菊 *Spiraea wilsonii* Duthie

鄂西绣线菊 *Spiraea veitchii* Hemsl.

南川绣线菊 *Spiraea rosthornii* Pritz.

乌拉绣线菊 *Spiraea uratensis* Franch.

44.3 珍珠梅属 *Sorbaria* A. Br.

高丛珍珠梅 *Sorbaria arborea* Schneid.

a. 高丛珍珠梅(原变种) *Sorbaria arborea* Schneid. var. *arborea*

b. 光叶高丛珍珠梅(变种) *Sorbaria arborea* var. *glabrata* Rehd.

华北珍珠梅 *Sorbaria kirilowii* (Regel) Maxim

苹果亚科 Maloideae

44.4 栒子属 *Cotoneaster* B. Ehrhart

川康栒子 *Cotoneaster ambiguus* Rehd. et Wils.

麻核栒子 *Cotoneaster foveolatus* Rehd. et Wils.

灰栒子 *Cotoncaster acutifolius* Turcz.

密毛灰栒子(变种) *Cotoneaster acutifolius* Turcz. var. *villosulus* Rehd. et Wils.

水栒子 *Cotoneaster multiflorus* Bge.

平枝栒子 *Cotoneaster horizontalis* Decne

细弱栒子 *Cotoneaster gracilis* Rehd. et Wils.

44.5 火棘属 *Pyracantha* Roem.

火棘 *Pyracantha fortuneana* (Maxim.) H. L. Li.

全缘火棘 *Pyracantha atalantioides* (Hance) Stapf.

44.6 山楂属 *Crataegus* Linn.

甘肃山楂 *Crataegus kansuensis* Wils

山楂 *Crataegus pinnatifida* Bge.

野山楂 *Crataegus cuneata* Sieb. et Zucc.

44.7 石楠属 *Photinia* Lindl.

厚叶中华石楠 *Photinia beauverdiana* Schneid. var. *notabilis* (Schneid.) Rehd. et Wils.

小叶石楠 *Photinia parvifolia* (Pritz.) Schneid.

44.8 花楸属 *Sorbus* Linn.

江南花楸 *Sorbus hemsleyi* Rehd.

湖北花楸 *Sorbus hupehensis* Schneid.

石灰花楸 *Sorbus folgneri* Rehd.

水榆花楸 *Sorbus alnifolia*(Sieb. et Zucc) K. Koch.

长果花楸 *Sorbus zahlbruckneri* Schneid.

美脉花楸 *Sorbus caloneura*(Stapf) Rehd.

陕甘花楸 *Sorbus koehneana* Schneid

44.9 唐棣属 *Amelanchier* Medic.

唐棣 *Amelanchier sinica*(Schneid.) Chun

44.10 梨属 *Pyrus* Linn.

褐梨 *Pyrus phaeocarpa* Rehd.

杜梨 *Pyrus betuleafolia* Bge.

44.11 苹果属 *Malus* Mill.

山荆子 *Malus baccata*(Linn.) Borkh.

陇东海棠 *Malus kansuensis*(Batal.) Schneid.

三叶海棠 *Malus sieboldii*(Reg.) Rehd.

蔷薇亚科 Rosoideae

44.12 棣棠花属 *Kerria* DC.

棣棠花 *Kerria japonica*(Linn.) DC.

44.13 悬钩子属 *Rubus* Linn.

喜阴悬钩子 *Rubus mesogaeus* Focke

茅莓 *Rubus parvifolius* Linn.

秀丽莓 *Rubus amabilis* Focke

乌泡子 *Rubus parkeri* Hance

无腺白叶莓(变种) *Rubus innominatus* S. Moore var. *kuntzeanus* Bailey

针刺悬钩子 *Rubus pungens* Gamb.

插田泡 *Rubus coreanus* Miq.

菰帽悬钩子 *Rubus pilteatus* Focke

山莓 *Rubus telepados* Focke

弓茎悬钩子 *Rubus flosculosus* Focke

高粱泡 *Rubus lambertianus* Ser.

绵果悬钩子 *Rubus lasiostylus* Focke

木莓 *Rubus swinhoei* Hance

红刺泡藤 *Rubus niveus* Thunb.

44.14 路边青属 *Geum* Linn.

路边青 *Geum aleppicum* Jacq.

柔毛路边青(变种) *Geum japonicum* var. *chinense* F. Bolle

44.15 草莓属 *Fragaria* Linn.

东方草莓 *Fragaria orientalis* Lozinsk.

五叶草莓 *Fragaria pentaphylla* Los.

44.16 蛇莓属 *Duchesnea* J. E. Smith

蛇莓 *Duchesnea indica*(Andr.) Focke

44.17 委陵菜属 *Potentilla* Linn.

银露梅 *Potentilla glabra* Lodd.

翻白草 *Potentilla discolor* Bge.

西山委陵菜 *Potentilla sischanensis* Bge. ex Lehm.

委陵菜 *Potentilla chinensis* Ser.

狼牙委陵菜 *Potentilla cryptotaeniae* Maxim.

三叶委陵菜 *Potentilla freyniana* Bornm.

皱叶委陵菜 *Potentilla ancistrifolia* Bge.

蛇莓委陵菜 *Potentilla centigrana* Maxim.

华西委陵菜 *Potentilla potaninii* T. Wolf.

蛇含委陵菜 *Potentilla kleiniana* Wight et Arn.

莓叶委陵菜 *Potentilla fragarioides* Linn.

44.18 龙芽草属 *Agrimonia* Linn.

龙芽草 *Agrimonia pilosa* Ldb.

44.19 蔷薇属 *Rosa* Linn.

白木香(变种) *Rosa banksiae* R. Br. var. *normalis* Reg.

悬钩子蔷薇 *Rosa rubus* Lev. et Vant.

秦岭蔷薇 *Rosa tsinglingensis* Pax et Hoffm.

峨眉蔷薇 *Rosa omeiensis* Rolfe

软条七蔷薇 *Rosa henryi* Boul.

西北蔷薇 *Rosa davidii* Crep.

拟木香 *Rosa banksiopsis* Baker

复伞房蔷薇 *Rosa brunonii* Lindl.

钝叶蔷薇 *Rosa sertata* Rolfe

尾萼蔷薇 *Rosa caudata* Baker

蔷薇(变种) *Rosa multiflora* Thunb. var. *cathayensis* Rehd. et Wils.

李亚科 Prunoideae

44.20 杏属 *Armeniaca* Mill.

杏 *Armeniaca vulgaris* Lam.

44.21 桃属 *Amygdalus* Linn.

桃 *Amygdalus persica* Linn.

山桃 *Amygdalus davidiana*(Carr.) C. de Vos ex Henry

甘肃桃 *Amygdalus kansuensis*(Rehd.) Skeels

44.22 李属 *Prunus* Linn.

李 *Prunus salicina* Lindl.

44.23 稠李属 *Padus* Mill.

星毛稠李 *Padus stellipila*(Koehne) Yu et Ku

细齿稠李 *Padus obtusata*(Koehne) Yu et Ku

稠李 *Padus racemosa*(Lam.) Gilib.

短梗稠李 *Padus brachypoda*(Batal.) Schneid. var. *brachypoda*

橉木 *Padus buergeriana* Miq.

44.24 樱属 *Cerasus* Mill.

多毛樱桃 *Cerasus polytricha*(Koehne) Yu et Li

樱桃 *Cerasus pseudocerasus*(Lindl.) G. Don

锥腺樱桃 *Cerasus conadenia*(Koehne)Yu et Li

托叶樱桃 *Cerasus stipulacea*(Maxim.)Yu et Li

麦李 *Cerasus glandulosa*(Thunb.)Lois.

45. 豆科 Leguminosae

含羞草亚科 Minosoideae

45.1 合欢属 *Albizia* Durazz.

山槐 *Albizia kalkora*(Roxb.)Prain

合欢 *Albizia julibrissin* Durazz.

云实亚科 Caesalpinioideae

45.2 紫荆属 *Cercis* Linn.

紫荆 *Cercis chinensis* Bunge.

垂丝紫荆 *Cercis racemosa* Oliv.

湖北紫荆 *Cercis glabra* Pamp.

45.3 云实属 *Caesalpinia* Linn.

云实 *Caesalpinia decapetala*(Roth)Alston

蝶形花亚科 Papilionatae

45.4 槐属 *Sophora* Linn.

苦参 *Sophora flavescens* Ait.

槐 *Sophora japonica* Linn.

45.5 红豆树属 *Ormosia* Jacks.

红豆树 *Ormosia hosiei* Hemsl. et Wils.

45.6 香槐属 *Cladrastis* Raf.

小花香槐 *Cladrastis sinensis* Hemsl.

45.7 马鞍树属 *Maackia* Rupr. et Maxim.

马鞍树 *Maackia chinensis* Takeda

45.8 苜蓿属 *Medicago* Linn.

天蓝苜蓿 *Medicago lupulina* Linn.

小苜蓿 *Medicago minima*(Linn.)Grufb.

紫苜蓿 *Medicago sativa* Linn.

45.9 草木犀属 *Melilotus* Adans.

细齿草木犀 *Melilotus dentata*(Waldst. et Kit.)Pers.

白花草木犀 *Melilotus alba* Medic. ex Desr.

45.10 木蓝属 *Indigofera* Linn.

河北木蓝 *Indigofera bungeana* Walp.

马棘 *Indigofera pseudotinctoria* Matsum

多花木蓝 *Indigofera amblyantha* Craib

45.11 刺槐属 *Robinia* Linn.

刺槐 *Robinia pseudoacacia* Linn.

45.12 锦鸡儿属 *Caragana* Fabr.

树锦鸡儿 *Caragana arborescens* Lam.

柄荚锦鸡儿 *Caragana stipitata* Kom.

锦鸡儿 *Caragana sinica*(Buc'hoz)Rehd.

45.13 棘豆属 *Oxytropis* DC.

洮河棘豆 *Oxytropis taochensis* Kom.

45.14 山蚂蝗属 *Desmodium* Desv.

圆锥山蚂蝗 *Desmodium elegans* DC.

45.15 长柄山蚂蝗属 *Podocarpium* (Benth.) Yang et Huang

长柄山蚂蝗 *Podocarpium podocarpum* (DC.) Yang et Huang

a. 长柄山蚂蝗(原变种)*Podocarpium podocarpum* (DC.)Yang et Huang var. *podocarpum*

b. 宽卵叶长柄山蚂蝗(变种)*Podocarpium podocarpum* var. *fallax*(Schind.)Yang et Huang

c. 羽叶长柄山蚂蝗(变种)*Podocarpium podocarpum* var. *oldhami*(Oliv.)Yang et Huang

45.16 胡枝子属 *Lespedeza* Michx.

绿叶胡枝子 *Lespedeza buergeri* Miq.

多花胡枝子 *Lespedeza floribunda* Bge.

美丽胡枝子 *Lespedeza formosa*(Vog.)Koehne

兴安胡枝子 *Lespedeza daurica*(Laxm.)Schindl.

短梗胡枝子 *Lespedeza cyrtobotrya* Miq.

截叶铁扫帚 *Lespedeza cuneata*(Dum. -Cours.)G. Don

45.17 杭子梢属 *Campylotropis* Bunge

杭子梢 *Campylotropis macrocarpa*(Bunge)Rehd.

a. 杭子梢(原变种)*Campylotropis macrocarpa*(Bunge) Rehd. var. *mancrocarpa*

b. 太白山杭子梢(变种)*Campylotropis macrocarpa* (Bunge)Rehd. var. *giraldii*(Schindl.)P. Y. Fu

45.18 鸡眼草属 *Kummerowia* Schindl.

鸡眼草 *Kummerowia striata*(Thunb.)Schindl.

长萼鸡眼草 *Kummerowia stipulacea*(Maxim.)Makino

45.19 黄檀属 *Dalbergia* Linn. f.

黄檀 *Dalbergia hupeana* Hance

大金刚藤 *Dalbergia dyeriana* Prain ex Harms

45.20 黄耆属 *Astragalus* Linn.

金翼黄耆 *Astragalus chrysopterus* Bge.

紫云英 *Astragalus sinicus* Linn.

45.21 野豌豆属 *Vicia* Linn.

确山野豌豆 *Vicia kioshanica* Bail.

四籽野豌豆 *Vicia tetrasperma*(Linn.)Moench.

歪头菜 *Vicia unijuga* A. Br.

45.22 两型豆属 *Amphicarpaea* Ell.

两型豆 *Amphicarpaea edgeworthii* Benth.

45.23 大豆属 *Glycine* Linn.

野大豆 *Glycine soja* Sieb. et Zucc.

45.24 葛属 *Pueraria* DC.

葛 *Pueraria lobata*(Willd.)Ohwi

十六、牻牛儿苗目 Ceraniineae

46. 酢浆草科 Oxalidaceae

46.1 酢浆草属 *Oxalis* Linn.

酢浆草 *Oxalis corniculata* Linn.

山酢浆草（亚种）*Oxalis acetosella* Linn. subsp. *griffithii*(Edgew. et Hook. f.)Hara

47. 牻牛儿苗科 Geraniaceae

47.1 老鹳草属 *Geranium* Linn.

老鹳草 *Geranium wilfordii* Maxim.

陕西老鹳草 *Geranium shensianum* Kunth

湖北老鹳草 *Geranium rosthornii* R. Kunth

鼠掌老鹳草 *Geranium sibiricum* Linn.

48. 蒺藜科 Zygophyllaceae

48.1 蒺藜属 *Tribulus* Linn.

蒺藜 *Tribulus terrestris* Linn.

49. 大戟科 Euphorbiaceae

49.1 大戟属 *Euphorbia* Linn.

大戟 *Euphorbia pekinensis* Rupr.

地锦 *Euphorbia humifusa* Willd.

泽漆 *Euphorbia helioscopia* Linn.

甘遂 *Euphorbia kansui* Liou

49.2 白饭树属 *Flueggea* Willd.

一叶萩 *Flueggea suffruticosa*(Pall.)Baill.

49.3 雀舌木属 *Leptopus* Decne.

雀儿舌头 *Leptopus chinensis*(Bunge)Pojark.

49.4 地构叶属 *Speranskia* Baill.

地构叶 *Speranskia tuberculata*(Bunge)Baill.

49.5 油桐属 *Vernicia* Lour.

油桐 *Vernicia fordii*(Hemsl.)Airy Shaw

49.6 蓖麻属 *Ricinus* Linn.

蓖麻 *Ricinus communis* Linn.

49.7 铁苋菜属 *Acalypha* Linn.

铁苋菜 *Acalypha australis* Linn.

49.8 山麻杆属 *Alchornea* Sw.

山麻杆 *Alchornea davidii* Franch.

49.9 野桐属 *Mallotus* Lour.

石岩枫 *Mallotus repandus*(Will.)Muell. Arg.

白背叶 *Mallotus apelta*(Lour.)Muell. Arg.

野桐（变种）*Mallotus japonicus*(Thunb.)Muell. Arg. var. *floccosus*(Muell. Arg.)S. M. Hwang

49.10 假奓包叶属 *Discocleidion*(Muell. Arg.)Pax et Hoffm.

假奓包叶 *Discocleidion rufescens*(Franch.)Pax et Hoffm.

49.11 乌桕属 *Sapium* R. Br.

乌桕 *Sapium sebiferum*(Linn.)Roxb.

白木乌桕 *Sapium japonicum*(Sieb. et Zucc.)Pax et Hoffm.

49.12 算盘子属 *Glochidion* Forst.

算盘子 *Glochidion puberum*(Linn.)Hutch.

十七、芸香目 Rutales

50. 芸香科 Rutaceae

50.1 吴茱萸属 *Evodia* J. R. et G. Forst.

臭檀吴萸 *Evodia daniellii*(Benn.)Hemsl.

a. 臭檀吴萸（原变种）*Evodia daniellii*(Benn.)Hemsl. var. *daniellii*

b. 假黄檗（变种）*Evodia daniellii*(Benn.)Hemsl. var. *henryi* Huang

c. 湖北臭檀（变种）*Evodia daniellii*(Benn.)Hemsl. var. *hupehensis*(Dode)Huang

吴茱萸 *Evodia rutaecarpa*(Juss.)Benth.

50.2 花椒属 *Zanthoxylum* Linn.

竹叶花椒 *Zanthoxylum armatum* DC.

花椒 *Zanthoxylum bungeanum* Maxim.

微柔毛花椒 *Zanthoxylum pilosulum* Rehd. et Wils.

异叶花椒 *Zanthoxylum ovalifolium* Wight.

51. 苦木科 Simarubaceae

51.1 苦树属 *Picrasma* Blume

苦树 *Picrasma quassioides*(D. Don)Benn.

51.2 臭椿属 *Ailanthus* Desf.

臭椿 *Ailanthus altissima*(Mill.)Swinqle

52. 楝科 Meliaceae

52.1 香椿属 *Toona* Roem.

香椿 *Toona sinensis*(A. Juss.)Roem.

53. 远志科 Polygalaceae

53.1 远志属 *Polygala* Linn.

小扁豆 *Polygala tatarinowii* Regel

远志 *Polygala tenuifolia* Willd.

瓜子金 *Polygala japonica* Houtt.

西伯利亚远志 *Polygala sibirica* Linn.

十八、无患子目 Sapindales

54. 马桑科 Coriariaceae

54.1 马桑属 *Coriaria* Linn.

马桑 *Coriaria nepalensis* Wall.

55. 漆树科 Anacardiaceae

55.1 黄栌属 *Cotinus* Miller.

毛黄栌(变种) *Cotinus coggygria* Scop. var. *pubescens* Engl.

55.2 盐肤木属 *Rhus*(Tourn.) Linn.

红麸杨(变种) *Rhus punjabensis* Stew. var. *sinica* (Diels) Rehd. et Wils.

盐肤木 *Rhus chinensis* Mill.

青麸杨 *Rhus potaninii* Maxim.

55.3 漆属 *Toxicodendron*(Tourn.) Mill.

漆 *Toxicodendron vernicifluum*(Stokes) F. A. Barkl.

55.4 黄连木属 *Pistacia* Linn.

黄连木 *Pistacia chinensis* Bunge

56. 槭树科 Aceraceae

56.1 金钱槭属 *Dipteronia* Oliv.

金钱槭 *Dipteronia sinensis* Oliv.

56.2 槭属 *Acer* Linn.

色木槭 *Acer mono* Maxim.

元宝槭 *Acer truncatum* Bunge

杈叶槭 *Acer robustum* Pax

五裂槭 *Acer oliverianum* Pax

飞蛾槭 *Acer oblongum* Wall. ex DC.

青榨槭 *Acer davidii* Franch.

葛萝槭 *Acer grosseri* Pax

五尖槭 *Acer maximowiczii* Pax

四蕊槭 *Acer tetramerum* Pax

陕甘黄毛槭 *Acer fulvescens* Rehd.

建始槭 *Acer henryi* Pax

血皮槭 *Acer griseum* (Franch) Pax

57. 无患子科 Sapindaceae

57.1 栾树属 *Koelreuteria* Laxm.

栾树 *Koelreuteria paniculata* Laxm.

58. 七叶树科 Hippocastanaceae

58.1 七叶树属 *Aesculus* Linn.

七叶树 *Aesculus chinensis* Bunge

59. 清风藤科 Sabiaceae

59.1 清风藤属 *Sabia* Colebr.

鄂西清风藤 *Sabia campanulata* Wall. ex Roxb. subsp. *ritchieae*(Rehd. et Wils.) Y. F. Wu

清风藤 *Sabia japonica* Maxim.

59.2 泡花树属 *Meliosma* Blume

泡花树 *Meliosma cuneifolia* Franch.

暖木 *Meliosma veitchiorum* Hemsl.

珂楠树 *Meliosma beaniana* Rehd. et Wils.

60. 凤仙花科 Balsaminaceae

60.1 凤仙花属 *Impatiens* Linn.

水金凤 *Impatiens noli-tangere* Linn.

西固凤仙花 *Impatiens notolophora* Maxim.

陇南凤仙花 *Impatiens potaninii* Maxim.

裂距凤仙花 *Impatiens fissicornis* Maxim.

阔苞凤仙花 *Impatiens latebracteata* Hook. f.

十九、卫矛目 Celastrales

61. 冬青科 Aquifoliaceae

61.1 冬青属 *Ilex* Linn.

猫儿刺 *Ilex pernyi* Franch

云南冬青 *Ilex yunnanensis* Franch.

狭叶冬青 *Ilex fargesii* Franch.

62. 卫矛科 Celastraceae

62.1 卫矛属 *Euonymus* Linn.

卫矛 *Euonymus alatus*(Thunb.) Sieb.

疣点卫矛 *Euonymus verrucosoides* Loes.

栓翅卫矛 *Euonymus phellomanes* Loes.

毛脉西南卫矛(变型) *Euonymus hamiltonianus* Wall. ex Roxb. form *lanceifolius*(Loes.) C. Y. Cheng.

白杜 *Euonymus maackii* Rupr.

胶州卫矛 *Euonymus kiautschovicus* Loes.

曲脉卫矛 *Euonymus venosus* Hemsl.

扶芳藤 *Euonymus fortunei*(Turcz.) Hand. -Mzt.

角翅卫矛 *Euonymus cornutus* Hemsl.

纤齿卫矛 *Euonymus giraldii* Loes.

石枣子 *Euonymus sanguineus* Loes.

缨叶卫矛 *Euonymus fimbriatus* Wall. ex Roxb.

小果卫矛 *Euonymus microcarpus*(Oliv.) Sprague

62.2 南蛇藤属 *Celastrus* Linn.

苦皮藤 *Celastrus angulatus* Maxim

粉背南蛇藤 *Celastrus hypoleucus*(Oliv.) Warb. ex Loes.

南蛇藤 *Celastrus orbiculatus* Thunb.

63. 省沽油科 Staphyleaceae

63.1 省沽油属 *Staphylea* Linn.

膀胱果 *Staphylea holocarpa* Hemsl.

省沽油 *Staphylea bumalda* DC.

63.2 瘿椒树属 *Tapiscia* Oliv.

瘿椒树 *Tapiscia sinensis* Oliv.

64. 黄杨科 Buxaceae

64.1 黄杨属 *Buxus* Linn.

黄杨 *Buxus sinica*(Rehd. et Wils.) Cheng

64.2 板凳果属 *Pachysandra* Michx.

顶花板凳果 *Pachysandra terminalis* Sieb. et Zucc.

二十、鼠李目 Rhamnales

65. 鼠李科 Rhamnaceae

65.1 马甲子属 *Paliurus* Mill.

铜钱树 *Paliurus hemsleyanus* Rehd.

65.2 枣属 *Ziziphus* Mill.

酸枣(变种) *Ziziphus jujuba* Mill. var. *spinosa*(Bge.) Hu

65.3 勾儿茶属 *Berchemia* Neck.

勾儿茶 *Berchemia sinica* Schneid.

黄背勾儿茶 *Berchemia flavescens*(Wall.) Brongn.

多花勾儿茶 *Berchemia floribunda*(Wall.) Brongn.

65.4 枳椇属 *Hovenia* Thunb.

北枳椇 *Hovenia dulcis* Thunb.

65.5 鼠李属 *Rhamnus* Linn.

冻绿 *Rhamnus utilis* Decne

a. 冻绿(原变种) *Rhamnus utilis* Decne var. *utilis*

b. 毛冻绿(变种) *Rhamnus utilis* Decne var. *hypochrysa*(Schneid.) Rehd.

亮叶鼠李 *Rhamnus hemsleyana* Schneid.

薄叶鼠李 *Rhamnus leptophylla* Schneid.

刺鼠李 *Rhamnus dumetorum* Schneid.

皱叶鼠李 *Rhamnus rugulosa* Hemsl.

桃叶鼠李 *Rhamnus iteinophylla* Schneid.

甘青鼠李 *Rhamnus tangutica* J. Vass.

66. 葡萄科 Vitaceae

66.1 葡萄属 *Vitis* Linn.

少毛变叶葡萄(变种) *Vitis piasezkii* Maxim. var. *pagnuccii*(Planch.) Rehd.

毛葡萄 *Vitis* heyneana Roem.

秋葡萄 *Vitis romanetii* Roman.

网脉葡萄 *Vitis wilsonae* Veitch.

葛藟葡萄 *Vitis flexuosa* Thunb.

66.2 蛇葡萄属 *Ampelopsis* Michx.

大叶蛇葡萄 *Ampelopsis megalophylla* Diels et Gilg

蓝果蛇葡萄 *Ampelopsis bodinieri*(Levl. & Vant.) Rehd.

三裂蛇葡萄 *Ampelopsis delavayana* Planch.

葎叶蛇葡萄 *Ampelopsis humulifolia* Bge.

66.3 地锦属 *Parthenocissus* Planch.

地锦 *Parthenocissus tricuspidata*(Sieb. et Zucc.) Planch.

长柄地锦 *Parthenocissus feddei*(Levl.) C. L. Li

66.4 乌蔹莓属 *Cayratia* Juss.

尖叶乌蔹莓(变种) *Cayratia japonica*(Thunb.) Gagnep. var. *pseudotrifolia*(W. T. Wang) C. L. Li

二十一、锦葵目 Malvales

67. 椴树科 Tiliaceae

67.1 田麻属 *Corchoropsis* Sieb. et Zucc.

田麻 *Corchoropsis tomentosa*(Thunb.) Makino

67.2 椴树属 *Tilia* Linn.

少脉椴 *Tilia paucicostata* Maxim.

粉椴 *Tilia oliveri* Szyszyl.

华椴 *Tilia chinensis* Maxim.

多毛椴 *Tilia intonsa* Wilson.

67.3 扁担杆属 *Grewia* Linn.

小花扁担杆(变种) *Grewia biloba* G. Don. var. *parviflora*(Bunge) Hand. -Mzt.

68. 锦葵科 Malvaceae

68.1 苘麻属 *Abutilon* Adans.

苘麻 *Abutilon theophrasti* Medic.

68.2 锦葵属 *Malva* Linn.

锦葵 *Malva sinensis* Cavan.

圆叶锦葵 *Malva rotundifolia* Linn.

68.3 蜀葵属 *Althaea* Linn.

蜀葵 *Althaea rosea*(Linn.) Cavan.

68.4 木槿属 *Hibiscus* Linn.

野西瓜苗 *Hibiscus trionum* Linn.

二十二、瑞香目 Thymelaeales

69. 瑞香科 Thymelaeaceae

69.1 瑞香属 *Daphne* Linn.

黄瑞香 *Daphne giraldii* Nitsche

唐古特瑞香 *Daphne tangutica* Maxim.

芫花 *Daphne genkwa* Sieb. et Zucc.

69.2 荛花属 *Wikstroemia* Endl.

小黄构 *Wikstroemia micrantha* Hemsl.

70. 胡颓子科 Elaeagnaceae

70.1 胡颓子属 *Elaeagnus* Linn.

牛奶子 *Elaeagnus umbellata* Thunb.

胡颓子 *Elaeagnus pungens* Thunb.

长叶胡颓子 *Elaeagnus bockii* Diels.

披针叶胡颓子 *Elaeagnus lanceolata* Warb.

宜昌胡颓子 *Elaeagnus henryi* Warb.

二十三、堇菜目 Violales

71. 大风子科 Flacourtiaceae

71.1 山桐子属 *Idesia* Maxim.

毛叶山桐子(变种) *Idesia polycarpa* Maxim var. *vestita* Diels.

72. 堇菜科 Violaceae

72.1 堇菜属 *Viola* Linn.

鸡腿堇菜 *Viola acuminata* Ledeb.

球果堇菜 *Viola collina* Bess.

深山堇菜 *Viola selkirkii* Pursh

紫花堇菜 *Viola grypoceras* A. Gray

荁 *Viola moupinensis* Franch.

紫花地丁 *Viola philippica* Cav.

茜堇菜 *Viola phalacrocarpa* Maxim.

双花堇菜 *Viola biflora* Linn.

73. 旌节花科 Stachyuraceae

73.1 旌节花属 *Stachyurus* Sieb. et Zucc.

中国旌节花 *Stachyurus chinensis* Franch.

74. 柽柳科 Tamaricaceae

74.1 水柏枝属 *Myricaria* Desv.

宽苞水柏枝 *Myricaria bracteata* Royle

75. 秋海棠科 Begoniaceae

75.1 秋海棠属 *Begonia* Linn.

中华秋海棠 *Begonia grandis* Dry.

二十四、葫芦目 Cucurbitales

76. 葫芦科 Cucurbitaceae

76.1 赤瓟属 *Thladiantha* Bge.

南赤瓟 *Thladiantha nudiflora* Hemsl.

头花赤瓟 *Thladiantha capitata* Cogn.

76.2 栝楼属 *Trichosanthrs* Linn.

中华栝楼 *Trichosanthes rosthornii* Harms

76.3 绞股兰属 *Gynostemma* Blume

绞股蓝 *Gynostemma pentaphyllum* (Thunb) Makino

二十五、桃金娘目 Myrtiflorae

77. 千屈菜科 Lythraceae

77.1 节节菜属 *Rotala* Linn.

节节菜 *Rotala indica*(Willd.) Koehne

77.2 水苋菜属 *Ammannia* Linn.

耳基水苋 *Ammannia arenaria* H. B. K.

77.3 千屈菜属 *Lythrum* Linn.

千屈菜 *Lythrum salicaria* Linn.

78. 柳叶菜科 Onagraceae

78.1 露珠草属 *Circaea* Linn.

露珠草 *Circaea cordata* Royle

水珠草(亚种) *Circaea lutetiana* (Linn.) subsp. *quadrisulcata*(Maxim.) Asch. et Magnus

78.2 柳叶菜属 *Epilobium* Linn.

光滑柳叶菜(亚种) *Epilobium amurense* Hausskn. subsp. *cephalostigma*(Hausskn.) C. J. Chen

小花柳叶菜 *Epilobium parviflorum* Schreb.

毛脉柳兰(亚种) *Epilobium angustifolium* Linn. subsp. *circumvagum* Mosquin

78.3 月见草属 *Oenothera* Linn.

待宵草 *Oenothera stricta* Ledeb. et Link

79. 假繁缕科 Theligonaceae

79.1 假繁缕属 *Theligonum* Linn.

假繁缕 *Theligonum macranthum* Franch.

二十六、伞形目 Apiales

80. 八角枫科 Alangiaceae

80.1 八角枫属 *Alangium* Lam.

瓜木 *Alangium platanifolium*(Sieb. et Zucc.) Harms

八角枫 *Alangium chinensis*(Lour.) Harms

81. 山茱萸科 Cornaceae

81.1 灯台树属 *Bothrocaryum*(Boehne) Pojark.

灯台树 *Bothrocaryum controversum* Pojark

81.2 梾木属 *Swida* Opiz.

梾木 *Swida macrophylla*(Wall.) Sojak.

沙梾 *Swida bretschneideri*(L. Henry) Sojak

红椋子 *Swida hemsleyi*(Schneid. et Wanger.) Sojak

81.3 四照花属 *Dendrobenthamia* Hutch.

多脉四照花 *Dendrobenthamia multinervosa* (Pojark.) Fang

四照花(变种) *Dendrobenthamia japonica*(DC.) Fang var. *chinensis*(Osborn) Fang

尖叶四照花 *Dendrobenthamia angustata*(Chun) Fang

81.4 青荚叶属 *Helwingia* Hutch.

青荚叶 *Helwingia japonica*(Thunb.) Dietr.

a. 青荚叶(原变种) *Helwingia japonica* (Thunb.)

Dietr. var. *japonica*

b. 四川青荚叶(变种) *Helwingia japonica*(Thunb.) Dietr. var. *szechuanensis*(Fang) Fang et Soong

中华青荚叶 *Helwingia chinensis* Batal

81.5 山茱萸属 *Macrocarpium* Nakai

山茱萸 *Macrocarpium officinale*(Sieb. et Zucc.) Nakai

川鄂山茱萸 *Macrocarpium chinense*(Wang) Hutch.

82. 五加科 Araliaceae

82.1 楤木属 *Aralia* Linn.

白背叶楤木(变种) *Aralia chinensis* Linn. var. *nuda* Nakai

82.2 刺楸属 *Kalopanax* Miq.

刺楸 *Kalopanax septemlobus*(Thunb.) Koidz.

82.3 五加属 *Acanthopanax* Miq.

蜀五加 *Acanthopanax setchuenensis* Harms ex Diels

离柱五加 *Acanthopanax eleutheristylus* Hoo

藤五加 *Acanthopanax leucorrhizus*(Oliv.) Harms

a. 藤五加(原变种) *Acanthopanax leucorrhizus* (Oliv.) Harms var. *leucorrhizus*

b. 糙叶藤五加(变种) *Acanthopanax leucorrhizus* (Oliv.) Harms var. *fulvescens* Harms et Rehd.

匙叶五加 *Acanthopanax rehderianus* Harms

红毛五加 *Acanthopanax giraldii* Harms

糙叶五加 *Acanthopanax henryi*(Oliv.) Harms

82.4 常春藤属 *Hedera* Linn.

常春藤 *Hedera nepalensis* K. Koch var. *sinensis*(Tobl.) Rehd.

82.5 梁王茶属 *Nothopanax* Miq.

异叶梁王茶 *Nothopanax davidii* (Franch.) Harms ex Diels

83. 伞形科 Umbelliferae

83.1 变豆菜属 *Sanicula* Linn.

长序变豆菜 *Sanicula elongata* K. T. Fu

变豆菜 *Sanicula chinensis* Bge

83.2 峨参属 *Anthriscus* Hoffm.

峨参 *Anthriscus sylvestris*(Linn.) Hoffm.

83.3 窃衣属 *Torilis* Adans.

小窃衣 *Torilis japonica*(Houtt.) DC.

窃衣 *Torilis scabra*(Thunb.) DC.

83.4 柴胡属 *Bupleurum* Linn.

紫花大叶柴胡(变种) *Bupleurum longiradiatum* Turcz. var. *porphyranthum* Shan et Li

北柴胡 *Bupleurum chinense* DC.

83.5 鸭儿芹属 *Cryptotaenia* DC.

鸭儿芹 *Cryptotaenia japonica* Hassk.

83.6 葛缕子属 *Carum* Linn.

葛缕子 *Carum carvi* Linn.

田葛缕子 *Carum buriaticum* Turcz.

83.7 茴芹属 *Pimpinella* Linn.

菱叶茴芹 *Pimpinella rhomboidea* Diels

锐叶茴芹 *Pimpinella arguta* Diels

直立茴芹 *Pimpinella smithii* Wolff

83.8 羊角芹属 *Aegopodium* Linn.

东北羊角芹 *Aegopodium alpestre* Ledeb.

83.9 防风属 *Saposhnikovia* Schischk.

防风 *Saposhnikovia divaricata*(Turcz.) Schischk.

83.10 岩风属 *Libanotios* Crantz.

灰毛岩风 *Libanotis spodotrichom* K. T. Fu

83.11 水芹属 *Oenanthe* Linn.

水芹 *Oenanthe javanica*(Blume) DC.

83.12 蛇床属 *Cnidium* Cuss.

蛇床 *Cnidium monnieri*(Linn.) Cuss.

83.13 独活属 *Heracleum* Linn.

短毛独活 *Heracleum moellendorffii* Hance

83.14 胡萝卜属 *Daucus* Linn.

野胡萝卜 *Daucus carota* Linn.

合瓣花亚纲 Sympetalae

二十七、杜鹃花目 Ericales

84. 鹿蹄草科 Pyrolaceae

84.1 鹿蹄草属 *Pyrola*(Tourn.) Linn.

鹿蹄草 *Pyrola calliantha* H. Andres

皱叶鹿蹄草 *Pyrola rugosa* H. Andres

普通鹿蹄草 *Pyrola decorata* H. Andres

84.2 喜冬草属 *Chimaphila* Pursh

喜冬草 *Chimaphila japonica* Miq

84.3 水晶兰属 *Monotropa* Linn.

水晶兰 *Monotropa uniflora* Linn.

松下兰 *Monotropa hypopitys* Linn.

84.4 沙晶兰属 *Monotropastrum* H. Andres

球果假沙晶兰 *Monotropastrum humile*(D. Don) H. *Hara*

85. 杜鹃花科 Ericaceae

85.1 杜鹃属 *Rhododendron* Linn.

头花杜鹃 *Rhododendron capitatum* Maxim.

照山白 *Rhododendron micranthum* Turcz.

秀雅杜鹃 *Rhododendron concinnum* Hemsl.

四川杜鹃 *Rhododendron sutchuenense* Franch.

太白杜鹃 *Rhododendron purdomii* Rehd. et Wils.

杜鹃 *Rhododendron simsii* Planch.

迎红杜鹃 *Rhododendron mucronulatum* Turcz.

长蕊杜鹃 *Rhododendron stamineum* Franch.

毛肋杜鹃 *Rhododendron augustinii* Hemsl.

85.2 珍珠花属 *Lyonia* Nutt.

珍珠花 *Lyonia ovalifolia*(Wall.)Drude

a. 珍珠花(原变种)*Lyonia ovalifolia*(Wall.)Drude

b. 小果珍珠花(变种)*Lyonia ovalifolia*(Wall.) Drude var. *elliptica*(Sieb. et Zucc.)Hand.-Mzt.

85.3 岩须属 *Cassiope* D. Don

岩须 *Cassiope selaginoides* Hook. f. et Thoms.

85.4 越桔属 *Vaccinium* Linn.

小叶梨状越桔(变种)*Vaccinium japonicum* Miq. var. *sinicum*(Nakai)Rehd.

无梗越桔 *Vaccinium henryi* Hemsl.

二十八、报春花目 Primulales

86. 紫金牛科 Myrsinaceae

86.1 铁仔属 *Myrsine* Linn.

铁仔 *Myrsine africana* Linn.

87. 报春花科 Primulaceae

87.1 报春花属 *Primula* Linn.

齿萼报春 *Primula odontocalyx*(Franch.)Pax

堇菜报春 *Primula violaris* W. W. Smith et Fletcher

87.2 珍珠菜属 *Lysimachia* Linn.

距萼过路黄 *Lysimachia cristagalli* Pamp. et Hand.-Mzt.

过路黄 *Lysimachia christinae* Hance

矮桃 *Lysimachia clethroides* Duby

狼尾花 *Lysimachia barystachys* Bge.

腺药珍珠菜 *Lysimachia stenosepala* Hemsl.

耳叶珍珠菜 *Lysimachia auriculata* Hemsl.

87.3 假报春属 *Cortusa Linn.*

假报春 *Cortusa matthioli* Linn.

87.4 点地梅属 *Androsace* Linn.

莲叶点地梅 *Androsace henryi* Oliv.

二十九、柿树目 Ebenales

88. 柿树科 Ebenaceae

88.1 柿属 *Diospyros* Linn.

柿 *Diospyros kaki* Linn. f.

君迁子 *Diospyros lotus* Linn.

89. 安息香科 Styracaceae

89.1 白辛树属 *Pterostyrax Sieb.* et Zucc.

白辛树 *Pterostyrax psilophyllus* Diels ex Perk.

89.2 野茉莉属 *Styrax* Linn.

野茉莉 *Styrax japonicus* Sieb. et Zucc.

老鸹铃 *Styrax hemsleyanus* Diels

90. 山矾科 Symplocaceae

90.1 山矾属 *Symplocos* Jacq.

白檀 *Symplocos paniculata* Miq.

华山矾 *Symplocos chinensis*(Leur.)Druce

三十、木犀目 Oleales

91. 木犀科 Oleaceae

91.1 梣属 *Fraxinus* Linn.

狭叶梣 *Fraxinus baroniana* Diels

宿柱梣 *Fraxinus stylosa* Lingelsh.

水曲柳 *Fraxinus mandschurica* Rupr.

苦枥木 *Fraxinus insularis* Hemsl.

a. 苦枥木(原变种)*Fraxinus insularis* Hemsl. var. *insularis*

b. 齿缘苦枥木(变种)*Fraxinus insularis* Hemsl. var. *henryana*(Oliv.)Z. Wei

白蜡树 *Fraxinus chinensis* Roxb.

象蜡树 *Fraxinus platypoda* Oliv.

秦岭梣 *Fraxinus paxiana* Lingelsh.

91.2 素馨属 *Jasminum* Linn.

黄素馨(亚种)*Jasminum floridum* subsp. *giraldii* Miao

迎春花 *Jasminum nudiflorum* Lindl.

91.3 丁香属 *Syringa* Linn.

毛紫丁香(变种)*Syringa oblata* Lindl. var. *giraldii* (Lemoine)Rehd.

红丁香 *Syringa villosa* Vahl

辽东丁香 *Syringa wolfii* Schneid.

西蜀丁香 *Syringa komarowi* Schneid.

a. 西蜀丁香(原变种)*Syringa komarowi* Schneid. var. *komarowi*

b. 垂丝丁香(变种)*Syringa komarowi* Schneid. var. *reflexa*(Schneid.)Jien ex M. C. Chang

91.4 流苏树属 *Chionanthus* Linn.

流苏树 *Chionanthus retusus* Lindl. et Paxt.

91.5 女贞属 *Ligustrum* Linn.

总梗女贞 *Ligustrum pricei* Hayata

小叶女贞 *Ligustrum quihoui* Carr.

蜡子树 *Ligustrum molliculum* Hance

丽叶女贞 *Ligustrum henryi* Hemsl.

三十一、龙胆目 Gentianales

92. 龙胆科 Gentianaceae

92.1 花锚属 *Halenia* Borckh.

椭圆叶花锚 *Halenia elliptica* D. Don

92.2 双蝴蝶属 *Tripterospermum* Blume

双蝴蝶 *Tripterospermum chinense*(Migo) H. Smith

92.3 扁蕾属 *Gentianopsis* Ma

湿生扁蕾 *Gentianopsis paludosa*(Munro) Ma

卵叶扁蕾(变种) *Gentianopsis paludosa*(Hook. f.) Ma var. *ovato-deltoidea*(Burk.) Ma ex T. N. Ho

扁蕾 *Gentianopsis barbata*(Froel.) Ma

92.4 獐牙菜属 *Swertia* Linn.

獐牙菜 *Swertia bimaculata*(Sieb. et Zucc.) Hook. f. et Thoms.

紫斑歧伞獐芽菜 *Swertia dichotoma* var. *punctata* T. N. Ho et J. X. yang

92.5 龙胆属 *Gentiana* Linn.

苞叶龙胆 *Gentiana licentii* H. Smith ex C. Marquand

假水生龙胆 *Gentiana pseudoaquatiea* Kusenz.

93. 夹竹桃科 Apocynaceae

93.1 络石属 *Trachelospermum* Lem.

络石 *Trachelospermum jasminoides*(Lindl.) Lem.

a. 络石(原变种) *Trachelospermum jasminoides* (Lindl.) Lem. var. *jasminoides*

b. 石血(变种) *Trachelospermum jasminoides* (Lindl.) Lem. var. *heterophyllum* Tsiang

94. 萝藦科 Asclepiadaceae

94.1 杠柳属 *Periploca* Linn.

杠柳 *Periploca sepium* Bunge

94.2 鹅绒藤属 *Cynanchum* Linn.

鹅绒藤 *Cynanchum chinense* R. Br

牛皮消 *Cynanchum auriculatum* Royle ex Wight

白首乌 *Cynanchum bungei* Decne.

大理白前 *Cynanchum forrestii* Schltr.

白薇 *Cynanchum atratum* Bge.

徐长卿 *Cynanchum paniculatum*(Bge.) Kitag.

地稍瓜 *Cynanchum thesioides*(Freyn) K. Schum.

94.3 秦岭藤属 *Biondia* Schltr.

黑水藤 *Biondia insignis* Tsiang

94.4 南山藤属 *Dregea* E. Meyer.

苦绳 *Dregea sinensis* Hemsl.

95. 茜草科 Rubiaceae

95.1 鸡矢藤属 *Paederia* Linn.

鸡矢藤 *Paederia scandens*(Lour.) Merr.

a. 鸡矢藤(原变种) *Paederia scandens*(Lour.) Merr. var. *scandens*

b. 毛鸡矢藤(变种) *Paederia scandens*(Lour.) Merr. var. *tomentosa*(Blume) Hand. -Mzt.

95.2 香果树属 *Emmenopterys* Oliv.

香果树 *Emmenopterys henryi* Oliv.

95.3 茜草属 *Rubia* Linn.

茜草 *Rubia cordifolia* Linn

卵叶茜草 *Rubia ovatifolia* Z. Y. Zhang

金剑草 *Rubia alata* Roxb.

95.4 拉拉藤属 *Galium* Linn.

四叶葎 *Galium bungei* Steud.

六叶葎(变种) *Galium asperuloides* Edgew. var. *hoffmeisteri*Hand. -Mzt.

猪殃殃(变种) *Galium aparine* Linn. var. *tenerum* Rchb

三十二、管花目 Tubiflorae

96. 花荵科 Polemoniaceae

96.1 花荵属 *Polemonium* Linn.

中华花荵(变种) *Polemonium coeruleum* Linn. var. *chinense* Brand.

97. 旋花科 Convolvulaceae

97.1 菟丝子属 *Cuscuta* Linn.

菟丝子 *Cuscuta chinensis* Lam.

97.2 打碗花属 *Calystegia* R. Br.

旋花 *Calystegia sepium*(Linn.) R. Br.

藤长苗 *Calystegia pellita*(Ledeb.) G. Don

97.3 旋花属 *Convolvulus* Linn.

田旋花 *Convolvulus arvensis* Linn.

98. 紫草科 Boraginaceae

98.1 紫草属 *Lithospermum* Linn.

梓木草 *Lithospermum zollingeri* DC.

田紫草 *Lithospermum arvense* Linn.

98.2 附地菜属 *Trigonotis* Stev.

湖北附地菜 *Trigonotis mollis* Hemsl.

秦岭附地菜 *Trigonotis giraldii* Brand

附地菜 *Trigonotis peduncularis*(Trev.)Benth.

钝萼附地菜 *Trigonotis amblyosepala* Nakai et Kitag.

98.3 车前紫草属 *Sinojohnstonia* Hu

短蕊车前紫草 *Sinojohnstonia moupinensis* (Franch) W. T. Wang ex z. y. zhang

98.4 勿忘草属 *Myosotis* Linn.

勿忘草 *Myosotis silvatica* Ehrh. ex Hoffm.

98.5 斑种草属 *Bothriospermum* Bge.

多苞斑种草 *Bothriospermum secundum* Maxim.

98.6 琉璃草属 *Cynoglossum* Linn.

小花琉璃草 *Cynoglossum lanceolatum* Forsk.

琉璃草 *Cynoglossum zeylanicum*(Vahl)Thunb. ex Lehm.

98.7 盾果草属 *Thyrocarpus* Hance

盾果草 *Thyrocarpus sampsonii* Hance

弯齿盾果草 *Thyrocarpus glochidiatus* Maxim.

99. 马鞭草科 Verbenaceae

99.1 马鞭草属 *Verbena* Linn.

马鞭草 *Verbena officinalis* Linn.

99.2 大青属 *Clerodendrum* Linn.

臭牡丹 *Clerodendrum bungei* Steud.

海州常山 *Clerodendrum trichotomum* Thunb.

99.3 紫珠属 *Callicarpa* Linn.

老鸦糊 *Callicarpa giraldii* Hesse ex Rehd.

窄叶紫珠(变种) *Callicarpa japonica* Thunb. var. *angustata* Rehd.

99.4 莸属 *Caryopteris* Bge.

三花莸 *Caryopteris terniflora* Maxim.

莸 *Caryopteris divaricata*(Sieb. et Zucc.)Maxim.

100. 唇形科 Labiatae

100.1 动蕊花属 *Kinostemon* Kudo

动蕊花 *Kinostemon ornatum*(Hemsl.)Kudo

100.2 香科科属 *Teucrium* Linn

秦岭香科科 *Teucrium tsinlingense* C. Y. Wu et S. Chow

100.3 水棘针属 *Amethystea* Linn.

水棘针 *Amethystea caerulea* Linn.

100.4 夏至草属 *Lagopsis* Bge. ex Benth.

夏至草 *Lagopsis supina*(Steph.)Ik. -Gal. ex Knorr.

100.5 裂叶荆芥属 *Schizonepeta* Briq.

多裂叶荆芥 *Schizonepeta multifida*(Linn.)Briq.

100.6 荆芥属 *Nepeta* Linn.

荆芥 *Nepeta cataria* Linn.

100.7 活血丹属 *Glechoma* Linn.

活血丹 *Glechoma longituba*(Nakai)Kupr.

白透骨消 *Glechoma biondiana* (Diels) C. Y. Wu et C. Chen

100.8 夏枯草属 *Prunella* Linn.

夏枯草 *Prunella vulgaris* Linn.

100.9 糙苏属 *Phlomis* Linn.

大花糙苏 *Phlomis megalantha* Diels

宽苞糙苏(变种) *Phlomis umbrosa* var. *latibracteata* Sun cx C. II. Hu

100.10 野芝麻属 *Lamium* Linn.

宝盖草 *Lamium amplexicaule* Linn.

野芝麻 *Lamium barbatum* Sieb. et Zucc.

100.11 益母草属 *Leonurus* Linn.

益母草 *Leonurus artemisia*(Lour.)S. Y. Hu

100.12 斜萼草属 *Loxocalyx* Hemsl.

斜萼草 *Loxocalyx urticifolius* Hemsl.

100.13 水苏属 *Stachys* Linn.

甘露子 *Stachys sieboldi* Miq.

100.14 鼠尾草属 *Salvia* Linn.

鄂西鼠尾草 *Salvia maximowicziana* Hemsl.

荔枝草 *Salvia plebeia* R. Br.

100.15 风轮菜属 *Clinopodium* Linn.

风车草 *Clinopodium urticifolium*(Hance)C. Y. Wu et Hsuan. ex H. W. Li

100.16 牛至属 *Origanum* Linn.

牛至 *Origanum vulgare* Linn.

100.17 薄荷属 *Mentha* Linn.

薄荷 *Mentha haplocalyx* Briq.

100.18 香薷属 *Elsholtzia* Willd.

鸡骨柴 *Elsholtzia fruticosa*(D. Don)Rehd.

木香薷 *Elsholtzia stauntoni* Benth.

香薷 *Elsholtzia ciliata*(Thunb.)Hyland.

100.19 香茶菜属 *Rabdosia*(Blume)Hassk.

显脉香茶菜 *Rabdosia nervosa* (Hemsl.) C. Y. Wu et H. W. Li

毛叶香茶菜 *Rabdosia japonica*(Burm. f.)Hara

碎米桠 *Rabdosia rubescens*(Hemsl.)Hara

鄂西香茶菜 *Rabdosia henryi*(Hemsl.)Hara

101. 茄科 Solanaceae

101.1 枸杞属 *Lycium* Linn.

枸杞 *Lycium chinense* Mill.

101.2 酸浆属 *Physalis* Linn.

挂金灯(变种) *Physalis alkekengi* Linn. var. *Franchetii* (Mast.)Makino

101.3 茄属 *Solanum* Linn.

龙葵 *Solanum nigrum* Linn.

白英 *Solanum lyratum* Thunb.

101.4 曼陀罗属 *Datura* Linn.

曼陀罗 *Datura stramonium* Linn.

102. 马前科 Loganiaceae

102.1 醉鱼草属 *Buddleja* Linn.

巴东醉鱼草 *Buddleja albiflora* Hemsl.

大叶醉鱼草 *Buddleja davidii* Franch.

103. 玄参科 Scrophulariaceae

103.1 泡桐属 *Paulownia* Sieb. et Zucc.

毛泡桐 *Paulownia tomentosa*(Thunb.)Steud.

103.2 沟酸浆属 *Mimulus* Linn.

四川沟酸浆 *Mimulus szechuanensis* Pai

沟酸浆 *Mimulus tenellus* Bge.

a. 沟酸浆(原变种)*Mimulus tenellus* Bge.

b. 尼泊尔沟酸浆(变种)*Mimulus temellus* var. *nepalensis*(Benth.)Tsoong

103.3 通泉草属 *Mazus* Lour.

弹刀子菜 *Mazus stachydifolius*(Turcz.)Maxim.

毛果通泉草 *Mazus spicatus* Vaniot

通泉草 *Mazus japonicus*(Thumb.)O. Kuntze

103.4 母草属 *Lindernia* All.

陌上菜 *Lindernia procumbens*(Krock.)Philcox

103.5 鞭打绣球属 *Hemiphragma* Wall.

鞭打绣球 *Hemiphragma heterophyllum* Wall.

103.6 婆婆纳属 *Veronica* Linn.

细叶婆婆纳 *Veronica linariifolia* Pall. ex Link

小婆婆纳 *Veronica serpyllifolia* Linn.

婆婆纳 *Veronica didyma* Tenore

疏花婆婆纳 *Veronica laxa* Benth.

四川婆婆纳 *Veronica szechuanica* Batal.

北水苦荬 *Veronica anagallisaquatica* Linn.

水苦荬 *Veronica undulata* Wall.

103.7 腹水草属 *Veronicastrum* Heist. ex Farbic.

草本威灵仙 *Veronicastrum sibiricum*(Linn.)Pennell

细穗腹水草 *Veronicastrum stenostachyum*
(Hemsl.)*Yamazaki*

103.8 地黄属 *Rehmannia Libosch.* ex Fisch. et Mey.

地黄 *Rehmannia glutinosa*(Gaertn.)Libosch ex Fisch. et Mey.

裂叶地黄 *Rehmannia piasezkii* Maxim.

103.9 山罗花属 *Melampyrum* Linn.

山罗花 *Melampyrum roseum* Maxim.

103.10 松蒿属 *Phtheirospermum* Bge.

松蒿 *Phtheirospermum japonicum*(Thunb.)Kanitz

103.11 小米草属 *Euphrasia* Linn.

短腺小米草 *Euphrasia regelii* Wettst.

103.12 马先蒿属 *Pedicularis* Linn.

美观马先蒿 *Pedicularis decora* Franch.

藓生马先蒿 *Pedicularis muscicola* Maxim.

返顾马先蒿 *Pedicularis resupinata* Linn.

穗花马先蒿 *Pedicularis spicata* Pall.

大卫氏马先蒿 *Pedicularis davidii* Franch.

103.13 阴行草属 *Siphonostegia* Benth.

阴行草 *Siphonostegia chinensis* Benth.

104. 紫葳科 Bignoniaceae

104.1 梓属 *Catalpa* Scop.

灰楸 *Catalpa fargesii* Bur.

梓 *Catalpa ovata* G. Don

104.2 凌霄属 *Campsis* Lour.

凌霄 *Campsis grandiflora*(Thunb.)K. Schumann

104.3 角蒿属 *Incarvillea* Juss.

角蒿 *Incarvillea sinensis* Lam.

105. 苦苣苔科 Gesneriaceae

105.1 半蒴苣苔属 *Hemiboea* C. B. Clarke

半蒴苣苔 *Hemiboea henryi* C. B. Clarke

105.2 珊瑚苣苔属 *Corallodiscus* Batalin

珊瑚苣苔 *Corallodiscus cordatulus*(Craib)Burtt

106. 列当科 Orobanchaceae

106.1 列当属 *Orobanche*(Tourn.)Linn.

列当 *Orobanche coerulescens* Steph.

107. 透骨草科 Phrymaceae

107.1 透骨草属 *Phryma* Linn.

透骨草(亚种)*Phryma leptostachya* Linn. subsp. *asiatica*(Hara)Kitamura

三十三、车前目 Plantaginales

108. 车前科 Plantaginaceae

108.1 车前属 *Plantago* Linn.

车前 *Plantago asiatica* Linn.

大车前 *Plantago major* Linn.

平车前 *Plantago depressa* Willd.

三十四、川续断目 Dipsacales

109. 忍冬科 Caprifoliaceae

109.1 接骨木属 *Sambucus* Linn.

接骨草 *Sambucus chinensis* Lindl.

接骨木 *Sambucus williamsii* Hance

109.2 莛子藨属 *Triosteum* Linn.

莛子藨 *Triosteum pinnatifidum* Maxim

109.3 荚蒾属 *Viburnum* Linn.

桦叶荚蒾 *Vinurnum betulifoljkium* Batal.

聚花荚蒾 *Viburnum glomeratum* Maxim.

茶荚蒾 *Viburnum setigerum* Hance

蒙古荚蒾 *Viburnum mongolicum*(Pall.)Rehd.

巴东荚蒾 *Viburnum henryi* Hemsl.

宜昌荚蒾 *Viburnum erosum* Thunb.

荚蒾 *Viburnum dilataum* Thunb.

109.4 六道木属 *Abelia* R. Br.

南方六道木 *Abelia dielsii*(Graebn.)Rehd.

二翅六道木 *Abelia macrotera*(Graebn. et Buchw.)Rehd.

109.5 忍冬属 *Lonicera* Linn.

毛药忍冬 *Lonicera serreana* Hand. -Mzt.

金花忍冬 *Lonicera chrysantha* Turcz.

淡红忍冬 *Lonicera acuminata* Wall.

刚毛忍冬 *Lonicera hispida* Pall. ex Roem et Schull.

须蕊忍冬(亚种)*Lonicera chrysantha* Turcz. subsp. *koehneana*(Rehd.)Hsu et H. J. Wang

金银忍冬 *Lonicera maackii*(Rupr.)Maxim.

粘毛忍冬 *Lonicera fargesii* Franch.

忍冬 *Lonicera japonica* Thunb.

蕊被忍冬 *Lonicera gynochlamydea* Hemsl.

唐古特忍冬 *Lonicaera tangutica* Maxim.

冠果忍冬 *Lonicera stephanocarpa* Franch.

盘叶忍冬 *Lonicera tragophylla* Hemsl.

华西忍冬 *Lonicera webbiana* Wall. ex A. DC.

红脉忍冬 *Lonicera nervosa* Maxim.

苦糖果 *Lonicaera fragrantissima* Lindl. et Paxt. subsp. *standishii* (Carr.)Hsu et H. J.

109.6 双盾木属 *Dipelta* Maxim.

双盾木 *Dipelta floribunda* Maxim.

110. 败酱科 Valerianaceae

110.1 败酱属 *Patrinia* Juss.

岩败酱 *Patrinia rupestris*(Pall.)Dufr.

败酱 *Patrinia scabiosaefolia* Fisch. ex Link

110.2 缬草属 *Valeriana* Linn.

缬草 *Valerian officinalis* Linn.

111. 川续断科 Dipsacaceae

111.1 川续断属 *Dipsacus* Linn.

川续断 *Dipsacus asperoides* C. Y. Cheng et T. M. Ai

日本川续断 *Dipsacus japonicus* Miq.

三十五、桔梗目 Campanulales

112. 桔梗科 Campanulaceae

112.1 党参属 *Codonopsis* Wall.

党参 *Codonopsis pilosula*(Franch.)Nannf.

112.2 风铃草属 *Campanula* Linn.

紫斑风铃草 *Campanula punctata* Lam.

112.3 沙参属 *Adenophora* Fisch.

杏叶沙参 *Adenophora hunanensis* Nannf.

多岐沙参 *Adenophora wawreana* A. Zahlbr.

聚叶沙参 *Adenophora wilsonii* Nannf.

泡沙参 *Adenophora potaninii* Korsh.

多毛沙参 *Adenophora rupincola* Hemsl.

丝裂沙参 *Adenophora capillaris* Hemsl.

薄叶荠苨 *Adenophora remotiflora* Miq.

高山沙参(亚种)*Adenophora himalayana* Feer subsp. *alpina*(Nannf.)Hong

秦岭沙参 *Adenophora petiolata* Pax et Hofm.

113. 菊科 Compositae

管状花亚科 Carduoideae

泽兰族 Eupatorieae

113.1 泽兰属 *Eupatorium* Linn.

多须公 *Eupatorium chinense* Linn.

白头婆 *Eupatorium japonicum* Thunb.

紫菀族 Astereae

113.2 紫菀属 *Aster* Linn.

紫菀 *Aster tataricus* Linn. f.

三脉紫菀 *Aster ageratoides* Turcz.

a. 二脉紫菀(原变种)*Aster ageratoides* Turcz. var. *ageratoides*

异叶三脉紫菀(变种)*Aster ageratoides* Turcz. var. *heterophyllus* Maxim.

小舌紫菀 *Aster albescens*(D. C)Hand. -Mzt.

113.3 飞蓬属 *Erigeron* Linn.

飞蓬 *Erigeron acer* Linn.

一年蓬 *Erigeron annuus*(Linn.)Pers.

113.4 白酒草属 *Conyza* Linn.

小蓬草(粘毛白酒草)*Conyza canadensis*(Linn.)Cronq.

旋覆花族 Inuleae

113.5 火绒草属 *Leontopodium* R. Br.

绢茸火绒草 *Leontopodium smithianum* Hand. -Mzt.
薄雪火绒草 *Leontopodium japonicum* Miq.
113.6 香青属 *Anaphalis* DC.
黄腺香青 *Anaphalis aureopunctata* Lingelsh. et Borza
珠光香青 *Anaphalis margaritacea*(Linn.)Benth. et Hook. f.
香青 *Anaphalis sinica* Hance
113.7 鼠麴草属 *Gnaphalium* Linn.
秋鼠麴草 *Gnaphalium hypoleucum* DC.
细叶鼠麴草 *Gnaphalium japonicum* Thunb.
113.8 天名精属 *Carpesium* Linn.
烟管头草 *Carpesium cernuum* Linn.
大花金挖耳 *Carpesium macrocephalum* Franch. et Sav.
长叶天名精 *Carpesium longifolium* Chen et C. M. Hu
薄叶天名精 *Carpesium leptophyllum* Chen et C. M. Hu
四川天名精 *Carpesium szechuanense* Chen et C. M. Hu
高原天名精 *Carpesium lipskyi* Winkl.
毛暗花金挖耳(变种)*Carpesium triste* var. *sinensis* Diels
暗花金挖耳 *Carpesium triste* Maxim.
113.9 和尚菜属 *Adenocaulon* Hook.
和尚菜 *Adenocaulon himalaicum* Edgew.
向日葵族 Heliantheae
113.10 百日菊属 *Zinnia* Linn.
多花百日菊 *Zinnia peruviana* Linn.
113.11 豨莶属 *Siegesbeckia* Linn.
豨莶 *Siegesbeckia orientalis* Linn.
113.12 向日葵属 *Hellianthus* Linn.
菊芋 *Helianthus tuberosus* Linn.
113.13 鬼针草属 *Bidens* Linn.
金盏银盘 *Bidens biternata*(Lour.)Merr. et Sherff
春黄菊族 Anthemideae
113.14 蓍属 *Achillea* Linn.
云南蓍 *Achilea wilsoniana*(Heim.)Heim.
113.15 蒿属 *Artemisia* Linn.
侧蒿 *Artemisia deversa* Diels
黄花蒿 *Artemisia annua* Linn.
阴地蒿 *Artemisia sylvatica* Maxim.
商南蒿 *Artemisia shangnanensis* Ling et Y. R. Ling
无毛牛尾蒿(变种)*Artemisia dubia* var. *subdigitata*(Mattf.)Y. R. Ling
茵陈蒿 *Artemisia capillaris* Thunb.
小球花蒿 *Artemisia moorcroftiana* Wall. ex DC.
暗绿蒿 *Artemisia atrovirens* Hand. -Mzt.
千里光族 Senecioneae
113.16 款冬属 *Tussilago* Linn.
款冬 *Tussilago farfara* Linn.
113.17 华蟹甲属 *Sinacalia* H. Robins. et Brettel
华蟹甲 *Sinacalia tangutica*(Maxim.)B. Nord.
113.18 蟹甲草属 *Parasenecio* W. W. Smith et J. Small
两似蟹甲草 *Parasenecio ambiguus*(Ling)Y. L. Chen
蛛毛蟹甲草 *Parasenecio roborowskii* (Maxim.) Y. L. Chen
耳叶蟹甲草 *Parasenecio auriculatus*(DC.)H. Koyama
太白山蟹甲草 *Parasenecio pilgerianus*(Diels)Y. L. Chen
深山蟹甲草 *Parasenecio profundorum*(Dunn)Y. L. Chen
长穗蟹甲草 *Parasenecio longispicus*(Hand. -Mzt.)Y. L. Chen
耳翼蟹甲草 *Parasenecio otopteryx*(Hand. -Mzt.)Y. L. Chen
113.19 蒲儿根属 *Sinosenecio* B. Nord.
蒲儿根 *Sinosenecio oldhamianus*(Maxim.)B. Nord.
耳柄蒲儿根 *Sinosenecio euosmus*(Hand. -Mzt.)B. Nord.
113.20 橐吾属 *Ligularia* Cass.
太白山橐吾 *Ligularia dolichobotrys* Diels
蹄叶橐吾 *Ligularia fischeri*(Ledeb.)Turcz.
离舌橐吾 *Ligularia veitchiana*(Hemsl.)Greenm.
113.21 大吴风草属 *Farfugium* Lindl.
大吴风草 *Farfugium japonicum*(Linn.)Kitam.
菜蓟族 Cynareae
113.22 牛蒡属 *Arctium* Linn.
牛蒡 *Arctium lappa* Linn.
113.23 蓟属 *Cirsium* Mill.
刺儿菜 *Cirsium setosum*(Willd.)M. Bieb.
线叶蓟 *Cirsium lineare*(Thunb.)Sch. -Bip
马刺蓟 *Cirsium monocephalum*(Vent.)Levl.
魁蓟 *Cirsium leo* Nakai et Kitag.
113.24 风毛菊属 *Saussurea* DC.
喜林风毛菊 *Saussurea stricta* Franch.
杨叶风毛菊 *Saussurea populifolia* Hemsl.
长梗风毛菊 *Saussurea dolichopada* Diels
庐山风毛菊 *Saussurea bullockii* Dunn
少花风毛菊(变种)*Saussurea oligantha* Franch. var. *parvifolia* Ling
秦岭风毛菊 *Saussurea tsinlingensis* Hand. -Mzt.

心叶风毛菊 *Saussurea cordifolia* Hemsl.
洋县风毛菊 *Saussurea kunqii* Ling
尾尖风毛菊 *Saussurea saligna* Franch.
翅茎风毛菊 *Saussurea cauloptera* Hand. -Mzt.
棕脉风毛菊 *Saussurea baroniana* Diels
狭翼风毛菊 *Saussurea frondosa* Hand. -Mzt.
川陕风毛菊 *Saussurea licentiana* Hand. -Mzt.
帚菊木族 Mutisieae
113. 25 帚菊木属 *Pertya* Sch. -Bip.
华帚菊 *Pertya sinensis* Oliv.
舌状花亚科 Cichorioideae
菊苣族 Cichoreae
113. 26 毛连菜属 *Picris* Linn.
日本毛连菜 *Picris japonica* Thumb.
113. 27 蒲公英属 *Taraxacum* Weber
药用蒲公英 *Taraxacum officinale* Wigg.
川甘蒲公英 *Taraxacum lugubre* Dahlst.
蒲公英 *Taraxacum mongolicum* Hand. -Mzt.
113. 28 苦苣菜属 *Sonchus* Linn.
苦苣菜 *Sonchus oleraceus* Linn.
苣荬菜 *Sonchus arvensis* Linn.
113. 29 翅果菊属 *Pterocypsela* C. Shih
台湾翅果菊 *Pterocypsela formosana* (Maxim.) C. Shih
翅果菊 *Pterocypsela indica*(Linn.) C. Shih
毛脉翅果菊 *Pterocypsela raddeana*(Maxim.) C. Shih
高大翅果菊 *Pterocypsela elata*(Hemsl.) C. Shih
113. 30 福王草属 *Prenanthes* Linn.
福王草 *Prenanthes tatarinowii* Maxim.
113. 31 小苦荬属 *Ixeridium*(A. Gray) Tzvel.
中华小苦荬 *Ixeridium chinensis*(Thunb.) Tzvel.
抱茎小苦荬 *Ixeridium sonchifolium*(Maxim.) Shih

单子叶植物纲 Monocotyledoneae

三十六、沼生目 Helobiae

114. 泽泻科 Alismataceae
114. 1 慈姑属 *Sagittaria* Linn.
野慈姑 *Sagittaria trifolia* Linn.
115. 花蔺科 Butomaceae
115. 1 花蔺属 *Butomus* Linn.
花蔺 *Butomus umbellatus* Linn.

三十七、百合目 Liliiflorae

116. 百合科 Liliaceae
116. 1 菝葜属 *Smilax* Linn.
短梗菝葜 *Smilax scobinicaulis* C. H. Wright
托柄菝葜 *Smilax discotis* Warb.
鞘柄菝葜 *Smilax stans* Maxim.
糙柄菝葜 *Smilax trachypoda* Norton
牛尾菜 *Smilax riparia* A. DC.
a. 牛尾菜(原变种) *Smilax riparia* A. DC. var. *riparia*
b. 尖叶牛尾菜(变种) *Smilax riparia* A. DC. var. *acuminata*(C. H. Wright) Wang et Tang
116. 2 天门冬属 *Asparagus*(Tourn.) Linn.
羊齿天门冬 *Asparagus filicinus* Ham. ex D. Don
116. 3 粉条儿菜属 *Aletris* Linn.
粉条儿菜 *Aletris spicata*(Thunb.) Franch.
无毛粉条儿菜 *Aletris glabra* Bur. et Franch.
116. 4 七筋姑属 *Clintonia* Rafin.
七筋姑 *Clintonia udensis* Trantv. et Mey.
116. 5 山麦冬属 *Liriope* Lour.
山麦冬 *Liriope spicata*(Thunb.) Lour.
116. 6 沿阶草属 *Ophiopogon* Ker. -Gawl.
麦冬 *Ophiopogon japonicus*(Linn. f.) Ker-Gawl.
116. 7 开口箭属 *Tupistra* Ker. -Gawl.
开口箭 *Tupistra chinensis* Baker
116. 8 黄精属 *Polygonatum* Adans.
多花黄精 *Polygonatum cyrtonema* Hua
玉竹 *Polygonatum odoratum*(Mill.) Druce
黄精 *Polygonatum sibiricum* Delar. ex Redoute
卷叶黄精 *Polygonatum cirrhifolium*(Wall.) Royle
细根茎黄精 Polygonatum gracile P. L. Li
116. 9 万寿竹属 *Disporum* Salisb.
万寿竹 *Disporum cantoniense*(Lour.) Merr.
116. 10 百合属 *Lilium*(Tourn.) Linn.
野百合 *Lilium brownii* F. E. Brown ex Miellez
a. 野百合(原变种) *Lilium brownii* F. E. Brown ex Miellez var. *brownii*
b. 百合(变种) *Lilium brownii* F. E. Brown ex Miellez var. *viridulum* Baker
绿花百合 *Lilium fargesii* Franch.
川百合 *Lilium davidii* Duchartre ex Elwes
山丹 *Lilium pumilum* DC.

116.11 大百合属 *Cardiocrinum*(Endl.) Lindl.

大百合 *Cardiocrinum giganteum*(Wall.) Makino

116.12 重楼属 *Paris* Linn.

具柄重楼 *Paris fargesii* Franch. var. *petiolata*(Baker ex C. H. Wright) Wang et Tang

七叶一枝花 *Paris polyphylla* Smith

北重楼 *Paris verticillata* M. Bieb.

116.13 藜芦属 *Veratrum* Linn.

藜芦 *Veratrum nigrum* Linn.

116.14 玉簪属 *Hosta* Tratt.

紫萼 *Hosta ventricosa*(Salisb.) Stearn

116.15 鹿药属 *Smilacina* Desf.

管花鹿药 *Smilacina henryi*(Baker) Wang et Tang

鹿药 *Smilacina japonica* A. Gray

116.16 油点草属 *Tricyrtis* Wall.

黄花油点草 *Tricyrtis maculata*(D. Don) Machride

116.17 萱草属 *Hemerocallis* Linn.

萱草 *Hemerocallis fulva*(Linn.) Linn.

116.18 葱属 *Allium* Linn.

茖葱 *Allium victorialis* Linn.

卵叶韭 *Allium ovalifolium* Hand. -Mzt.

天蒜 *Allium paepalanthoides* Airy-Shaw

117. 薯蓣科 Dioscoreaceae

117.1 薯蓣属 *Dioscorea* Linn.

薯蓣 *Dioscorea opposita* Thunb.

毛芋头薯蓣 *Dioscorea kamoonensis* Kunth

穿龙薯蓣 *Dioscorea nipponica* Makino

118. 雨久花科 Pontederiaceae

118.1 雨久花属 *Monochoria* Presl

鸭舌草 *Monochoria vaginalis* Presl

119. 鸢尾科 Iridaceae

119.1 射干属 *Belamcanda* Adans.

射干 *Belamcanda chinensis*(Linn.) DC.

119.2 鸢尾属 *Iris* Linn.

黄花鸢尾 *Iris wilsonii* C. H. Wright

三十八、灯心草目 Juncales

120. 灯心草科 Juncaceae

120.1 地杨梅属 *Luzula* DG.

散序地杨梅 *Luzula effusa* Buchen.

120.2 灯心草属 *Juncus* Linn.

野灯心草 *Juncus setchuensis* Buchen.

灯心草 *Juncus effusus* Linn.

细茎灯心草 *Juncus gracilicaulis* A. Camus

葱状灯心草 *Juncus allioides* Franch.

三十九、鸭跖草目 Commelinales

121. 鸭跖草科 Commelinaceae

121.1 竹叶子属 *Streptolirion* Edgew.

竹叶子 *Streptolirion volubile* Edgew.

121.2 鸭跖草属 *Commelina* Linn.

鸭跖草 *Commelina communis* Linn.

四十、禾本目 Poales

122. 禾本科 Gramineae

竹亚科 Bambusoideae

122.1 箬竹属 *Indocalamus* Nakai

阔叶箬竹 *Indocalamus latifolius*(Keng) McClure

122.2 箭竹属 *Fargesia* Franch.

秦岭箭竹 *Fargesia qinlingensis* Yi et J. X. Shao

122.3 刚竹属 *Phyllostachys* Sieb. et Zucc.

桂竹 *Phyllostachys bambusoides* Sieb. et Zucc.

122.4 巴山木竹属 *Bashania* Keng f. et Yi

巴山木竹 *Bashania fargesii*(E. G. Camus) Keng f. et Yi

禾亚科 Pooideae

狐茅族 Festuceae Dumort.

122.5 芦苇属 *Phragmites* Trin.

芦苇 *Phragmites australis*(Cav.) Trin. ex Steud.

122.6 画眉草属 *Eragrostis* Beauv.

无毛画眉草(变种) *Eragrostis pilosa*(Linn.) Beauv. var. *imberbis* Franch.

黑穗画眉草 *Eragrostis nigra* Ness ex Steud.

知风草 *Eragrostis ferruginea*(Thunb.) Beauv.

122.7 鸭茅属 *Dactylis* Linn.

鸭茅 *Dactylis glomerata* Linn.

122.8 羊茅属 *Festuca* Linn.

羊茅 *Festuca ovina* Linn.

小颖羊茅 *Festuca parvigluma* Steud.

122.9 早熟禾属 *Poa* Linn.

早熟禾 *Poa annua* Linn.

白顶早熟禾 *Poa acroleuca* Steud.

细叶早熟禾 *Poa angustifolia* Linn.

草地早熟禾 *Poa pratensis* Linn.

林地早熟禾 *Poa nemoralis* Linn.
硬质早熟禾 *Poa sphondylodes* Trin.
多叶早熟禾 *Poa plurifolia* Keng
122.10 雀麦属 *Bromus* Linn.
雀麦 *Bromus japonicus* Thunb.
疏花雀麦 *Bromus remotiflorus*(Steud.)Ohwi
多节雀麦 *Bromus plurinodes* Keng.
122.11 臭草属 *Melica* Linn.
广序臭草 *Melica onoei* Franch. et Sav.
臭草 *Melica scabrosa* Trin.
细叶臭草 *Melica radula* Franch.
大麦族 *Hordeeae* Benth.
122.12 猬草属 *Hystrix* Moench
猬草 *Hystrix duthiei*(Stapf)Bor
122.13 披碱草属 *Elymus* Linn.
老芒麦 *Elymus sibiricus* Linn.
披碱草 *Elymus dahuricus* Turcz.
圆柱披碱草 *Elymus cylindricus*(Franch.)Honda
122.14 鹅观草属 *Roegneria* G. Koch.
鹅观草 *Roegneria kamoji* Ohwi
东瀛鹅观草 *Roegneria mayebarana*(Honda)Ohwi
纤毛鹅观草 *Roegneria ciliaris*(Trin.)Nevski
虎尾草族 Chlorideae Lunth.
122.15 菵草属 *Beckmannia* Host.
菵草 *Beckmannia syzigachne*(Steud.)Fernald
122.16 草沙蚕属 *Tripogon* Roem. et Schult.
中华草沙蚕 *Tripogon chinensis*(Franch.)Hack.
122.17 穇属 *Eleusine* Gaertn.
牛筋草 *Eleusine indica*(Linn.)Gaertn.
122.18 狗牙根属 *Cynodon* Rich.
狗牙根 *Cynodon dactylon*(Linn.)Pers.
122.19 虎尾草属 *Chloris* Swartz
虎尾草 *Chloris virgata* Swartz
燕麦族 Aveneae Nees
122.20 三毛草属 *Trisetum* Pers.
三毛草 *Trisetum bifidum*(Thunb.)Ohwi
湖北三毛草 *Trisetum henryi* Rendle
122.21 燕麦属 *Avena* Linn.
野燕麦 *Avena fatua* Linn.
剪股颖族 Agrostideae Kunth
122.22 显子草属 *Phaenosperma* Munro ex Benth. et Hook. f.
显子草 *Phaenosperma globosa* Munro ex Benth.
122.23 乱子草属 *Muhlenbergia* Schreb.
乱子草 *Muhlenbergia huegelii* Trin.
日本乱子草 *Muhlenbergia japonica* Steud.
122.24 看麦娘属 *Alopecurus* Linn.
看麦娘 *Alopecurus aequalis* Sobol.
122.25 棒头草属 *Polypogon* Desf.
长芒棒头草 *Polypogon monspeliensis*(Linn.)Desf.
棒头草 *Polypogon fugax* Nees ex Steud
122.26 野青茅属 *Deyeuxia* Glar.
糙野青茅 *Deyeuxia scabrescens*(Griseb.)Munro ex Duthie
野青茅 *Deyeuxia arundinacea*(Linn.)Beauv.
a. 野青茅(原变种)*Deyeuxia arundinacea*(Linn.) Beauv. var. *arundinacea*
b. 短毛野青茅(变种)*Deyeuxia arundinacea* Beauv. var. *brachytricha*(Rendle.)P. C. Kuo et S. L. Lu
c. 疏花野青茅(变种)*Deyeuxia arundinacea* Beauv. var. *laxiflora*(Rendle.)P. C. Kuo et S. L. Lu
122.27 拂子茅属 *Calamagrostis* Adans.
拂子茅 *Calamagrostis epigeios*(Linn.)Roth.
单蕊拂子茅 *Calamagrostis emodensis* Griseb.
122.28 剪股颖属 *Agrostis* Linn.
巨序剪股颖 *Agrostis gigantea* Roth
华北剪股颖 *Agrostis clavata* Trin.
多花剪股颖 *Agrostis myriantha* Hook. f.
122.29 粟草属 *Milium* Linn.
粟草 *Milium effusum* Minn.
黍族 Paniceae R. Br.
122.30 狗尾草属 *Setaria* Beauv.
西南狗尾草 *Setaria forbesiana* (Ness ex Steud.) Hook. f.
狗尾草 *Setaria viridis*(Linn.)Beauv.
金狗尾草 *Setaria glauca*(Linn.)Beauv.
122.31 狼尾草属 *Pannisetum* Rich.
狼尾草 *Pennisetum alopecuroides*(Linn.)Spreng.
白草 *Pennisetum centrasiaticum* Tzvel.
122.32 马唐属 *Digitaria* Heist. ex Fabricius
止血马唐 *Digitaria ischaemum* (Schreb.) Schreb. ex Muhl.
马唐 *Digitaria sanguinalis*(Linn.)Scop.
122.33 求米草属 *Oplismenus* Beauv.
求米草 *Oplismenus undulatifolius* (Ard.) Roem. et Schult.
122.34 稗属 *Echinochloa* Beauv.
稗 *Echinochloa crusgalli*(Linn.)Beauv.

无芒稗（变种）*Echinochloa crusgalli* var. *mitis* (Pursh.) Peterm.

122.35 野黍属 *Eriochloa* Kunth

野黍 *Eriochloa villosa*(Thunb.) Kunth

122.36 雀稗属 *Paspalum* Linn.

雀稗 *Paspalum thunbergii* Kunth et Steud.

野古草族 Arundinelleae Stapf

122.37 野古草属 *Arundinella* Raaddi

毛秆野古草 *Arundinella hirta*(Thunb.) Koidz.

结缕草族 Zoysieae Miq.

122.38 锋芒草属 *Tragus* Scop.

锋芒草 *Tragus racemosus*(Linn.) Scop.

虱子草 *Tragus berteronianus* Schult.

蜀黍族 Andropogoneae Dumort.

122.39 荻属 *Triarrhena* Nakai

荻 *Triarrhena sacchariflora*(Maxim.) Nakai

122.40 芒属 *Miscanthus* Anderss.

芒 *Miscanthus sinensis* Anderss.

122.41 白茅属 *Imperata* Gyrillo

白茅 *Imperata cylindrica*(Linn.) Beauv.

122.42 荩草属 *Arthraxon* Beauv.

矛叶荩草 *Arthraxon lanceolatus*(Roxb.) Hochst.

荩草 *Arthraxon hispidus*(Thunb.) Makino

122.43 菅属 *Themeda* Forsk.

阿拉伯黄背草 *Themeda triandra* Forsk.

四十一、棕榈目 Palmales

123. 棕榈科 Palmae

123.1 棕榈属 *Trachycarpus* H. Wendl.

棕榈 *Trachycarpus fortunei*(Hook. f.) H. Wendl.

四十二、佛焰花目 Spathiflorae

124. 天南星科 Araceae

124.1 天南星属 *Arisaema* Mart.

象南星 *Arisaema elephas* Buchet

一把伞南星 *Arisaema erubescens*(Wall.) Schott

124.2 半夏属 *Pinellia* Tenore

半夏 *Pinellia ternata*(Thunb.) Breit.

124.3 犁头尖属 *Typhonium* Schoot

独角莲 *Typhonium giganteum* Engl.

124.4 魔芋属 *Amorphophallus* Spreng.

魔芋 *Amorphophallus rivieri* Durieu

125. 浮萍科 Lemnaceae

125.1 浮萍属 *Lemna* Linn.

浮萍 *Lemna minor* Linn.

125.2 紫萍属 *Spirodela* Schleid.

紫萍 *Spirodela polyrrhiza*(Linn.) Schleid.

四十三、露兜树目 Pandanales

126. 香蒲科 Typhaceae

126.1 香蒲属 *Typha* Linn.

香蒲 *Typha orientalis* Presl.

小香蒲 *Typha minima* Funk.

四十四、莎草目 Cyperales

127. 莎草科 Cyperaceae

127.1 藨草属 *Scirpus* Linn.

百球藨草 *Scirpus rosthornii* Diels

萤蔺 *Scirpus juncoides* Roxb.

127.2 飘拂草属 *Fimbristylis* Vahl

烟台飘拂草 *Fimbristylis stauntoni* Deb. et Franch.

水虱草 *Fimbristylis miliacea*(Linn.) Vahl.

127.3 莎草属 *Cyperus* Linn.

香附子 *Cyperus rotundus* Linn.

具芒碎米莎草 *Cyperus microiria* Steud.

直穗莎草 *Cyperus orthostachyus* Franch. et Savat.

异型莎草 *Cyperus difformis* Linn.

127.4 水莎草属 *Juncellus*(Griseb.) Glarke

水莎草 *Juncellus serotinus*(Rottb.) Clarke

127.5 扁莎草属 *Pycreus* Beauv.

球穗扁莎 *Pycreus globosus*(All.) Reichb.

红鳞扁莎 *Pycreus sanguinolentus*(Vahl.) Ness. form. *sanguinolentus*

127.6 砖子苗属 *Mariscus* Gaertn.

砖子苗 *Mariscus umbellatus* Vahl.

127.7 水蜈蚣属 *Kyllinga* Rottb.

无刺鳞水蜈蚣（变种）*Kyllinga brevifolia* Rottb. var. *leiolepis* Hara.

127.8 薹草属 *Carex* Linn.

针叶薹草 *Carex onoei* Franch. et Savat.

翼果薹草 *Carex neurocarpa* Maxim.

云雾薹草 *Carex nubigena* D. Don

书带薹草 *Carex rochebruni* Franch. et Savat.

丝引薹草 *Carex remotiuscula* Wahlb.

穹隆薹草 *Carex gibba* Wahlb.

城口薹草 *Carex luctuosa* Franch.

大理薹草 *Carex rubrobrunnea* C. B. Clarke var. *taliensis*(Franch.)Kukenth.

膨囊薹草 *Carex lehmanii* Drejer

川滇薹草 *Carex schneideri* Nelmes

甘肃薹草 *Carex kansuensis* Nelmes

无喙囊薹草 *Carex davidii* Franch.

青绿薹草 *Carex breviculmis* R. Br.

丝叶薹草 *Carex capilliformis* Franch.

大披针薹草 *Carex lanceolata* Boott

肿喙薹草 *Carex oedorrhampha* Nelmes

团穗薹草 *Carex agglomerata* C. B. Clarke

日本薹草 *Carex japonica* Thunb.

签草 *Carex doniana* Spreng.

扁秆薹草 *Carex planiculmis* Kom.

唐进薹草 *Carex tangiana* Ohwi

异穗薹草 *Carex heterostachya* Bge.

舌叶薹草 *Carex ligulata* Nees

四十五、姜目 Zingiberales

128. 姜科 Zingiberaceae

128.1 姜属 *Zingiber* Adans

姜 *Zingiber officinale* Roscoe

四十六、微子目 Orchidales

129. 兰科 Orchidaceae

129.1 杓兰属 *Cypripedium* Linn.

扇脉杓兰 *Cypripedium japonicumc* Thunb.

毛杓兰 *Cypripedium franchetii* Wilson

129.2 红门兰属 *Orchis* Linn.

广布红门兰 *Orchis chusua* D. Don

129.3 舌唇兰属 *Platanthera* Rich.

舌唇兰 *Platanthera japonica*(Thunb. ex A. Marray) Lindl.

129.4 凹舌兰属 *Coeloglossum* Hartm.

凹舌兰 *Coeloglossum viride*(Linn.)Hartm.

129.5 鸟巢兰属 *Neottia* Ludwig

尖唇鸟巢兰 *Neottia acuminata* Schltr.

129.6 对叶兰属 *Listera* R. Br.

对叶兰 *Listera puberula* Maxim

129.7 火烧兰属 *Epipactis* Adans.

火烧兰 *Epipactis helleborine*(Linn.)Crantz.

大叶火烧兰 *Epipactis mairei* Schltr.

129.8 头蕊兰属 *Cephalanthera* Rich.

银兰 *Cephalanthera erecta*(Thunb. ex A. Murray)Blume

头蕊兰 *Cephalanthera longifolia*(Linn.)Fritsch

129.9 天麻属 *Gastrodia* R. Br.

天麻 *Gastrodia elata* Blume

129.10 绶草属 *Spiranthes* Rich.

绶草 *Spiranthes sinensis*(Pers.)Ames

129.11 沼兰属 *Malaxis* Sw.

沼兰 *Malaxis monophyllos*(Linn.)Sw.

129.12 羊耳蒜属 *Liparis* Rich.

羊耳蒜 *Liparis japonica*(Miq.)Maxim.

129.13 珊瑚兰属 *Corallorhiza*(Hall.)Chat.

珊瑚兰 *Corallorhiza trifida* Chat.

129.14 虾脊兰属 *Calanthe* R. Br.

流苏虾脊兰 *Calanthe alpina* Hook. f. ex Lindl.

剑叶虾脊兰 *Calomthe davidii* Franch

129.15 杜鹃兰属 *Cremastra* Lindl.

杜鹃兰 *Cremastra appendiculata*(D. Don)Makino

129.16 兰属 *Cymbidium* Sw.

蕙兰 *Cymbidium faberi* Rolfe

129.17 布袋兰属 *Calypso* Salisb.

布袋兰 *Calypso bulbosa*(Linn.)Oakes

129.18 山兰属 *Oreorchis* Lindl.

囊唇山兰 *Oreorchis indica*(Lindl.)Hook. f.

129.19 山珊瑚属 *Galeola* Lour.

毛萼山珊瑚 *Galeola lindleyana*(Hook. f. et Thoms.) Rchb. f.

附录4 常见动物检索表

（一）昆虫纲成虫分目检索表

1. 无翅，或有极退化的翅 …… 2
   有翅 …… 23
2. 无足，似幼虫，头和胸愈合。内寄生于膜翅目、同翅目、半翅目、直翅目等许多昆虫体内，仅以头胸部露出寄主腹节外 …… 捻翅目（雌）Strepsiptera
   有足，头和胸部不愈合，不寄生虫体内 …… 3
3. 腹部除外生殖器和尾须外有其他附肢 …… 4
   腹部除外生殖器和尾须外无其他附肢 …… 7
4. 无触角，腹部共12节，第1~3节各有一对短小的附肢 …… 原尾目 Protura
   有触角，腹部最多有11节 …… 5
5. 腹部只有6节或更少，第1腹节有一腹管，第3腹节有一握器，第4或第5腹节有一分叉的跳器 …… 弹尾目 Collembola
   腹部多于6节，无上述三对附肢，但有成对的刺突或泡等附肢 …… 6
6. 有一对长而分节的尾须或坚硬不分节的尾铗，无复眼 …… 双尾目 Diplura
   除一对尾须外还有一条长而分节的中尾丝，有复眼 …… 缨尾目 Thysanura
7. 口器为咀嚼式 …… 8
   口器为刺吸式或舔吸式、虹吸式等 …… 18
8. 腹部末端有一对尾须（或呈尾铗） …… 9
   腹部无尾须 …… 15
9. 尾须呈坚硬不分节的铗状 …… 革翅目 Dermaptera
   尾须不呈铗状 …… 10
10. 前足第一跗节特别膨大，能纺丝 …… 纺足目 Embiidina
    前足第一跗节不特别膨大，也能纺丝 …… 11
11. 前足为捕捉足 …… 螳螂目 Mantodea
    前足非捕捉足 …… 12
12. 后足为跳跃足 …… 直翅目 Orthoptera
    后足非跳跃足 …… 13
13. 体扁，卵圆形，前胸背板很大，常盖住头的全部 …… 蜚蠊目 Blattodea
    体非卵圆形，头不为前胸所盖 …… 14
14. 体细长似杆状 …… 䗛目 Phasmatodea
    体非杆状，为社会性昆虫 …… 等翅目 Isoptera
15. 跗节3节以下 …… 16

附节4节或5节 …………………………………………………………………………………… 17

16. 触角3~5节，外寄生于鸟类或兽类体上 ………………………………… 食毛目 Mallophaga

触角13~15节，非寄生性 ……………………………………………………… 啮虫目 Corrodentia

17. 腹部第1节并入后胸，第1节和第2节之间紧缩或呈柄状 …………… 膜翅目 Hymenoptera

腹部第1节不并入后胸，也不紧缩 ……………………………………………… 鞘翅目 Coleoptera

18. 体密被鳞片或密生鳞毛，口器为虹吸式……………………………………… 鳞翅目 Lepidoptera

体无鳞片，口器为刺吸式、舐吸式或退化 ………………………………………………………… 19

19. 附节5节 ………………………………………………………………………………………… 20

附节3节以下 ……………………………………………………………………………………… 21

20. 体竖扁（侧扁） ………………………………………………………………… 蚤目 Siphonaptera

体不竖扁 ………………………………………………………………………………… 双翅目 Diptera

21. 附节端部有能伸缩的泡，爪很小 …………………………………………… 缨翅目 Thysanoptera

附节端部无能伸缩的泡 ……………………………………………………………………………… 22

22. 足具1爪，适于攀附在毛发上，外寄生于哺乳动物 ………………………………… 虱目 Anoplura

足具2爪；如具1爪则寄生于植物上，极不活泼或寄生不动，体呈球状、介壳状等，常被有蜡质、胶质等分泌物 ……………………………………………………………………………… 同翅目 Homoptera

23. 有1对翅 ………………………………………………………………………………………… 24

有2对翅 …………………………………………………………………………………………… 32

24. 前翅或后翅特化成平衡棒 ………………………………………………………………………… 25

无平衡棒 ……………………………………………………………………………………………… 27

25. 前翅形成平衡棒，后翅很大…………………………………………………… 捻翅目 Strepsiptera

后翅形成平衡棒，前翅很大 ………………………………………………………………………… 26

26. 附节5节 ……………………………………………………………………………… 双翅目 Diptera

附节仅1节（雄介壳虫） …………………………………………………………… 同翅目 Homoptera

27. 腹部末端有1对尾须 ……………………………………………………………………………… 28

腹部末端无尾须 ……………………………………………………………………………………… 30

28. 尾须细长而分成许多节（或更有1条相似的中尾丝），翅竖立背上 ………… 蜉蝣目 Ephemerida

尾须不分节，多短小，翅平覆背上 ………………………………………………………………… 29

29. 附节5节，后足非跳跃足，体细长如杆或扁宽如叶 ………………………… 竹节虫目 Phasmida

附节4节以下，后足为跳跃足 ……………………………………………………… 直翅目 Orthoptera

30. 前翅角质，口器为咀嚼式 ………………………………………………………… 鞘翅目 Coleoptera

翅为膜质，口器非咀嚼式 …………………………………………………………………………… 31

31. 翅上有鳞片 ………………………………………………………………………… 鳞翅目 Lepidoptera

翅上无鳞片 ………………………………………………………………………… 缨翅目 Thysanoptera

32. 前翅全部或部分较厚，为角质或革质，后翅为膜质 ……………………………………………… 33

前翅与后翅均为膜质 ………………………………………………………………………………… 40

33. 前翅基半部为角质或革质，端半部为膜质 …………………………………………… 半翅目 Hemiptera

前翅基部与端部质地相同，或某部分较厚但不如上述 ……………………………………………… 34

34. 口器为刺吸式 ……………………………………………………………………… 同翅目 Homoptera

口器为咀嚼式 ………………………………………………………………………………………… 35

35. 前翅有翅脉 ………………………………………………………………………………………… 36

前翅无明显翅脉 ……………………………………………………………………………………… 39

36. 附节4节以下，后足为跳跃足或前足为开掘足 ……………………………… 直翅目 Orthoptera

附节5节，后足与前足不如上述 ……………………………………………………………………… 37

37. 前足为捕捉足 ………………………………………………………………… 螳螂目 Mantodea
　　前足非捕捉足 ………………………………………………………………………… 38
38. 前胸很大，常盖住头的全部或大部分 ……………………………………… 蜚蠊目 Blattaria
　　前胸很小，头部外露，体似杆状或叶片状 ………………………………… 竹节虫目 Phasmida
39. 腹部末端有 1 对尾铗，前翅短小，决不能盖住腹部中部 ……………… 革翅目 Dermaptera
　　腹部末端无尾铗，前翅一般较长，盖住大部或全部腹节 ………………… 鞘翅目 Coleoptera
40. 翅面全部或部分被有鳞片，口器为虹吸式或退化 ……………………… 鳞翅目 Lepidoptera
　　翅面无鳞片，口器非虹吸式 ……………………………………………………………… 41
41. 口器为刺吸式 ……………………………………………………………………………… 42
　　口器为咀嚼式、嚼吸式或退化 …………………………………………………………… 44
42. 下唇形成分节的喙，翅缘无长毛 ………………………………………………………… 43
　　无分节的喙，翅极狭长，翅缘有缨状长毛 ………………………………… 缨翅目 Thysanoptera
43. 喙自头的前方突出 ………………………………………………………… 半翅目 Hemiptera
　　喙自头的后方突出 ………………………………………………………… 同翅目 Homoptera
44. 触角极短小而不显著，刚毛状 …………………………………………………………… 45
　　触角长而显著，非刚毛状 ………………………………………………………………… 46
45. 腹部末端有 1 对细长而多节的尾须（或更有 1 条相似的中尾须），后翅小 ……… 蜉蝣目 Ephemerida
　　尾须短而不分节，后翅与前翅大小相似 …………………………………… 蜻蜓目 Odonata
46. 头部向下延长呈喙状 ……………………………………………………… 长翅目 Mecoptera
　　头部不延长呈喙状 ………………………………………………………………………… 47
47. 前足第一跗节特别膨大，能纺丝 ………………………………………… 纺足目 Embiidina
　　前足第一跗节不特别膨大，也不能纺丝 ………………………………………………… 48
48. 前、后翅几乎相等，翅基部各有一条横的肩缝 ………………………… 等翅目 Isoptera
　　前、后翅相似或相差很多，但无缝线 …………………………………………………… 49
49. 后翅前缘有一排小的翅钩列，用以和前翅相连 ………………………… 膜翅目 Hymenoptera
　　后翅前缘无翅钩列 ………………………………………………………………………… 50
50. 跗节 2～3 节 ……………………………………………………………………………… 51
　　跗节 5 节 ………………………………………………………………………………… 52
51. 前胸很大，腹端有 1 对尾须 ……………………………………………… 𫌀翅目 Plecoptera
　　前胸很小如颈状，无尾须 ………………………………………………… 啮虫目 Corrodentia
52. 翅面密被明显的毛，口器（上颚）退化 …………………………………… 毛翅目 Trichoptera
　　翅面上无明显的毛，如有毛则生长于翅脉与翅缘上，口器（上颚）发达 ……………… 53
53. 后翅基部宽于前翅，有发达的臀区，休息时后翅臀区折起，头为前口式 ……… 广翅目 Megaloptera
　　后翅基部不宽于前翅，无发达的臀区，休息时也不折起，头为下口式 ……………… 54
54. 头部长，前胸圆筒形，也很长，前足正常，雌虫有伸向后方的针状产卵器 ……… 蛇蛉目 Raphididea
　　头部短，前胸一般不很长，如很长时则前足为捕捉足（像螳螂），雌虫一般无针状产卵器，如有则弯在背上向前伸 ……………………………………………………………… 脉翅目 Neuroptera

（二）常见两栖类分科检索表

1. 成体有四肢 ………………………………………………………………………………… 2
　　终身无四肢，似蚯蚓 ……………………………………………………………… 无足目 Apoda
2. 四肢短，颈部明显，具尾 ……………………………………………………… 有尾目 Caudata 3
　　四肢发达，体宽短，成体无尾 ……………………………………………………… 无尾目 Anura 5

3. 犁骨齿不呈“∧”形 …………………………………………………………………………………… 4
　犁骨齿呈“∧”形 ……………………………………………………………… 蝾螈科 Salamandridae
4. 有活动眼睑，肋沟明显，犁骨齿呈“U”形 ……………………………………… 小鲵科 Hynobiidae
　无眼睑，体侧有纵肤褶，犁骨齿与上颌齿平衡成弧形 ……………………… 隐鳃鲵科 Cryptobranchidae
5. 舌盘状，周围与口腔粘膜相连，不能自如伸出 …………………………… 盘舌蟾科 Diseoglossidae
　舌不呈盘状，舌端游离，能自如伸出 ………………………………………………………………… 6
6. 肩带弧胸型 …………………………………………………………………………………………… 7
　肩带固胸型 …………………………………………………………………………………………… 9
7. 上颌具齿 ……………………………………………………………………………………………… 8
　上颌无齿，皮肤粗糙，耳后腺发达，体表具疣 ……………………………………… 蟾蜍科 Bufonidae
8. 指、趾端尖细，无吸盘，有耳后腺 ………………………………………………… 锄足蟾科 Pelobatidae
　趾端膨大，具吸盘，无耳后腺，大部分树栖性 …………………………………………… 雨蛙科 Hylidae
9. 上颌具齿，鼓膜明显，具蹼 ………………………………………………………………………… 10
　上颌无齿，鼓膜不明显，无蹼 ………………………………………………… 姬蛙科 Microhylidae
10. 无吸盘或有吸盘，其背面有横凹痕，无间介软骨 …………………………………………… 蛙科 Ranidae
　具吸盘，末两节具间介软骨，末节有“Y”形软骨 …………………………… 树蛙科 Rhacophoridae

（三）常见爬行类有鳞目分科检索表

有四肢，偶缺四肢者亦有肩带，有活动的上下眼睑和鼓膜，有胸骨 ……………………………… 晰蜴亚目
无四肢亦无肩带，无活动的上下眼睑和鼓膜，无胸骨 ………………………………………………… 蛇亚目

（1）我国有鳞目蜥蜴亚目常见科检索

1. 头部背面无大形成对的鳞甲 ………………………………………………………………………… 2
　头部背面有大形成对的鳞甲 ………………………………………………………………………… 5
2. 趾端大；大多无动性眼睑 …………………………………………………………… 壁虎科 Gekkonidae
　趾侧扁；有动性眼睑 ………………………………………………………………………………… 3
3. 舌长，呈二深裂状；背鳞呈粒状；体形大 …………………………………………… 巨蜥科 Vardanidae
　舌短，前端稍凹；体形适中或小 …………………………………………………………………… 4
4. 尾上具2个背棱 ………………………………………………………………… 异蜥科 Xenosauridae
　尾不具棱或仅有单个正中背棱 ……………………………………………………… 鬣蜥科 Agamidae
5. 无附肢 ………………………………………………………………………………… 蛇蜥科 Anguidae
　有附肢 ………………………………………………………………………………………………… 6
6. 腹鳞方形；股窝或鼠蹊窝存在 ……………………………………………………… 蜥蜴科 Lacertidae
　腹鳞圆形；股窝或鼠蹊窝缺 ………………………………………………………… 石龙子科 Scincidae

（2）我国有鳞目蛇亚目分科的检索

1. 头、尾与躯干部的界限不分明；眼在鳞下，上颌无齿；身体的背、腹面均被有相似的圆鳞；尾非侧扁 ……… …………………………………………………………………………… 盲蛇科 Typhlopidae
　头、尾与躯干部界限分明；眼不在鳞下；上下颌具齿；鳞多为长方形 ……………………………… 2
2. 上颌骨平直；毒牙存在时恒久竖起 ………………………………………………………………… 3
　上颌骨高度大于长度；具有能竖起的管状毒牙 …………………………………………………… 8
3. 颏沟存在 ……………………………………………………………………………………………… 4
　颏沟缺 ……………………………………………………………………… 钝头蛇科 Amblycephplidae
4. 前方上颌牙不具沟 …………………………………………………………………………………… 5

前方上颌牙具沟 …… 7
5. 后肢退化为距状爪；头部背面被以大多数细鳞 …… 蟒科 Boidae
后肢无遗留；头部背面被以少数大形整齐的鳞片 …… 6
6. 额鳞后缘与成对顶鳞相接触 …… 游蛇科 Colubridae
额鳞后缘与单个形大的枕鳞相接触；背鳞较大，15 行 …… 闪鳞蛇科 Xenopeltidae
7. 尾圆形 …… 眼镜蛇科 Elapidae
尾侧扁 …… 海蛇科 Hydrophiidae
8. 鼻眼之间有颊窝 …… 蝮蛇科 Crotalidae
鼻眼之间无颊窝 …… 蝰蛇科 Viperidae

（四）我国常见鸟类分目检索表

1. 脚适于游泳；蹼较发达 …… 2
脚适于步行；蹼不发达或缺 …… 5
2. 趾间具全蹼 …… 鹈形目 Pelecaniformes
趾间不具全蹼 …… 3
3. 嘴通常平扁，先端具嘴甲；雄性具交接器 …… 雁形目 Anseriformes
嘴不平扁；雄性不具交接器 …… 4
4. 翅尖长；尾羽正常；趾不具瓣蹼 …… 鸥形目 Lariformes
翅短圆；尾羽甚短；前趾具瓣蹼 …… 䴙䴘目 Podicipediformes
5. 颈和脚均较短；胫全被羽；无蹼 …… 8
颈和脚均较长；胫的下部裸出；蹼不发达 …… 6
6. 后趾发达，与前趾在同一平面上；眼先裸出 …… 鹳形目 Ciconiiformes
后趾不发达或完全退化，存在时位置较他趾稍高；眼先常被羽 …… 7
7. 翅大都短圆，第 1 枚初级飞羽较第 2 枚短；趾间无蹼，有时具瓣蹼 …… 鹤形目 Gruiformes
翅大都形尖，第 1 枚初级飞羽较第 2 枚为长或等长（麦鸡属例外）；趾间蹼不发达或缺 ……
…… 鸻形目 Charadriiformes
8. 喙、爪均特强锐而弯曲；喙基具蜡膜 …… 9
喙平直或稍曲；喙基不具蜡膜（鸽形目例外） …… 10
9. 蜡膜裸出；两眼树位；外趾不能反转（鹗属例外）；尾脂腺被羽 …… 隼形目 Falconiformes
蜡膜被硬须掩盖；两眼向前；外趾能反转；尾脂腺裸出 …… 鸮形目 Strigiformes
10. 3 趾向前，1 趾向后（后趾有时缺少）；各趾彼此分离（除极少数外） …… 15
趾不具上列特征 …… 11
11. 足大都呈前趾型；嘴短阔而平扁；无嘴须 …… 雨燕目 Apodiformes
足不呈前趾型；嘴强而不平扁（夜鹰目例外），常具嘴须 …… 12
12. 足呈对趾型 …… 13
足不呈对趾型 …… 14
13. 嘴强直呈凿状；尾羽通常坚挺尖出 …… 䴕形目 Piciformes
嘴端稍曲，不呈凿状；尾羽正常 …… 鹃形目 Cuculiformes
14. 嘴长或强直，或细而稍曲；鼻不呈管状；中爪不具栉缘 …… 佛法僧目 Coraciiformes
嘴短阔；鼻通常呈管状；中爪具栉缘 …… 夜鹰目 Caprimulgiformes
15. 嘴基柔软，被以蜡膜；嘴端膨大而具角质（沙鸡属例外） …… 鸽形目 Columbiformes
嘴全被角质，嘴基无蜡膜 …… 16
16. 后爪不较其他趾的爪为长；雄鸟常具距突 …… 鸡形目 Galliformes

后爪较其他趾的爪为长;无距突 …… 雀形目 Passeriformes

(五) 我国常见兽类分目检索

1. 必具后肢 …… 2
   后肢缺 …… 12
2. 前肢特别发达并具翼膜,适于飞行 …… 翼手目 Chiroptera
   前肢不具适于飞行的翼膜 …… 3
3. 牙齿全缺,身披鳞甲 …… 鳞甲目 Pholidota
   有牙齿,体无鳞甲 …… 4
4. 门齿大而呈凿状,犬齿虚位 …… 5
   门齿非凿状,犬齿存在 …… 6
5. 上颌具1对门牙 …… 啮齿目 Rodentia
   上颌具前后2对门牙 …… 兔形目 Lagomorpha
6. 四肢末端指(趾)分明,趾端有爪或趾甲 …… 7
   四肢末端趾愈合,或有蹄 …… 10
7. 前后足拇趾与他趾相对 …… 灵长目 Primates
   前后足拇趾不与他趾相对 …… 8
8. 吻部尖长,向前超出下唇甚远,正中1对门齿通常显然大于其他各对门齿 …… 食虫目 Insectivora
   上下唇通常等长,正中1对门齿小于其余各对门齿 …… 9
9. 体形呈纺锤状,适于游泳,四肢变为鳍状 …… 鳍足目 Pinnipedia
   体形通常适于陆上奔走,四肢正常;趾分离,末端具爪 …… 食肉目 Carnivora
10. 体形特别巨大,鼻长而能弯曲 …… 长鼻目 Proboscidea
    体形巨大或中等,鼻不延长也不能弯曲 …… 11
11. 四足仅第3或第4趾大而发达 …… 奇蹄目 Perissodacyla
    四足第3、4趾发达而等大 …… 偶蹄目 Artiodactyla
12. 同型齿或无齿,外鼻孔通常位于头顶,多数具背鳍;乳头腹位 …… 鲸目 Cetacea
    多为异型齿,外鼻孔开口于吻端,无背鳍;乳头胸位 …… 海牛目 Sirenia

附录5

火地塘常见动物名录及介绍

火地塘教学实习基地分布有众多的我国特有动物，是进行珍稀物种遗传多样性保育、动物与环境相互关系作用规律、植被恢复与动物种群消长规律等研究的理想场所。

一、常见脊椎动物名录

Ⅰ．鱼纲 Pisces

（一）鲤形目 Cyriniformes

1. 鳅科 Cobitidae

红尾副鳅 *Paracobitis variegatus* Sauvage et Dabry

2. 鲤科 Cyprinidae

拉氏鱥 *Phoxinus lagowskii* Dybowsky

短须颌须鮈 *Gnathopogon imberbis* Sauvage et Dabry

Ⅱ．两栖纲 Amphibia

（一）有尾目 Caudata

1. 小鲵科 Hynobitdae

秦巴拟小鲵 *Liua tsinpaensis* Hiu et Hu

太白山溪鲵 *Batrachuperus taibaiensis* Song

2. 隐鳃鲵科 Cryptobranchidae

大鲵 *Andrias davidianus* Blanchard

（二）无尾目 Anura

3. 蟾蜍科 Bufonidae

中华蟾蜍 *Bufo gargarizans* Cantor

华西蟾蜍 *B. andrewsi* Schmidt

4. 雨蛙科 Hylidae

秦岭雨蛙 *Hyla tsinlingensis* Liu et Hu

5. 蛙科 Ranidae

中国林蛙 *Rana chensinensis* David

隆肛蛙 *Nanorana quadranus* Liu，Hu et Yang

6. 锄足蟾科 Pelobatidae

宁陕齿突蟾 *Scutiger ningshanensis* Fang

Ⅲ．爬行纲 Reptilia

（一）蜥蜴亚目 Laceruufirnes

1. 石龙子科 Scincidae

蓝尾石龙子 *Eumeces elegans* Boulenger

蝘蜓 *Lygosoma indicum* Gray

（二）蛇亚目 Serpeniformes

2. 游蛇科 Colubridae

颈槽游蛇 *Rhabdophis nuchalis* Schlegel

乌梢蛇 *Zaocys dhumnades* Cantor

王锦蛇 *Elaphe carinata* Güenther

红点锦蛇 *Elaphe rufodorsata*（Cantor）

宁陕小头蛇 *Oligodon ningshanensis* Yuan

3. 蝮蛇科 Crotalidae

秦岭蝮 *Gloydius qinlingensis* Song et Chen

莱花烙铁头 *Protobothrops jerdonii* Güenther

Ⅳ．鸟纲 Aves

（一）鹳形目 Ciconiiformes

1. 鹭科 Ardeidae

白鹭 *Egretta garzetta* Linnaeus

（二）隼形目 Falconiformes

2. 鹰科 Accipitridae

黑耳鸢 *Mivus lineatus* J. E. Gray

赤腹鹰 *Accipiter soloensis*（Horsfield）

金雕 *Aquila chrysaetos daphanea* Menzbier

3. 隼科 Falconidae

燕隼 *Falco subbuteo* Linnaeus

（三）鸡形目 Galliformes

4. 雉科 Phasianidae

血雉 *Ithaginis cruentus sinensis* David

红腹锦鸡 *Chrysolophus pictus*（Linnaeus）

环颈雉 *Phasianus colchicus*（Linnaeus）

红腹角雉 *Tragopan temminckii* J. E. Gray

（四）鹃形目 Cuculiformes

5. 杜鹃科 Cuculidae

四声杜鹃 *Cuculus micropterus* Gould

大杜鹃 *C. canorus* Linnaeus

小杜鹃 *C. poliocephalus* Latham

（五）鸮形目 Strigiformes

6. 鸱鸮科 Strigidae

领角鸮 *Otus bakkamoena* Pennant

灰林鸮 *Strix aluco* Blyth

雕鸮 *Bubo bubo*（Linnaeus）

长耳鸮 *Asio otus*（Linnaeus）

（六）夜鹰目 Caprimulgiformes

7. 夜鹰科 Caprimulgidae

普通夜鹰 *Caprimulgus indicus* Temminck et Schlege

（七）佛法僧目 Coraciiformes

8. 鱼狗科 Cerylidae

冠鱼狗 *Megaceryle lugubris* Steineger

9. 翠鸟科 Alcedinidae

普通翠鸟 *Alcedo atthis bengalensis* Gmelin

10. 戴胜科 Upupidae

戴胜 *Upupa epops* Linnaeus

（八）䴕形目 Piciformes

11. 啄木鸟科 Picidae

大斑啄木鸟 *Dendrocopos major beicki* Stresemann

赤胸啄木鸟 *D. cathpharius* Bangs et Peters

（灰头）绿啄木鸟 *Picus canus guerini* Malherbe

（九）雀形目 Passeriformes

12. 鹡鸰科 Motacillidae

山鹡鸰 *Dendronanthus indicus* Gemelin

黄鹡鸰 *Motacilla flava* Linnaeus

灰鹡鸰 *Motacilla cinerea* Brehm

白鹡鸰 *M. alba* Hodgson

树鹨 *Anthus hodgsoni* Richmond

粉红胸鹨 *Anthus roseatus* Blyth

田鹨 *Anthus novaeseelandiae richardi* Vieillot

13. 岩鹨科 Prunellidae

领岩鹨 *Prunella collaris nipalensis* Scopoli

棕胸岩鹨 *Prunella strophiata* Blyth

14. 鹎科 Pycnonotidae

黄臀鹎 *Pycnonotus xanthorrhous* Anderson

绿鹦嘴鹎 *Spizixos semitorques* Swinhoe

白头鹎 *Pycnonotus sinensis* Gmelin

15. 鸦科 Corvidae

松鸦 *Garrulus glandarius sinensis* Swinhoe

灰喜鹊 *Cyanopica cyana interposita* Hartert

星鸦 *Nucifraga caryocatactes macella* Thayer et Bangs

大嘴乌鸦 *Corvus macrorhynchus colonorum* Swinhoe

红嘴蓝鹊 *Urocissa erythrorhyncha* Boddaert

喜鹊 *Pica pica sericea* Gould

白颈鸦 *Corvus torquatus* Lesson

16. 河乌科 Cinclidae

褐河乌 *Cinclus pallasii* Temminck

17. 鹪鹩科 Troglodytidae

鹪鹩 *Troglodytes troglodytes* Linnaeus

18. 鹟科 Muscicapidae

北红尾鸲 *Phoenicurus auroreus leucopterus* Blyth

红尾水鸲 *Rhyacornis fuliginosus* Vigors

白顶溪鸲 *Chaimarrornis leucocephalus halus* Vigors

白冠燕尾 *Enicurus leschenaulti sinensis* Vieillot

小燕尾 *Enicurus scouleri* Vigors

紫啸鸫 *Myophonus caeruleus* Scopoli

虎斑地鸫 *Zoothera daumaaurea* Holandre

斑鸫 *Turdus eunomus* Temminck

红点颏 *Luscinia calliope* Pallas

白眉（姬）鹟 *Ficedula zanthopygia* Hay

棕腹（仙）鹟 *Niltava sundara* Bang et Phillips

白腹蓝鹟 *Cyanoptila cyanomelana* Thayer et Bangs

方尾鹟 *Culicicapa ceylonensis* Oberholser

寿带鸟 *Terpsiphone paradisi* Gould

锈脸钩嘴鹛 *Pomatorhinus erythrogenys* David

棕颈钩嘴鹛 *Pomatorhinus ruficollis styani* Seebohm

山噪鹛 *Garrulax davidi davidi* Swinhoe

橙翅噪鹛 *G. ellioti ellioti* Verreaux

红嘴相思鸟 *Leiothrix lutea lutea* Scopoli

白领凤鹛 *Yuhina diademata* Verreaux

棕头鸦雀 *Paradoxornis webbianus suffuses* Swinhoe

山树莺 *Cettia fortipes davidiana* Verreaux

短翅树莺 *C. diphone canturians* Swinhoe

黄腹树莺 *C. acanthizoides* Verreaux

斑胸短翅莺 *Bradypterua thoracicus przevalskii* Sushkin

棕褐短翅莺 *Bradypterus luteoventris* Hodgson
冠纹柳莺 *Phylloscopus reguloides claudiae* La Touche
黄腹柳莺 *Phylloscopus affinis* Tickell
极北柳莺 *Phylloscopus borealis* Blasius
棕腹柳莺 *Phylloscopus subaffinis* Ogilvie-Grant
棕眉柳莺 *Phylloscopus armandii* Milne-Edwards
黄眉柳莺 *Phylloscopus inornatus* Blyth
暗绿柳莺 *Phylloscopus trochiloides* Sundevall
金眶鹟莺 *Seicercus burkii distinctus* La Touche
棕脸鹟莺 *Abroscopus albogularis fulvifacies* Horsfield et Moore
19. 绣眼鸟科 Zosteropidae
红胁绣眼鸟 *Zosterops erythropleura* Swinhoe
暗绿绣眼鸟 *Z. japonica simplex* Temminck
20. 山雀科 Paridae
大山雀 *Parus major artatus* Thayer et Bangs
绿背山雀 *Parus monticolus* Vigors
黄腹山雀 *Parus venustulus* Swinhoe
银喉长尾山雀 *Aegithalos caudatus glaucogularis* Moore
火冠雀 *Cephalopyrus flammiceps olivaceus* Rothschold
21. 䴓科 Sittidae
普通䴓 *Sitta europaea sinensis* Verreaux
22. 太阳鸟科 Nectariniidae
蓝喉太阳鸟 *Aethopyga gouldiae dabryii* Verreaux
23. 文鸟科 Ploceidae
树麻雀 *Passer montanus saturatus* Stejneger
山麻雀 *P. rutilans* Temminck
24. 雀科 Fringillidae
金翅 *Carduelis sinica* Linnaeus
酒红朱雀 *Carpodacus vinaceus* Verreaux
朱雀 *C. erythrinus roseatus* Blyth
赤胸灰雀 *Pyrrhula erythaca* Blyth
黄喉鹀 *Emberiza elegans elegantula* Swinhoe
灰头鹀 *E. spodocephala sordida* Blyth
三道眉草鹀 *E. cioides castaneiceps* Moore
蓝鹀 *E. siemsseni* Martens
小鹀 *E. pusilla* Pallas

Ⅴ. 哺乳纲 Mammalia

（一）食虫目 Insectivora

1. 猬科 Erinaceidae
秦岭短棘猬 *Hemiechinus hughi* Thomas
2. 鼹科 Talpidae
长吻鼹 *Talpa longirostris* Milne-Edwards
3. 鼩鼱科 Soricidae
陕西鼩鼱 *Sorex sinalis* Thomas
纹背鼩鼱 *Sorex cylindricauda* Milne-Edwards
小纹背鼩鼱 *Sorex bedfordiae* Thomas
川西缺齿鼩鼱 *Chodsigoa hypsibius hypsibius* De Winton
水麝鼩 *Chimarrogale himalayicus* Gray

（二）翼手目 Chiroptera

4. 菊头蝠科 Rhinolophidae
马铁菊头蝠 *Rhninolophus ferrum-equinum* Schreber
5. 蹄蝠科 Hipposideridae
普氏蹄蝠 *Hipposideros pratti* Thomas
6. 蝙蝠科 Vespertilionidae
小鼠耳蝠 *Myotis davidi* Peters

（三）灵长目 Primates

7. 猴科 Cercopithecidae
川金丝猴 *Rhinopithecus roxellana* Milne-Edwards

（四）食肉目 Canivora

8. 犬科 Canidae
赤狐 *Vulpes vulpes* Linnaeus
9. 熊科 Ursidae
黑熊 *Selenarctos thibetanus* Gucuvier
10. 鼬科 Mustelidae
青鼬 *Martes flavigula* Boddaert
黄鼬 *Mustela sibirica sibirica* Pallas
猪獾 *Arctonyx collaris* F. Cuvier
水獭 *Lutra lutra* Linnaeus
11. 灵猫科 Viverridae
花面狸 *Paguma larvata* Hamiton-smith
12. 猫科 Felidae
豹猫 *Prionailurus bengalensis* Kerr
金猫 *Catopuma temmincki* Cvigors & Horsfield

（五）偶蹄目 Artiodactyla

13. 猪科 Suidae
野猪 *Sus scrofa* Linnaeus
14. 鹿科 Cervidae
小麂 *Muntiacus reevesi* Ogilby
15. 麝科 Moschidae
林麝 *Moschus berezovskii* Flerov
16. 牛科 Bovidae
羚牛 *Budorcas taxicolor* Thomas
鬣羚 *Capricornis sumatraensis* Milne-Edwards
斑羚 *Nemorhaedus goral caudatus* Milne-Edwards

（六）啮齿目 Rodentia

17. 松鼠科 Sciuridae

岩松鼠 *Sciurotamias davidianus* Milne-Edwards

花鼠 *Tamias sibiricus* Laxmann

18. 鼯鼠科 Petauristidae

红白鼯鼠 *Petaurista alborufus* Milne-Edwards

19. 仓鼠科 Cricetidae

甘肃仓鼠 *Cansumys canus* Allen

长尾仓鼠 *Cricetulus longicaudatus* Milne-Edwards

洮州绒鼠 *Caryomys eva* Thomas

苛岚绒鼠 *Eothenomys inez* Thomas

黑腹绒鼠 *Eothenomys melanogaster* Milne-Edwards

秦岭鼢鼠 *Myospalax rufescens* J. Allen

20. 竹鼠科 Rhizomyidae

中华竹鼠 *Rhizomys sinensis* Gray

21. 鼠科 Muridae

小家鼠 *Mus musculus* Linnaeus

大林姬鼠 *Apodemus peninsulae* Thomas

黑线姬鼠 *A. agrarius* Pallas

黄胸鼠 *Rattus tanezumi* Temminck

褐家鼠 *R. norvegicus* Berkenhout

中华姬鼠 *Apodemus draco* Barrett-Hamilten

社鼠 *Rattus niviventer* Milne-Edwards

22. 林跳鼠科 Zapodidae

四川林跳鼠 *Eozapus setchuanus* Pousargues

（七）兔形目 Lagomorpha

23. 鼠兔科 Ochotonidae

藏鼠兔 *Ochotona thibetana* Milne-Edwards

24. 兔科 Leporidae

草兔 *Lepus capensis* Matschie

二、常见昆虫名录

（一）原尾目 Protura

1. 夕蚖科 Hesperentomidae

华山夕蚖 *Hesperentomon huashanensis* Yin

2. 檗蚖科 Berberentulidae

毛萼肯蚖 *Kenyentulus ciliciocalyci* Yin

（二）双尾目 Diplura

3. 铗虮科 Japygidae

陕铗虮蜕 *Shaanxijapyx xianensis* Chou

（三）襀翅目 Plecoptera

4. 卷襀科 Leuctridae

陕西诺襀 *Rhopalopsole shaanxiensis* Yang et Yang

5. 襀科 Perlinae

大斑新襀 *Neoperla latamaculata* Du

（四）直翅目 Orthoptera

6. 网翅蝗科 Araypteridae

东方雏蝗 *Chorthippus intermedius* B. Bienko

素色异爪蝗 *Euchorthippus unicolor* Ikonnikov

7. 蚱科 Tetrigidae

二齿尖顶蚱 *Teredorus carmichaeli* Hancock

钻形蚱 *Tetrix subulata* Linnaeus

8. 蟋蟀科 Gryllidae

黄脸油葫芦 *Teleogryllus emma* Ohmachi et Matsumura

黑须哑蟋 *Goniogryllus atripalpis* Chen et Zheng

9. 蛩螽科 Meconematidae

皮氏拟库螽 *Pseudokuzicus pieli* Tinkham

10. 螽斯科 Tettigoniidae

葛氏寰螽 *Atlanticus grahami* Tinkham

（五）䗛目 Phasmatodea

11. 䗛科 Phasmatidae

巫山短肛䗛 *Baculum wushanense* Chen et He

12. 异䗛科 Heteronemiidae

腹锥小异䗛 *Micadina conifera* Chen et He

（六）革翅目 Dermaptera

13. 球螋科 Forficulidae

耳乔球螋 *Timomenus amblyotus* Ma et Chen

中华山球螋 *Oreasiobia chinensis* Steinmann

（七）同翅目 Homoptera

14. 蝉科 Ciladidae

哈亚蝉 *Karenia caelatea* Distant

鸣鸣蝉 *Oncotympana maculaticollis* Motschulsky

15. 角蝉科 Membracidae

拟黑无齿角蝉 *Nondenticentrus paramelanicus* Zhang et Yuan

16. 大叶蝉科 Cicadellidae

双斑条大叶蝉 *Atkinsoniella bimanculata* Cai et Shen

大青叶蝉 *Cicadella viridis* (Linnaeus)

17. 大蚜科 Lachnidae

柳瘤大蚜 *Tuberolachnus saligus* Gmelin

（八）半翅目 Hemiptera

18. 猎蝽科 Reduviidae

大土猎蝽 *Coranus magnus* Hsiao et Ren

19. 盲蝽科 Miridae

中国肩盲蝽 *Allorhinocoris chinensis* Lu

波氏木盲蝽 *Castanopsides potanini* Reuter

西伯利亚草盲蝽 *Lygus sibiricus* Aglyamzyanov

20. 龟蝽科 Plataspidae

双列圆龟蝽 *Coptosoma bifarium* Montandon

21. 蝽科 Pentatomidae

辉蝽 *Carbula obtusangula* Reuter

斑须蝽 *Dolycoris baccarum* (Linnaeus)

日本真蝽 *Pentatoma japonica* Distant

（九）脉翅目 Neuroptera

22. 草蛉科 Chrysopidae

陕西尼草蛉 *Nineta shaanxiensis* Yang et Yang

周氏叉草蛉 *Dichochrysa aromatica* Yang et Yang

（十）鞘翅目 coleoptera

23. 虎甲科 Cicindelidae

芽斑虎甲 *Cicindela gemmata* Faldermann

24. 芫菁科 Meloidae

红翅绿芫菁 *Lytta rubra* Hope

25. 步甲科 Carabidae

青寡步行甲 *Anoplogenius cyanescens* Hope

中华爪步甲 *Onycholabis sinensis* Bates

26. 龙虱科 Dytiscidae

宽缝斑龙虱 *Hydaticus grammicus* Germar

27. 叩甲科 Elateridae

凸胸鳞叩甲 *Lacon rotundicollis* Kishii et Jiang

横带脊角叩甲 *Stenagostus umbratilis* Lewis

赤翅锥胸叩甲 *Ampedus masculatus* Ohira

28. 瓢甲科 Coccinellidae

日本小瓢虫 *Scymnus japonicus* Weise

七星瓢虫 *Coccinella septempunctata* Linnaues

黄斑盘瓢虫 *Lemnia saucia* Mulsant

29. 犀金龟科 Scarabaeidae

双叉犀金龟 *Allomyrina dichotoma* Linnaeus

30. 丽金龟科 Rutelidae

庭园丽金龟 *Phyllopertha horticola* Linnaeus

蓝边矛丽金龟 *Calistethus plagiicollis* Fairmaire

31. 鳃金龟科 Melolonthidae

波婆鳃金龟 *Brahmina potanini* Semenov

32. 锹甲科 Lucanidae

污铜狭锹甲 *Prismognathus subaeneus* Mostchulsky

斑腿锹甲 *Lucanusmaculi femoratus* Motschulsky

33. 花金龟科 Cetoniidae

平丽花金龟 *Euselates moupinensis* Fairmaire

34. 叶甲科 Chrysomelidae

蒿金叶甲 *Chrysolina aurichalcea* Mannerheim

印度黄守瓜 *Aulacophora indica* Gmelin

蓝色九节跳甲 *Nonarthra cyaneum* Baly

黄斑直缘跳甲 *Ophrida xanthospilota* Baly

35. 象甲科 Curculionidae

瘤状遮眼象 *Callirhopalus subcallosus* Voss

斜纹圆筒象 *Macrocorynus obliquesignatus* Reitter

沟眶象 *Eucryptorrhynchus chinensis* Olivier

36. 小蠹科 Scolytidae

松纵坑切梢小蠹 *Blastophagus piniperda* Linnaeus

华山松梢小蠹 *Cryphalus lipingensis* Tsai et Li

华山松大小蠹 *Dendroctonus armandi* Tsai et Li

（十一）毛翅目 Trichoptera

37. 石蛾科 Phryganeidae

橘褐纹石蛾 *Eubasilissa mandarina* Schmid

（十二）鳞翅目 Lepidoptera

38. 网蛾科 Thyrididae

波花蚕蛾 *Oberthueria caeca* Oberthur

一点钩翅蚕蛾 *Mustilis hepatica* Moore

39. 大蚕蛾科 Saturniidae

华尾大蚕蛾 *Actias sinensis* (Walker)

红尾大蚕蛾 *Actias rhodopueuma* Rober

豹目大蚕蛾 *Loepa oberthuri* Leech

40. 钩蛾科 Drepanidae

接骨木山钩蛾 *Oerta loochooana* Swinhoe

黄翅山钩蛾 *Oreta cera* Chu et Wang

短铃钩蛾 *Macrocilix mysticata brevinotata* Watson

41. 木蛾科 Xyloryctidae

血色隆木蛾 *Aeolanthes haematopa* Meyrick

42. 麦蛾科 Gelechiidae

拟寿苔麦蛾 *Bryotropha ambisenectella* Li et Zheng

高山苔麦蛾 *Bryotropha montana* Li et Zheng

蚕豆齿茎麦蛾 *Xystophora carchariella* Zeller

马铃薯茎麦蛾 *Phthorimaea opercullella* Zeller

43. 卷蛾科 Tortricidae

褐带弧翅卷蛾 *Croesia leechi* Walsingham

蔷薇黄卷蛾 *Archips rosanus* Linnaeus

44. 螟蛾科 Pyralidae

黑斑垂须螟 *Cataprosopus monstrosus* Bulter

松蛀果斑螟 *Assara hoeneella* Roesler

45. 尺蛾科 Geometridae

猫眼尺蛾 *Problepsis superans* Butler

中国枯叶尺蛾 *Gandaritis sinicaria* Leech
中国巨青尺蛾 *Limbatochlamys rosthorni Rothschild*
46. 舟蛾科 Notodontidae
黑蕊尾舟蛾 *Dudusa sphingiformis* Moore
窦舟蛾 *Zaranga pannosa* Moore
47. 枯叶蛾科 Lasiocampidae
杨枯叶蛾 *Gastropacha populifolia* Esper
刻缘枯叶蛾 *Takanea miyakei* Wileman
48. 凤蝶科 Papilionidae
中华麝凤蝶 *Byasa confusa* Rothschild
玉带美凤蝶 *Papilio polytes polytes* Linnaeus
柑橘凤蝶 *Papilio xuthus* Linnaeus
突缘麝凤蝶 *Byasa plutonius* (Oberthür)
乌克兰剑凤蝶 *Pazala tamerlanna*
49. 粉蝶科 Pieridae
莱粉蝶 *Pieris rapae orientalis* Oberthur
云粉蝶 *Pontia daplidice* Linnaeus
橙黄豆粉蝶 *Colias fieldii*
黄粉蝶 *Eurema blanda* Boisduval
50. 蛱蝶科 Nymphalidae
红线蛱蝶 *Limenitis populi* Linnaeus
锦瑟蛱蝶 *Seokia pratti* Leech
曲带闪蛱蝶 *Apatura laverna* Leech
蛛环蛱蝶 *Neptis arachne* Leech
紫闪蛱蝶 *Apatura iris bieti* Oberthur
51. 眼蝶科 Satyridae
曼丽白眼蝶 *Melanargia meridionalis* Felder
蛇眼蝶 *Minois dryas* Scopoli
东亚矍眼蝶 *Ypthima motschulskyi* Bremer et Grey
52. 灰蝶科 Lycaenidae
琉璃灰蝶 *Celastrina argiola caphis* Fruhstorfer
优秀洒灰蝶 *Satyrium eximium* (Fixsen)
多眼灰蝶 *Polyommatus eros* Ochsenheimer

（十三）双翅目 Diptera

53. 大蚊科 Tipulidae
奇栉大蚊 *Tanyptera trimaculata* Yang et Yang
54. 虻科 Tabanidae
朝鲜虻 *Tabanus coreanus* Shiraki
渭河虻 *Tabanus weiheensis* Xu et Liu
55. 食蚜蝇科 Syrphidae
紫额异巴食蚜蝇 *Allobaccha apicalis* Loew
黑带食蚜蝇 *Episyrphus balteatus* (De Geer)
56. 蝇科 Muscidae
瘤胫厕蝇 *Fannia scalaris* Fabricius
紫翠蝇 *Neomyia gavisa* Walker
厩螫蝇 *Stomoxys calcitrans* Linnaeus
57. 丽蝇科 Calliphoridae
巨尾阿丽蝇 *Aidrichina grahami* (Aldrich)
南岭绿蝇 *Lucilia*(*Luciliella*) *bazini* Seguy

（十四）膜翅目 Hymenoptera

58. 蜜蜂科 Apidae
西方蜜蜂 *Apis meplifeera Linnaeus*
东方蜜蜂 *Apis cerana* Fabricius
双条黄斑蜂 *Dianthidium blifoveolatum* Alfken
59. 熊蜂科 Bomibidae
长足熊蜂 *Bombus*(*Diversobombus*) *longipes* Friese
明亮熊蜂 *Bombus lucorum* Linnaeus
60. 蚁科 Formicidae
日本弓背蚁 *Camponotus japonicus* Mayr
亮腹黑褐蚁 *Formica gagatoides* Ruzsky

三、常见动物介绍

1. 拉氏鱥(*Phoxinus lagowskii*)

下咽齿2行,齿面不呈梳形,末端弯曲,稍呈钩状;鳞小,排列不整;侧线完全。喜居于流速缓慢的山溪清冷水域。杂食性,主要以水生昆虫、浮游动物、枝角类及水生植物为食。分布于宁陕县各水系。

2. 红尾副鳅(*Paracobitis variegates*)

腹鳍腹位;无脂鳍;上下颌无齿;背鳍起点位于腹鳍上方;体近圆柱形;偶鳍前部仅有1根不分支鳍条;具2对吻须,口角须1对;背鳍和尾鳍之间有软鳍褶,鳍褶前端达到臀鳍上方。习性与分布:多生活于砾石河床的河段;分布海拔约为1 000 ~ 1 500 m。秦岭地区分布于嘉陵江、汉江上游、渭河上游及其南岸支流石头河和黑河。

3. 短须颌须鮈(*Gnathopogon imberbis*)

腹鳍腹位;无脂鳍;上下颌无齿;背鳍起点位于腹鳍上方;无吻须;臀鳍分支鳍条6根;下咽齿2行。口端位,口角须1对;肛门紧靠臀鳍起点;体长为尾柄高的6.9~8.6倍。习性与分布:喜居于流速缓慢的山溪清冷水域;在秦岭地区分布广泛,在宁陕分布于关口等1 300 m以下的区域。

4. 大鲵(*Andrias davidianus*)

大鲵在陕西主要分布于秦岭及其以南的巴山。大鲵栖息在海拔700~1 400 m的山地溪河、暗流及山泉之中。成鲵多单独栖居和活动,具畏光习性,夜间出来捕食蟹、虾、鱼、蛙、水生昆虫等动物,活动频繁。

5. 太白山溪鲵(*Batrachuperus taibaiensis*)

太白山溪鲵体型较大,雄鲵最大个体全长超过217 mm。太白山溪鲵栖息于海拔1 500 m以上中高山区流溪之内。成鲵以水栖生活为主,一般不远离水域,多栖于水源头的石下。成鲵多以虾类和水生昆虫为食。

6. 秦巴拟小鲵(*Liua tsinpaensis*)

体形小。头部扁平;躯干圆柱形,尾基较圆向后逐渐侧扁;生活时体尾背面金黄色间以少量深棕褐色交织成不规则云状斑,腹面藕色杂以细白点,雄性背面无小白刺。栖息于海拔1 200~1 800 m山溪附近大石块下。成体营陆地生活为主,幼体型似成体,具3对外鳃。属陕西省重点保护物种。

7. 中国林蛙(*Rana chensinensis*)

中国林蛙为我国特有,广泛分布于秦岭山脉。冬眠期典型体色为黑褐色,少数为土黄色,夹杂黑斑,背部有倒"V"形,四肢有环行黑斑。雌雄腹部黄色,并存云状淡红色斑纹。夏季体色为浅灰色或土黄色,腹面为白色。体侧及体背皮肤有疣突。主要栖息于阔叶林及针阔叶混交林里,是典型的森林蛙类。

8. 隆肛蛙(*Nanorana quadrana*)

隆肛蛙体大而扁平,体长约78 mm,无外声囊,体背呈橄榄色而略带黄色,体侧棕黄色并有黑色云斑。颌缘及四肢有清晰的黑色横纹,四肢和腹面为鲜黄色。隆肛蛙在秦岭山区属于广泛分布的优势种,生活在河流、山溪、水沟和积水坑中,偶尔上岸活动。11月底进入冬眠期,4月初出蛰开始进入繁殖期,所产的卵呈团块状,黏附于水流缓慢处较大石块下面,卵径2.5~3.0 mm。蝌蚪变态可能需2~3年,因此在同一水域,常聚集不同变态期的蝌蚪。发育后期的蝌蚪全长可达70~80 mm。

9. 宁陕齿突蟾(*Scutiger ningshanensis*)

体长4.1 cm左右。头宽大于头长,吻端钝圆,无鼓膜,瞳孔纵置;体背部疣粒集中,形成断续相连的四纵行,其他部位较为光滑。生活时,体背面呈棕褐色,眼间至枕部有一近长方形的暗斑;腹面皮肤灰色具棕色麻斑;吻端具一近长方形的蓝色斑纹。雄蟾胸部有两对刺团。腹部两侧亦具刺疣。栖于海拔1 970~2 550 m的桦木和云杉林下草丛中,静伏在植被较稀疏的低凹处,行动迟缓。本种数量极少,分布范围不足5 000 hm^2。所有个体均在一处,栖息地范围和质量持续衰退,属濒危级。为我国特产种类。

10. 宁陕小头蛇(*Oligodon ningshanensis*)

属游蛇科,小头蛇属。体较小,全长约655 mm。头呈椭圆形,有鼻间鳞,无颊鳞,头颈区分不明显。背面棕绿色或古铜色;头背无斑,颈部有黑褐色纵纹3条,中间一条约3 cm长,两侧的直达尾端。生活于海拔1 400~1 650 m的针阔混交林边缘的灌木丛开阔处,也常活动于公路两旁水沟附近。性温顺,昼行性。陕西宁陕火地塘林场火地沟为宁陕小头蛇模式标本的采集点。

11. 王锦蛇(*Elaphe carinata*)

体粗壮。背面黑色,混杂黄色花斑;头背棕黄色,因鳞缘和鳞沟黑色而形成呈"王"字斑纹;腹面黄色,腹鳞后缘有黑斑。成体和幼体在体色、斑纹方面很不相同,易误认为它种。栖息于山区、丘陵地带,垂直分布范围为海拔300~2 300 m。常于山地灌丛、田野沟边、山溪旁、草丛中活动,以夜间更为活跃。

12. 秦岭蝮(*Gloydius qinlingensis*)

体全长60 cm左右。头呈卵圆形;头部背面黄褐色,有一"A"形深棕色斑;在眼上方具有两侧未镶细黑边的灰白色"眉纹",向后与同色纵纹相延续;从口角至尾中段有一灰白色纵纹位于背腹鳞交界处。生活于海拔1 250~2 100 m地形起伏较大的秦岭山脉中高山地,多见于岩石空隙、杂草茂盛的灌木丛处,行动缓慢,是秦岭的特有物种。

13. 金雕(*Aquila chrysaetos daphanea*)

金雕,大型猛禽,全长86 cm左右。体羽主要为栗褐色。趾、爪黄色。金雕生活在草原、荒漠、河谷,特别是高山针叶林中,最高达到海拔4 000 m以上。通常单独或成对活动,冬天有时会结成较小的群体。白天常见在高山岩石峭壁之巅,以及空旷地区的高大树上歇息,或在荒山坡、墓地、灌丛等处捕食。

14. 血雉(*Ithaginis cruentus sinensis*)

血雉,俗称绿鸡、太白鸡、血鸡等。体小(约46 cm),似鹑类,具矛状长羽,冠羽蓬松,脸与腿猩红,翼及尾沾红的雉种。头近黑,具近白色冠羽及白色细纹。上体多灰带白色细纹,下体沾绿色。血雉主要栖息于雪线附近的高山针叶林、混交林及杜鹃灌丛中,多以植物种子、灌木浆果、苔藓和昆虫为食。生活海拔高度多在1 700~3 000 m,有明显的季节性的垂直迁徙现象。

15. 红腹角雉(*Tragopan temminckii*)

红腹角雉为中等体型的角雉,体长可达64 cm,雄鸟羽毛颜色为深红色,并带有白色斑点,喙黑色,腿粉色,面部为裸露的蓝色。雌鸟羽毛则为褐色,带白色斑点。食物以浆果、草和植株为主。栖息于1 000~3 500 m的常绿落叶阔叶林和针阔混交林内。

16. 红腹锦鸡(*Chrysolophus pictus*)

红腹锦鸡,俗称金鸡,中国中部特有种。雄鸟全长约100 cm,头顶具金黄色丝状羽冠;后颈披肩橙棕色。上体除上背为深绿色外,大都为金黄色,飞羽、尾羽黑褐色,布满桂黄色点斑。雌鸟全长约70 cm,上体棕褐,尾淡棕色,下体棕黄,均杂以黑色横斑。红腹锦鸡多栖息于海拔600~1 800 m的多岩山坡,筑巢于乔木树下或杂草丛生的低洼处,活动于竹灌丛地带。以蕨类、麦叶、胡颓子、草籽、大豆等为食。

17. 长耳鸮(*Asio otus*)

长耳鸮,俗称长耳猫头鹰,为全北界物种。长耳鸮全长38 cm左右。体羽棕黄色,上体密布黑褐色粗羽干纹和虫蠹状细斑,嘴铅褐色,先端黑色。爪黑色。栖息于山地森林或平原树林中。主要以鼠类和昆虫为食。常筑巢于沼泽地面、杂草上,有时也占用弃巢。长耳鸮在我国分布较广,在全国各地均有分布。

18. 雕鸮(普通雕鸮)(*Bubo bubo*)

雕鸮,俗称大猫头鹰,为中国体形最大的鸮类,体长56~89 cm。面盘显著,为淡棕黄色,杂以褐色的细斑。眼先密被白色的刚毛状羽,各羽均具黑色端斑。眼的上方有一个大形黑斑。耳羽特别发达,通体的羽毛大都为黄褐色,而具有黑色的斑点和纵纹。雕鸮栖息于山地森林、平原、荒野、林缘灌丛、疏林,及裸露的高山和峭壁等环境中。除繁殖期外常单独活动,白天多躲藏在密林中栖息。雕鸮主要以各种鼠类为食,但也以包括狐狸、豪猪、野猫类等兽类和苍鹰、鹗、游隼等猛禽为食。

19. 川金丝猴(*Rhinopithecus roxellanae*)

秦岭金丝猴种群分布高度随季节而变化,冬季及早春下降至1 200 m左右的落叶阔叶林带;晚春及初夏则随着树木的相继发芽由低海拔向高海拔区域活动。栖息地包括两种类型的森林植被:即落叶阔叶林和针阔叶混交林。金丝猴的食性主要以多种乔木、灌木、藤本、草本植物为食。明清时代川金丝猴广泛分布于陕西中部和南部的30多个县,现今分布于秦岭山地的宁陕、周至、太白、佛坪、洋县等5个县内。

20. 林麝(*Moschus berezovskii*)

林麝属偶蹄目,鹿科动物,中国的传统中药麝香就源于麝。麝性情极孤独,营独居生活,领域性很强,有固定的活动路线,轻易不会改变,故有“舍命不舍山”之说,是亚热带、温带和亚寒带的一种高山动物。林麝主要栖息在秦岭海拔800~2 900 m的多石针叶林、针阔混交林、阔叶林及灌丛地带。白天多卧在光线暗而干燥的崖边、洞隙、灌丛中或大树下休息、反刍。有季节性垂直迁移习性,食物主要是植物的茎、叶和花以及菌类、苔藓和杂草等。

21. 豹(*Panthera pardus*)

豹属食肉目,猫科,豹属动物。俗称豹子、银豹子、文豹等,因其全身颜色鲜亮,毛色棕黄,遍布黑色斑点和环纹,形成古钱状斑纹,故称之为“金钱豹”。豹栖息环境多种多样,从低山、丘陵至高山森林、灌丛均有分布,具有隐蔽性强的固定巢穴。豹的体能极强,视觉和嗅觉灵敏异常,性情机警,善于跳跃和攀爬，营独居夜行生活。常在林中往返游荡，捕食野兔、野鹿和鸟类等。目前我国境内的金钱豹数目已相当少，全世界估计数量也只有20万只。

22. 羚牛（*Budorcas taxicolor*）

羚牛属偶蹄目，牛科，羊亚科动物，在形态上和分类上是介于羚羊和牛之间。秦岭亚种羚牛全身呈浅黄色或金黄色，又称金毛扭角羚，为我国特产。羚牛营群栖生活，通常一群20只左右，具有明显的季节迁移现象。分布在火地塘的羚牛为秦岭亚种，是本区体形最大的动物。主要分布在海拔1 500 m以上的针阔混交林和针叶林中，常年以苔藓、树叶、树皮和嫩枝为食。

附录6

陕西秦岭森林生态系统国家野外科学观测研究站简介

陕西秦岭森林生态系统国家野外科学观测研究站的前身是秦岭火地塘森林生态系统定位研究站，始建于20世纪80年代初，是为长期观测森林生态系统的结构与功能变化规律而建立。它通过在典型自然或人工的生态系统地段，建立生态系统定位观测站，在长期固定样地上，对生态系统的组成、结构、生物生产力、养分循环、水循环和能量流动等在自然状态下或某些人为活动干扰下的动态变化格局与过程进行长期监测，是阐明生态系统发生、发展、演替的内在机制和生态系统自身的动态平衡，以及参与生物地球化学循环过程等不可替代的研究方法。

为了加强对整个秦岭林区的研究，2009年在秦岭中段北坡太白山国家级自然保护区蒿坪管理站建立了森林理水功能观测点，以便比较秦岭南北坡森林在水分循环中的作用。

一、主要研究内容

从“六五”至“十一五”期间，秦岭生态站根据国家林业局科技司的部署和要求，在持续进行常规定位观测的同时，以秦岭林区主要森林类型华山松、油松、锐齿栎林等为对象，从事了以下研究：

1. 华山松林研究

包括华山松林水源涵养功能及水量平衡；华山松林生物量和生产力测定与分析；华山松针叶及其营养元素含量动态；华山松群落结构、动态及能量特征；华山松林木个体生长与分化。

2. 油松林(包括人工林)研究

包括油松林水源涵养功能及水量平衡；油松生物生产量的测定及其与生态因素的相关分析；油松林生物循环及营养元素含量动态；油松林的群落类型及结构特征。

3. 锐齿栎林研究

包括锐齿栎林水源涵养功能及水量平衡；锐齿栎林营养元素的时空分布及概算；锐齿栎林生物量的测定与分析；锐齿栎林群落类型和结构特征；锐齿栎林水分动态及产流规律；锐齿栎林生态系统的地球化学循环及其对水质的影响；人文活动对锐齿栎林水文功能的影响；锐齿栎林木个体生长分析；锐齿栎林叶面积与叶干重。

4. 太白红杉林研究

包括秦岭太白红杉林群落学特征及其类型划分；秦岭太白红杉林结构组成；秦岭太白红杉林的分类与排序。

5. 华北落叶松林研究

包括秦岭林区华北落叶松人工林对林地土壤的影响；秦岭林区华北落叶松人工林生物量测定。

6. 秦岭巴山冷杉林研究

秦岭巴山冷杉林的群落学特征及类型划分。

7. 桦木林研究

桦木林的结构、类型及其稳定性究。

8. 森林土壤研究

包括火地塘林区不同林地土壤水分动态及土壤径流特征；秦岭南坡锐齿栎林、松栎混交林林地土壤特性；火地塘林区不同土壤类型化学性质；火地塘林区锐齿栎林土壤酸化特征；秦岭南坡青杆林、青杆－华山松－红桦混交林林地土壤特性；火地塘林区主要森林生态系统林木根系与土壤相互作用机理；火地塘林区主要树种根际微生态系统土壤性状。

9. 秦岭火地塘林区的植被类型划分及GIS在该区森林资源信息管理中的应用

2006年成为国家级生态站后，根据我国生态环境建设、林业可持续发展的要求，针对陆地生态系统对全球变化响应等热点问题，研究内容主要包括：

森林生态系统的结构与动态；主要森林类型的碳收支及对大气环境的影响；森林的理水功能及对水环境的影响；森林生态系统对全球变化的响应；森林生态系统的信息传递与逆境生理生态；森林生态系统管理与可持续经营等。

二、秦岭森林生态站主要野外观测设备

1. 水文观测设施

浆砌石建造的设置有2个观测井巴歇尔量水堰；浆砌石建造，水泥砂浆抹面，堰板为钢板，设有沉砂池的三角形量水堰。主要观测、测定水位、流量等相关水文资料。

2. 林内穿透水、树干茎流观测

在林分内选择郁闭度适中的位置两处，安置直径20 cm，长2 m的U型收集器，收集林内穿透水，再与自动翻斗式流量计相连，进行测量。

选择林分分布均匀，林冠枝叶结构能代表平均林冠的样木各3株，每株用直径2 cm沿中缝剖开的聚乙烯塑料管从胸径处由上往下蛇形缠绕于树干上，用玻璃胶粘牢，基部放置集水器收集器，再与自动翻斗式流量计相连，进行测量。

3. 土壤呼吸观测

采用日本筑波大学陆域生态研究组自行研发的一款开路式土壤呼吸测定系统（4－Channel-Sample），与常用的土壤呼吸测定仪器相比具有不受时间、天气状况影响、连续多点测定等特点。该系统由呼吸箱、气体传输系统、测定系统、气体分析仪和数据采集器构成；土壤水分与温度观测采用美国Onset公司的smart探头。

4. 梯度观测塔

生态因子观测塔，塔高28.5 m，共有三层观测平台，分五层，分别为林冠上1.5 m、林冠层、林冠中部、林冠下、近地表层。主要观测各层的风速、风向、空气温度、空气湿度、饱和水气压、光合有效辐射、向下短波辐射、向下长波辐射、地面反射短波辐射、地面反射长波辐射、净辐射、冠层温度以及土壤温度（10 cm、20 cm、30 cm、40 cm）、土壤热通量等因子。

5. 自动气象站

塔高6 m，通过软件按规定的时序进行24小时观测，2秒记录一次，数据输出分半小时数据和日数据两种。主要观测因子有：光合有效辐射、日照时数、蒸发量、风速、风向、降雨量、空气温度、空气湿度、大气压、水气压、土壤体积含水量、土壤温度等因子。

6. 涡度相关测定系统

碳通量塔，塔高33 m，通过软件按规定的时序进行24小时观测，5秒记录一次，数据输出可根据要求自行设置。开放式红外CO_2/H_2O分析器，可直接测量大气CO_2和H_2O脉动值。三维超声风速仪，可测量X、Y、Z三维风速。四分量净辐射传感器，可同时测量太阳总辐射、反射辐射、大气辐射、地面辐射和净辐射。

附录7 各种实习记录表格

附表1 野生哺乳动物采集、观察记录表

日期　　　年　月　日

编号			观察或采集的时间:　　时　　分					天气		
参加人			小地名			行进路线总长度/m				
海拔高度			GPS定位		N		E			
实体(只)		□集群□单独	年龄段		空间位置		观测距离		行为	
粪便	数量	1	2	3~10	>20	新鲜程度	1d	1~7d	7~30d	>30d
足迹链		卧迹(个)		啃痕(个)			其他痕迹			
坡位	上坡位	中坡位	下坡位			坡形	凸坡	凹坡		
坡向	阳坡:东　南　东南	阴坡:北　西　西北				坡度	0~15°	16~30°	30°以上	
生境类型	常绿阔叶	落阔混交	落叶阔叶	针阔混交	针叶林	灌丛	草坡	农田	水中	
乔木层	种类		平均高度/m		平均胸径/cm					
	数量(株)		郁闭度		树龄					
灌木层	种类		高度/m							
	数量(株)		盖度/%							
物种离人为干扰距离/m				物种离水源距离/m						
备注										

附表 2 鱼类采集、观察记录表

日期　　　年　月　日

物种名		观察或采集的时间：　时　分					天气			
参加人		小地名		行进路线总长度/m				样方面积/m²		
海拔高度/m			GPS 定位	N		E				
坡位	上坡位	中坡位	下坡位		坡形		凸坡	凹坡		
坡向	阳坡:东　南	东南	阴坡:北　西	西北	坡度		0~15°	16~30°	30°以上	
周边生境类型	常绿阔叶	落阔混交	落叶阔叶	针阔混交	针叶林	灌丛	草坡	农田		
水体描述	水温/℃		pH				水流速/m·s^{-1}			
	水深/cm		河床宽度/m				水基底特征			
编号	全长	体长	叉长	尾柄高	尾柄长	头长	体高	体重	性别	其他描述
1										
2										
3										
4										
备注										

附表 3 水生两栖类采集、观察记录表

日期　　　年　月　日

物种名		观察或采集的时间：　时　分					天气			
参加人		小地名		行进路线总长度/m				样方面积/m²		
海拔高度/m			GPS 定位	N		E				
坡位	上坡位	中坡位	下坡位		坡形		凸坡	凹坡		
坡向	阳坡:东　南	东南	阴坡:北　西	西北	坡度		0~15°	16~30°	30°以上	
周边生境类型	常绿阔叶	落阔混交	落叶阔叶	针阔混交	针叶林	灌丛	草坡	农田		
水体描述	水温/℃		pH				水流速/m·s^{-1}			
	水深/cm		河床宽度/m				水基底特征			
编号	体长	尾长	头长	头宽	后肢长	体重	性别	成体	幼体	其他描述
1										
2										
3										
4										
备注										

附表 4　土壤调查登记表

<table>
<tr><td colspan="2">剖面号码</td><td colspan="2"></td><td colspan="2">标准地号码</td><td></td></tr>
<tr><td colspan="2">地点</td><td colspan="3"></td><td>天气</td><td></td></tr>
<tr><td rowspan="2">地形</td><td colspan="6">大、中、小区地形、坡向、坡度、海拔高度</td></tr>
<tr><td colspan="6"></td></tr>
<tr><td colspan="4">剖面位置(附图)</td><td>母岩</td><td colspan="2"></td></tr>
<tr><td colspan="4" rowspan="2"></td><td>母质</td><td colspan="2"></td></tr>
<tr><td colspan="2">地表水及地下水位的深度/m</td><td></td></tr>
<tr><td colspan="2">侵蚀情况</td><td colspan="5"></td></tr>
<tr><td colspan="2">沼泽化
盐渍化　情况</td><td colspan="5"></td></tr>
<tr><td>自然
植被</td><td colspan="6"></td></tr>
<tr><td colspan="7">利用情况(包括主要经营管理措施及生长情况)</td></tr>
<tr><td rowspan="2">土壤
名称</td><td colspan="2">当地名称</td><td colspan="2">野外名称</td><td colspan="2">最后名称</td></tr>
<tr><td colspan="2"></td><td colspan="2"></td><td colspan="2"></td></tr>
</table>

附表 5　土壤剖面形态记载表

<table>
<tr><td>剖面图</td><td>深度
/cm</td><td>层次
符号</td><td>颜色</td><td>质地</td><td>结构</td><td>松紧度</td><td>湿度</td><td>酸碱度
pH</td><td>新生体</td><td>侵入体</td><td>植物根</td><td>石灰
反应</td><td>层次
过渡</td></tr>
<tr><td></td><td></td><td></td><td></td><td></td><td></td><td></td><td></td><td></td><td></td><td></td><td></td><td></td><td></td></tr>
<tr><td colspan="14">肥力状况及利用改良意见</td></tr>
<tr><td colspan="14"></td></tr>
<tr><td colspan="3">调查人</td><td colspan="3"></td><td colspan="4">调查日期</td><td colspan="4"></td></tr>
</table>

附表6　植物(农作物)生长发育观测记录表

<table>
<tr><td colspan="3">地段描述</td><td colspan="16"></td></tr>
<tr><td colspan="3">发育期 / 观测项目</td><td>出苗</td><td>第一真叶</td><td>第五真叶</td><td>开盘</td><td>抽苔</td><td>开花</td><td>成熟</td><td></td><td></td><td></td><td></td><td></td><td>播种期</td><td>年月日</td><td>收获期</td><td>年月日</td></tr>
<tr><td colspan="3">开始发育期</td><td>月　日</td><td>月　日</td><td>月　日</td><td>月　日</td><td>月　日</td><td>月　日</td><td>月　日</td><td>月　日</td><td>月　日</td><td>月　日</td><td>月　日</td><td>月　日</td><td colspan="4" rowspan="2">地段每亩平均产量</td></tr>
<tr><td colspan="3">普遍发育期</td><td>月　日</td><td>月　日</td><td>月　日</td><td>月　日</td><td>月　日</td><td>月　日</td><td>月　日</td><td>月　日</td><td>月　日</td><td>月　日</td><td>月　日</td><td>月　日</td></tr>
<tr><td colspan="3">植株密度（100 m² 内株茎数）</td><td></td><td></td><td></td><td></td><td></td><td></td><td></td><td></td><td></td><td></td><td></td><td></td><td colspan="2">谷粒重/kg</td><td colspan="2">籽粒重/kg</td></tr>
<tr><td colspan="3">生长高度</td><td></td><td></td><td></td><td></td><td></td><td></td><td></td><td></td><td></td><td></td><td></td><td></td><td colspan="2"></td><td colspan="2"></td></tr>
<tr><td colspan="3">状况评分</td><td></td><td></td><td></td><td></td><td></td><td></td><td></td><td></td><td></td><td></td><td></td><td></td><td colspan="2"></td><td colspan="2"></td></tr>
<tr><td rowspan="5">前一发育期始至后一发育时间</td><td colspan="2">降水</td><td></td><td></td><td></td><td></td><td></td><td></td><td></td><td></td><td></td><td></td><td></td><td></td><td colspan="2"></td><td colspan="2"></td></tr>
<tr><td rowspan="2">气温</td><td>平均</td><td></td><td></td><td></td><td></td><td></td><td></td><td></td><td></td><td></td><td></td><td></td><td></td><td colspan="2"></td><td colspan="2"></td></tr>
<tr><td>极低</td><td></td><td></td><td></td><td></td><td></td><td></td><td></td><td></td><td></td><td></td><td></td><td></td><td colspan="2"></td><td colspan="2"></td></tr>
<tr><td colspan="2">13时饱和差</td><td></td><td></td><td></td><td></td><td></td><td></td><td></td><td></td><td></td><td></td><td></td><td></td><td colspan="2"></td><td colspan="2"></td></tr>
<tr><td colspan="2">日照时数</td><td></td><td></td><td></td><td></td><td></td><td></td><td></td><td></td><td></td><td></td><td></td><td></td><td colspan="2"></td><td colspan="2"></td></tr>
<tr><td colspan="3">备注</td><td colspan="6">作物名称：</td><td colspan="10">品种名称：</td></tr>
</table>

附表7 同一测点小气候观测数据表格样本（时间根据实习地点调整）

观测项目		观测时间	07	08	09	10	11	12	13	14	15	16
空气温度 相对湿度	20 cm	干球										
		湿球										
		相对湿度										
		风速风向										
	100 cm	干球										
		湿球										
		相对湿度										
		风速风向										
	200 cm	干球										
		湿球										
		相对湿度										
		风速风向										
土温	0 cm	最低										
		最高										
		0 cm										
	浅层地温	5 cm										
		10 cm										
		15 cm										
		20 cm										
照度/lx		林外水平面										
		林内水平面										

附表8 不同测点一日观测数据记录表(时间根据观测点调整)

地点	项目		08	09	10	11	12	13	14	15	16	17
裸地	气温	最高										
		最低										
		气温										
		相对湿度										
		风速风向										
	地温	最高										
		最低										
		0 cm										
		5 cm										
		10 cm										
		15 cm										
		20 cm										
林地	气温	最高										
		最低										
		气温										
		相对湿度										
		风速风向										
	地温	最高										
		最低										
		0 cm										
		5 cm										
		10 cm										
		15 cm										
		20 cm										

主要参考文献

陈铁山,卜书海,王晓静．普通生物学实验指导．西北农林科技大学校内教材,2008.

冯志坚等．植物学野外实习手册．上海:上海教育出版社,1993.

贺学礼．植物学实验实习指导．北京:高等教育出版社,2004.

胡淑琴,赵尔宓,刘承钊．秦岭及大巴山地区两栖爬行动物调查报告．动物学报,1966,18(1):57 ~ 89.

金银根．植物学实验与技术．北京:科学出版社,2007.

李孟楼．资源昆虫学．北京:中国林业出版社,2005.

李战刚,康克功,吴振海．陕西平河梁自然保护区综合科学考察与生物多样性研究．杨凌:西北农林科技大学出版社,2008.

刘小阳,万志刚等．植物学野外实习手册．北京:中国大地出版社,1997.

刘心源．植物标本的采集、制作与管理．北京:科学出版社,1981.

倪兰瑜等．植物标本制作．福州:福建科学技术出版社,1983.

陕西省动物研究所等．秦岭鱼类志．北京:科学出版社,1987.

盛和林,王岐山．脊椎动物学野外实习指导．北京:高等教育出版社,1982.

宋鸣涛．陕西两栖爬行动物区系分析．两栖爬行动物学报,1987,6(4):63 ~ 73.

宋世英,邵孟明．陕西省秦巴地区食虫类区系研究初报．动物学杂志,1983,18(2):11 ~ 13.

汪松,解焱．中国物种红色名录(第Ⅰ卷)．北京:高等教育出版社,2004.

汪松,赵尔宓．中国濒危动物红皮书(两栖类和爬行类)．北京:科学出版社,1998.

王廷正．陕西啮齿动物志．西安:陕西师范大学出版社,1992.

席贻龙．无脊椎动物学野外实习指导．合肥:安徽人民出版社,2008.

肖力．野生动植物标本制作．北京:科学出版社,1999.

许涛清,曹永汉．陕西省脊椎动物名录．西安:陕西科学技术出版社,1996.

易国栋,高玮,赵匠等．动物学野外实习指导．北京:清华大学出版社,2008.

俞仰青．生物宏观标本制作．上海:广海教育出版社,1982.

郑光美,王岐山．中国濒危动物红皮书(鸟类)．北京:科学出版社,1998.

火地塘教学试验林场遥感影像

锐齿栎　张硕新摄

草甸　姜在民摄

油松　锐齿栎混交林　张硕新摄

云杉　张硕新摄

① 红桦林　　　　杨平厚摄
② 油松林　　　　党坤良摄

① 华山松林 党坤良摄
② 华北落叶松林 姜在民摄
③ 华山松+锐齿栎混交林 张硕新摄

碧凤蝶(*Papilio bianor*)　党坤良摄

拉氏鱥(*Phoxinus lagowskii*)　卜书海摄

隆肛蛙(*Nanorana quadranus*)　卜书海摄

中国林蛙(*R. chensinensis*)　卜书海摄

中华蟾蜍(*Bufo gargarizans*)　卜书海摄

宁陕齿突蟾(*Scutiger ningshanensis*) 卜书海摄

秦岭雨蛙(Hyla tsinlingensis) 卜书海摄

太白山溪鲵（*Batrachuperus taibaiensis*） 卜书海摄

秦巴拟小鲵(*Liua tsinpaensis*) 卜书海摄

蝘蜓 (*Sphenomorphus indicus*) 卜书海摄

蓝尾石龙子 (*Eumeces elegans*) 卜书海摄

① 菜花烙铁头(*Protobothrops jerdonii*) 卜书海摄
② 高原腹(*Gloydius qinlingensis*) 卜书海摄
③ 黑脊蛇(*Achalinus spinalis*) 卜书海摄
④ 颈槽游蛇(*Rhabdophis nuchalis*) 卜书海摄
⑤ 乌梢蛇(*Zaocys dhumnades*) 卜书海摄
⑥ 斜鳞蛇(*Pseudoxenodon macrops*) 卜书海摄

① 红腹角雉(*Tragopan temminckii*) 卜书海摄
② 红腹锦鸡(*Chrysolophus pictus*) 党坤良摄
③ 勺鸡(*Pucrasia macrolopha*) 卜书海摄
④ 血雉(*Ithaginis cruentus*) 卜书海摄
⑤ 秦岭鼢鼠(*Myospalax rufescens*) 卜书海摄
⑥ 四川林跳鼠(*Eozapus setchuanus*) 卜书海摄

① 岩松鼠(*Sciurotamias davidianus*) 卜书海摄
② 金丝猴(*Rhino pithecus*) 党坤良摄
③ 羚牛(*Budorcas taxicolor*) 文建雷摄
④ 野猪 (*Sus scrofa*) 卜书海摄

① 暗棕壤剖面　　耿增超摄
② 黄棕壤剖面　　耿增超摄
③ 棕壤剖面　　耿增超摄